Christoph Butterwegge/Georg Lohmann (Hrsg.)

Jugend, Rechtsextremismus und Gewalt

Analyse und Argumente

Leske + Budrich, Opladen 2000

Die Deutsche Bibliothek – CIP-Einheitsaufnahme
Ein Titeldatensatz für die Publikation ist bei
Der Deutschen Bibliothek erhältlich

ISBN 3-8100-2976-9

Redaktion: Christoph Butterwegge
Satz: Leske + Budrich, Opladen
Druck: DruckPartner Rübelmann, Hemsbach
Printed in Germany

Inhalt

Einleitung

Rechtsextremismus, Rassismus und Gewalt sind nicht nur ein Problem der Jugend, auch wenn das Phänomen vor allem bei jungen Männern besonders spektakulär in Erscheinung tritt und sich die Aufmerksamkeit seit geraumer Zeit sehr stark darauf konzentriert. Morde an Migrant(inn)en, aber auch Nichtsesshaften und Obdachlosen; Schändungen jüdischer Einrichtungen; Skinhead-Konzerte mit Musik voller Menschenverachtung und Hass; Massenaufmärsche neofaschistischer Parteien und Organisationen sind beinahe alltäglich geworden.

Nach dem Bombenanschlag von Düsseldorf, bei dem am 27. Juli 2000 zehn Aussiedler/innen, davon die meisten Juden, zum Teil schwer verletzt wurden, nahm die Auseinandersetzung mit dem Rechtsextremismus in den Medien und der politischen Öffentlichkeit unseres Landes zum ersten Mal seit fast zehn Jahren wieder breiten Raum ein. Auch wenn nicht nochmals Menschenketten gebildet, sondern eher prominente Zeitgenossen und Trendsetter angehalten wurden, ihr „Gesicht zu zeigen", war nunmehr vielen Bürger(inne)n bewusst, dass sie selbst etwas tun müssen, um der rechten Gewalt Einhalt zu gebieten.

Übereinstimmung herrscht darüber, dass die Schule und die politische Weiterbildung zu den Stützen im Kampf gegen Rechtsextremismus, Rassismus und (Jugend-)Gewalt gehören sollten. Ohne die Verantwortung von Bildungs- und Erziehungsinstitutionen für eine demokratische Ausrichtung der Jugend zu leugnen, muss betont werden, dass (Sozial-)Pädagogik ohnmächtig ist, wenn die Politik versagt. Es genügt nicht, die Rolle der politischen Bildung für ein „friedliches Zusammenleben der Kulturen" und die „Stabilität der parlamentarischen Demokratie" in Sonntagsreden zu beschwören, wenn man nicht bereit ist, im alltäglichen Verteilungskampf der einzelnen Fachressorts um knappe Haushaltsmittel die dafür benötigten Ressourcen bereitzustellen.

Rechtsextremismus ist eine politische Herausforderung von Staat und Gesellschaft, aber auch ein pädagogisches Aufgabenfeld, das die schulische und die außerschulische Bildungsarbeit bestellen. Lehrer/innen und politische

Weiterbildner/innen sind jedoch häufig hilflos, wenn es gilt, rechter Gewalt und rassistischer bzw. nationalistischer Propaganda entgegenzutreten. Das vorliegende Buch will nicht nur ihnen Erkenntnisse über gesellschaftliche Wurzeln, Erscheinungsformen und Agitationsmethoden des Rechtsextremismus vermitteln, sondern auch Antworten auf Fragen geben, die im Unterricht behandelt werden (sollten), ohne dabei Unterschiede der Einschätzung bzw. der Einstellung zu verschweigen. Vielmehr soll das Phänomen „Rechtsextremismus" aus mehreren Blickwinkeln beleuchtet werden. Vermutlich ist es im Rahmen der Beschäftigung mit einer Ideologie, die selbst keinerlei Widerspruch duldet, sondern Hass schürt, gerade sinnvoll, demokratische Meinungsvielfalt „vorzuleben" und konträre Argumente auszutauschen.

Sozialwissenschaftler/innen, Praktiker/innen der politischen Bildung und Fachleute weiterer Sachgebiete, auf denen sich die Auseinandersetzung mit dem Rechtsextremismus gegenwärtig abspielt, haben versucht, analytische Erkenntnisse über diesen mit strategischen Ratschlägen, Hinweisen auf mögliche Gegenmaßnahmen und Literaturempfehlungen zu verbinden. Freilich bietet unser Sammelband keine Patentrezepte, genauso wenig wie vergleichbare Publikationen.

Das vorliegende Buch ist aus einem gemeinsamen Projekt der Otto-von-Guericke-Universität Magdeburg, der Landeszentrale für politische Bildung Sachsen-Anhalt und der Universität zu Köln sowie der Zusammenarbeit zwischen Vertreter(inne)n dreier benachbarter Disziplinen (Pädagogik, Philosophie und Politikwissenschaft) hervorgegangen. Hochschullehrer aus Nordrhein-Westfalen und Sachsen-Anhalt sind für das Thema „Rechtsextremismus" besonders sensibilisiert, weil im letztgenannten Bundesland die Deutsche Volksunion (DVU) bei der Landtagswahl am 26. April 1998 den größten Wahlerfolg einer ultrarechten Partei nach dem Zweiten Weltkrieg (übrigens mit besonders hohen Stimmanteilen bei den Jungwählern) erzielt und in der Landeshauptstadt des erstgenannten das oben erwähnte Attentat stattgefunden hat, was auch dokumentiert, dass es sich hierbei nicht nur um ein *ost-*, sondern um ein *gesamt*deutsches, wenn nicht gar europäisches und globales Problem handelt.

Köln/Magdeburg, im Frühherbst 2000
Christoph Butterwegge/Georg Lohmann

Gesellschaftliche Hintergründe und sozialwissenschaftliche Erklärungsansätze

Christoph Butterwegge

Entschuldigungen oder Erklärungen für Rechtsextremismus, Rassismus und Gewalt?

Bemerkungen zur Diskussion über die Entstehungsursachen eines unbegriffenen Problems

Schon nach kurzer Beschäftigung mit den Theorien über Rechtsextremismus, Rassismus und (Jugend-)Gewalt fällt auf, dass es keinen überzeugenden Erklärungsansatz, sondern eine Vielzahl von Deutungsmustern gibt, die sich zum Teil widersprechen und wechselseitig ausschließen. Dabei korreliert die Beliebtheit der Theorien bzw. Theorieversatzstücke mit ihrer Beliebigkeit. Man spricht über Jugend und Gewalt, Fremdenfeindlichkeit und Rechtsextremismus, Antisemitismus und National(sozial)ismus, meint aber etwas anderes. Mit wissenschaftlichen Erklärungsmodellen wird Politik gemacht und gesellschaftlicher Richtungsstreit ausgetragen. Weil es nicht um die Wirklichkeit (des Rechtsextremismus) selbst, sondern um deren unterschiedliche Wahrnehmung geht, muss nach den dahinter verborgenen Interessen gefragt werden. Aufgabe der politischen Bildung wäre es, die in vielen Köpfen über Rechtsextremismus, Rassismus und Jugendgewalt vorhandenen Bilder bewusster zu machen und zu hinterfragen, sodass Chancen für eine neue, unbefangenere Sichtweise entstehen.

Rechtsextremismus ist ein Modethema, das regelrechte Konjunkturen und Diskurszyklen kennt, die von seiner Tabuisierung zur Dramatisierung, von seiner Bagatellisierung zur Skandalisierung, von seiner Verdrängung zur Verabsolutierung wechseln. Teilweise gehen Hysterie und Verharmlosung sogar Hand in Hand. Die aufgeregte Debatte erfüllt im Wesentlichen eine Ablenkungs-, Entlastungs- und Legitimationsfunktion: So rückt der Themenkomplex „Jugendgewalt“ die Gewalttätigkeit der Erwachsenen bzw. der von ihnen geprägten Welt („strukturelle Gewalt“) medial in den Hintergrund; politische Fehler, Handlungsdefizite und Versäumnisse – etwa im Einigungsprozess zwischen Ost- und Westdeutschland – werden überdeckt; schließlich rechtfertigt man autoritäre Erziehungsstile und Gesellschaftsmodelle, die nicht nur von konservativer Seite propagiert werden.

Die große Unübersichtlichkeit der Forschungslandschaft resultiert nicht zuletzt aus terminologischer Unklarheit. Deshalb sind zunächst drei Begriffspaare: „Ausländerfeindlichkeit“ und „Rassismus“, „Rechtsradikalismus“ und „-extremismus“, „Neonazismus“ und „-faschismus“ zu erläutern sowie deutlicher voneinander abzugrenzen. Anschließend werden sechs Deutungsmuster – drei ältere und drei jüngere – vorgestellt und kritisiert, die den fachwissenschaftlichen, politischen und publizistischen Diskurs maßgeblich bestimmt, aber auch das Alltagsbewusstsein beeinflusst haben.[1] Andere mussten hier unberücksichtigt bleiben, obwohl sie zeigen, wie man sogar gegensätzliche Faktoren – etwa Langeweile und Stress – bemühen kann, um rechte Gewalt mehr zu entschuldigen als zu erklären. Unterscheidet man mit Ulrike C. Wasmuht zwischen Täter- und Strukturansätzen[2], so sind beide Erklärungsformen vertreten. Sie erscheinen typisch, wenn nicht repräsentativ dafür, wie man seit 1945 mit dem Problem umgegangen ist, anders formuliert: wie man sich seiner mittels (pseudo)wissenschaftlicher Konzeptionen entledigt, es aber nie gelöst oder auch nur eingedämmt hat. Schon deshalb wünscht man der im Sommer 2000 wieder entflammten Diskussion über rechte Gewalt mehr Tiefgang und „Nachhaltigkeit" (Paul Spiegel), als sie bisher aufweist.

1. *Unübersichtlichkeit des Forschungsfeldes und Unklarheit der Begrifflichkeit*

In der Bundesrepublik Deutschland wird die öffentliche Debatte über das genannte Problemfeld von drei Begriffspaaren beherrscht: „Ausländerfeindlichkeit" und „Rassismus" markieren Gegenpole, wenn es um die geistig-ideologischen Kernelemente bzw. Anknüpfungspunkte des Phänomens geht; „Rechtsradikalismus" und „-extremismus" dienen zur Bezeichnung der Richtungsgruppierung, die davon im (partei)politischen Bereich am meisten profitiert; „Neofaschismus" und „-nazismus" werden manchmal synonym damit benutzt, sollten allerdings zur Kennzeichnung einer besonders militanten Fraktion der Ultrarechten reserviert werden.

Als die nach Verträgen der Bundesrepublik mit südeuropäischen, später auch zwei nordafrikanischen Staaten seit 1955 angeworbenen „Gastarbeiter" während der wirtschaftlichen Krisenphase der 60er Jahre auf Ressentiments stießen, setzte sich ein Terminus durch, den es sonst nirgends gibt: „Ausländerfeindlichkeit" war eine Wortschöpfung, die das Phänomen als *individuelles* und nicht als *gesellschaftliches* Problem definierte. Welche sozialhistori-

1 Weitere Deutungsmuster werden dargestellt und kritisiert bei Christoph Butterwegge, Rechtsextremismus, Rassismus und Gewalt. Erklärungsmodelle in der Diskussion, Darmstadt 1996; ders., Entwicklung, gegenwärtiger Stand und Perspektiven der Rechtsextremismusforschung, in: Christoph Butterwegge u.a., Rechtsextremisten in Parlamenten. Forschungsstand – Fallstudien – Gegenstrategien, Opladen 1997, S. 10ff.

2 Vgl. Ulrike C. Wasmuht, Rechtsextremismus: Bilanz und Kritik sozialwissenschaftlicher Erklärungen, in: Leviathan 1/1997, S. 110ff.

schen Zusammenhänge zwischen dem Hitlerfaschismus und dem zeitgenössischen Rechtsextremismus bestehen, blieb ausgeblendet, weil die Juden ja Deutsche und eben keine Ausländer/innen gewesen waren. „Ausländerfeindlichkeit" wurde nicht mit jenem fanatischen Antisemitismus, der Auschwitz erst möglich gemacht hatte, in Verbindung gebracht, sondern schien etwas völlig Neues, nämlich die – sich aus unterschiedlichen Motiven speisende – Skepsis/Antipathie gegenüber einzelnen Bürger(inne)n anderer Nationalität, zu charakterisieren.

Der erste Teil des Wortes ist irreführend, der zweite Teil verharmlosend. „*Ausländer*feindlichkeit" betrifft weder *alle* noch *nur* Ausländer/innen: Schweizer Bankiers, Skandinavier und weiße US-Amerikanerinnen leiden nicht darunter; umgekehrt nützt es Schwarzen, z.B. den sog. Mischlings- oder „Besatzungskindern", überhaupt nichts, von Geburt an Deutsche zu sein. Wie die Analogie zur „Hunde*feindlichkeit*" zeigt, von der manche Tierfreunde im Frühsommer 2000 sprachen, wenn Mitbürger/innen für die Tötung, ein Zuchtverbot oder einen Leinenzwang hinsichtlich der sog. Kampfhunde plädierten, wird der im rassistischen Kontext auftretende Hass eher bagatellisiert, wenn man Deutschen ihre „Ausländerfeindlichkeit" vorwirft. „*Fremden*feindlichkeit" bzw. „Xenophobie" erscheint noch fragwürdiger, weil dieser Begriff unwillkürlich den Eindruck erweckt, die persönliche Abneigung oder Abwehrhaltung gegenüber „Anderen" sei angeboren und natürlich. Übersehen wird dabei, dass bestimmte Menschen erst (durch einen als Ethnisierung bezeichneten) Prozess zu Fremden „gemacht" werden.

Seit den rechten Gewalttaten von Hoyerswerda, Hünxe, Rostock-Lichtenhagen, Mölln und Solingen lässt sich in der Bundesrepublik eine gewisse Enttabuisierung des Rassismusbegriffs feststellen, der zwar als Fachterminus international gebräuchlich ist, hierzulande aber jahrzehntelang als polemisch überzogen galt. So wird bemängelt, Rassismus sei ein Schimpfwort und daher als wissenschaftliche Kategorie unbrauchbar. Der enorme Vorteil dieses Terminus besteht darin, dass er gesellschaftliche Strukturzusammenhänge und historische Kontinuitäten seit dem Mittelalter (Kolonialismus) erfasst, ohne Modifikationen und Ausdifferenzierungen (biologisch bzw. kulturell begründete Spielarten des Rassismus) zu ignorieren. Neben dem Nationalismus[3], Biologismus und Sozialdarwinismus bildet der Rassismus ein Kernideologem des Rechtsextremismus, das sich nicht nur im Bewusstsein vieler

3 Vgl. hierzu: Christoph Butterwegge (Hrsg.), NS-Vergangenheit, Antisemitismus und Nationalismus in Deutschland. Beiträge zur politischen Kultur der Bundesrepublik und zur politischen Bildung, Baden-Baden 1997; ders., Nationalismus und Rassismus – Kernideologien des Rechtsextremismus als Leitbilder für die Jugend?, in: Manfred Büttner (Hrsg.), Braune Saat in jungen Köpfen. Grundwissen und Konzepte für Unterricht und Erziehung gegen Neonazismus und Rechtsgewalt, Bd. 1: Theorie und Ideologie des Rechtsextremismus und Nationalsozialismus in Geschichte und Gegenwart, Baltmannsweiler 1999, S. 13ff.

Europäer/innen festgesetzt, sondern auch institutionalisierte Formen (der Diskriminierung durch Behörden und Ämter) angenommen hat.

Während der Hochzeit des Kalten Krieges sprachen nicht nur die Verfassungsschutzbehörden des Bundes und der Länder überwiegend von „Rechts*radikalismus*". Die freiheitlich-demokratische Grundordnung war ihrer Meinung nach durch „Radikale von links und rechts" bedroht, wenn sich der Staat nicht als „streitbare Demokratie" davor durch Präventivmaßnahmen schützte. Gegen Mitte der 1970er Jahre wurde der Begriff durch den Terminus „Rechts*extremismus*" verdrängt, dieser später dann nicht mehr synonym damit verwendet, sondern in Form einer Steigerung. Nun galten die REPublikaner als „rechts*radikal*", wurden jedoch nicht – wie „rechts*extreme*" Organisationen – vom Verfassungsschutz mit nachrichtendienstlichen Methoden ausgespäht.

„Radikalismus" und „Extremismus" als Rangstufen innerhalb einer Hierarchie der Verfassungs- oder Demokratiefeindlichkeit zu benutzen macht aber keinen Sinn, solange die Trennlinie zwischen ihnen nicht mittels überprüfbarer Kriterien bestimmbar ist. Dass die begriffliche Unterscheidung zwischen „Rechtsextremismus" und „-radikalismus" mehr Verwirrung stiftet als Nutzen bringt, zeigt schon der Umstand, dass die beiden Termini in der Fachliteratur auch „seitenverkehrt" zur Abgrenzung durch den Verfassungsschutz benutzt werden.[4]

Weil die Bezeichnung „radikal" (von lat. radix, die Wurzel) in der Aufklärung und der bürgerlich-demokratischen Revolution eine positive Bedeutung hatte, nämlich meinte, das Übel „an der Wurzel zu packen" und auf diese Weise gesellschaftliche Missstände zu beseitigen, sollte man auf den Begriff „Rechts*radikalismus*" verzichten. Stattdessen hat sich mittlerweile der Ausdruck „Rechts*extremismus*" durchgesetzt. Damit wird allerdings – streng genommen – eine Randständigkeit des Phänomens und seiner Trägergruppen, wenn nicht sogar Unseriosität oder Abnormität suggeriert, die Verantwortung der politischen bzw. gesellschaftlichen „Mitte" für das besagte Problem hingegen ausgeblendet.

Größere Vorsicht als bisher ist auch bei den vor allem in den (Nachfolge-) Staaten des realen Sozialismus gebräuchlichen, ideologisch aufgeladenen Termini „Neofaschismus" und „-nazismus" angebracht, die nötige Differenzierungen erschweren können. (Nur) Organisationen, Parteien und Personen, die sich auf den 1922 in Italien unter Benito Mussolini, 1933 in Deutschland unter Adolf Hitler zur Macht gelangten Faschismus bzw. Nationalsozialismus explizit berufen, seine Politik verherrlichen, nachahmen oder systematisch verharmlosen, sind als *neofaschistisch/-nazistisch* zu bezeichnen. Zwar ist jeder Neonazi ein Rechtsextremist, aber keineswegs jeder Rechtsextremist ein Neonazi,

4 Vgl. Claus Leggewie, Rechtsextremismus – eine soziale Bewegung?, in: Wolfgang Kowalsky/Wolfgang Schroeder (Hrsg.), Rechtsextremismus. Einführung und Forschungsbilanz, Opladen 1994, S. 325

von Jugendlichen, die Hakenkreuze an Klotüren schmieren und Lehrer/innen mit dem Hitlergruß provozieren, ohne viel nachgedacht und sich je mit Politik und Ideologie der NSDAP beschäftigt zu haben, ganz zu schweigen.

2. Rechtsextremismus nach dem Hitlerfaschismus: Die „demokratische Mitte" verdrängt Geschichte wie Gegenwart

2.1 Rechtsextremismus als „politisch-ideologische Erblast" und „historisches Auslaufmodell"

Nach dem Zweiten Weltkrieg stand die Rechtsextremismusforschung in Deutschland – wie auch der Rechtsextremismus selbst – eine Zeitlang ganz im Bann des Hitlerfaschismus. Sie richtete ihr Hauptaugenmerk auf Entwicklungstendenzen, die eine Fortsetzung oder Wiederbelebung der NS-Aktivitäten darstellten. Begünstigt wurde diese Sichtweise durch Bildung neofaschistischer Parteien, etwa der Sozialistischen Reichspartei (SRP), die 1952 vom Bundesverfassungsgericht verboten wurde, und der Deutschen Reichspartei (DRP), die gleichfalls schon in ihrem Parteinamen zu erkennen gab, dass sie der großdeutschen Reichsidee verpflichtet war.

Die gesellschaftlich und politisch relevanten Kräfte der Bundesrepublik hatten offenbar Angst, das Thema „Rechtsextremismus" hochzuspielen. Arno Klönne spricht rückblickend vom „Desinteresse" der Fachwissenschaft an diesem Problemkreis.[5] Unter diesen Voraussetzungen und den ungünstigen Rahmenbedingungen der Restaurationsperiode fristete die Rechtsextremismusforschung ein Schattendasein in Nischen des etablierten Wissenschaftsbetriebes, was durch Stellungnahmen der DDR-Führung, die Westdeutschland als „Hort des Neofaschismus" brandmarkten, noch verstärkt wurde. In dem Bemühen, dem Ausland keinen Vorwand für „antideutsche" Propaganda zu liefern, deckte man über fast alle Ereignisse, anhand derer hätte gezeigt werden können, dass „der Schoß noch fruchtbar" (Bert Brecht) war, den Mantel des Schweigens. Wenn dies nicht möglich erschien, wie bei der international Aufsehen erregenden Schändung jüdischer Grab- und Gedenkstätten zum Jahreswechsel 1959/60, mussten östliche Geheimdienstagenten und kommunistische Provokateure als Schuldige herhalten, oder man sprach verharmlosend von einer „antisemitischen Schmierwelle" bzw. von „Flegeleien" der meist jugendlichen Täter (Bundeskanzler Konrad Adenauer).

Rechtsextremismus galt bis 1989/90 im Grunde als „Restphänomen", bloße Residualkategorie und unerfreuliche Hinterlassenschaft einer gesell-

5 Siehe Arno Klönne, Kein Spuk von gestern oder: Rechtsextremismus und „Konservative Revolution", Münster 1996, S. 7

schaftsgeschichtlich abgeschlossenen Epoche: „Im Zuge einer Ablösung der noch vom ‚Dritten Reich' beeinflußten älteren Generation, so wurde vielfach angenommen, werde sich die ‚zivilgesellschaftliche Modernitätslücke' endgültig auf angenehm liberale Weise ausfüllen."[6] Besonders konservative Forscher, etwa Hans-Helmuth Knütter, hielten ihn für ein politisch-ideologisches Relikt und Randproblem, das sich in absehbarer Zukunft aus biologischen Gründen quasi von selbst erledigen würde. Knütter glaubte zwar, es werde auch künftig Personen und Gruppen geben, die „sich in der modernen Gesellschaft unbehaglich fühlen" könnten, räumte dem Rechtsradikalismus in seiner Dissertation von 1961 aber keinerlei Entwicklungschancen und Entfaltungsmöglichkeiten mehr ein: „Da die heutigen Rechtsextremen zum überwiegenden Teil mit den Anhängern des Nationalsozialismus und der vornationalsozialistischen Rechten identisch und da ihre Anschauungen durch diese Identität bestimmt sind, deutet vieles darauf hin, daß sich das Problem in seiner heutigen Form mit dem Aussterben der Generation, die den Nationalsozialismus bewußt erlebt und bejaht hat, von selbst regeln wird."[7]

2.2 Extremismustheoretiker setzen Links- und Rechtsextremismus gleich, leugnen aber die Nähe der „bürgerlichen Mitte" zu dessen Ideologie

Die zitierte Prognose erwies sich jedoch schon bald als unhaltbar, sodass andere Deutungsmuster das Fortleben des Rechtsextremismus erklären und seine Bedeutung gleichzeitig relativieren mussten. Während der 50er- und frühen 60er Jahre, d.h. auf dem Höhepunkt des Kalten Krieges, wurden in der Bundesrepublik alle geistig-politischen Kräfte im Kampf gegen den Kommunismus bzw. den Marxismus-Leninismus mobilisiert. Was lag näher, als diesen unter dem Oberbegriff „Totalitarismus" mit dem Nationalsozialismus bzw. Hitlerfaschismus, also Links- und Rechtsextremismus, gleichzusetzen? Es gab keine geeignetere Konzeption, um das Scheitern der Weimarer Republik als das Resultat einer doppelten Frontstellung (gegenüber Rechts- und Linksextremisten) zu entschuldigen, die geistigen Berührungspunkte des Bürgertums mit dem Nationalsozialismus zu verschleiern und die notwendige Aufarbeitung der NS-Zeit durch Neukonturierung des alten Feindbildes (Kommunisten/Sozialisten) überflüssig zu machen.

Vor allem die beiden Politikwissenschaftler Uwe Backes und Eckhard Jesse versuchen seit über einem Jahrzehnt, die Extremismustheorie durch eine Vielzahl von Veröffentlichungen aufzuwerten und ihr ein über den Ver-

---

6 Ebd.

7 Hans-Helmuth Knütter, Ideologien des Rechtsradikalismus im Nachkriegsdeutschland. Eine Studie über die Nachwirkungen des Nationalsozialismus, Bonn 1961, S. 208

fassungsschutz[8], Staatsapparat und bürgerliche Parteien hinausreichendes Renommee zu verschaffen. Sie legen ihren Arbeiten die folgende Definition zugrunde: „Der Begriff des politischen Extremismus soll als Sammelbezeichnung für unterschiedliche politische Gesinnungen und Bestrebungen fungieren, die sich in der Ablehnung des demokratischen Verfassungsstaates und seiner fundamentalen Werte und Spielregeln einig wissen, sei es, daß das Prinzip menschlicher Fundamentalgleichheit negiert (Rechtsextremismus), sei es, daß der Gleichheitsgrundsatz auf alle Lebensbereiche ausgedehnt wird und die Idee der individuellen Freiheit überlagert (Kommunismus), sei es, daß jede Form von Staatlichkeit als ‚repressiv' gilt (Anarchismus)."[9]

Todfeinde wie der Faschismus und der Kommunismus befinden sich damit „im selben Boot", wohingegen man ihrer Herkunft, ihren geistigen Wurzeln und ihrer Ideologie nach verwandte Strömungen, wie etwa Deutschnationalismus, Nationalkonservatismus und Nationalsozialismus, anderen Strukturkategorien zuordnet. Grau- bzw. „Braunzonen", ideologische Grenzgänger und inhaltliche Überschneidungen zwischen Konservatismus und Rechtsextremismus werden nicht mehr thematisiert oder bewusst tabuisiert, die tiefen Gräben zwischen Rechts- und Linksradikalismus zwar keineswegs ignoriert, ihrer Bedeutung nach jedoch stark relativiert. Die Konzentration auf das/die Extreme lenkt vom gesellschaftlichen Machtzentrum und von seiner Verantwortung für die politische Entwicklung eines Landes ab. Gleichwohl maßt sich eine fiktive politische „Mitte" an, konkurrierende Positionen links und rechts von ihr als „undemokratisch" ausgrenzen zu können, entzieht sich selbst damit aber jeder Kritik.

Wer – wie Backes oder Jesse – die Ablehnung des demokratischen Verfassungsstaates zum (einzigen) Bestimmungsmerkmal des Extremismus erklärt, vernachlässigt die gesellschaftlichen Ursachen seines Untersuchungsgegenstandes. Extremismustheoretiker behandeln den Rechts- ebenso wie den Linksradikalismus primär als einen Gegner der bestehenden politischen bzw. Staatsordnung, nicht als ein soziales Phänomen, das (mitten) in der Gesellschaft wurzelt.

Die Totalitarismustheorie ist, wenn man so will, das auf den „Extremismus an der Macht" bezogene Pendant zur Extremismustheorie. Sie war zwar kein Kind des Kalten Krieges – wie häufig behauptet –, sondern wurde schon in den 1920er- und 1930er Jahren vor dem Hintergrund der Machtübernahme des italienischen Faschismus (Benito Mussolinis „Marsch auf Rom") einerseits und der Stalinisierung Sowjetrusslands andererseits entwickelt, ihren Hauptwirkungszeitraum bildeten aber die 50er- und frühen 60er Jahre, als die

8 Vgl. dazu: Wolfgang Wippermann, Verfassungsschutz und Extremismusforschung: falsche Perspektiven, in: Jens Mecklenburg (Hrsg.), Braune Gefahr. DVU, NPD, REP – Geschichte und Zukunft, Berlin 1999, S. 268ff.

9 Uwe Backes/Eckhard Jesse, Politischer Extremismus in der Bundesrepublik Deutschland, Berlin/Frankfurt am Main 1993, S. 40

Beziehungen zwischen den westlichen Demokratien und dem „Ostblock" unter Führung der UdSSR einen Tiefpunkt erreichten.

Das genannte Theorem bot eine Möglichkeit, die Mitschuld einflussreicher Gesellschaftskreise an der „Machtergreifung" des Hitlerfaschismus zu relativieren. Die Weimarer Republik sei, so hieß es, am Zusammenspiel der Verfassungsfeinde links- und rechtsaußen zugrunde gegangen. Außerdem diente das besagte Interpretationsmodell während der Ost-West-Konfrontation und der Restauration in der Bundesrepublik Deutschland als eine innenpolitische Waffe gegen die demokratische Linke, der unterstellt wurde, eine dem Nationalsozialismus und dem Stalinismus ähnliche Herrschaft errichten zu wollen („Alle Wege des Marxismus führen nach Moskau" – so ein gegen die SPD gerichtetes Wahlplakat der CDU).

Die Extremismus-/Totalitarismustheorie klassifiziert zwar alles, erklärt aber nichts. Wenn sie den Extremismus bzw. den Totalitarismus auf den Begriff zu bringen sucht, kommt statt einer Definition nur eine Addition von Merkmalen heraus, die zusammengenommen sein Wesen ausmachen sollen. Politikwissenschaft reduziert sich auf Deskription. Das eigentliche Dilemma der Totalitarismus- wie der Extremismustheorie besteht darin, um der Akzentuierung partieller Gemeinsamkeiten zwischen zwei Vergleichsgegenständen willen deren Wesensunterschiede eskamotieren zu müssen. Zwangsläufig kommen die zentralen Inhalte der beiden Ideologien gegenüber ihrer Wirkung, ihrem Absolutheitsanspruch und ihrer Allgegenwart viel zu kurz.

Gemeinsamkeiten zwischen beiden Regimen kann – im wahrsten Sinne des Wortes – jedes Kind erkennen: Man muss ihm nur Bilder von Massenaufmärschen und Militärparaden, die Insignien des Führerkults, Machtrituale oder Uniformen paramilitärischer Verbände zeigen. Um die *Unterschiede* zu erkennen, bedarf es hingegen wissenschaftlicher Methoden und analytischer Fähigkeiten. Einen gravierenden Unterschied zwischen Links- und Rechtsextremismus ignorieren Extremismus- und Totalitarismustheorien bewusst: „Der Rechtsextremismus strebt die Beseitigung der Demokratie, der Sozialismus jedoch die Abschaffung des Kapitalismus an."[10] Richard Stöss schlussfolgert, dass der Rechtsextremismus prinzipiell, also von seiner Idee her und den Zielen nach *anti*demokratisch, der Sozialismus aber nur gegen die Demokratie gerichtet sei, wenn er (im Sinne einer „Diktatur des Proletariats" oder Politbüros) missbraucht oder pervertiert werde.

Eckhard Jesse lehnt es jedoch strikt ab, die Frage nach den geistigen Hinter- und Beweggründen für Unterdrückungsmaßnahmen eines totalitären Regimes überhaupt zu stellen: „Das Opfer totalitärer Mechanismen muß eine solche Differenzierung – Kommunismus als Deformation einer an sich guten Idee – als sophistisch, wenn nicht zynisch empfinden, ganz abgesehen davon,

10 Richard Stöss, Die extreme Rechte in der Bundesrepublik. Entwicklung – Ursachen – Gegenmaßnahmen, Opladen 1989, S. 18

daß Ziele und Mittel vielfach ineinander übergehen."[11] Die *Opfer*perspektive ist freilich wenig geeignet, ein qualifiziertes fachliches Urteil zu fällen. Aus guten Gründen lässt man keine Gewaltopfer (bzw. Hinterbliebene), sondern *nicht* unmittelbar betroffene Geschworene bzw. Schöffen richten. Was aber im Strafprozeß selbstverständlich ist, nämlich die Herkunft und Motive des Angeklagten zu würdigen – nicht bloß das Resultat seiner Handlung –, sollte auch eine Grundvoraussetzung für die politikwissenschaftliche Bewertung von Herrschaftssystemen sein.

Zwar schien sich die Totalitarismustheorie auf den ersten Blick durch den völligen Bankrott des osteuropäischen Sozialismus zu bestätigen und erfuhr im Massenbewusstsein wie in den Augen sich aufgrund der veränderten Kräfteverhältnisse nach rechts wendender Linksintellektueller eine gewisse Aufwertung. Aber im Grunde wurde sie durch den – durchweg friedlichen – Verlauf des Systemwechsels widerlegt: Entgegen ihrer Kernbotschaft sind Kommunismus und Faschismus nicht nur ganz unterschiedlich – durch eine soziale Revolution in Russland, aber die freiwillige Übergabe der Regierungsgeschäfte an Mussolini und Hitler in Deutschland bzw. Italien – an die Macht gelangt, sondern haben diese auch ganz unterschiedlich wieder verloren. Während die „rechte Spielart des Totalitarismus" 1945 ein durch ihren barbarischen Angriffs-, Eroberungs- und Vernichtungskrieg zerstörtes Europa hinterließ, trat die „linke Variante des Totalitarismus" 1989/90 trotz der Verfügung über ein riesiges Waffenpotenzial ab, ohne militärisch auch nur den geringsten Widerstand zu leisten. Somit könnte gerade die Auflösung des Ost-West-Gegensatzes entgegen der Befürchtungen, wie sie z.B. Michael Schöngarth und Karl Heinz Roth hegen,[12] das Schicksal der Totalitarismustheorie besiegelt haben: Seines aktuellen Gebrauchswertes als politisch-ideologischer Kampfbegriff und Diffamierungsinstrument beraubt, dürfte der Terminus „Totalitarismus" in Zukunft bloß noch eine untergeordnete Rolle spielen.

Sowenig die Extremismustheorie eine Analyse des Rechtsextremismus ermöglicht, sowenig verfügen ihre Vertreter über eine geeignete Strategie, ihn zu bekämpfen. Sie setzen im Wesentlichen auf den Staat, genauer: einen starken Staat in Form einer „wehrhaften Demokratie", die Extremisten von links und rechts nicht an ihrem Engagement hindern, aber aus dem politischen Machtzentrum der Gesellschaft heraushalten soll. Hans-Gerd Jaschke weist auf die unterschiedliche Behandlung von Links- und Rechtsextremisten durch die Staatsschutzbehörden hin: Reaktionen gegen „Links" sind entschiedener und konsequenter, anarchistische Gewalttaten werden nicht nur schärfer verfolgt, sondern auch stärker politisch ausgeschlachtet, wofür die „Sympathisanten"-

---

11 Eckhard Jesse, Der Totalitarismus-Ansatz nach dem Zusammenbruch des realexistierenden Sozialismus, in: Die Neue Gesellschaft/Frankfurter Hefte 11/1991, S. 984

12 Vgl. Michael Schöngarth, Die Totalitarismusdiskussion in der neuen Bundesrepublik 1990 bis 1995, Köln 1996; Karl Heinz Roth, Geschichtsrevisionismus. Die Wiedergeburt der Totalitarismustheorie, Hamburg 1999

Hatz auf das angebliche Umfeld des RAF-Terrorismus (Heinrich Böll u.a.) als Paradebeispiel dienen mag: „Für ‚Links' gibt es ‚Sippenhaft', rechte Militanz wird eher individualisiert und auf Einzeltäter zurückgeführt. Politische Reaktionen gegen links setzen bereits bei individuellen Meinungsäußerungen ein, wie etwa die Praxis der ‚Berufsverbote' in den siebziger Jahren anschaulich zeigt. Demgegenüber beginnt die politische Aufmerksamkeitsschwelle gegen rechts erst bei parlamentarischen Erfolgen der Rechtsparteien."[13]

2.3 NPD, DVU und REPublikaner: demokratische „Normalität" oder Indiz für eine fortschreitende Entdemokratisierung?

Als die im November 1964 gegründete NPD bei Kommunal- und Landtagswahlen der nächsten Jahre mehrfach erfolgreich war, wurde das Problem des Rechtsextremismus wieder akut. Bedingt durch die Rezession 1966/67, in deren Gefolge das westdeutsche Bruttosozialprodukt erstmals zurückging und Massenarbeitslosigkeit um sich griff, sowie die Bildung der Großen Koalition auf Bundesebene im Dezember 1966, fiel es der rechtsextremen Sammlungspartei verhältnismäßig leicht, enttäuschte Kleinbürger und Bauern für sich zu gewinnen.

Erwin K. Scheuch löste sich 1967 in einem Diskussionsbeitrag dadurch aus dem Schatten des deutschen Nationalsozialismus, dass er den Vergleich des rechtsextremen Wählerreservoirs der Bundesrepublik mit demjenigen anderer hoch entwickelter Staaten des Westens, etwa der USA, für aufschlussreicher als den bis dahin generell üblichen historischen Analogieschluss erklärte: „In allen westlichen Industriegesellschaften existiert ein Potential für rechtsradikale politische Bewegungen. Rechtsradikalismus ist unter dieser Perspektive eine ‚normale' Pathologie von freiheitlichen Industriegesellschaften."[14] Zwar wurde der Rechtsextremismus nicht mehr als moderner Ausläufer, bloße Fortsetzung oder Imitat des Nationalsozialismus begriffen, aber zu einem krankhaften Auswuchs des westlichen Staats- und Gesellschaftssystems erklärt, der unvermeidbar und quasi ein leicht zu verschmerzender Preis für demokratische Freiheiten sei. Damit gab Scheuch hinsichtlich des Rechtsextremismus in Westdeutschland (NPD) politische Entwarnung, weil es nach seiner Deutung weder nötig noch möglich war, das Phänomen zu bekämpfen.

Bedingt durch die Schüler- und Studentenbewegung, dominierte gegen Ende der 60er-/Anfang der 70er Jahre fast überall eine kritischere Sichtweise. So führte die „Kulturrevolution" des Jahres 1968 zu einer „Revolutionierung

---

13 Hans-Gerd Jaschke, Streitbare Demokratie und Innere Sicherheit. Grundlagen, Praxis und Kritik, Opladen 1991, S. 59f.

14 Erwin K. Scheuch, Theorie des Rechtsradikalismus in westlichen Industriegesellschaften, in: Hamburger Jahrbuch für Wirtschafts- und Gesellschaftspolitik 12 (1967), S. 12f.

der Faschismusdiskussion" und zu einer temporären Zurückdrängung der Totalitarismusdoktrin.[15] Vor allem verglichen damit, hielten sich die aufklärerischen Impulse der Studentenrebellion auf dem Gebiet der Rechtsextremismusforschung allerdings in Grenzen. Damals stand die Aufarbeitung der deutschen NS-Vergangenheit einschließlich der Verstrickung von Eltern und (Hochschul-)Lehrern eindeutig im Mittelpunkt, weshalb sich das Erkenntnisinteresse erst später der bundesrepublikanischen Gegenwart zuwandte.

Manchmal drängte sich der Eindruck auf, dass die westdeutschen Sicherheitsbehörden das Problem einer militanten Neonaziszene nicht erkannten, unterschätzten oder sogar bewusst verniedlichten. Im September 1980 starben nämlich auf dem Münchner Oktoberfest bei einem Bombenanschlag 13 Menschen, ohne dass die Komplizen des Attentäters Gundolf Köhler enttarnt und die politisch-ideologischen Hintergründe erhellt wurden. Verfassungsschutz und Polizei hielten vielmehr an ihrer Version des „unpolitischen Einzeltäters" fest.[16] Zu einer Zeit, als die Verbrechen der „Rote-Armee-Fraktion" noch in aller Munde waren, passte der *Rechts*terrorismus nicht in das Bild des von Links bedrohten Staates.

Claus Leggewie reformulierte hinsichtlich der REPublikaner, die bei der bayerischen Landtagswahl 1986 drei Prozent der Stimmen errungen hatten, und der DVU, die ihren ersten Abgeordnetensitz einer Besonderheit des Bremer Wahlrechts verdankte, aus politikwissenschaftlicher Perspektive jene These, die Scheuch mit Blick auf die Wahlerfolge der NPD genau 20 Jahre vorher als Resultat seiner soziologischen Analyse präsentiert hatte: Dass die „Zwerge am rechten Rand" zwar nicht zu Riesen mutieren, aber bald Mandate in Parlamenten gewinnen würden, sei auf die nachlassende Integrationsfähigkeit von „Massenlegitimationsparteien" wie der CDU/CSU zurückzuführen und nicht weiter verwunderlich: „Das historische Tabu, das eine Partei rechts von der Union belastet, nämlich der ‚Schatten Hitlers', löst sich allmählich auf, nicht zuletzt dank der Bemühungen, die von seiten der unionsgeführten Bundesregierung im Verein mit ihr nahestehenden Historikern selbst angestellt wurden (‚Historikerstreit' 1986). Eine ‚Normalisierung' der westdeutschen politischen Verhältnisse auf ein ‚europäisches Maß' wird möglich (Normalisierungseffekt)."[17]

Wolfgang Benz hat demgegenüber hervorgehoben, dass es hierzulande aufgrund der besonderen deutschen Geschichte ein „schlummerndes", über Randgruppen der Gesellschaft hinausreichendes Potenzial für den Rechtsextremismus gibt: „Ohne das Erbe der zwölf Jahre des Dritten Reiches wäre

15 Siehe Reinhard Kühnl, Der Weg der Faschismusforschung, in: Das Argument 209 (1995), S. 234

16 Vgl. dazu: Ulrich Chaussy, Oktoberfest. Ein Attentat, Darmstadt/Neuwied 1985

17 Claus Leggewie, Die Zwerge am rechten Rand. Zu den Chancen kleiner neuer Rechtsparteien in der Bundesrepublik Deutschland, in: Politische Vierteljahresschrift 4/1987, S. 363

Rechtsradikalismus in der Bundesrepublik wie auch in anderen Staaten in erster Linie eine statistische Größe des politischen Lebens und vermutlich eine eher harmlose Randerscheinung oder bei entsprechender Größenordnung, bei kriminellem, terroristischem Ausmaß also, ein Problem der inneren Sicherheit. Die historische Hypothek macht aber in Deutschland jede Art von rechtem Extremismus, auch in per se zunächst harmloser Erscheinungsform, zum politischen Problem von unvergleichbarer und einzigartiger Dimension." [18] Daher kann in der Bundesrepublik, was in anderen westeuropäischen Demokratien wie ein rechtsextremer Bodensatz erscheinen mag, der kaum der Rede wert und völlig ungefährlich wäre, einfach nicht „normal" sein.

Gleichwohl wurde die sog. Normalisierungsthese intensiv rezipiert und weiter präzisiert. So machte Gerhard Paul geltend, dass die Renaissance des Rechtsextremismus in der Bundesrepublik auch das Resultat eines Normalisierungsprozesses sein dürfte, dem solche Positionen in der (west)deutschen Öffentlichkeit unterlägen: Möglicherweise erschienen Parteien wie die REPublikaner, DVU und NPD als zu einer „normalen Demokratie" gehörig, weil Jean-Marie Le Pens Front National in Frankreich oder Jörg Haiders „Freiheitliche" in Österreich damals gerade erste größere Wahlerfolge feierten.[19]

3. *Rechtsextremismus im vereinten Deutschland: Wie aus den „alten Nazis" eine „neue APO" wurde*

3.1 Jugendgewalt als Desintegrationsphänomen der modernen „Risikogesellschaft"?

Viele Sozialwissenschaftler, die sich mit dem Rechtsextremismus beschäftigen, verorten seine Hauptursachen im Prozess der Modernisierung. Vor allem Wilhelm Heitmeyer griff dabei frühzeitig auf die Konzeption des Soziologen Ulrich Beck zurück, der die Bundesrepublik seit Mitte der 80er Jahre im Übergang von einer Industrie- zur „Risikogesellschaft" sah,[20] gekennzeichnet durch Individualisierung, „Enttraditionalisierung" und eine „Pluralisierung der Lebensstile". Diese brächten ein Mehr an Entscheidungsmöglichkeiten

18 Wolfgang Benz, Die Opfer und die Täter. Rechtsextremismus in der Bundesrepublik, in: ders. (Hrsg.), Rechtsextremismus in der Bundesrepublik. Voraussetzungen, Zusammenhänge, Wirkungen, Frankfurt am Main 1989, S. 23

19 Vgl. Gerhard Paul, Der Schatten Hitlers verblaßt. Die Normalisierung des Rechtsextremismus in den achtziger Jahren, in: ders. (Hrsg.), Hitlers Schatten verblaßt. Die Normalisierung des Rechtsextremismus, Bonn 1989, S. 45

20 Vgl. Ulrich Beck, Risikogesellschaft. Auf dem Weg in eine andere Moderne, Frankfurt am Main 1986; ders./Elisabeth Beck-Gernsheim (Hrsg.), Riskante Freiheiten. Zur Individualisierung der Lebensformen in der Moderne, Frankfurt am Main 1994

mit sich, jedoch auch mehr Unsicherheit, Ungerechtigkeit und Unruhe, denn es handle sich um „riskante Freiheiten", deren Wahrnehmung überdies auf wenige Menschen beschränkt sei.

Wilhelm Heitmeyer macht mit der Modernisierung einhergehende Individualisierungsschübe für soziale, berufliche und politische Desintegrationsprozesse verantwortlich, die bei Jugendlichen Vereinzelungserfahrungen, Ohnmachtsgefühle und Handlungsunsicherheiten hervorrufen. Da sich soziokulturelle Milieus wie das konfessionelle oder das proletarische aufgelöst hätten, traditionelle Bindungen, familiäre und Nachbarschaftsbeziehungen zerfielen, fehle den Betroffenen, so lautet das zentrale Argument, ein fester Halt. Handlungsunsicherheit führe zu Gewissheitssuche, an die rechtsextreme Konzepte mit Vorurteilen und Stabilitätsversprechen anknüpften; Ohnmachtsgefühle würden in Gewaltakzeptanz umgeformt, die solche Konzepte über das Postulat „Der Stärkere soll sich durchsetzen!" legitimierten; Vereinzelungserfahrungen schließlich mündeten in die Suche nach leistungsunabhängigen Zugehörigkeitskriterien, die rechtsextreme Konzepte vornehmlich durch Betonung der Ethnizität und nationalen Überlegenheitsdünkel böten.

Heitmeyers Untersuchungsansatz liegt ein Rechtsextremismusbegriff zugrunde, der sich sehr leicht operationalisieren lässt, weil er nur aus zwei Elementen besteht: „Ideologien der Ungleichheit" bzw. Ungleichwertigkeit (Sozialdarwinismus, völkischer Nationalismus, Fremdenfeindlichkeit) paaren sich demnach mit Gewaltbereitschaft. „Von rechtsextremistischen Orientierungsmustern kann man (...) vorrangig dann sprechen, wenn beide Grundelemente zusammenfließen, wenn also die strukturell gewaltorientierte Ideologie der Ungleichheit verbunden wird zumindest mit der Akzeptanz von Gewalt als Handlungsform."[21]

Zwar charakterisieren die genannten Aspekte zweifellos Grundzüge des rechtsextremen Denkens, für eine wissenschaftlich präzise Definition der ganzen politischen Richtung, die sich in verschiedenen Gruppierungen, Organisationen und Parteien formiert, reichen sie gleichwohl nicht aus. Die beiden Definitionsmerkmale stehen unverbunden nebeneinander und sind unabhängig voneinander wirksam. Schon die Verknüpfung eines *Ideologie*elements mit einer politischen *Handlungs*form hält Wilfried Breyvogel für problematisch: „Denn weder der Ideologie- noch der Gewaltbegriff sind hinreichend präzisiert."[22]

Schwerer wiegen inhaltliche Bedenken: Weder geht rechtsextremes Denken zwangsläufig mit der Bereitschaft einher, selbst Hand anzulegen, noch

---

21 Wilhelm Heitmeyer, Rechtsextremistische Orientierungen bei Jugendlichen. Empirische Ergebnisse und Erklärungsmuster einer Untersuchung zur politischen Sozialisation, Weinheim/München 1987, S. 16

22 Wilfried Breyvogel, Die neue Gewalt Jugendlicher gegen Fremde 1990-1993. Zur Kritik der Arbeiten des „Bielefelder Erklärungsansatzes", in: Sozialwissenschaftliche Literatur Rundschau 29 (1994), S. 16

vertreten *ausschließlich* Rechtsextremisten eine Ideologie der Ungleichheit/Ungleichwertigkeit. Hier besteht vielmehr weitgehend Übereinstimmung mit dem (Liberal-)Konservatismus, der sich ebenfalls gegen die Nivellierung sozialer Unterschiede wendet. Dorit Stenke weist darauf hin, dass die Ideologie der Ungleichheit nicht nur Rechtsaußen zu finden ist und dass ihr *reale* Ungleichheiten entsprechen: „Das Benennen dieser Ungleichheiten als Elemente der rechtsextremen Ideologie verstellt den Blick auf die bundesdeutsche Realität, die (...) von Sexismus und Rassismus geprägt ist."[23]

Die politische Sozialisation der Jugendlichen begreift Heitmeyer als widersprüchlichen Prozess. Ausgehend von soziokulturellen Veränderungen der Gesellschaft, zeichnet er die Transformation von Alltagserfahrungen junger Männer (Frauen und Mädchen kommen entweder gar nicht oder nur am Rande vor) in politische Orientierungs- und Verhaltensmuster nach: „Der Weg von Jugendlichen in das fremdenfeindliche oder rechtsextremistische Terrain verläuft (...) nicht in erster Linie über die Attraktivität von Parolen, die eine Ideologie der Ungleichheit und Ungleichwertigkeit betonen, um diese mit Gewalt durchzusetzen, sondern über Gewaltakzeptanz, die im Alltag entsteht und *dann* politisch legitimiert wird."[24]

Einige der Kritikpunkte, die vorgetragen wurden, seien im Folgenden ausführlicher dargestellt: Heitmeyers Versuch, die Attraktivität rechtsextremer Orientierungsmuster für Jugendliche aus ihrer Lebenssituation abzuleiten, haftet ein gewisses Maß an Willkür, Unverbindlichkeit und Beliebigkeit an. Denn die sozialen Individualisierungsprozesse, Desintegrationserscheinungen und Tendenzen zur Paralysierung gesellschaftlicher Institutionen, von denen Wilhelm Heitmeyer spricht, werden unterschiedlich verarbeitet und führen – wenn überhaupt – nur selten zur Übernahme rechtsextremer Orientierungsmuster. „Polemisch formuliert, könnten Desintegration und ‚Paralyse' genausogut zur Erklärung jugendlicher Suizide, des Fahrverhaltens auf deutschen Autobahnen oder des vermehrten Wunsches nach Fernreisen im Urlaub herangezogen werden."[25]

Birgit Rommelspacher erklärte die Individualisierungsthese für unhaltbar und warf Heitmeyer, aber auch anderen Forschern, die rechte Jugendliche als „Opfer der Risikogesellschaft" hinstellen, eine wissenschaftliche „Täterent-

23 Dorit Stenke, Geschlechterverhältnis und Rechtsextremismus, in: Institut für Sozialpädagogische Forschung Mainz (Hrsg.), Rassismus – Fremdenfeindlichkeit – Rechtsextremismus: Beiträge zu einem gesellschaftlichen Diskurs, Bielefeld 1993, S. 91

24 Wilhelm Heitmeyer, Das Desintegrations-Theorem. Ein Erklärungsansatz zu fremdenfeindlich motivierter, rechtsextremistischer Gewalt und zur Lähmung gesellschaftlicher Institutionen, in: ders. (Hrsg.), Das Gewalt-Dilemma. Gesellschaftliche Reaktionen auf fremdenfeindliche Gewalt und Rechtsextremismus, Frankfurt am Main 1994, S. 46

25 Wilfried Breyvogel, Die neue Gewalt Jugendlicher gegen Fremde 1990-1993, a.a.O., S. 24

lastung“ vor.[26] Rudolf Leiprecht warnte vor einer „Mythologisierung früherer und traditioneller Lebensweisen“, weil in der Rezeption von Heitmeyers Untersuchungen überkommene Werte und Sozialbeziehungen wie die Kleinfamilie, Heimatverbundenheit und enge Nachbarschaft als positiver Gegenentwurf zum Rechtsextremismus erschienen.[27] Jürgen R. Winkler weist zudem darauf hin, „daß durch die Auflösung tradierter Bindungen im Modernisierungsprozeß der Rechtsextremismus nicht forciert wurde, sondern an Boden verloren hat“.[28]

Roland Eckert unterstellte Heitmeyers Ansatz, implizit konservative Positionen wie etwa die Anomietheorie Emile Durkheims und die Kulturanthropologie Arnold Gehlens aufzugreifen, und konstatierte, dass es keiner Desintegration bedürfe, um menschliche Aggressionen freizusetzen: „Gerade traditionelle, hochintegrierte Gesellschaften (...) weisen häufig (insbesondere in ökonomischen Krisen) ein hohes Maß an fremdenfeindlicher Gewalt bis hin zu Pogromen auf.“[29] Auch neigen durchaus Jugendliche zu rechtsextremer Gewalt, die fest in Familien-, Nachbarschafts- und Freundschaftsbeziehungen eingebunden sind.

Ernsthaft in Frage gestellt wurde Heitmeyers Ansatz durch empirische Untersuchungen, die zu ganz anderen Ergebnissen kamen, als sie sein Konzept hätten vermuten lassen: Beispielsweise ergab die Auswertung mehrerer hundert Ermittlungs- und Gerichtsakten durch eine Forschungsgruppe an der Universität Trier, dass rechtsstehende Gewalttäter vorwiegend aus ganz „normalen“, keineswegs überdurchschnittlich oft aus zerrütteten Familien stammen. Helmut Willems hält Desintegration zur Erklärung fremdenfeindlicher Gewaltakte daher für nur begrenzt tauglich: „So wie die Zuordnung zu aggressiven, zu fremdenfeindlichen und auch zu rechtsradikalen jugendlichen Subkulturen nicht generell als Desintegrationsphänomen beschrieben werden kann, so sind auch nur für einen kleinen Teil der fremdenfeindlichen Gewalttäter persönliche Desintegrationserfahrungen festzustellen: also etwa Schulabbruch, Arbeitslosigkeit, defizitäre Familienstrukturen, Beziehungslosigkeit. Es gibt auch keine Hinweise darauf, daß sie vornehmlich aus sich

26 Vgl. Birgit Rommelspacher, Rechtsextremismus und Dominanzkultur, in: Adreas Foitzik u.a. (Hrsg.), „Ein Herrenvolk von Untertanen“. Rassismus – Nationalismus – Sexismus, Duisburg 1992, S. 85

27 Siehe Rudolf Leiprecht, Das Modell „unmittelbare und/oder direkte Konkurrenz“: Erklärung von Rechtsextremismus oder Rechtfertigungsangebot?, in: Institut für Sozialpädagogische Forschung Mainz (Hrsg.), Rassismus – Fremdenfeindlichkeit – Rechtsextremismus: Beiträge zu einem gesellschaftlichen Diskurs, a.a.O., S. 69

28 Siehe Jürgen R. Winkler, Bausteine einer allgemeinen Theorie des Rechtsextremismus. Zur Stellung und Integration von Persönlichkeits- und Umweltfaktoren, in: Jürgen W. Falter u.a. (Hrsg.), Rechtsextremismus. Ergebnisse und Perspektiven der Forschung, Opladen 1996 (PVS-Sonderheft 27), S. 42

29 Roland Eckert, Gesellschaft und Gewalt – ein Aufriß, in: Soziale Welt 3/1993, S. 358

auflösenden Milieus stammen, die früher durch Gewerkschaften und Kirchen stabilisiert waren.“ [30]

3.2 *„Protestwähler“, „Jugendprotest“ und „Protestbewegung“ – Rechtsextremismus als Nebenfolge relativer Deprivation?*

Als die NPD in den späten 60er Jahren, die DVU und die REPublikaner gegen Ende der 80er-/Anfang der 90er Jahre zum Teil spektakuläre Erfolge bei Kommunal-, Landtags- und Europawahlen feierten, suchte man die Öffentlichkeit mit einer hypothetischen Figur zu beruhigen, die dafür in den Gazetten verantwortlich gemacht wurde: Als mediales Deutungsmuster, das die Parteien- und Wahlforschung empirisch untermauerte, eignete sich der „Protestwähler“, ein Mensch, welcher seine Stimme den Rechtsextremisten nicht aus Sympathie für sie und/oder ihr Gedankengut, sondern aus bloßer Unzufriedenheit mit den „etablierten“ Parteien gibt,[31] hervorragend zur Verharmlosung einer Gefahr, die man gar nicht ernst genug nehmen kann.

Aus der „Protestwahl“ deprivierter Unterschichten als Erklärungsmodell für die Wahlerfolge rechter Parteien ging nach pogromartigen Übergriffen gegen Ausländer in Hoyerswerda (September 1991) und Rostock-Lichtenhagen (August 1992) das Deutungsmuster des Jugendprotests und einer rechten Protestbewegung hervor. Anwendung rassistischer Gewalt durch Jugendliche wurde seither nicht nur als „Hilferuf“ einer überforderten, verunsicherten Generation, sondern auch als „Protestschrei“ einer sozialen Bewegung gedeutet, die als Reaktion auf politische Fehlentwicklungen zu begreifen sei. Besonders von liberalkonservativen Politikern und Publizisten wurde die extreme Rechte als „APO der 90er Jahre“, fremdenfeindliche Gewalt als handfest ausgetragener Generationskonflikt apostrophiert. Bodo Morshäuser sprach von einer „antiautoritären Rebellion“, die durch „subversive Frechheit der Nichtprivilegierten“ geprägt sei.[32] Als ob es politische Kräfte gäbe, die autoritärer und weniger aufmüpfig gegenüber der Obrigkeit wären als die von ihm charakterisierten!

---

30 Helmut Willems, Fremdenfeindliche Gewalt. Einstellungen – Täter – Konflikteskalation, Opladen 1993, S. 250

31 Vgl. z.B. Franz Urban Pappi, Die Republikaner im Parteiensystem der Bundesrepublik. Protesterscheinung oder politische Alternative?, in: Aus Politik und Zeitgeschichte. Beilage zur Wochenzeitung *Das Parlament* 21/1990, S. 37ff.; Klaus Erdmenger, Rep-Wählen als rationaler Protest?, Wer wählt die „Republikaner“ und warum?, in: Hans-Georg Wehling (Red.), Wahlverhalten, Stuttgart/Berlin/Köln 1991, S. 242ff.; Dieter Roth/Hartmut Schäfer, Der Erfolg der Rechten. Denkzettel für die etablierten Parteien oder braune Wiedergeburt?, in: Wilhelm Bürklin/Dieter Roth (Hrsg.), Das Superwahljahr. Deutschland vor unkalkulierbaren Regierungsmehrheiten?, Köln 1994, S. 111ff.

32 Siehe Bodo Morshäuser, Rechtsradikale Jugendliche: „Eine antiautoritäre Rebellion“, in: Psychologie heute 12/1993, S. 41

In den Massenmedien erfolgte die Fehldeutung des Rechtsextremismus als „Jugendprotest" im Rahmen einer Berichterstattung über rassistische Gewalttaten, die den Eindruck erweckte, als handle es sich hierbei um das Aufbegehren einer ganzen Generation.[33] Die in der Tagespublizistik vorherrschende Tendenz zur Vereinfachung eines letztlich unbegriffenen Problems findet sich jedoch auch in seriösen Fachorganen. So diagnostizierte Karl Heinz Roth eine Revolte der „Anschluss"-Verlierer in Ost- und Westdeutschland: „Diesseits und jenseits der Elbe hat sich eine Jugendbewegung an die Spitze des Aufbegehrens der moralisch, ökonomisch und sozialpolitisch Entwerteten gesetzt. Adressat ihrer Wut aber wurden nicht diejenigen, die mit ihren Entscheidungen und Handlungsrastern die soziale Katastrophe ausgelöst haben und inzwischen verwalten. Die Gewalt der Jugendlichen richtete sich gegen Zuzug von außen, gegen die Asylsuchenden der jüngsten Migrationswelle, die von den Behörden in die Zentralen Anlaufstellen und Sammellager der Trabantenstädte und Depressionszonen gepfercht wurden."[34]

Hans-Gerd Jaschke glaubte, dass sich der Rechtsextremismus seit 1989/90 als soziale Bewegung konstituiere. Die zentrale These seiner Überlegungen hierzu lautet: „Der Protest von rechts ist eine sich zur sozialen Bewegung formierende modernisierungskritische Reaktion auf zwei fundamentale Veränderungen der Gesellschaft – auf Ethnisierungsprozesse und auf Individualisierungsschübe."[35] Daraus ergibt sich die Frage, was man denn eigentlich mit „(Jugend-)Protest" meint. Der Verdacht drängt sich auf, dass mit diesem Begriff zu sorglos umgegangen und darunter bloß eine Missfallensbekundung – gleich welcher Art – verstanden wird.

Das Weinen eines von den Eltern vernachlässigten Kindes ist genauso wenig ein Protestschrei wie die Hetzparole „Ausländer raus!". Unzufriedenheit mit der eigenen sozialen Lage oder politischen Gegebenheiten und Äußerungen des Unmuts darüber sind für sich allein noch kein Protest, wiewohl dieser daraus hervorgehen kann. Protest basiert vielmehr auf moralischen Prinzipien bzw. politisch-ideologischen Grundsätzen, bedarf (der Ansätze) eines Programms und des Gegenentwurfs für eine andere Lebensweise oder eine bessere Gesellschaft, jedoch auch einer Öffentlichkeit, um sein Ziel zu erreichen, und ist seinem ganzen Wesen nach eine Herausforderung der Obrigkeit.

Werner Bergmann sieht eine „Protestmobilisierung von rechts", die seiner Meinung nach in eine soziokulturelle Bewegung mündet, die sich aus der persönlichen „Erfahrung von Fremdheit im Zuge massenhafter Migrations-

33 Vgl. hierzu: Christoph Butterwegge, Ethnisierungsprozesse, Mediendiskurse und politische Rechtstendenzen, in: ders. (Hrsg.), NS-Vergangenheit, Antisemitismus und Nationalismus in Deutschland, a.a.O., S. 198ff.

34 Karl Heinz Roth, Rassismus von oben – Rassismus von unten, in: 1999. Zeitschrift für Sozialgeschichte des 20. und 21. Jahrhunderts 2/1993, S. 7

35 Hans-Gerd Jaschke, Rechtsradikalismus als soziale Bewegung. Was heißt das?, in: Vorgänge 122 (1993), S. 105

prozesse" speist.[36] Der Bewegungsbegriff, den die Neonazis gern für sich reklamieren (z.B. nannte Michael Kühnen seine Gruppen so), wird mittlerweile selbst in Teilen der Fachliteratur derart unscharf gefasst und inflationär benutzt, dass der Politikwissenschaftler Uwe Backes sogar die Deutsche Volksunion (DVU) und die Freiheitliche Partei Österreichs (FPÖ) als „Bewegungen" – im Original ohne Anführungszeichen – bezeichnet.[37] Wer sich einer solchen Verwässerung des Protest- und Bewegungsbegriffs widersetzt, sucht beide keineswegs „gleichsam als Adelsprädikat für politisch genehme Gruppierungen zu reservieren", wie Ruud Koopmans und Dieter Rucht meinen.[38] Auch geht es mir nicht darum, die Existenz einer rechtsextremen Bewegung durch eine restriktive Terminologie wegzudefinieren,[39] denn das Problem besteht ja unabhängig davon, wie man es nennt. Doch plädiert Norbert F. Schneider zu Recht für eine wissenschaftlich fundierte Begriffswahl: „Gerade heute, wo sich der Bewegungsbegriff zu einem politischen Modebegriff entwickelt hat, den sich kleinste Protestgruppen ebenso gerne selbst verleihen wie längst erstarrte Organisationen, die institutionalisierte Konflikte verwalten, kann mit einem vage gehaltenen Bewegungsbegriff nicht zuverlässig analytisch gearbeitet werden."[40]

Für Jörg Bergmann und Claus Leggewie handelt es sich bei den Skinheads um einen neuen, einen *Spezial*fall sozialer Bewegung, nämlich um eine Anti-Bewegungs-Bewegung: „Sie mobilisiert rechte ‚Postmaterialisten', die von sich meinen, im allgemeinen Gefühl geglückten kulturellen Umbruchs zu kurz gekommen zu sein."[41] Uwe Markus moniert, dass Gruppen gewaltbereiter Jugendlicher durch solche Deutungsmuster der Rechtsextremismusforschung die Rolle eines Korrektivs zugesprochen bekommen, das den nötigen „Druck der Straße" erzeugt, um die Versäumnisse der etablierten Politik offen zu legen und sinnvolle Veränderungen herbeizuführen: „Es hätte aller-

36 Siehe Werner Bergmann, Ein Versuch, die extreme Rechte als soziale Bewegung zu beschreiben, in: ders./Rainer Erb (Hrsg.), Neonazismus und rechte Subkultur, Berlin 1994, S. 186/184

37 Vgl. Uwe Backes, Organisierter Rechtsextremismus im westlichen Europa. Eine vergleichende Betrachtung, in: Werner Billing u.a. (Hrsg.), Rechtsextremismus in der Bundesrepublik Deutschland, Baden-Baden 1993, S. 61

38 Siehe Ruud Koopmans/Dieter Rucht, Rechtsradikalismus als soziale Bewegung?, in: Jürgen W. Falter u.a. (Hrsg.), Rechtsextremismus, a.a.O., S. 268

39 So Ruud Koopmans, Soziale Bewegung von rechts?, Zur Bewegungsförmigkeit rechtsradikaler und ausländerfeindlicher Mobilisierung in Deutschland, in: Jens Mecklenburg (Hrsg.), Handbuch deutscher Rechtsextremismus, Berlin 1996, S. 780 (Fn. 5)

40 Norbert F. Schneider, Was kann unter einer „sozialen Bewegung" verstanden werden?, Entwurf eines analytischen Konzepts, in: Ulrike C. Wasmuht (Hrsg.), Alternativen zur alten Politik?, Neue soziale Bewegungen in der Diskussion, Darmstadt 1989, S. 198

41 Jörg Bergmann/Claus Leggewie, Die Täter sind unter uns. Beobachtungen aus der Mitte Deutschlands, in: Kursbuch 113 (1993), S. 34

dings fatale Folgen für einen differenzierenden Umgang mit dem Phänomen, das Selbst- und Fremdbild solcher Gruppen unkritisch zu übernehmen und sie als militanten Kern eines im Grunde sozialemanzipatorischen Protestpotentials zu mißdeuten."[42]

Inhaltlich analysiert, handelt es sich um eine *un*soziale Bewegung, die sich keineswegs für sozial Benachteiligte einsetzt, Asylsuchende, Haftentlassene, Menschen mit Behinderungen, Obdachlose, Homosexuelle und andere „Randgruppen" vielmehr ausgrenzt, ihnen sozialstaatliche Leistungen vorenthalten und/oder sie durch Zwangsmaßnahmen disziplinieren will. Es geht also nicht um eine Negation, sondern gerade um die – bis zur letzten Konsequenz getriebene – Realisation gültiger Normen (Beurteilung einer Person nach ihrer Leistungsfähigkeit bzw. ihrer Angepasstheit) und gesellschaftlicher Funktionsmechanismen wie der Konkurrenz.[43] Da die Neoliberalen das Elite- und Leistungsdenken in verschiedenen Bereichen der Gesellschaft rehabilitieren wollen, deckt sich die Rechtsentwicklung partiell durchaus mit ihren Zielsetzungen, auch wenn hier nicht – etwa in Form einer Verschwörungstheorie – unterstellt werden soll, dass diese Interessenkonvergenz von den handelnden Personen intendiert sei.

Neue Soziale Bewegungen setzen sich aus unterschiedlichen Kräften zusammen, sind in der Gesellschaft verwurzelt, richten sich gegen die offizielle (Regierungs-)Politik und kultivieren ihr gegenüber den subjektiven Faktor („Politik in der ersten Person"). Selbst wenn man das Streben nach sozialer Emanzipation, Formen demokratischer Partizipation, eine fundierte Gesellschaftskritik und die Autonomie gegenüber Parteiapparaten – also auch normative Aspekte – nicht für konstitutive Merkmale einer sozialen Bewegung hält, sondern diesen Begriff als bloße *Struktur*kategorie fasst, die inhaltlich unbestimmt bleibt, also keinerlei politische oder moralische Wertung enthält,[44] erfüllt der moderne Rechtsextremismus nicht sämtliche Kriterien. Vielmehr sprach Thomas Ohlemacher 1994 mit der Begründung von diesem als „schmerzhafter Episode", dass es sich bei den Ausschreitungen um „weichere Phänomene unterhalb der Bewegungsebene" handle.[45]

In jüngster Zeit nahm Armin Pfahl-Traughber die Debatte über den Rechtsextremismus als „soziale Bewegung" wieder auf. Seiner Ansicht nach gibt dieser Terminus wichtige Hinweise auf Gründe für die Ende des 20./Anfang des 21. Jahrhunderts steigende Attraktivität des Rechtsextremismus gerade für Jugendliche. Besonders die NPD und die „Jungen Nationaldemo-

42 Uwe Markus, „Immer cool bleiben ...", Jugendgewalt in Ostdeutschland, in: Werner Bergmann/Rainer Erb (Hrsg.), Neonazismus und rechte Subkultur, a.a.O., S. 158f.

43 Vgl. Dieter Bott, Jugend und Gewalt, in: Deutsche Jugend 2/1993, S. 87

44 Vgl. Werner Bergmann/Rainer Erb, Kaderparteien, Bewegung, Szene, kollektive Episode oder was?, Probleme der soziologischen Kategorisierung des modernen Rechtsextremismus, in: Forschungsjournal Neue Soziale Bewegungen 4/1994, S. 26

45 Siehe Thomas Ohlemacher, Schmerzhafte Episoden: Wider die Rede von einer rechten Bewegung im wiedervereinigten Deutschland, in: ebd., S. 21

kraten“ (JN) verkörpern für Pfahl-Traughber als Scharnier zwischen Neonazismus und „moderatem“ Rechtsextremismus mit Massenaufmärschen, die den „Kampf um die Straße“ vorantreiben sollen, das Bewegungsmoment. Pfahl-Traughber sieht in dem organisatorischen Umstrukturierungsprozess des Rechtsextremismus (von z.T. 1992ff. verbotenen Kaderorganisationen zu „autonomen Kameradschaften“) ein Indiz für den Bewegungscharakter dieser Szene. „Im Ergebnis kam es dadurch einerseits zu einer engeren Zusammenarbeit früher weniger miteinander kooperierender Rechtsextremisten und zu Aktionen mit relativ spontanen Änderungen und Reaktionen auf das Handeln der Polizeikräfte. Anderseits entwickelten sich nach dem Wegfall fest strukturierter Organisationen aber bislang noch nicht die für die politische Arbeit nötige Kontinuität und Stringenz des Agierens, wobei hier zunehmend die NPD eine initiierend und koordinierend wirkende Rolle zu spielen scheint.“[46]

Rechtsextreme Ideologien/Organisationen haben nur Erfolg, wenn sie die besonders in Krisen- und Umbruchsituationen spürbare Unzufriedenheit der Unter- bzw. der vom sozialen Abstieg bedrohten Mittelschichten aufgreifen, sind daher ohne rebellische Basisimpulse überhaupt nicht denkbar. Ein Pogrom ist jedoch keine Protestaktion und eine jugendliche Provokation keine Rebellion, auch keine „konformistische“, wie man vielleicht auf den ersten Blick meinen könnte.[47]

Zwischen Gewalt und Gewalt gibt es gewaltige Unterschiede. Diese Feststellung bedeutet jedoch nicht, rechte Gewalt zu verteufeln und linke (Gegen-)Gewalt zu billigen. Letztere ist vielmehr – genauso wie erstere – weder moralisch gerechtfertigt noch politisch opportun, sondern höchstens in einem Notwehr- oder Nothilfefall angebracht. Aber sowenig das Attentat Claus Schenk Graf von Stauffenbergs auf Hitler (20. Juli 1944) mit dem Bombenanschlag eines von Rauschgiftkartellen gedungenen Killers auf Polizisten, Richter und Staatsanwälte gleichzusetzen ist, sowenig dürfen die unterschiedlichen Motive und Tatumstände außer Acht bleiben, will man einen Vergleich zwischen linksradikalen Gewalttaten und rechtsextremem Terror ziehen: Wenn heutzutage Molotowcocktails gegen Flüchtlingswohnheime fliegen, so ist dies mit der Tatsache, dass empörte Studenten nach dem Mordanschlag auf Rudi Dutschke am Gründonnerstag 1968 Molotowcocktails gegen das Springer-Hochhaus in Berlin schleuderten, nicht gleichzusetzen.

---

46 Armin Pfahl-Traughber, Noch einmal: Rechtsextremismus als (neue) soziale Bewegung?, Versuch einer Einschätzung vor dem Hintergrund der Situation Ende der 90er Jahre, in: Frieder Dünkel/Bernd Geng (Hrsg.), Rechtsextremismus und Fremdenfeindlichkeit. Bestandsaufnahme und Interventionsstrategien, Mönchengladbach 1999, S. 103

47 Vgl. Martin Doehlemann, Langeweile, Moralentwicklung und Gewaltbereitschaft von Jugendlichen in der Konsum- und Konkurrenzgesellschaft, in: Gregor Sauerwald (Hrsg.), Angst, Haß, Gewalt – Fremde in der Zweidrittelgesellschaft. Eine Herausforderung für das Sozialwesen, Münster/Hamburg 1994, S. 43f.

Während mit dem BILD-Verlag ein Symbol der (politisch-ökonomischen und Medien-)Macht das Ziel war, sind jetzt völlig Wehrlose die Opfer.

Skinheads, „Faschos" und Hooligans haben mit den Hippies und SDS-Anhängern der 60er Jahre wenig mehr als das jugendliche Alter gemein. Ähnliche Erscheinungs- bzw. Aktionsformen dürfen nicht über die gegensätzlichen Zielsetzungen und Grundwerte solcher Bewegungen hinwegtäuschen. Im Unterschied zu Teilen der APO-Generation sucht der Rechtsextremismus heute nämlich nur mit brutalster Gewalt zu realisieren, was die „schweigende Mehrheit" im Land angeblich denkt. „In gewissem Sinne handeln ‚Rassisten' eher in Einklang mit den herrschenden Verhältnissen denn in Opposition zu diesen; sie unterscheiden sich von der herrschenden Politik vor allem dadurch, daß sie rücksichtsloser durchsetzen, was jene nahelegt: die Reduzierung der Zahl der Fremden in unserem Lande zur Sicherung des eigenen Wohls." [48]

3.3 Linke Lehrer und rechte Schüler: Gewalt als Produkt fehlender oder falscher Erziehung?

Der Fehldeutung des Rechtsextremismus als „Jugendprotest" trat bald ein nicht weniger einflussreiches Interpretationsmodell zur Seite, wonach dieser als Reaktion auf die linke Protestgeneration der 60er-, 70er- oder 80er Jahre zu begreifen ist: „Skinheads sind die Leiche im Keller der Jugendbewegungen der achtziger Jahre." [49] Das von Bodo Morshäuser benutzte Argumentationsmuster ist natürlich nicht neu. In Deutschland wird die Linke seit jeher für Wahlerfolge und Gewalttaten der extremen Rechten verantwortlich gemacht: Gab man in Weimar den Sozialdemokraten (Aufkündigung der Großen Koalition im Frühjahr 1930) und/oder den Kommunisten (angebliche Zusammenarbeit mit der NSDAP) die Schuld für Hitlers „Machtergreifung" am 30. Januar 1933, so war es in den 60er Jahren die APO, mit der man sowohl den RAF-Terrorismus wie den Aufstieg der NPD zu erklären versuchte. Dazu bemerkten Reinhard Kühnl, Rainer Rilling und Christine Sager in ihrem Buch über diese Partei: „Selbst wenn die Studentendemonstrationen der NPD Stimmengewinne gebracht hätten, so ist doch zu betonen, daß eine solche Aktivität das autoritäre Potential nicht geschaffen, sondern allenfalls aktiviert haben könnte. Die Ursachen der autoritären Mentalität müssen tiefer liegen." [50]

Konservative Kreise behaupten, dass die radikale Linke das Wertfundament der parlamentarischen Demokratie systematisch untergraben und mit-

---

48 Ute Osterkamp, Antirassismus: weitere Fallstricke und Problematisierungen, in: Das Argument 195 (1992), S. 737

49 Bodo Morshäuser, Hauptsache Deutsch, Frankfurt am Main 1992, S. 112

50 Reinhard Kühnl u.a., Die NPD. Struktur, Ideologie und Funktion einer neofaschistischen Partei, Frankfurt am Main 1969, S. 297

tels ihrer Laisser-faire-Haltung junge „Mini-Rambos“ bzw. „Monster-Kids“ herangezüchtet habe. Die „Konfliktpädagogik“ der „'68er“-Lehrergeneration sei, so heißt es, zum Einfallstor für die Aggression von Schülern geworden. Sogar mit dem „Duz-Syndrom“ linker Lehrer/innen und Professor(inn)en gegenüber Schüler(inne)n und Studierenden wird der Aufschwung des Rechtsextremismus in Verbindung gebracht.[51] Am 10. Dezember 1992 stellte der damalige Kanzler Helmut Kohl im Bundestag die rhetorische Frage, „ob nicht viele der sogenannten Reformversuche im Bildungswesen an Stelle des erhofften Ziels vielfach das Gegenteil erreicht haben. Statt des ‚herrschaftsfreien Diskurses‘ erleben wir jetzt immer mehr gewalttätige Auseinandersetzungen.“[52]

Denselben Gedanken spitzte Beate Scheffler, damals nordrhein-westfälische Landtagsabgeordnete der GRÜNEN und Lehrerin von Beruf, in einer Broschüre ihrer Fraktion selbstkritisch zu: „Wir haben unsere Erziehungsziele nicht erreicht. Statt der mündigen, sozial und ökologisch engagierten Jugend hat unsere Erziehung eine Spezies hervorgebracht, die zum überwiegenden Teil egozentrisch, konsumorientiert und im schlimmsten Falle sogar gewalttätig und fremdenfeindlich ist.“[53] Claus Leggewie führte die Eskalation der Gewalt auf Defizite der familialen Sozialisation zurück und sprach von einer „verlorenen Generation“, die sich selbst und dem Fernsehkonsum überlassen bleibe: „Die in verdächtiger Eile als ‚Nazi-Kids‘ gebrandmarkten Gewalttäter sind Erziehungswaisen, Angehörige einer neuen vaterlosen und fatal auf die (hilflosen) Mütter fixierten Generation. Aber nicht die Schläge der Väter und die Strenge der Mütter, sondern Abwesenheit und Gleichgültigkeit der Älteren bleuten ihnen das ‚autoritäre‘ Denken und Handeln ein.“[54]

Hier knüpften diejenigen an, die Säuglings- und Kinderkrippen der DDR für Fremdenfeindlichkeit und Gewaltbereitschaft von Jugendlichen in den östlichen Bundesländern verantwortlich machen.[55] Allerdings leidet natürlich die Plausibilität der Erklärung, wenn Medien sowohl den „Drill“ einer autoritären wie auch das Gegenteil, die Nachlässigkeit einer permissiven oder antiautoritären Pädagogik, als Einfallstore bzw. Erklärungsfaktoren für rechte

---

51 Vgl. Gerhard Amendt, Du oder Sie. 1945 – 1968 – 1995, Bremen 1995, S. 70

52 Helmut Kohl, Erklärung der Bundesregierung zu Extremismus und zunehmender Gewaltbereitschaft in Deutschland, in: Presse- und Informationsamt der Bundesregierung (Hrsg.), Bulletin 136/1992, S. 1242f.

53 Beate Scheffler, „Trau keiner/m unter 30“. Brauchen wir eine neue Revolte?, in: Die GRÜNEN im Landtag Nordrhein-Westfalen (Hrsg.), Halbzeit. Zweieinhalb Jahre GRÜNE im Landtag NRW, Düsseldorf 1992, S. 48

54 Claus Leggewie, Plädoyer eines Antiautoritären für Autorität, in: Die Zeit v. 5.3.1993

55 Vgl. z.B. Anleitung zum Haß. Der Kriminologe Christian Pfeiffer über das Erziehungssystem der DDR und die Folgen, in: Der Spiegel v. 22.3.1999, S. 60ff.; zur Kritik: Michael Geyer, Der häßliche Deutsche – ein DDR-Krippenkind?, Pädagogischer Drill bedingt Ausländerhaß – Anmerkungen zu einer These, die heftigen Streit verursacht, in: Die Zeit v. 8.4.1999

Straftaten benennen. Aber selbst wenn man sich für eine Alternative entscheidet – überzeugend wirkt sie nicht!

Rassistische Jugendgewalt wird als Resultat fehlender oder falscher Erziehung begriffen, gerade so, als stünde den militanten Skinheads eine gewaltfreie, friedliche Welt wohlerzogener Erwachsener gegenüber.[56] Empirisch war die provokative These von den „antiautoritär-unerzogenen" Kindern der '68er-Generation freilich nicht lange zu halten.[57] Gegen zu große Permissivität und Liberalität in der Erziehung als Ursachen für jugendlichen Rechtsextremismus sprechen Untersuchungen, wonach „die Übereinstimmung zwischen der eigenen Ausländerfeindlichkeit (gemessen an verschiedenen Items) und der Grundeinstellung der Familie gegenüber Asylbewerbern viel weiter verbreitet ist als derjenige Fall, wo vom Jugendlichen prinzipielle Unterschiede zwischen der Position der Eltern und der eigenen Einstellung gesehen werden."[58]

Elemente der als rechtsextrem etikettierten jugendkulturellen Stile (Skinheads) mögen eine Reaktion auf die Selbstpräsentation des „etablierten pädagogischen Apparates" sein: „Sie können auch als Bearbeitung der darin begründeten Widersprüche der pädagogischen Institutionen, insbesondere der Schulpädagogik verstanden werden, deren Betonung von sprachlicher Verständigung, Gewaltfreiheit etc. vor dem Hintergrund hierarchisch durchsetzbarer Sanktionen wie Noten und Schulverweise erfolgt."[59] Arno Klönne macht auf die „politischen Verwertungsinteressen" von Erklärungsansätzen aufmerksam, in denen jugendlicher Rechtsextremismus als eine Spätfolge des Jahres 1968 erscheint, was nicht ausschließt, dass die Unglaubwürdigkeit einzelner Repräsentanten der APO-Generation die politische Sozialisation von Jugendlichen beeinflusst: „Im Einzelfall kann für die ‚Rechtswende' eines Jugendlichen die Rebellion gegen ‚linke' Eltern oder Pädagogen durchaus eine Bedeutung haben, aber der Trend hin zum Rechtsextremismus insgesamt ist damit nicht erklärbar."[60]

Wenn die „Alt-'68er" überhaupt eine Mitverantwortung für Rechtsentwicklung und Gewalt in der Bundesrepublik tragen, dann deshalb, weil sie als Personen beim „Marsch durch die Institutionen" erheblich mehr verändert

---

56 Vgl. Karl-Otto Richter/Bernhard Schmidtbauer, Zur Akzeptanz von Asylbewerbern in Rostock-Stadt. Empirische Ergebnisse aus dem Frühjahr 1992, in: Aus Politik und Zeitgeschichte 2-3/1993, S. 44

57 Vgl. Roland Eckert u.a., Erklärungsmuster fremdenfeindlicher Gewalt im empririschen Test, in: Jürgen W. Falter u.a. (Hrsg.), Rechtsextremismus, a.a.O., S. 154

58 Siehe Matthias Wellmer, Ausländerfeindlichkeit und Gewalt ist nicht Protest, sondern Tradition!, in: Neue Praxis 3/1994, S. 283

59 Michael Bommes/Albert Scherr, Faschos raus aus den Jugendzentren?, Probleme offener Jugendarbeit im Umgang mit rechten Jugendlichen, in: Albert Scherr (Hrsg.), Jugendarbeit mit rechten Jugendlichen, Bielefeld 1992, S. 116

60 Arno Klönne, Kein Spuk von gestern oder: Rechtsextremismus und „Konservative Revolution", a.a.O., S. 12

wurden als diese, also wegen mangelnder Konsequenz, tiefgreifende Gesellschaftsveränderungen auch gegen mächtige Interessengruppen durchzusetzen, nicht aber wegen ihrer teilweise illusionären Forderungen und idealistischen Reformvorstellungen selbst. Nicht Willy Brandts Antrittsversprechen, „mehr Demokratie wagen" zu wollen, sondern dass seit dem 28. Januar 1972, als der Bundeskanzler und die Ministerpräsidenten den sog. Radikalenerlass verkündeten, immer weniger Demokratie gewagt wurde, hat – zusammen mit der sozialen Polarisierung und der Marginalisierung größerer Teile der Bevölkerung – die Rechtsentwicklung begünstigt. Faschoskins und Neonazis von heute sind in den letzten Jahren – nicht schon eine Dekade früher – aufgewachsen, sodass sie die „geistig-moralische Erneuerung" der von 1982 bis 1998 regierenden CDU/CSU/FDP-Koalition erheblich stärker beeinflusst haben dürfte als die „Kulturrevolution" der APO-Generation.

Die Renaissance des Elitedenkens, der Leistungsideologie und des Nationalen war nicht das Werk linksoppositioneller bzw. opportunistischer Linksintellektueller, sondern Bestandteil des „Wende"-Programms der liberal-konservativen Bundesregierung, die durch Privatisierung, Deregulierung und Flexibilisierung der Beschäftigungsverhältnisse auch den materiellen Nährboden für die momentane Rechtsentwicklung bereitete. Manneszucht und (soldatische) Disziplin, Ehrbewusstsein, Treue, Pflichterfüllung, Ordnungsliebe, Gehorsam und Opferbereitschaft sind „typisch deutsche" bzw. sog. Sekundärtugenden, die ideale Anknüpfungspunkte für Rechtsextremisten/Neofaschisten bieten. Gleiches gilt für eine Glorifizierung der Marktwirtschaft, die sozialdarwinistische Philosophie des Neoliberalismus und den hieraus erwachsenden Standortnationalismus.[61] Dagegen bilden Empathie, Kritikfähigkeit, demokratisches Bürgerengagement und Basisinitiativen eine Grundvoraussetzung für die schrittweise Zurückdrängung der extremen Rechten.

61 Vgl. hierzu: Christoph Butterwegge, Standortnationalismus – eine Herausforderung für die politische Jugendbildung, in: Deutsche Jugend 11/1998, S. 469ff.

K. Peter Fritzsche

Gewalt zwischen Frust und Lust

Erklärungsansätze der Sozialwissenschaften und Chancen für die politische Bildung

Immer wenn es in Gesellschaft und Politik noch mehr Probleme zu geben scheint, als man es gemeinhin gewohnt ist, und die Mängel über das bekannte Maß ansteigen, wird der Ruf nach den Experten laut, um Erklärungen zu liefern: Wozu haben wir schließlich unsere Theoriekonstrukteure und Empiriker?! So verhält es sich auch angesichts einer Jugendgewalt, die den Erwachsenen, Pädagog(inn)en wie Politiker(inne)n, viele Rätsel aufgibt und die umso bedrohlicher wirkt, je unerklärlicher sie daherkommt. Obwohl der mediale Sensationswert jugendlicher Gewalt den Wunsch nach einfachen und kernigen Erklärungen weckt, ist es gerade bei diesem Thema geboten, sorgfältig zu analysieren und zu differenzieren.

Bevor ich verschiedene Erklärungsangebote der Sozialwissenschaften vorstelle und anschließend Chancen pädagogischer Prävention und Intervention am Beispiel der Toleranzerziehung aufzeige, sechs Anmerkungen zur Gewaltfrage:

1. Gewalt – auch Jugendgewalt – ist nicht neu: Ein Blick in die Massenmedien der letzten Jahrzehnte würde Aufschluss über die Vergesslichkeit der Mediengesellschaft geben können. Neu sind jedoch die Trends der Brutalisierung, der sensibleren Wahrnehmung von Gewalt, der Veralltäglichung bestimmter Gewaltformen sowie einer Verjüngung der Täter.
2. Jugendgewalt ist nur ein (kleiner) Teil der gesellschaftlichen Gewalt.
3. Der überwiegende Teil der Jugend ist nicht gewalttätig.
4. Die Erscheinungsformen sind vielfältig und unterschiedlich: instrumentelle Gewalt, gezielt-ideologische Gewalt, spontan-situative Gewalt, „Fun-Gewalt" zur Selbsterprobung und Gewalt-Lust.
5. Die Erklärungen der Gewalt müssen mehrdimensional sein.
6. Pädagog(inn)en müssen den angemessenen Weg zwischen einer ihnen in Notzeiten zugeschriebenen Allzuständigkeit und einer selbst empfundenen Ohnmacht finden.

Das reichhaltige Erklärungsangebot der Sozialwissenschaften lässt sich in sechs Theorietypen unterteilen, wobei für Pädagog(inn)en vor allem jene Ursachenkomplexe von Interesse sein dürften, die ihrer Beeinflussung zugänglich sind:

1. Gesellschaftsorientierte Opfertheorien
2. Subjektorientierte Defizittheorien
3. Überlegenheitstheorien
4. Gruppentheorien
5. Triebtheorien
6. Beeinflussungstheorien

Gesellschaftsorientierte Opfertheorien

Bei den gesellschaftsorientierten Opfertheorien geht es vorrangig nicht um die Opfer der Gewalt, sondern darum, dass die Täter selbst Opfer bestimmter gesellschaftlicher Verhältnisse sind. Je nach Art der Zumutung, Einschränkung oder Beschädigung, welche die Täter vormals erfahren haben, existieren unterschiedliche Ansätze. Eine klassische Erklärung führt Gewalt auf Frustrationen zurück. Hierbei unterscheidet man mindestens drei unterschiedliche Frustrationsarten: 1. Beschränkungen oder Behinderungen zielgerichteter Tätigkeiten und Bedürfnisbefriedigungen, 2. Entbehrungen und 3. Belästigungen. Die Theorie der Deprivation besagt, dass soziale Benachteiligung zur Gewalt führen kann, die Desintegrationstheorie behauptet einen Zusammenhang zwischen beruflicher, sozialer und moralischer Entwurzelung einerseits sowie Gewalttätigkeit andererseits. Bei all diesen Ansätzen wird Gewalt also darauf zurückgeführt, dass die Täter selbst Opfer von gesellschaftlichen Verhältnissen geworden sind, welche den Tätern Zumutungen auferlegen, die sie nicht ertragen. Eine besondere Variante ist schließlich die befreiende Gewalt, die als Ultima Ratio gegen unmenschliche Repression eingesetzt wird.

Nun gibt es viele Menschen, die frustriert, depriviert und/oder desintegriert sind und die dennoch überhaupt nicht gewalttätig werden. Und es gibt andere, die bei vergleichsweise geringen sozialen Zumutungen bereits zur Gewalt greifen. Offenbar reichen die belastenden Folgen gesellschaftlicher Verhältnisse keinesfalls aus, um Gewalt zu erklären; vielmehr spielen die Deutung und Beurteilung sowie die Art des subjektiven Umgangs mit den sozialen Verhältnissen eine herausragende Rolle bei der Entstehung von Gewalt. Um diesen subjektiven Faktor verstehen zu können, müssen wir auf eine andere Art von Erklärung zurückgreifen: die Persönlichkeitstheorien.

Persönlichkeitsorientierte Defizittheorien

Die Persönlichkeitstheorien besagen, dass es nicht an den gesellschaftlichen Verhältnissen oder dem Verhalten der anderen liegt, sondern an Persönlichkeitsdefiziten der Täter, wenn es zur Gewalt kommt. Die Art und Weise, wie man den anderen und die sozialen Verhältnisse überhaupt wahrnimmt und beurteilt, hängt vor allem davon ab, wie man sich selbst sieht und fühlt. Je stabiler und ausgeglichener das eigene Selbstwertgefühl ist, desto weniger Bedrohungsgefühle löst Fremdes, lösen Fremde aus. Nehmen wir die Fremdenfeindlichkeit: Dahinter verbirgt sich eine Furcht vor den Fremden, und diese ist weniger das Ergebnis eines bedrohlichen und verängstigenden Verhaltens der Fremden, sondern eher eine Folge eigener Furchtsamkeit. Die eigene Furchtsamkeit hat ihren Grund in einem schwachen, verunsicherten oder gekränkten Selbstwertgefühl, das teils aus deformierenden Familienverhältnissen und teils aus besonderen situativen Belastungen abgeleitet wird. Während früher überwiegend ein Zuviel an autoritärem Erziehungsstil diagnostiziert wurde, gerät heute auch das Problem eines weitgehenden Fehlens orientierender familiärer Autorität in den Blick.

Neben dem Selbstwertgefühl, das eine äußerst wichtige Ressource ist, um mit Belastungen umzugehen, gehören zu den Persönlichkeitsressourcen auch kognitive und moralische. Die Werteverfallsthese macht eine Erosion normativer Standards und moralischen Bewusstseins für die Gewalt mitverantwortlich. Es fehlen verinnerlichte Werte und Normen im Umgang mit anderen Menschen und deshalb auch ein Unrechtsbewusstsein bei der Schädigung anderer Personen. Die kulturelle Grundlage, die eine zivile Gesellschaft überhaupt erst möglich macht, ist von einer dramatischen Auszehrung bedroht. Allerdings bestehen große Unterschiede bezüglich der Diagnose, wodurch es zu diesem Wertedefizit gekommen ist. Während manche die Erziehung bzw. die Erzieher/innen in Familie und Schule verantwortlich machen wollen, sehen andere in den Auswirkungen eines beschleunigten sozialen Wandels und einer zunehmend aggressiven Konkurrenz die Ursache für den Werteverfall. Ratsam wird es sein, hier zwischen Wertewandel und -verfall zu unterscheiden. Allerdings treffen wir auch in Zeiten des Wertewandels immer wieder auf Momente, in denen so etwas wie ein temporäres Wertevakuum entstehen kann: Überkommene Werte greifen nicht mehr und die neuen Werte sind noch nicht verwurzelt. Vor allem in Zeiten gesellschaftlicher und politischer Umbrüche ist mit solchen Wertelücken zu rechnen.

Einen integrativen Beitrag zur Erklärung von Gewaltanfälligkeit bietet die soziale Stresstheorie. Ihre Leitidee ist, dass es weder ausreicht, nur auf die objektiven Belastungen – von der Arbeitslosigkeit über den „Vereinigungsschock" bis zur Ausländerzuwanderung – zu verweisen, noch damit getan sein kann, allein auf die subjektive Seite der Wahrnehmungsdefizite und Bewältigungsprobleme zu blicken. Erst ihr Zusammenwirken bringt ein

Stressgefühl hervor, das anfällig für Intoleranz bis hin zur Gewalt machen kann. Wenn Belastungen durch die Gesellschaftsstruktur oder den sozialen Wandel bei Bürger(inne)n auf begrenzte oder fehlende Fähigkeiten ihrer Verarbeitung treffen, wird diese Problemkonstellation von den Betroffenen als Stress wahrgenommen: Das Gefühl der Herausforderung wird durch das ängstigende Gefühl der Überforderung verdrängt. Abwehrreaktionen sind wahrscheinlich.

Stress kann auch dazu beitragen, dass negative oder aggressive Einstellungen und Vorstellungen, die lange Zeit nur noch latent vorhanden waren, wieder aufbrechen und manifest werden. Aufgrund starken Stresses kann es passieren, dass die „zivilisatorische Decke" zerreißt und in die Latenz verbannte Haltungen sich wieder Bahn brechen.

Angesichts der Umbrüche, Zusammenbrüche und Aufbrüche des beschleunigten und vertieften sozialen Wandels machen sich Gefühle der Überforderung in vielen Bereichen des sozialen, politischen, wirtschaftlichen und kulturellen Lebens breit. Besonders stressanfällig ist die Jugend. Entgegen dem Mythos von Jugend als Manifestation der Stärke und Erneuerung ist das Jugendalter auch eine Zeit großer Verunsicherung und der Befürchtungen, zu versagen. Jugend hat Stress. Jugend macht aber auch Stress – den Pädagog(inn)en, den Jugendforscher(inne)n, den Politiker(inne)n, den Lehrer(inne)n und anderen Jugendlichen! Natürlich ist es nicht *die* Jugend, welche ihnen Stress bereitet, aber doch ein beachtlicher Teil, der mit seinen Verhaltensweisen Stress bereitet (und eben das will man ja auch: beachtet werden). Einvernehmen scheint in der Jugendforschung darüber zu bestehen, „daß sich in diesem Lebensalter alle Risiken und Überforderungen des Individualisierungsprozesses wie durch ein Brennglas bündeln".[1]

Man darf früher, was man will, schafft aber immer später selbst die materiellen Grundlagen dafür. Immer mehr Jugendliche machen hochwertige Bildungsabschlüsse oder streben diese an, und immer seltener gelingt es ihnen, damit den gewünschten Beruf auch auszuüben. Der Erwartungs- und Leistungsdruck wächst bei gleichzeitiger Unsicherheit über die Arbeitsplatz- und Berufschancen. Stress sucht sich unterschiedlichste Wege zu seiner Überwindung. Auch Gewalt kann *ein* Mittel sein, um Stress zu bewältigen oder zu reduzieren.

Die Funktionen der Gewalt liegen in einer Verwandlung von Ohnmachtsgefühlen in Anerkennung, Erfolg und Macht, von Vernachlässigung in Aufmerksamkeit, von Unübersichtlichkeit in Eindeutigkeit. Allerdings gilt es, die unterschiedlichen Kontexte und Motivlagen zu berücksichtigen, in denen Gewalt ausgeübt wird. Handelt es sich bei den jugendlichen Gewalttätern um Vertreter einer „überforderte(n) Generation", wie etwa Götz Eisenberg und

---

1 Siehe Michael Brater, Schule und Ausbildung im Zeichen der Individualisierung, in: Ulrich Beck (Hrsg.), Kinder der Freiheit, 2. Aufl. Frankfurt am Main 1997, S. 151

Reimer Gronemeyer konstatieren[2]? Der Stress, welcher Gewalt mit hervorruft, ist nicht nur (vielleicht nicht einmal überwiegend) eine Folge zunehmender sozialer, politischer und kultureller Belastungen, sondern auch eine Folge subjektiver „Leerstellen" bei der Bewältigung alltäglicher Herausforderungen. Vielen gerät der Umgang mit sich selbst zum Stress, weil sie es nicht gelernt haben, mit ihrem Affekt-Haushalt zurechtzukommen und oft ohnmächtig vor ihren Gefühlen, Enttäuschungen und Triebansprüchen stehen.

Nicht mehr der „gute alte autoritäre Charakter" gerät hier in die Kritik, sondern ein Mangel an verinnerlichter, handlungsorientierender Autorität überhaupt. Die Opfer der jugendlichen Gewalttäter gehören meist zu den Schwächsten der Gesellschaft. Die Menschenwürde anderer existiert für die Täter nicht. Dies ist ein Anzeichen dafür, dass es den Erzieher(inne)n und zuständigen Sozialisationsinstanzen nicht gelungen ist, Schutznormen gegenüber Schwächeren zu etablieren. Die Gewalttäter kranken an moralischer Unterausstattung: Es fehlen ihnen die minimalen zivilisatorischen und moralischen Ressourcen.

Überlegenheitstheorien

Die Rassismusthese behauptet, dass die Gewalt gegenüber Fremden nicht aus Unsicherheit oder Verunsicherung entsteht, sondern dass Fremde aus dem Bewusstsein der eigenen Überlegenheit bekämpft werden. Für die Anhänger dieser These sind nicht Ohnmachtsgefühle, sondern umgekehrt das Machtbewusstsein und Überlegenheitsgefühl der „weißen Mehrheitsgesellschaft" ein Grund für Gewalt gegen Fremde. Wiewohl es notwendig ist, auch die Abwehr aus Überlegenheit als mögliche Erklärungsvariante zu berücksichtigen, gebe ich zu bedenken, ob nicht hinter der Oberfläche der Überlegenheit vielfach (nicht immer!) ein Abgrund von Angst verborgen ist. Ohne Zweifel glauben Rassisten an ihre Überlegenheit, aber wie oft wird diese Überlegenheit wohl eine Erfindung sein, um eigenen Unsicherheiten und Ängsten zu entfliehen?

Der Zusammenhang von Über- und Unterlegenheitsgefühlen lässt sich besonders bei der Männlichkeitsüberlegenheit von Skins zeigen. Dort, wo andere Ressourcen knapp werden, entzündet sich der Streit um Fragen der Ehre und der körperlichen Verteidigung von „deutschen Kindern und Frauen" sowie „deutschem Territorium". Gerade weil sich die rechten Skins selbst vielfach als Opfer der Gesellschaft wahrnehmen, inszenieren sie sich

---

2 Siehe Götz Eisenberg/Reimer Gronemeyer, Jugend und Gewalt. Der neue Generationenkonflikt oder Der Zerfall der zivilen Gesellschaft, Reinbek bei Hamburg 1993, S. 163ff.

im Gestus der Überlegenen, und weil der Rückgriff auf andere Ressourcen schwierig oder unmöglich ist, stellen sie ihre kampfbereite Männlichkeit als Quelle der Macht heraus.

Gruppentheorien

Eine katalysatorische und verstärkende Rolle bei der Entstehung von Gewalt geht von Gruppen aus. Ein großer Teil der gegen Ausländer/innen gerichteten Gewalt wird aus Gruppen heraus verübt. Allerdings richtet sich Gruppengewalt nicht nur gegen Fremde und Schwache, sondern auch gegen konkurrierende oder verfeindete politische, ethnische oder subkulturelle Gruppen. Gleichwohl ist die Gruppenzugehörigkeit lediglich eine verstärkende, aber keine hinreichende Bedingung, denn es gibt genügend Gruppen, deren Eigenart es gerade überflüssig macht, sich durch Gewalt darzustellen und zu beweisen, weil sie genügend andere Leistungen für die Gruppenangehörigen erbringen. Gruppen – keinesfalls nur politische, sondern in besonderem Maße subkulturelle Jugendgruppen – wirken als bedeutsame Ressource zur Reduktion von Belastungen und Enttäuschungen in Familie, Schule und Beruf. Die Gruppe hebt das Selbstwertgefühl, vermittelt Orientierungshilfe, bietet Schutz und Zugehörigkeit und schafft das Gefühl von Stärke. Erprobung und Demonstration dieser vermeintlichen Stärke können sich leicht in Gewalt manifestieren.

Auch bei Hooligans ordnet der Einzelne seine Individualität dem Leben im Kollektiv unter. Die Gruppe versteht und inszeniert sich selbst als „episodale Schicksalsgemeinschaft“ im Kampf,[3] einer Frontsituation durchaus vergleichbar. Hieraus folgt der gewollt erzwungene Zusammenhalt der Verfolgten. Die Erfindung verfeindeter Anhängerschaften bietet erst die Möglichkeit von Kampf- und Bewährungssituationen. Das Erlangen von Anerkennung und Respekt spielt eine zentrale Rolle in den Gruppen, sie bilden sich aber nicht kommunikativ, sondern aktionistisch: in der gesuchten gewalttätigen Auseinandersetzung mit anderen Hooligans (oder Fan-Gruppen), wobei vielfach der Anspruch erhoben wird, den Regeln eines „fairen fights“ zu folgen. Die Gewalt wird von Hooligans als vielfältige Ressource eingesetzt: Sie dient dazu, als Kämpfer (nicht als Schläger!) Anerkennung in der Gruppe zu erhalten, und als Mittel der Provokation in der Öffentlichkeit, um Aufmerksamkeit zu erregen. Die Fußballtribüne wird zur Bühne: Der gewalttätige Aktionismus ist ein Versuch, nicht „sozial unsichtbar“ zu bleiben.[4]

---

3 Siehe Ralf Bohnsack u.a., Die Suche nach Gemeinsamkeit und die Gewalt der Gruppe. Hooligans, Musikgruppen und andere Jugendcliquen, Opladen 1995, S. 25ff.

4 Siehe Wilhelm Heitmeyer/Jörg-Ingo Peter, Jugendliche Fußballfans. Soziale und politische Orientierungen, Gesellungsformen, Gewalt, Weinheim/München 1988, S. 42

Allerdings gibt es bei der Gewalt der Hooligans eine Eskalation, wie uns auf erschreckende Weise die Ausschreitungen bei der Fußballweltmeisterschaft 1998 in Frankreich gezeigt haben. Bei den Hooligans, aber auch bei Skins und anderen Gruppen bekommt die Gewalt immer mehr einen *Selbstzweck*charakter. Man hat einfach Lust auf Gewalt, da sie „geil" ist und Befriedigung verspricht: „Mein Traum ist (...) so 'ne richtige Straßenschlacht – mit Baseballschlägern, es muß scheppern und knallen fünf Minuten lang, so wie man das jetzt immer in England sieht. Da krieg' ich 'ne richtige Gänsehaut. Das ist so ein Gefühl – kann man gar nicht beschreiben. Früher schon, wenn ich was von einer Schlägerei gehört habe: wo, wo, wo? Jetzt dabei sein. Die Leuchtraketen, das Feuer, da brennt ein Auto. Da müssen wir hin! Wie die Geisteskranken. Orgasmus. Besser noch."[5]

Triebtheorien

Dort, wo sich (jugendliche) Gewalt so roh und völlig skrupellos zeigt, dass es ihr darum geht, andere – es brauchen nicht einmal Andersdenkende zu sein – lustbetont bis hasserfüllt „einfach" totzutreten oder -zuschlagen, ohne im Nachhinein auch nur die geringste Reue zu zeigen, dort scheinen mir die Erklärungsangebote Siegmund Freuds über einen angeborenen Destruktionstrieb zumindest nachdenkenswert.

Es ist kein Zufall, dass immer dann, wenn in der Geschichte bestimmte Manifestationen der Gewalt die Wissenschaft besonders ratlos gemacht haben, die Frage nach der menschlichen Natur und unserem Menschenbild gestellt wird. Verweisen die je unterschiedlichen, aber ähnlich verwirrenden Ausbrüche von roher, lustvoller Gewalt nicht darauf, dass unter einer nur dünnen Decke der Zivilisierung Triebkräfte schlummern, denen wir weder theoretisch noch praktisch ausreichend Rechnung tragen? Sind wir nicht auch deshalb so fassungslos, weil bestimmte Formen der Gewalt mit unserem Menschenbild kollidieren, weil wir keinen Begriff haben von den destruktiven Kräften, die auch zur menschlichen Natur gehören und die unter ungünstigen Bedingungen wieder in Erscheinung treten? Gerade jene Pädagog(inn)en, die sich um ein ziviles Zusammenleben der Jugendlichen bemühen, sollten sich fragen, wie sehr Frieden und Toleranz schon durch unsere Natur bedingt sind oder eben doch nur das höchst mühevolle Resultat von Zivilisierung und Kultivation sein können.

5 Zit. nach: Manfred Schneider, Zwischen Bahnhof und Stadion, in: Frankfurter Rundschau v. 23.5.1998

Verführungs- und Beeinflussungstheorien

Woher stammen meine Informationen über die Zahl der Zuwanderer, die diesen Monat wieder Deutschland erreicht haben? Woher erhalte ich die Nachrichten über polnische Diebesbanden, die vietnamesische Zigarettenmafia und kurdische Straßenblockaden? Woher kommen aber auch mir bekannte Bilder über brennende Asylbewerberheime? Die Furcht vor Fremden kann auch im öffentlichen Diskurs konstruiert, reproduziert und inszeniert, Bedrohungsgefühle können durch die veröffentlichten Bedrohungsszenarien aus den Reihen der politischen Klasse geweckt und verstärkt werden. Vor allem für die Bürger/innen, die selbst nur über sehr begrenzte eigene Erfahrungen mit Migrant(inn)en verfügen, ist die Konstruktion des „vollen Bootes" der Aufnahmegesellschaft ein Orientierungsrahmen für die Entwicklung eigener Vorstellungen und Einstellungen. Zu differenzieren ist aber deutlich zwischen dem, was politische Meinungsführer in den Medien oder für die Medien in Umlauf bringen, und dem, was diese Medien auswählen. Zwischen dem Boten und der Botschaft muss unterschieden werden!

Zur beliebtesten Medienschelte gehört die Kritik an der Gewaltdarstellung in den Massenmedien, welche für das Ansteigen der Gewalt in der Gesellschaft mitverantwortlich sei. Die Medienwirkungsforschung stützt diese Kritik nur bedingt. Der nachweisbare Einfluss auf die Gewaltfaszination und -bereitschaft der Zuschauer/innen lässt sich in fünf kurzen Thesen zusammenfassen:

1. Die *Stimulations*these unterstellt einen direkten Einfluss der zunehmenden Gewaltdarstellungen im Fernsehen auf die Gewaltbereitschaft und -tätigkeit.
2. Die *Habitualisierungs*these behauptet einen langfristigen Gewöhnungseffekt durch medialen Gewaltkonsum und eine Abstumpfung gegenüber der Gewaltproblematik.
3. Die *Verstärkungs*these geht von einem bekräftigenden Einfluss der Gewaltdarstellungen im Fernsehen auf schon gewaltbereite Zuschauer aus.
4. Die *Imitations*these verweist auf die Gefahr der Nachahmung, erzeugt durch Aufmerksamkeit, die gewalttätigen Jugendlichen im Fernsehen zuteil wird.
5. Schließlich behauptet die *Abschreckungs*these einen umgekehrten Einfluss: Die Gewaltdarstellung baue beim Zuschauer geradezu Barrieren gegen Gewalt auf.

Wie ist es nun möglich, dass es für alle fünf Thesen empirische Belege gibt? Entscheidend hinsichtlich der Wirkung von Gewaltdarstellungen – und darüber hinaus von Medienwirkung überhaupt – ist der Zuschauer. Ob die Medien gewaltfördernd oder -hemmend wirken, hängt nicht von ihnen allein ab, sondern auch von den Nutzer(inne)n. Eine der wichtigsten Erkenntnisse der

Medienwirkungsforschung besteht darin, dass der Zuschauer, Zuhörer oder Leser kein passives Objekt darstellt, das dem Einfluss der Medien hilflos ausgeliefert ist. Nutzer/innen gestalten vielmehr aktiv den Umgang mit dem jeweiligen Medienangebot. So einseitig es wäre, die Existenz eines allzeit souveränen Nutzers anzunehmen, so einseitig wäre es auch, das Bild eines Medienkonsumenten zu entwerfen, der hilflos manipulativen Absichten und Strategien ausgeliefert ist. Allerdings gibt es Bedingungen, unter denen Kinder und Jugendliche von Medien besonders stark beeinflussbar sind. Die familialen Kontexte sind ebenso wichtig wie die persönlichen Prädispositionen der Kinder und Jugendlichen für die Art des Einschalt- und Auswahlverhaltens wie auch der Wirkung.

Es besteht aber noch ein ganz anderer Zusammenhang zwischen Medien und Gewalt. In einer Sensationsgesellschaft, in der nur existiert, wer auch massenmedial sichtbar ist, wird Gewalt zu einem möglichen Instrument, Aufmerksamkeit zu erlangen. Viele Protestbewegungen haben längst den Werbeeffekt der Massenmedien für sich entdeckt und für nicht wenige von ihnen bietet die Anwendung von Gewalt die Garantie, Schlagzeilen zu machen.

Eine mögliche gewaltfördernde oder -auslösende Beeinflussung geht auch von den Ideologieangeboten der Extremisten aus. Nur ein Teil dieser Gewalt ist allerdings rechtsextreme Gewalt. Eine Typologie von Gewalt gegen Ausländer, die Helmut Willems u.a. auf der Basis von ca. 1.000 Ermittlungs- und Gerichtsakten erstellten, kommt zu folgenden vier (Gewalt-)Tätertypen:

1. Rechtsextreme Täter: politisch motivierte Täter mit Verbindung zu rechtsextremen Gruppen;
2. Ausländerfeinde: ausländerfeindlich motivierte Täter, die allerdings ohne feste ideologische Verankerung oder politische Einbindung sind;
3. Kriminelle Schlägertypen: Gewalttäter, bei denen die fremdenfeindliche Ausrichtung der Tat gegenüber der Ausübung von Gewalt an sich nachrangig ist (meist haben solche Täter bereits kriminelle Karrieren hinter sich);
4. Mitläufer: Bei diesen Tätern gibt es keine verfestigten fremdenfeindlichen Einstellungen, und die Tat folgt der Dynamik von gruppenkonformem Verhalten.[6]

Abschließend möchte ich unterstreichen, dass alle einfachen Erklärungen vereinfacht und damit oft auch falsch sind. Die Tatsache, dass ein Delinquent perspektivlos, frustriert, benachteiligt und/oder überfordert war, reicht nicht aus, um sein Tun zu erklären, denn es gibt ja noch so viele andere, die gleichfalls perspektivlos, frustriert, benachteiligt und/oder überfordert sind, aber nicht zu Gewalttätern werden. Erst die Analyse des Zusammentreffens vielfältiger ungünstiger Bedingungen und des Auftretens bestimmter Gelegen-

6 Vgl. Helmut Willems u.a., Fremdenfeindliche Gewalt. Einstellungen – Täter – Konflikteskalation, Opladen 1993, S. 200ff.

heitssituationen kann hinreichend Aufschluss über die Gründe für Gewalt geben.

Lernziel Toleranz

Die Chancen von Pädagog(inn)en liegen nicht in der unmittelbaren Veränderung der Gewalt verursachenden gesellschaftlichen und politischen Verhältnisse, vielmehr in der Vorbereitung ihrer Schüler/innen auf ein selbstbewusstes und ziviles Verhalten in schwierigen Zeiten. Die experimentierenden Strategien und Interventionen gegen Jugendgewalt sind vielfältig: Sie reichen von der Aktion „Fairständnis" über die Initiative „Verantwortung übernehmen (*www.verantwortung.de*) bis hin zur „akzeptierenden Jugendarbeit". Am Beispiel der Toleranzerziehung möchte ich zeigen, wo die vor allem präventiven Chancen für ein gewaltfreies, tolerantes Verhalten liegen.

Es geht bei einer solchen Erziehung darum, frühzeitig auf den Umgang mit einem permanenten und beschleunigten sozialen Wandel und auf eine soziale Welt großer Vielfalt und Differenz vorzubereiten, damit die Verunsicherungen kontrollierbar werden. Durch eine Toleranz-Erziehung können bestimmte Ressourcen aufgebaut werden, welche die Bereitschaft zur Toleranz erhöhen und die Anfälligkeit für Intoleranz verringern: motivationale, kognitive, moralische, soziale und kulturelle Ressourcen. Auf dieser Grundlage kann dann Toleranz als eine Kompetenz erlernt werden. Ziel ist die Entwicklung einer *nachhaltigen* Toleranz, die auch unter ungünstigen Bedingungen von drohender Überforderung noch Bestand hat.

An erster Stelle steht die Förderung der *Selbstwertstärkung* und der Selbstbewusstheit. Nur jene, die sich ihrer selbst sicher sind, verfügen über die psychischen Ressourcen, sich nicht durch Fremde zu sehr verunsichern zu lassen. Nur jene, die über ihre eigenen Anfälligkeiten für Intoleranz und über ihre Stress-Schwellen genau Bescheid wissen, können diese auch kontrollieren. Nur jene, die sich selbst annehmen, können Abweichendes hinnehmen. Nur jene, die selbst Anerkennung erfahren haben, sind stark genug, andere in ihrem Recht auf Anderssein anzuerkennen und auch die Folgen oder Früchte dieses Andersseins zu tolerieren, obwohl sie den eigenen Einstellungen und Positionen widersprechen. Toleranz muss man sich leisten können und leisten können sie sich nur jene, die sich ihrer selbst sicher sind.

Allerdings sind Ich-Stärke und Selbstbewusstsein nur unverzichtbare und keine hinreichenden Bedingungen für die Bereitschaft zur Toleranz. Wir kennen durchaus selbstbewusste, starke Personen, die dennoch intolerant sind. Dort, wo das Selbstbewusstsein nicht durch ein Sozialbewusstsein ergänzt wird, kann es leicht in Selbstüberheblichkeit umkippen. Die hier geforderte Stärkung des Selbstbewusstseins als Voraussetzung der Toleranz unterscheidet sich also von der verbreiteten Selbstbezogenheit eines egoistischen

Individualismus. Es ist allerdings auch zu fragen, ob die zur Schau gestellte Selbstsicherheit heutiger Selbstbehauptungskünstler wirklich in einer Sicherheit ruht oder ob es sich dabei nicht um die getarnte Unsicherheit handelt, im Wettbewerbskampf aller gegen alle jederzeit zu unterliegen.

Einen wichtigen Baustein der Toleranzkompetenz bildet ein *historisch-politisches Bewusstsein*, das über die Erfahrungen mit den Kosten der Intoleranz wie über die befriedende Leistung der Toleranz aufgeklärt ist. Toleranz erscheint in dieser Perspektive als Lernfortschritt, um friedliches und ziviles Zusammenleben zu ermöglichen.

Toleranz ist nicht nur durch die pragmatische Orientierung an der Vermeidung humaner Kosten zu begründen, sondern auch durch Bezug auf moralische Standards sozialen Zusammenlebens. In einer Förderung des *moralischen Bewusstseins* können unterschiedliche Varianten und Stufen der Begründung von Toleranz vermittelt werden (die auch Rücksicht auf die unterschiedlichen Altersstufen nehmen). In Anlehnung an Konzeptionen sozial-kognitiver Moralentwicklung sind u.a. folgende Begründungen für Toleranz möglich: Ich bin tolerant,

- weil ich für mich Schaden minimieren will,
- weil der Andere tolerant ist (und nur solange er tolerant ist),
- weil es den Werten meiner Gruppe entspricht,
- weil ich den Anderen mit seinem Recht auf Anderssein anerkenne und damit auch bereit bin, die Folgen dieses Andersseins zu tolerieren.

Ein weiterer zentraler Ansatz zur Einübung in die Toleranz ist die *Multiperspektivität*: die Fähigkeit und Bereitschaft, sich in die Perspektiven anderer hineinzudenken und -zufühlen. Diese Fähigkeit sollte frühzeitig erübt werden, damit nicht Vorurteile und Ängste die Bereitschaft zur Perspektivenübernahme blockieren. Eine entwickelte multiperspektivische Kompetenz beinhaltet auch die Fähigkeit, zu verstehen, inwieweit die Sichtweise des anderen eine Reaktion auf das eigene Verhalten ist. Eine Voraussetzung wie einen Bestandteil von Multiperspektivität bildet die Vergewisserung der eigenen Perspektive. Das Bewusstwerden der eigenen Position macht durchsichtig, was beim Anderen, beim Fremden gefürchtet oder aber auch bewundert werden kann (der Fremde als anziehender Exot!).

Multiperspektivität ist eine Strategie der Verständigung, nicht der Anpassung. Dies gilt für beide Seiten. Sowenig ein Perspektivenwechsel eine Vorbereitung auf eine Assimilation von Minderheiten sein kann, sowenig soll sie zu stereotypen Freundbildern alles „Fremden“ führen. Fremden*feindlichkeit* soll nicht durch Fremden*freundlichkeit*, sondern durch Toleranz ersetzt werden. Sonst gäbe es nur einen Austausch der Vorurteilshaftigkeit und damit keine Basis für eine tragfähige Toleranz.

Jedoch bedeutet Multiperspektivität keinesfalls, dass alle Perspektiven gleich richtig sind und alles gleichermaßen zugelassen wird. Toleranz ist nicht grenzenlos. Sie hat ein menschenrechtliches Fundament: die wechselseitige

Anerkennung des Anderen in seinem Recht auf Anderssein. Auf der Basis dieser Anerkennung wird es möglich, die Verschiedenartigkeit von Perspektiven zu berücksichtigen. Diese dürfen aber nicht das Fundament der Toleranz in Frage stellen, woraus die Grenzziehung folgt: „Keine Toleranz für Intoleranz!" Freilich erlaubt es der Perspektivenwechsel auch, zu prüfen, inwieweit intolerantes Verhalten der Anderen eine reaktive Intoleranz auf das eigene Verhalten darstellt. Erweist sich die Intoleranz als Reaktion, dann besteht immerhin die Chance, dass sie durch eigene Verhaltensänderung abgebaut wird.

Die Befähigung zur Toleranz ist noch an eine andere Grenze der Toleranz gebunden: die der Zumutbarkeit menschenunwürdiger Lebens- und Arbeits(losen)verhältnisse. Man kann nur schwer Toleranz von Menschen erwarten, die selbst in Verhältnissen ohne auch nur die geringste Chance sozialer Anerkennung leben müssen. Wenn man vermeiden will, dass sich die Unduldsamkeit solcher Menschen gegen Sündenböcke richtet, muss man ihnen die Fähigkeit vermitteln, ihre Unduldsamkeit in *demokratischen Protest* gegen die unzumutbaren Verhältnisse zu verwandeln. Soziales Duckmäusertum und soziale Toleranz passen schlecht zusammen. Also noch einmal: Will man verhindern, dass sozialer Protest sich als Fremdenfeindlichkeit und/oder Rechtsextremismus Luft macht, muss dieser Protest – demokratisch organisiert und zivil artikuliert – auf die eigentlichen Ursachen der Unzufriedenheit und Überforderung gerichtet werden. Die Fähigkeit, Unzufriedenheit in demokratischen Protest umzusetzen, verbessert die Chancen auf ein Leben und Arbeiten in sozialer Anerkennung und vermittelt auch im Erleben der Solidarität eine Erfahrung der Anerkennung, die eine mögliche Attraktivität rechter Gruppierungen mit ihren Ersatzangeboten für Anerkennung und Protest erheblich verringert.

Schließlich gehört zur Toleranzkompetenz die Befähigung zur Teilnahme am gesellschaftlichen *Toleranz-Diskurs*. Hiermit ist gemeint, am öffentlichen Gespräch über toleranzrelevante Themen teilnehmen zu können: über die Grenzen, die eine Gesellschaft der Toleranz setzten möchte, und über die Schwellen der Toleranz, die darüber informieren, welche und wie viel Toleranz die Bürger sich zu einem konkreten Zeitpunkt zutrauen. Der Verlauf multikultureller Konflikte wird auch davon abhängen, wie wir öffentlich über die Chancen und Gefahren der multikulturellen Gesellschaft sprechen. Die Art und Weise, wie sich Mitglieder unterschiedlicher Kulturen, Religionen und Nationen wechselseitig wahrnehmen, ist schließlich auch beeinflusst durch die öffentlich kursierenden Interpretationsangebote. Der die Intoleranz befördernde soziale Stress ist vielfach ein in den Medien durch Meinungsführer und Eliten inszenierter. Als Teil der angestrebten Toleranzkompetenz hat darum auch eine *Medienkompetenz* zu gelten, die befähigt, kritisch mit den offiziell verbreiteten sozialen Bedrohungsszenarien umzugehen.

Letztlich interessiert Lehrer/innen nicht nur, wie sie die Schüler/innen zu (mehr) Toleranz ermutigen und befähigen können, sondern auch, wo sie Grenzen der Toleranz aufzeigen und durchsetzen müssen. Aus den bisherigen Ausführungen lassen sich folgenden Orientierungen ableiten (wobei nicht vergessen werden darf, dass die pädagogische Reaktion auf Intoleranz nicht mit einer politischen Reaktion gleichzusetzen ist):

- Toleranz ist nicht grenzenlos. Das Motto einer „wehrhaften Toleranz" lautet: Ächtung für menschenverachtende Intoleranz!
- Prüfen, ob sich hinter den Grenzziehungen der eigenen „wehrhaften Toleranz" (des Lehrers) nicht eine uneingestandene Intoleranz versteckt!
- Prüfen, ob es sich bei der Intoleranz eines Schülers um eine Provokation handelt!
- Prüfen, ob die Intoleranz (des Schülers) vorrangig eine Reaktion auf eigene Intoleranzerfahrung und durchaus als veränderbar anzusehen ist!
- Prüfen, inwieweit bei gewaltbereiten Jugendlichen eine pädagogische Doppelanstrengung realisierbar ist: Null-Toleranz gegen Gewalt demonstrieren und dennoch eine pädagogische Arbeit mit ihnen unterstützen, die bei der Suche nach sozialverträglichen Lebensentwürfen hilft und Unterstützung anbietet, Raum für Alternativen zu finden! Das Hauptziel ist, eine Stigmatisierung dieser Jugendlichen zu verhindern, um überhaupt Einfluss auf sie gewinnen und ihre Gewaltbereitschaft begrenzen oder abbauen zu können.

Lernziel Zivilcourage

Gefragt ist allerdings nicht nur Toleranz statt Gewalt, sondern auch Zivilcourage gegen Gewalt. Wir brauchen die Überwindung des Zu- oder Wegschauens, wir brauchen die Fähigkeit einzuschreiten gegen gewaltakzeptierendes oder -förderndes Verhalten, damit potenziell und real Bedrohten geholfen werden kann. Dieses Einschreiten meint nicht einen heldenhaften kämpferischen Einsatz, der alle Risiken für die eigene Person außer Acht lässt, sondern einen mutigen Beitrag, der das Nichteinverständnis mit und den Protest gegen Gewalt artikuliert, der aber die eigenen Möglichkeiten, die Angst zu überwinden, nicht überfordert. Gleichwohl erfordert die Zivilcourage noch weit mehr (Ich-)Stärke als die Toleranz, denn es gehört eben zum sozialen Mut das Risiko, durch die erbrachte Hilfeleistung auch Nachteile in Kauf nehmen zu müssen.

Wichtige Voraussetzungen für die Befähigung zur Zivilcourage sind – ähnlich wie bei der Toleranz – ein starkes Selbstvertrauen und eine starke Werteüberzeugung. Hilfreich kann sein, wenn man sich nicht allein weiß beim konkreten Engagement gegen Gewalt. Letztlich ist Zivilcourage, wenngleich sie vom Einzelnen viel mehr fordert als die Toleranz, eine Konsequenz von deren Verteidigung gegen gewalttätige Intoleranz. Gegen die Bedrohung durch solche Intoleranz bedarf es eben auch des beherzten Einschreitens mutiger Bürger/innen.

Dietmar Fricke

Wohlstand den Deutschen! – Wie rechtsextreme Positionen wieder salonfähig werden

Einleitung, Problemaufriss und Fragestellung

Rechtsextreme und fremdenfeindliche Einstellungsmuster sowie daraus resultierende Aktionen haben in der Bundesrepublik Deutschland wieder an Bedeutung gewonnen. Dies gilt für alle Erscheinungsformen des Rechtsextremismus, wobei man mit dem Verfassungsschutz zwischen rechtsextremistisch orientierten Jugendlichen, dem organisierten Neonazismus und rechtsextremistischen Parteien bzw. Organisationen unterscheiden kann. Über diesen mehr oder weniger harten Kern hinaus scheint die Akzeptanz rechtsextremer Positionen in der Bevölkerung allgemein zuzunehmen.

Das Phänomen ist kein spezifisch deutsches, lässt sich vielmehr in fast allen Industrieländern, wenn es begrifflich weiter gefasst wird und Ethnizismus, Rassismus, Fundamentalismus und aggressiver Nationalismus mit einbezogen werden, sogar weltweit beobachten. Allerdings sind dabei nationale und regionale Spezifika zu berücksichtigen.

Wenn eine Problemkonstellation so global an Gewicht gewinnt, ist zunächst einmal zu vermuten, dass gravierende Veränderungen in der internationalen Umwelt, also der Weltgesellschaft, vonstatten gehen, auf welche die Nationalstaaten und die einzelnen Gesellschaften reagieren. Nun soll hier nicht monokausal behauptet werden, diese internationalen Veränderungen und ihre Rückwirkungen seien für das Aufleben rechtsextremer Tendenzen in der Bundesrepublik verantwortlich. Wohl aber bilden sie den Rahmen, der das Aufleben und damit die politische Relevanz dieser latent schon immer vorhandenen Strömungen nach der Art eines Katalysator begünstigt.

Um das Gesagte zu verdeutlichen, wird dieser Wandel der Weltgesellschaft mit seinen Folgen für die nationalen Gesellschaften zunächst grob skizziert. Für sich allein genommen sagen Veränderungen der internationalen Rahmenbedingungen aber zunächst wenig Konkretes aus. Entscheidend ist vielmehr, wie ihre negativen Folgewirkungen innergesellschaftlich bearbeitet werden. Deshalb wird im Hauptteil zu beschreiben sein, wie die bundesdeutsche Gesellschaft im Allgemeinen und ihre politische Klasse im Besonderen auf diese Herausforderungen reagieren und wie dieser Prozess unter bestimmten Umständen mit dem Erstarken rechtsextremer Tendenzen korrespondiert.

Dass ein rechtsextremes Potenzial, wie in jeder Gesellschaft, so auch in der Bundesrepublik vorhanden ist, weiß man spätestens seit der (allerdings umstrittenen) SINUS-Studie.[1] Wie die Anfälligkeit für rechtsextremes Gedankengut auf der individuellen Ebene entsteht, ist durch sozialpsychologische Studien gut erforscht.[2] Der vorliegende Beitrag möchte aber der Frage nachgehen, welche Bedingungen in konkreten historischen Situationen dazu beitragen können, dass sich solche individuellen Dispositionen kollektivieren und somit politikrelevant werden. Ohne die aktuellen rechtsextremen Tendenzen in der Bundesrepublik dramatisieren zu wollen, scheint eine Auseinandersetzung mit Deutschland in diesem Kontext als besonders interessant, weil es vor besonderen Herausforderungen steht: Auf der sozioökonomischen Ebene ist die Situation der Bundesrepublik durch zwei sich kreuzende Strukturbrüche gekennzeichnet, die potenziell den Zusammenhalt der Gesellschaft und die Regierbarkeit des Landes gefährden, nämlich die alte Kluft zwischen den Gewinner(inne)n und Verlierer(inne)n des schon länger andauernden weltwirtschaftlichen Transformationsprozesses sowie die neue Kluft zwischen Gewinner(inne)n und Verlierer(inne)n des deutschen Einigungsprozesses. Hinzu kommt, dass dieser Einigungsprozess der ehemaligen deutschen Teilstaaten auf der kulturell-mentalen Ebene bei weitem noch nicht abgeschlossen ist und es auch hier zu vielfältigen Verwerfungen kommt. Von daher wird im Hauptteil der Situation in den neuen Bundesländern besondere Aufmerksamkeit geschenkt.

Rahmenbedingungen: Vereinheitlichung und Fraktionierung in der Weltgesellschaft und daraus resultierende Probleme für den Zusammenhalt der bundesdeutschen Gesellschaft

Den aktuellen Zustand der Weltgesellschaft beschreibt die Fachliteratur häufig als Gleichzeitigkeit von Globalisierung und Fragmentierung oder als Dialektik von Vereinheitlichung und Fraktionierung.[3] „Globalisierung/Vereinheitlichung" meint eine Tendenz zunehmender Internationalisierung im

1 Vgl. SINUS (Hrsg.), Fünf Millionen Deutsche: „Wir sollten wieder einen Führer haben". Die SINUS-Studie über rechtsextremistische Einstellungen bei den Deutschen, Reinbek bei Hamburg 1981

2 Vgl. neben den Beiträgen von K. Peter Fritzsche und Hajo Funke im vorliegenden Band z.B. Hans-Dieter König (Hrsg.), Sozialpsychologie des Rechtsextremismus, Frankfurt am Main 1998; Jutta Menschik-Bendele/Klaus Ottomeyer u.a., Sozialpsychologie des Rechtsextremismus. Entstehung und Veränderung eines Syndroms, Opladen 1998

3 Vgl. z.B. Dieter Senghaas, Zwischen Globalisierung und Fragmentierung. Ein Beitrag zur Weltordnungsdebatte, in: Blätter für deutsche und internationale Politik 1/1993, S. 50ff.; Michael Bonder u.a., Vereinheitlichung und Fraktionierung in der Weltgesellschaft. Kritik des globalen Institutionalismus, in: PROKLA 91 (1993), S. 327ff.

Bereich der Ökonomie, genauer: des Kapitals und der Form der Produktion, der Kommunikation und Verkehrslogistik, eine Universalisierung der Konsumnormen, einen Trend zur Angleichung der Wertesysteme sowie die globale Dominanz der neoliberalen Ideologie. „Fragmentierung/Fraktionierung" bedeutet die Determinierung alter oder die Entstehung neuer vertikaler und horizontaler wirtschaftlicher Disparitäten zwischen und innerhalb von Zentrum und Peripherie einschließlich ihrer uns hier besonders interessierenden politisch-sozialen Implikationen, wie z.B. der Renaissance von Nationalismen, Ethnizismen und Tribalismen oder der Erscheinung religiöser Fundamentalismen, aber auch (und das gilt vornehmlich für Industrieländer wie die Bundesrepublik) ein Wiedererstarken rechtsextremer Bewegungen.

Auf der ökonomischen Ebene avanciert der jeweils erreichte Grad der Weltmarktintegration – unter dem Vorzeichen der von den politischen Eliten kaum mehr hinterfragten neoliberalen Ideologie – gegenwärtig zum Hauptindikator für wirtschaftliche Entwicklungsmöglichkeiten. „Der Weltmarkt wird immer stärker von Unternehmen und Großbanken mit transnationaler Orientierung bestimmt. Wenn eine Region oder ein Nationalstaat ins Zentrum aufsteigen oder dort bestehen will, bleibt als einzige erfolgversprechende Politik eine Radikalisierung der Angebotspolitik. Damit kommt es zu einer massiven Standortkonkurrenz um die günstigsten Anlagebedingungen. Zwei Ziele sollen erreicht werden. Zum einen erhoffen sich die Länder und Regionen einen Zustrom von Kapital und Direktinvestitionen vom Weltmarkt, zum anderen sollen die eigenen Unternehmen im internationalen Konkurrenzkampf gestärkt werden." [4]

Eine radikalisierte Angebotspolitik als Reaktion auf den ökonomischen Globalisierungsprozess führt auch in den Zentren, wie z.B. in der Bundesrepublik, zu massiven innergesellschaftlichen Ausdifferenzierungsprozessen und sich zuspitzenden Verteilungskämpfen. In diesem Rahmen lässt sich dort eine Renaissance der Nationalismen feststellen. Angesichts wirtschaftlicher und sozialer Krisenerscheinungen und bei fortschreitender Polarisierung in Modernisierungsgewinner/innen und -verlierer/innen, die von Individualisierungsschüben begleitet wird, scheinen nationale Orientierungsmuster als innergesellschaftliche Integrationsideologie an Bedeutung zu gewinnen. Die skizzierten Tendenzen erhalten eine zusätzliche Dynamik dadurch, dass die alten Integrationsideologien, d.h. die liebgewonnen Feindbilder aus der Zeit des Ost-West-Konflikts (Antikommunismus vs. Antikapitalismus), in den Ländern beider ehemaliger Blöcke nach dem Ende dieses Systemgegensatzes nicht mehr tragen. Dahinter dürfte eine tiefe Sehnsucht nach der heilen Welt des fordistischen Zeitalters stehen,[5] also jener Ära, in der die Industrienatio-

4 Gilbert Ziebura u.a., Deutschland in einer neuen Weltära. Unbewältigte Herausforderungen, Opladen 1992, S. 54

5 Vgl. auch George Steinmetz, Die (un-)moralische Ökonomie rechtsextremer Gewalt im Übergang zum Postfordismus, in: Das Argument 203 (1994), S. 27f.

nen annähernd Vollbeschäftigung verzeichneten oder zumindest sozialstaatliche Integration gegeben, der Glaube an eine immerwährende Prosperität unter breitester Partizipation also noch ungebrochen war, sozialkulturelle Milieus und Institutionen noch halbwegs intakt erschienen und der politische Regulationszusammenhang noch nicht unter Legitimationsdefiziten litt.[6]

Vor diesem Hintergrund stehen alle innergesellschaftlichen politischen Regulationsebenen vor einer schwierigen Aufgabe, die Gilbert Ziebura für den übergeordneten Nationalstaat folgendermaßen beschrieben hat: „Tatsächlich besteht eine der wichtigsten Aufgaben des Staates darin, zwischen zwei, sich in der Regel widersprechenden Erfordernissen zu vermitteln: der Notwendigkeit, die Stellung der eigenen Ökonomie in der internationalen Arbeitsteilung zu stärken, andererseits dem Zwang, negative Rückwirkungen für das innergesellschaftliche Gleichgewicht, die mit dieser Öffnung nach außen verbunden sind, zu verringern. Nur der Staat vermag dies; nicht umsonst liegt hier eine Quelle seiner Autonomie. Von der Art und Weise, wie er (also die Kräfte, die ihn tragen) diese Aufgabe bewältigt, hängt ein gut Teil seiner Legitimation ab.“[7]

Dabei kommt den politischen Eliten, aber auch den Medien eine besondere Verantwortung zu. Denn sie bestimmen den hegemonialen Diskurs, welcher die nationale Bearbeitung der von außen beeinflussten Verschärfung innergesellschaftlicher Disparitäten entscheidend prägt. Mit anderen Worten: In einer historischen Situation, wo die alten Integrationsmuster (wie z.B. die allgemeine materielle Partizipation am Entwicklungsprozess) nicht mehr tragen und die nationalen Gesellschaften auf der Suche nach neuen identitätsstiftenden Orientierungen sind, stehen die politischen Eliten und die mit ihnen verbundenen Institutionen vor der schweren Aufgabe, neue Leitbilder zu formulieren. Vereinfacht ausgedrückt kann es hier zu zwei sich widersprechenden Richtungsentscheidungen kommen: Entweder geht man das schwierige Unterfangen an, dem ökonomischen Globalisierungsprozess politisch-demokratisch Alternativen entgegenzusetzen, indem auf der regulativen Ebene neue Wege zur Steigerung der nationalen und internationalen Verteilungsgerechtigkeit sowie der politischen Partizipation gesucht und entsprechende Bemühungen verstärkt werden, oder man forciert – einfacher, aber nicht unbedingt effektiv – den Fragmentierungsprozess, indem abgrenzende und vermeintlich wohlstandssichernde Ressentiments bedient werden. Letzterer ist ein Weg, der Demokratie und Pluralismus gefährden und Extremismus fördern kann.

Gegenwärtig geht weltweit ein Trend dahin, diesen Weg zu beschreiten, denn in Nord und Süd lässt sich gleichermaßen beobachten, dass von den na-

6 Zu den aktuellen Legitimationsproblemen siehe Klaus-Bernhard Roy, Regionalisierung – ein Reformansatz für sozialintegrative Politik?, in: perspektiven ds 2/1995, S. 107ff.

7 Gilbert Ziebura, Weltwirtschaft und Weltpolitik 1922/24-1931, Frankfurt am Main 1984, S. 25f.

tionalen politischen Eliten angesichts der sozioökonomischen Ausdifferenzierungsprozesse vermeintlich identitätsstiftende nationale, regionale, ethnische oder auch religiöse Orientierungsmuster favorisiert werden.

Dass auch die Bundesrepublik von diesen Entwicklungen keineswegs frei ist, soll konkreter gezeigt werden. Eine Renaissance des „Nationalen“, die sich dort nach der hier vorgelegten Interpretation vor allem in der Form wohlstandschauvinistischer Diskurse materialisiert (als Indizien dafür seien die „Standortdebatte“, in der von Deutschland eher das Bild einer harmonischen, aber bedrohten Betriebsgemeinschaft als das einer von Interessenkonflikten gekennzeichneten pluralistisch-demokratischen Gesellschaft vermittelt wird, oder die „Asyldebatte“ genannt, die mit „Das Boot ist voll“-Stereotypen operierte), korrespondiert nicht zwangsläufig mit dem Erstarken rechtsextremer Tendenzen. Allerdings können solche Entwicklungen unter entsprechenden Umständen auch unbeabsichtigt zu einer Mobilisierung des latent für Rechtsextremismus anfälligen Potenzials der Gesellschaft führen, das nun nicht mehr hinreichend von den demokratischen Parteien integrierbar ist. Wo aktuell in der Bundesrepublik, vor allem in den von Transformationsprozessen und Strukturbrüchen ungleich stärker betroffenen neuen Ländern, ein solcher Zusammenhang von Elitendiskursen und dem Aufleben rechtsextremer Tendenzen zu vermuten ist, soll im nächsten Kapitel betrachtet werden.

Der wohlstandschauvinistische Elitendiskurs der „Zauberlehrlings-GmbH“ als deutsch-deutsches Gemeinschaftsprodukt und seine Auswirkungen in den neuen Bundesländern

Seit der Vereinigung der beiden deutschen Staaten am 3. Oktober 1990 hat die rechtsextreme Szene besonders bei Jugendlichen großen Zulauf. Sie weitet sich zudem nicht nur quantitativ aus, sondern wird in ihren Aktionen auch immer aggressiver und brutaler. Dabei handelt es sich zunächst um ein gesamtdeutsches Phänomen, das aber in den neuen Bundesländern seine spezifische Ausprägung besitzt. Beim innerdeutschen Ländervergleich sind die ostdeutschen Bundesländer in den Statistiken über Delikte mit rechtsextremem Hintergrund führend. So ist z.B. trotz eines verschwindend geringen Ausländeranteils von ca. 1,8 Prozent in Ostdeutschland gegenüber ungefähr 10 Prozent in Westdeutschland das Risiko eines Ausländers, Opfer eines fremdenfeindlichen Gewaltverbrechens zu werden, in den neuen Bundesländern um ein Vielfaches höher als in den alten. Im Osten Deutschlands gibt es „national befreite Zonen“, d.h. Gebiete in den Kommunen, die von rechten Jugendlichen nahezu kontrolliert und dominiert werden. Zudem scheint das „Rechts(außen)sein“ bei vielen Jugendlichen zum Kultphänomen, also „in“

zu werden. Hierfür gibt es Gründe und Erklärungsmuster, die im Folgenden thesenartig umrissen und geprüft werden sollen. Jugendliche existieren aber nicht unabhängig von der Gesellschaft, sondern sind in ihren Einstellungen und Handlungen Ausdruck von deren Entwicklung.

Ein häufig verwendetes Argument zur Erklärung rechtsextremer Übergriffe ist das der sozialen Deklassierung. Allerdings greift die Behauptung, Jugendarbeitslosigkeit und schlechte materielle Zukunftserwartungen seien für den Rechtsextremismus verantwortlich, insofern zu kurz, als sich empirisch zeigen lässt, dass diesbezüglich strafrechtlich auffällig gewordene Jugendliche in der Regel einen Arbeits- oder Ausbildungsplatz besitzen, zur Schule gehen oder sonstwie sozialökonomisch integriert sind.[8] Dieser Umstand bedeutet jedoch nicht, dass sie bar jeder sozialen Abstiegsängste und immun gegenüber den von Rechtsaußen propagierten einfachen Lösungen wären. Dennoch erscheint die Formel „Arbeitslosigkeit führt zu Rechtsextremismus" als zu simpel und ist für sich allein genommen wenig erklärungsrelevant. Gleiches gilt für die These vom „Westimport", also die Annahme, das Phänomen sei lediglich aus dem früheren Bundesgebiet übernommen und von dort schon länger ansässig gewesenen rechtsextremen Organisationen nach Osten befördert worden. Ebensowenig überzeugt – für sich allein genommen – das Argument, die mangelnden demokratischen Traditionen, der von oben „verordnete", aber nicht unbedingt gelebte Antifaschismus, autoritäre Einstellungsmuster und die fehlende Erfahrung mit anderen Kulturen in der DDR seien ursächlich für den ostdeutschen Rechtsextremismus.

Die zugrunde liegende Problemkonstellation – so die hier vertretene These – reicht tiefer, ist ein deutsch-deutsches Gemeinschaftsprodukt und hat ihre Ursachen in der Mitte der (gesamt)deutschen Gesellschaft. Warum sie in Ostdeutschland besonders zu Tage tritt, wird nunmehr zu klären sein. Dass Deutschland nicht nur nach wie vor ökonomisch, sondern auch kulturell noch immer gespalten ist, stellt einen Allgemeinplatz dar, welcher allerdings auch die Einstellung zur Nation oder zum „Deutschsein" betrifft. In der politischen Alltagskultur und im politischen Denken der östlichen Bundesländer scheint ein Trend zum „Völkischen" beobachtbar, den es zwar auch in Westdeutschland (wohl gleichfalls zunehmend) gibt, der dort aber aufgrund der großen politischen und größeren ethnischen Heterogenität dieser Gesellschaft nicht so deutlich in den Vordergrund tritt. Andrea Böhm hat zu Recht darauf hingewiesen, dass die oben genannten Spezifika aus der DDR-Tradition als Erklärung nicht ausreichend sind, sondern gewichtige andere Faktoren hinzutreten mussten, um einen solchen Trend zu begünstigen, und verortet diese im Einigungsprozess.[9]

---

8 Vgl. Helmut Willems, Fremdenfeindliche Gewalt. Einstellungen – Täter – Konflikteskalation, Opladen 1993, S. 119ff.; Josef Held u.a., Gespaltene Jugend, Opladen 1996

9 Vgl. Andrea Böhm, Rassismus und antidemokratisches Denken sind nicht nur ein Erbe aus DDR-Zeiten, in: taz v. 26.3.1998, S. 12

Um die Argumentation zu verdeutlichen, soll ein Schritt zurück in die Bundesrepublik der späten 80er Jahre getan werden. Dort zeigten sich erste Tendenzen einer Veränderung der öffentlichen Diskurse sowie ein Trend zur konservativen Hegemonie. Als ein Indiz für den sich wandelnden Zeitgeist kann der sog. Historikerstreit[10] gelten, welcher zwar primär in Intellektuellenkreisen geführt wurde, aber ein Synonym für das Aufbrechen des bis dahin bestehenden Grundkonsenses über die aus dem Nationalsozialismus zu ziehenden Lehren war und über „Trickle-down-Effekte" auch die Gesellschaft erreichte. Wesentlicher erscheint in unserem Zusammenhang aber, dass die politischen Eliten der Bundesrepublik bereits zu Beginn der 80er Jahre vor dem Hintergrund gravierender Arbeitslosigkeit und weltwirtschaftlich vermittelter Desintegrationsprozesse eine Asyldebatte mit undifferenzierter wohlstandschauvinistischer Argumentation anstießen. Sollte die Motivation hierfür darin gelegen haben, mit der Übernahme flacher Parolen und einfacher Lösungen den rechten Rand der Gesellschaft in die demokratischen Parteien zu integrieren und damit zu domestizieren, so zeigten die Wahlerfolge der REPublikaner bei der Berliner Landtagswahl im Januar 1989 und der Europawahl im Juni desselben Jahres, dass dieses Kalkül nicht aufging und dass die Geister, die man da rief, nicht so schnell wieder los zu werden waren. Zwar wurden die o.g. Wahlergebnisse von der politischen Klasse, wie auch bei der Landtagswahl 1998 in Sachsen-Anhalt, als Resultate einer „Protestwahl" verharmlost. Aber damals begann ein schleichender Bruch mit dem bis dahin gültigen Grundkonsens, der die demokratischen Politiker und bürgerlichen Intellektuellen weitgehend davon abgehalten hatte, aus wahltaktischen oder sonstigen Motiven mit einfachen Stereotypen zu operieren, von denen man wusste, dass sie in der Gesellschaft weiterhin vorhanden und abrufbar waren.

Die genannte Debatte verstummte nur kurz in der Phase unmittelbar nach dem Mauerfall im November 1989, der zudem ohne Frage ein nationales Ereignis war. Mit der deutschen Einheit wurden die neuen Bundesländer in den Verteilerschlüssel für Asylbewerber/innen aufgenommen. Hierauf waren weder die Kommunen, was die infrastrukturelle und materielle Ebene betrifft, noch die Bürger/innen, was die mentale Ebene betrifft, vorbereitet. Eine diesbezügliche Unterstützung aus dem Westen unterblieb weitgehend. Was dann folgte, beschreibt Andrea Böhm als eine Parallelität der Ereignisse: Im Westen erreichte die Asyldebatte ihren Höhepunkt, nicht nur bei Politikern, sondern auch und gerade in den Medien. Hier wurde offen mit Überfremdungsängsten, rassistischen Stereotypen und völkischen Untertönen agiert, während im Osten diese so geschürten Ressentiments auf fruchtbaren Boden zu fallen schienen.

Nachdem der damalige CDU-Generalsekretär Volker Rühe seine Partei aufgefordert hatte, die SPD mit dem Thema „Asylmissbrauch" zu attackie-

---

10 Die wichtigsten Texte finden sich in: Rudolf Augstein u.a., „Historikerstreit". Die Dokumentation der Kontroverse um die Einzigartigkeit der nationalsozialistischen Judenvernichtung, München/Zürich 1987

ren, kam es im September 1991 unter dem Beifall von Teilen der Bevölkerung und bei starker Medienpräsenz in Hoyerswerda zum ersten Pogrom gegen Asylbewerber/innen (Rostock-Lichtenhagen und Magdeburg folgten später). Die SPD wiederum versäumte es, die Diskussion zu entemotionalisieren und zu versachlichen, griff vielmehr – zumindest in Teilen – die verbreiteten Stereotype und Vorurteile auf. Was der Westen dem Osten vorlebte, war also zunächst, wie Andrea Böhm in Anlehnung an Bernd Wagner formuliert,[11] weniger die Idee des modernen Rechts- und Verfassungsstaates, für den Menschen- und Bürgerrechte im Mittelpunkt stehen, sondern die einer wohlstandschauvinistischen Gemeinschaft, eines Staates, „der die sozialen Interessen der Deutschen gegen alle anderen sichert". Nach den Ereignissen von Hoyerswerda und anderswo konnte zudem der Eindruck entstehen, dass die politische Klasse im Hinblick auf ihre Exportinteressen mehr am Erscheinungsbild der Bundesrepublik im Ausland als an Ursachenforschung und selbstkritischer Reflexion interessiert sei. Das weitgehende Ausbleiben von Sanktionen auf inakzeptables Verhalten (gewalttätige Übergriffe auf Minderheiten) tragen aber erfahrungsgemäß nicht gerade dazu bei, es positiv zu verändern oder abzustellen, sondern verstärken solche Dispositionen.

Zudem dürfte die sich bald abzeichnende Enttäuschung über das Fehlschlagen der versprochenen schnellen sozialökonomischen Angleichung der Lebensverhältnisse in Ost und West nicht gerade deeskalierend gewirkt haben. Dass aber die Asyldebatte, so wie sie in Form und Inhalt geführt wurde, entscheidenden Einfluss auf die Verfestigung oder Entstehung von Fremdenfeindlichkeit in Ostdeutschland (und nicht nur dort!) gehabt hat, zeigt sich z.B. an dem spektakulären Wahlerfolg einer mit fremdenfeindlichen Parolen antretenden Partei wie der DVU auch noch fünf Jahre nach der De-facto-Abschaffung des Asylrechts und trotz eines verschwindend geringen Ausländeranteils in Sachsen-Anhalt oder an dem seither zu verzeichnenden Aufschwung rechter Jugendsubkulturen.

Es sollte auch zu denken geben, dass die Erstwählergruppe, die bei der genannten Landtagswahl in Sachsen-Anhalt überproportional zu den DVU-Wählern gehörte, Anfang der 90er Jahre gerade erst dabei war, dem Kindesalter zu entwachsen, und somit von den oben geschilderten gesamtdeutschen Entwicklungen mit geprägt wurde. So scheint es nicht gerade klug, wenn Teile der demokratischen Parteien im Hinblick auf Wahlen ähnliche Parolen und Stereotype aufgreifen.

Wie sich zeigen lässt,[12] ist z.B. das vermehrte Auftreten von rechtsgerichteten gewalttätigen Jugendgruppen ein Ausdruck für veränderte Einstel-

11 Siehe Andrea Böhm, Rassismus und antidemokratisches Denken sind nicht nur ein Erbe aus DDR-Zeiten, a.a.O.

12 Vgl. Dietmar Fricke, Rechte Jugendsubkulturen in den neuen Bundesländern, in: Gotthard Breit u.a. (Hrsg.), Demokratie in Bedrängnis?, Sachsen-Anhalt nach der Landtagswahl 1998, Magdeburg 1998, S. 101ff.

lungen in der Gesellschaft. Wenn diese Jugendlichen den Eindruck gewinnen, dass ihr Verhalten nur offen und teilweise gewalttätig zum Ausdruck bringt, was viele Bürger/innen denken, wenn sie sich gewissermaßen als Vollstrecker des „Volkswillens" fühlen können, gewinnt das Problem zusätzliche Brisanz.

Fazit

Zusammenfassend gilt es an dieser Stelle, die Interdependenz zwischen den Auswirkungen der veränderten internationalen Rahmenbedingungen, deren Bearbeitung durch die politische Klasse in Deutschland und dem Wiedererstarken rechtsextremer Tendenzen zu rekonstruieren. Wie eingangs angedeutet, gibt es für das Phänomen „Rechtsextremismus" verschiedene Erklärungsmuster. Im Rahmen dieses Beitrages wurde eines davon, die „Elitendiskursthese", herausgegriffen und erörtert, was nicht heißt, dass andere Erklärungsmuster von geringerer Relevanz sind. Allerdings – das war hier die Intention – sollte aufgezeigt werden, dass Form und Inhalt dieser Diskurse in der prekären sozioökonomischen Situation der Bundesrepublik eine besondere Bedeutung zukommt, weil sie prinzipiell dazu geeignet sind, rechtsextreme oder fremdenfeindliche Tendenzen in der Gesellschaft entweder zu verschärfen oder zu entkräften.

Hier sind auch – politischer Wille und Verantwortungsbewusstsein vorausgesetzt – entscheidende Einfluss- und Abwehrmöglichkeiten zu vermuten. Allerdings ist z.Z. wenig Positives in Sicht. In Anbetracht der innergesellschaftlichen Desintegrationsprozesse, die in der Bundesrepublik aus der doppelten Transformation (Anpassung an den weltwirtschaftlichen Wandlungsprozess sowie Anpassung von West- und Ostdeutschland) resultieren, und der damit verbundenen Legitimationsschwierigkeiten hält man nach neuen Identitätsmustern Ausschau. Hierbei sollen die teilweise in der Bevölkerung vorhanden sozialen Bedrohungsängste kanalisiert und abgefangen werden. Ohne einer Verschwörungstheorie das Wort reden zu wollen, sehe ich vor dem Hintergrund der Globalisierung allmählich das Bild einer allseits bedrohten „Deutschland GmbH" entstehen, das punktuell mit nationalistischen Vorstellungen korreliert und unter bestimmten Umständen deren extremste Ausformung, nämlich rechtsextreme Einstellungen, fördert. Nach kritischer Analyse der herrschenden Diskurse (oder besser Konstrukte) ist die soziale Interessengemeinschaft der Deutschen in dreifacher Weise bedroht: Zu nennen wären das Asylthema, welches primär unter dem Gesichtspunkt „Missbrauch" thematisiert wird, das Thema „Innere Sicherheit", welches mit dem Schlagwort von der „internationalen organisierten Kriminalität" operiert und die Debatte zusätzlich emotionalisiert, sowie eine diffuse Außenbedrohung namens „Dritte Welt", unter deren Etikett mit Stichworten wie Hunger,

Krankheit, Elend, Krieg und religiöser Fanatismus alle nur denkbaren wohlstands- und lebensbedrohenden Übel subsumiert werden und von der ausgehend angeblich ein „Kampf der Kulturen“ droht.[13]

Diese undifferenzierten Bedrohungsszenarien halten in ihrer Einfachheit zwar keiner empirischen Überprüfung stand, ermuntern aber bestimmte Individuen, die ihre rechtsextremistische Disposition bisher als tabuisiert und gesellschaftlich geächtet ansehen mussten, diese nun als legitimiert und gesellschaftsfähig zu begreifen. Von daher würde es nicht allzu sehr verwundern, wenn das rechte Potenzial eines Tages nicht mehr weitestgehend von den demokratischen Parteien integriert werden könnte, sondern in einer eigenen Großorganisation zu bundesweiter politischer Bedeutung käme.

Eine solche politische Entwicklung wäre nicht nur unter ethischen und demokratietheoretischen Gesichtspunkten fatal, sondern zudem ökonomisch kontraproduktiv. Denn den Herausforderungen des Globalisierungsprozesses, der neben Risiken durchaus enorme Chancen bietet, lässt sich am effizientesten durch Offenheit, kulturelle Vielfalt und Internationalität begegnen. Dies gilt besonders bei der Bearbeitung der weltweiten Verteilungsproblematik. Ethnische Abgrenzung hingegen bleibt angesichts des unaufhaltsamen Prozesses der weltweiten Verknüpfungen nicht nur ein Anachronismus, sondern eine sehr gefährliche Illusion.

---

13 Vgl. Samuel P. Huntington, Der Kampf der Kulturen. The Clash of Civilizations. Die Neugestaltung der Weltpolitik im 21. Jahrhundert, München/Wien 1996; ergänzend z.B. Christoph Butterwegge, Fundamentalismus und Gewalt als Grundmuster der Weltpolitik?, Zur Kritik an Samuel P. Huntingtons These vom „Kampf der Kulturen“, in: Wolf-Dietrich Bukow/Markus Ottersbach (Hrsg.), Der Fundamentalismusverdacht. Plädoyer für eine Neuorientierung der Forschung im Umgang mit allochthonen Jugendlichen, Opladen 1999, S. 36ff.

Hajo Funke

Zusammenhänge zwischen rechter Gewalt, Einstellungen in der Bevölkerung sowie der Verantwortung von Öffentlichkeit und Politik

1. *Fremdenfeindlichkeit und Rechtsextremismus als Resultat sozialer Verunsicherung und ethnozentrischer Einstellungen*

Ergebnisse einer (von der Mannheimer „Forschungsgruppe Wahlen") durchgeführten Umfrage zur Fremdenfeindlichkeit zeigten schon 1992, dass Vorbehalte gegenüber Ausländern und Asylsuchenden in Ostdeutschland vergleichsweise hoch sind: 34,3 Prozent der Befragten im Osten (und 15,3 Prozent im Westen) der Bundesrepublik lehnten Ausländer ab.[1] Interessanterweise erreichte die negative Einstellung bei allen Altersgruppen über 30 Prozent, mit Ausnahme der 35- bis 49-Jährigen, die knapp darunter blieben. Im Westen wächst der Anteil derer, die Ausländer ablehnen, mit dem Alter und erreicht bei den über 70-Jährigen mehr als 20 Prozent, im Osten dagegen 37 Prozent. Es spricht vieles dafür, dass die dramatische Umbruchsituation 1989/90 Ausmaß und Intensität der Ablehnung verstärkt hat und beide *auch* eine Folge der Einheit sind. Die Gründe der Ablehnung dürften aber nicht nur sozial motiviert sein, sondern auch – so unsere Vermutung – auf ethnozentrische und deutschnationale Mentalitäten zurückgehen. Dem entspricht auch, dass bestimmte Ausländergruppen im Osten mit besonders hohen Antipathiewerten belegt werden: Russen, Jugoslawen, Afrikaner, Chinesen, Vietnamesen, Türken und Araber.[2]

Aus einer zwischen 1993 und 1996 von Thomas Blank und anderen durchgeführten Befragung „Wer sind die Deutschen?" lässt sich gleichfalls schließen, dass neben den sozialen Aspekten des Umbruchs tiefer liegende Traditionen der ethnozentrischen Einstellung von Bedeutung für die Ablehnung von Ausländern und Asylsuchenden sind.[3] Darauf deuten die Kriterien hin, nach denen Deutsche anderen die Staatsbürgerschaft gewähren würden. Für Ostdeutsche sind von Bedeutung: Kenntnisse der Sprache, die Geburt in Deutschland, die Kenntnis der deutschen Kultur, eine lange Präsenz in

---

1 Vgl. Richard Stöss, Rechtsextremismus in einer geteilten politischen Kultur, in: Oskar Niedermayer/Klaus von Beyme (Hrsg.), Politische Kultur in Ost- und Westdeutschland, Berlin 1994, S. 113

2 Vgl. Wolfgang Melzer, Jugend und Politik in Deutschland, Opladen 1992, S. 129

3 Vgl. Thomas Blank, Wer sind die Deutschen?, Nationalismus, Patriotismus, Identität – Ergebnisse einer empirischen Längsschnittstudie, in: Aus Politik und Zeitgeschichte. Beilage zur Wochenzeitung *Das Parlament* 13/1997, S. 39

Deutschland und immerhin für 31,1 Prozent auch die „deutsche Abstammung“. Letzteres gilt jedoch „nur“ für 16,7 Prozent der Westdeutschen. Etwa ein Drittel der ostdeutschen Bevölkerung glaubt durch alle Altersgruppen hindurch, „der Nationalsozialismus hatte auch seine guten Seiten“, die 18- bis 24-jährigen unter ihnen zu 35 Prozent, die über 65-jährigen zu 37 Prozent.

Unter *Jugendlichen* aus Brandenburg ist Rechtsextremismus, Ausländerfeindlichkeit und die Bereitschaft zur Gewalt relativ stark verbreitet: Zwar kam die Studie von Dietmar Sturzbecher u.a. über 13- bis 18-Jährige 1996 zu dem Schluss, dass rechtsextremistische und ausländerfeindliche Einstellungen unter brandenburgischen Jugendlichen seit 1993 abgenommen hätten.[4] Mit 35 Prozent „eher hohen“ und „hohen“ ausländerfeindlichen Einstellungen und einer „eher hohen“ und „hohen“ Akzeptanz des Rechtsextremismus zu 21 Prozent fiel diese Abnahme aber begrenzt aus. Dies gilt auch für die Haltung zur Gewalt, die 36 Prozent in bestimmten Situationen bereit waren auszuüben, um ihre „Interessen durchzusetzen“ (für die Antwortvorgabe „stimmt teilweise“ entschieden sich 24 Prozent, für „stimmt völlig“ 12 Prozent). Dieser Gruppe stehen fast zwei Drittel der Jugendlichen gegenüber, bei denen keine rechtsextremen, ausländerfeindlichen und Gewalttendenzen festzustellen sind.

2. *Das Beispiel Rostock-Lichtenhagen: Eskalation durch kommunale Politik?*

Am Beispiel der Entstehung der August-Unruhen 1992 in Rostock lässt sich zeigen, wie eine vorhandene Distanz gegenüber Ausländer(inne)n durch die öffentliche Debatte und die Passivität der Politik bekräftigt, wenn man so will: zu einem handlungsmächtigen Vorurteil aktualisiert werden kann. Zur Entstehungsgeschichte der pogromartigen Übergriffe gehört, dass trotz der Warnungen des damaligen Oberbürgermeisters der Hansestadt bereits mehr als ein Jahr vorher bis zu 300 Asylbewerber/innen, vor allem Roma aus Rumänien, rund um die Asylaufnahmestelle in Rostock-Lichtenhagen lagerten, ohne auf sanitäre Einrichtungen und Kochgelegenheiten zurückgreifen zu können. Sie wurden vielfach gleich für mehrere Tage abgewiesen und mussten lange auf die Bearbeitung ihrer Asylanträge warten. Derweil gab es weder Verpflegung noch Unterkunft, und selbst die von den Hilfsorganisationen erbetenen, aber immer wieder abgelehnten Toilettenwagen fehlten. Infolge solch eklatanter Verwaltungsmängel, die bezeichnenderweise nach den Unruhen innerhalb weniger Tage behoben wurden, waren die Asylbewerber/innen gezwungen, draußen zu nächtigen und ihre Notdurft zu verrichten sowie sich das Notwendigste an Nahrung selbst zu besorgen.

4 Vgl. Dietmar Sturzbecher, Jugend und Gewalt in Ostdeutschland, Göttingen 1997, S. 153

Genau diese Verhaltensweisen führten schließlich zu Hassausbrüchen eines Teils der Bevölkerung. Sehenden Auges wurden durch Kommunalpolitiker, vor allem jedoch die Verantwortlichen des Landes (aber auch des Bundes) die Vorurteile gegen Fremde bekräftigt, ja neu produziert. So erschienen die dort Lagernden als schmutzig und faul: Auf Kosten der Deutschen bekämen sie Wohnung und Brot und vielleicht noch einen Mercedes, hieß es. Sie „pissten in die Regale" der Kaufhalle, so behauptete einer der Anwohner, auch wenn dies niemand der Sicherheitsbeamten dort bestätigte. Angeblich „betatschten sie Kindergärtnerinnen, bumsten unter freiem Himmel" und „schissen überall hin", so jedenfalls Nachbarn gegenüber Journalist(inn)en.

Nach dieser verzerrten, paranoiden Sicht nahmen die Roma aus Rumänien Geld und Wohnung, feierten und waren faul. Sie erschienen als ein durch faktische Zusammenballung und mediale Öffentlichkeit ins Riesige vergrößertes, die Interessen der Anwohner existenziell bedrohendes Kollektiv. In den zitierten Äußerungen der Abscheu lassen sich auch entstellte Wünsche (nach Geld, Lebensglück, Wohlstand und Einfluss) entziffern, die ein Teil der Bevölkerung aufgrund vielfacher Entsagung vor allem im Zuge des ökonomischen Zusammenbruchs als nicht mehr realistisch ansah und deswegen abwehrte.

Schon einem Anfang 1992 vorgelegten UCEF-Report zur „Akzeptanz von Asylbewerbern in Rostock-Stadt" war zu entnehmen, dass die Ablehnung von Asylbewerber(inne)n mit dem Grad der befürchteten ökonomischen und sozialen Verschlechterung zunimmt, wenn die *öffentliche* Distanz gegenüber solchen Menschen anhält und sich so der Mythos verbreitet, dass sie als Konkurrent(inn)en um existenziell bedeutsame Güter wie Wohnungen und Arbeitsplätze ernsthaft ins Gewicht fallen. Dabei lag ihre Zahl in Rostock bei etwa 800 (weit unter 1 Prozent der Gesamtbevölkerung), der Anteil an Erwerbslosen und Arbeitssuchenden indes bei 20 bis 40 Prozent. Der UCEF-Report stellt fest, dass die offizielle Asyldiskussion für die Mobilisierung von Distanz und Anfeindung einen hervorragenden Stellenwert einnimmt: 70 Prozent der Befragten gaben die Asyldiskussion der Politiker als Grund für Animositäten gegenüber Asylbewerber(inne)n an. Die kritische Distanz gegenüber Asylbewerber(inne)n nimmt zu, wenn man glaubt, die ökonomischen, sozialen oder politischen Verhältnisse nicht mehr selbst ändern zu können. Anderswo erfahrene Demütigungen und die gesellschaftliche Entwertung der eigenen Biographie werden so zur Ursache für die Suche nach einem Sündenbock.

Trotz solcher den Verantwortlichen bekannten Einsichten in Bezug auf die Gefahr einer fremdenfeindlichen Eskalationsdynamik unternahmen weder die lokalen noch die regional zuständigen Sozial- und Kontrollorgane das Notwendige.[5] Die Kombination aus öffentlicher Rhetorik, Nichthandeln der Politik, Zulassen der örtlichen Eskalation und einer zuvor latent vorhandenen negativen Einstellung insbesondere gegenüber den Roma förderte eine Aggression, die

5 Vgl. dazu ausführlicher: Hajo Funke, Brandstifter. Deutschland zwischen Demokratie und völkischem Nationalismus, Göttingen 1993

schließlich in enthemmte Gewalt umschlug, als mehrere tausend Menschen am Abend des 24. August 1992 mit dem Schlachtruf „Wir kriegen euch alle“ die Pogromstimmung anheizten. Sie richtete sich nicht mehr nur gegen die längst abtransportierten Sinti und Roma, sondern gegen „alles Fremde“, in diesem Fall auch gegen die eigentlich in Rostock akzeptierten Vietnames(inn)en. Teile der gewaltbereiten Jugendlichen sahen sich zu Ausschreitungen gegen Fremde auch deswegen gleichsam moralisch befugt, weil sie von einer Polizei nicht daran gehindert wurden, welche die vorhandenen Gefahrensignale leugnete, professionelle Inkompetenz bewies und für die dann beispiellose Welle an Nachahmungstaten den Legitimationsgewinn des Erfolges schuf.

Begleitet war dies durch unverantwortliche Äußerungen führender Politiker verschiedener Parteien, besonders der in Mecklenburg-Vorpommern politisch Verantwortlichen. Zitiert sei nur der damalige Ministerpräsident des Landes, Berndt Seite (CDU): „Dass das natürlich umschwappt, wenn man in der Menge ist, dafür habe ich auch Verständnis.“ Weiter sagte er: „Sehen Sie, es muss Schluss sein, dass wir am Finger rumoperieren, sondern der Körper ist krank mit dem Problem Asylaufnahme in Deutschland.“

Unabhängig von ihren Intentionen hatten Medien durch ihre flächendekkende, zum Teil fasziniert-deskriptive Berichterstattung eine wichtige Informations- und Koordinationsfunktion für die Gewalttäter.[6] Verstärkereffekte gingen aus von Beifall zollenden Zuschauern, aber auch Teilen der Medien und der Öffentlichkeit, insbesondere der politischen Öffentlichkeit, die Verständnis für die Gewalttäter äußerten, über die Gefährdung der Opfer schwiegen oder sie (wie der damalige Innenminister des Landes Mecklenburg-Vorpommern, Lothar Kupfer) schlicht bestritten. Sie erfüllten damit, ob gewollt oder nicht, eine wichtige moralische Entlastungsfunktion für die Bereitschaft zu (tödlicher) Gewalt.

Es lassen sich aus dem Beispiel mehrere Folgerungen ableiten:

1. Viele glaubten in Rostock, Asylbewerber/innen kämen ernsthaft als Konkurrent(inn)en um Wohnung und Arbeit in Betracht. Das war eine wahnhafte Vorstellung, wenn man bedenkt, dass der Ausländeranteil damals in Rostock weit unter einem Prozent lag. Man bauschte „den Ausländer“ bzw. „den Asylanten“ zu einem gefährlichen Feind auf. Erst dadurch konnte man sich an ihm als einem Sündenbock abzureagieren suchen.
2. Da es zwischen Deutschen und Ausländern gar nicht um eine reale Konkurrenz geht, bleibt die Frage, warum sich dennoch Erwachsene wie Jugendliche (in einem feigen, barbarischen Akt) auf die Schwächsten der Schwachen stürzten und selbst ihren Tod in einem brennenden Haus riskierten. Die vielen Äußerungen der Wut verweisen darauf, dass die Ro-

6 Vgl. Helmut Willems, Gewalt und Fremdenfeindlichkeit. Anmerkungen zum gegenwärtigen Gewaltdiskurs, in: Hans-Uwe Otto/Roland Merten (Hrsg.), Rechtsradikale Gewalt im vereinigten Deutschland. Jugend im gesellschaftlichen Umbruch, Opladen 1993, S. 88ff.

ma (und dann auch die Vietnamesen) offenkundig etwas haben oder beanspruchen, was die Wütenden nicht mehr haben bzw. sich selbst versagen. Es sind eigene Enttäuschungen, die in rasendem Hass zum Ausbruch kamen und gegen „die Fremden" gerichtet wurden. Die Tobenden glaubten offenbar, dass die Ausländer/innen bekommen hätten, was sie sich selbst gar nicht mehr wünschen dürfen: Anerkennung, Achtung, vielleicht auch Macht und Einfluss sowie Geld und ein „gutes Leben".

3. Der Hass auf Asylbewerber/innen war deshalb besonders stark, weil man selbst aufgrund der Enttäuschungen während der Nach-„Wende"-Zeit nicht mehr glaubte, die ökonomischen, sozialen oder politischen Verhältnisse beeinflussen zu können. Eine in der Gesellschaft erfahrene Missachtung wurde zur Ursache für die Suche nach dem Sündenbock. Nur die Kombination von äußeren und inneren Versagungen macht das Ausmaß der irrationalen Wut verständlich.
4. Der Rückgriff auf einen Sündenbock liegt dann besonders nahe, wenn verantwortliche Politiker gesellschaftlich entstandene Aggressionen auf die Schwächsten der Schwachen lenken. Genau dies geschah in Rostock etwa durch den damaligen Innenminister, der unter dem Druck der Öffentlichkeit unmittelbar danach zurücktreten musste (Rassistisch wird ein solches Ablenkungsmanöver dann, wenn hierbei Menschen nach physiologischen oder vermeintlich kulturellen Besonderheiten und Abweichungen klassifiziert *und* negativ bewertet werden, z.B. nach dem Motto: Je dunkler die Hautfarbe, desto größer die Gefahr für uns Deutsche).
5. Die Gewalt übten vor allem *männliche Jugendliche* aus: Sie deuteten damit auch die Wünsche derjenigen Erwachsenen, die glaubten, nur so ihre Wut ausdrücken zu können, und wurden zu ausführenden Organen des „Volkszorns". So sehr sie sich im Moment der Gewalt erlebt haben, so wenig war diese Befriedigung von Dauer. Kaum einer der damals Aktiven will heute noch etwas davon wissen.
6. Insgesamt zeigt sich, dass das Klima von Toleranz bzw. Intoleranz in einer Stadt wie Rostock auch entscheidend davon abhängt, ob es zu einer solchen Wechselwirkung zwischen Teilen der Öffentlichkeit einerseits und den verantwortlichen Politikern andererseits kommt oder nicht. Es liegt daher auch an den letzteren, ob sie eine Stimmung vernünftiger Toleranz und Integration wahren bzw. herstellen. Damals hatte die Veränderung des öffentlichen Klimas aufgrund der Aktionen in Rostock-Lichtenhagen zu einer Senkung der Tabuschwelle der Aggressionen gegenüber Ausländer(inne)n, aber auch missliebigen deutschen Minderheiten geführt. Die beschriebene Entwicklung wiederum hatte zur Folge, dass ein in staatliche Institutionen (etwa die Ausländerbehörden) „eingewanderter Rassismus" zu einem Stück „Normalität" geworden ist.

Die Art und Weise einer zuspitzenden öffentlichen Thematisierung der Asylproblematik trug auf dem Hintergrund des damaligen Vorwahlkampfes zum

„Legitimationsgewinn" fremdenfeindlicher Einstellungen und zu Gewalttaten jugendlicher Täter bei. Der Asylstreit hat damit eine populistische und extreme Rechte, die vielfach gewalttätig ist, ein Stück weiter hoffähig gemacht und ihr ungeahnte Erfolgsgefühle vermittelt. Zugleich wurden rechte Inhalte und Themen von den etablierten Parteien übernommen.

3. *Jugendliche und fremdenfeindliche Gewalt: Angst und Aggression*

Wie der Zusammenhang von Angst, Aggression und fremdenfeindlicher Gewalt beschaffen ist, warum Jugendliche entsetzliche Taten an fremden Menschen, Obdachlosen, Behinderten oder Ausländern begehen, ist bisher nicht hinreichend geklärt.

3.1 Umbrucherfahrungen

Gewiss haben die Erfahrung des sozialen, ökonomischen und rechtlichen Umbruchs sowie die anhaltende Erfahrung der Perspektivlosigkeit von Jugendlichen in großen Teilen Ostdeutschlands entscheidend damit zu tun. Auch die Tatsache, dass Justiz, Polizei, Öffentlichkeit und Lehrer/innen oder Eltern in der für die Gewaltszene „erfolgreichen" ersten Phase zu Beginn der 90er Jahre weder entschieden noch glaubwürdig die humanen Grundlagen des freiheitlichen Rechtsstaates – die Achtung der Würde und der physischen Integrität des Menschen unabhängig von seiner ethnischen Herkunft – verteidigt haben, trug entscheidend zur Eskalation der Gewalt bei.

Der Umbruch 1989/90 hat Eltern vielfach enorm verunsichert, die sich in dem autoritären Anpassungsregime, in einer von dem Historiker Jürgen Kocka als „durchherrscht" bezeichneten Gesellschaft, eingerichtet hatten: Für sie wurde autoritär-paternalistisch gesorgt; das meiste war vorgeschrieben, und wehe, wenn man sich dagegen auflehnte, denn neben der Fürsorge stand ein funktionierender Repressionsapparat gegen Abweichung, der sich auf Mentalitäten einer autoritären Fügsamkeit hat stützen können.

1990 war dieses autoritäre Anpassungsregime zu Ende – Umbruch und Neuerung führten daher zu einer doppelten Verunsicherung. Denn nicht nur die alte Arbeits- und Einkommensstruktur war zerstört, sondern auch die autoritäre Fügsamkeit fiel zunächst ins Leere. Die Eltern erlebten sich als schwach, Familien zerbrachen, vielfach herrschte eine tiefe Frustration und oft auch hilflose Wut, welche häufig die Kinder traf. Viele von ihnen findet man heute in der rechten Szene. Sie hatten diese tief reichende Verunsicherung erlebt und die damit verbundene Wut abbekommen; die Beziehung zwischen Eltern und Kind war vielfach erheblichen Störungen ausgesetzt.

Hinzu kommt, dass dieser Umbruch durch die Art und Weise der ökonomischen Einigungspolitik oft noch vertieft worden ist. Der tradierten autoritär-paternalistischen Disposition wurde scheinbar eine neue paternalistische Perspektive geboten, die in dem Satz von den schon bald „blühenden Landschaften" gipfelten. Aber genau dieses Wahlkampfversprechen basierte auf einer bewussten Täuschung, wie für viele erst heute sichtbar wird.

Ohne ein Mindestmaß an Vertrauen in den Beziehungen zwischen Regierenden und Regierten, ohne glaubwürdige Versprechen und kontrollierbare Verabredungen zwischen ihnen kann Demokratie nicht lebendig erfahren werden. Stattdessen begreifen viele Ostdeutsche die Demokratie in Bonn bzw. Berlin als Manipulation, als etwas, dem sie gerade hatten entfliehen wollen.

Dieser gesellschaftliche und familiäre Hintergrund der Umbrucherfahrung und des autoritären Regimes davor hat für die Wahrnehmung von persönlicher Umwelt und Gesellschaft bei Jugendlichen enorme Auswirkungen, denn in dieser Lebensphase soll man sich von seiner bisherigen familiären Umwelt lösen und in einem ebenso labilen wie kreativen Übergang seinen Platz in der Gesellschaft erstreiten. Die Adoleszenz ist daher von dem Umbruch in Ostdeutschland entscheidend berührt.

3.2 Gesellschaftliche Missachtung

So gleicht es einer Katastrophe,

- wenn – wie in Hennigsdorf – ein modernes Kaltwalzwerk mit nicht haltbaren Versprechen aufgekauft und innerhalb weniger Jahre praktisch stillgelegt wurde;
- wenn innerhalb von wenigen Jahren 69 Prozent der ostdeutschen Bevölkerung nicht mehr den gleichen Arbeitsplatz wie vor der „Wende" haben;
- wenn 80 Prozent der Ostdeutschen sich immer noch als Bürger 2. Klasse sehen und sich „psychisch kolonialisiert" (Helmut Schmidt) fühlen;
- wenn nach einer Umfrage sogar über 90 Prozent der Brandenburger/innen die Zukunft ihrer Kinder für schlechter halten, als sie es vor der „Wende" 1989 war.

Besonders gravierend sind die psychosozialen Auswirkungen der mit der Einigung verbundenen Arbeitslosigkeitserfahrung. Schon eine der ersten Studien zu den Folgen einer Kündigungswelle – über die „Arbeitslosen von Marienthal" während der Weltwirtschaftskrise 1929 bis 1933 – hat gezeigt, wie ein solcher Schock den inneren Halt der Familie aufbricht und vielfach zerstört, das Selbstbewusstsein einschränkt bzw. zu Antriebslosigkeit und Apathie führt.[7]

7 Vgl. Marie Jahoda u.a., Die Arbeitslosen von Marienthal. Ein soziographischer Versuch über die Wirkungen langandauernder Arbeitslosigkeit, Leipzig 1933

Die Zukunftsperspektive vieler Familien wurde nach 1989 gefährdet und zerstört, ohne dass sie dafür Schuld oder Verantwortung trugen. Es liegt daher nahe, dass dies Konflikte in den Familien hervorgerufen und nicht zuletzt auch so gravierende Prozesse wie Scheidungen und Gewalt, vor allem auch gegenüber den eigenen Kindern, gefördert hat. Eine gesellschaftlich produzierte Erfahrung der Gefährdung oder Zerstörung des Selbstwertgefühls, sich kolonialisiert zu sehen und missachtet zu empfinden, ist bis heute von den für die Einigungspolitik Verantwortlichen ignoriert, jedenfalls nicht hinreichend thematisiert worden.

3.3 Frühe Enttäuschung und Suche nach Beziehung

Zu fragen ist, ob bei fremdenfeindlichen und gewaltbereiten Jugendlichen auch früh erfahrene Versagungen eine Rolle gespielt haben und sich beide, die frühen wie die aktuellen Erfahrungen, im Sinne einer Ergänzungskette als besondere, besonders grenzenlose Wut gegenüber gesellschaftlich definierten Sündenböcken niederschlagen. Denn nicht das Erleben sozialer Desintegration als solches führt notwendig zu fremdenfeindlichen Verhaltensweisen; schließlich fallen die Wirkungen derartiger Erfahrungen sehr unterschiedlich aus. Aus Untersuchungen ergibt sich darüber hinaus, dass viele gewaltbereite, rechtsgerichte Jugendliche Arbeit haben und aus formal intakten Elternhäusern kommen.

Christel Hopf hat zusammen mit anderen eine Untersuchung zur Bedeutung von Kindheit und aktuellen Erfahrungen bei rechtsextremen (und im Vergleich: nicht rechtsextremen) männlichen Jugendlichen in Westdeutschland durchgeführt, die zeigt, dass problematische Erfahrungen in der Kindheit, mangelnder Zuwendung und der Nichtbeachtung, zur Orientierung an rechtsextremen Haltungen beitragen können.[8] Solche negativen Bindungserfahrungen begünstigen, wenn andere Faktoren hinzutreten, rechtsextremes Handeln.

Die zentrale Frage lautet, warum Jugendliche unter gleichen äußeren sozialen Bedingungen *unterschiedlich* im Hinblick auf ihre politische Orientierung reagieren. 25 junge Männer zwischen 17 und 25 Jahren mit mittlerem Schulabschluss im Metall verarbeitenden Gewerbe wurden intensiv befragt, vor allem nach der Art und Weise, wie Eltern und andere erwachsene Bezugspersonen mit ihnen als Kindern umgingen. Die Interviewer/innen wollten herausfinden, ob und wie es zu einer inneren Anerkennung elementarer moralischer Normen gekommen ist, also dazu, die Stimme des anderen als Gewissen in sich selbst anzuerkennen. Sie stellten fest, dass eine solche posi-

---

8 Vgl. hierzu und zum Folgenden: Christel Hopf u.a., Familie und Rechtsextremismus. Familiale Sozialisation und rechtsextreme Orientierungen junger Männer, Weinheim/München 1995

tive Normentwicklung entscheidend davon abhängt, ob den Kindern genügend Zuwendung entgegengebracht wird, ob sie beachtet worden sind und ob man versucht hat, sie jeweils zu verstehen und zugleich auf Bedürfnisse und Rechte anderer Kinder oder auch erwachsener Bezugspersonen im Gespräch mit ihnen (induktiv) aufmerksam zu machen. Wichtig waren induktive Erziehungspraktiken, also die Argumentation mit der Handlungskonsequenz eigenen Tuns für andere (statt des „Einbläuens“ bestimmter Normen, etwa durch Prügel oder durch Liebesentzug). Die emotionale Qualität der Beziehung zwischen Eltern und Kindern und die dabei vermittelte Sicherheit, die das Kind schon von den ersten Lebensjahren an durch die erwachsene Bezugsperson erfährt, sind von erheblicher Bedeutung für die Selbstwahrnehmung des Kindes, aber auch die Wahrnehmung des anderen in ihm selbst. Dadurch gelingen Formen der Anerkennung des anderen, also des Gewissens als innere Stimme des anderen. Dagegen berichteten die Jugendlichen der Untersuchungsgruppe, die Normen besonders wenig verinnerlicht hatten, von Erfahrungen mit körperlichen Strafen und/oder mangelnder Zuwendung.

3.3.1 „Die hat sich über mich halb totgelacht“

Um dies am Beispiel des interviewten Thomas zu erläutern: Seine Eltern waren ihm gegenüber in der Kindheit nicht sehr liebevoll, ließen ihn viel allein und standen in schwierigen Situationen, z.B. wenn er krank war, nicht zur Verfügung. Sein Vater war besonders wenig ansprechbar, aber auch die Mutter reagierte, wenn Thomas emotionale Unterstützung benötigt hätte, unüberlegt und lieblos. Beispielsweise erzählt Thomas im Interview von einer Begebenheit während seiner Kindergartenzeit. Ein anderes Kind schlug ihn mit einer Schaufel, Thomas brach sich dabei das Nasenbein. Er habe gebrüllt „wie am Spieß“, wie „abgestochen“, wurde ins Krankenhaus gebracht und bekam einen Gipsverband. Die Mutter besuchte ihn im Krankenhaus. Thomas berichtet: „Die hat sich halb totgelacht, als sie mich dann gesehen hat.“ („Gelacht?“). „Ja wirklich. Ich sah ihr dann zu witzig aus. Ich habe dann nur noch gelacht.“

Thomas' Eltern waren nicht allein wenig unterstützend und wenig einfühlsam, sondern ihrem Sohn gegenüber aggressiv und gewalttätig. Er wurde häufig geschlagen. Als unmittelbare Anlässe schildert Thomas vor allem Situationen, in denen er ihren Befehlen und Wünschen nicht folgte und „Widerworte“ gab. Seine Eltern schlugen ihn aber auch, wenn er andere Kinder prügelte. Die Mutter benutzte den Kochlöffel oder den Teppichklopfer, der Vater die Hand, „was aber auch nicht weniger weh tat“.

Die Eltern von Thomas orientierten sich in ihren Erziehungsmaßnahmen eher an Techniken der Machtbehauptung und an körperlichen Strafen. Christel Hopf fügt hinzu, dass andere Jugendliche, die zu autoritärer Aggression tendierten, in den Interviews über vergleichbare Konstellationen berichteten: Erfahrungen mit relativ geringer emotionaler Zuwendung – nicht notwendig mit körperlichen Strafen – und Erfahrungen mit der Tolerierung ihrer Aggressivität durch die Eltern.

Es sind diese Kinder, die als Jugendliche sowohl zu autoritärer Aggression neigen wie auch einen geringen Grad an Verinnerlichung sozialer Normen aufweisen und über wenig Verständnis für andere, über wenig Empathie verfügen. Beziehungserfahrungen in der Familie und die Frage nach der subjektiven Bedeutung dieser Beziehungserfahrungen dürfen also auf keinen Fall vernachlässigt werden, wenn es um die Interpretation von Autoritarismus und Rechtsextremismus geht.[9]

Wiederum am Beispiel von Thomas lässt sich dies sehr deutlich illustrieren. Nicht nur, dass er relativ stolz davon berichtet, wie er schon als Kind an Gewalttätigkeiten und verschiedensten Prügeleien beteiligt war und im Kindergarten durch aggressives Verhalten wie Schlagen und Ärgern anderer Kinder und das Zerstören von Mobiliar auffiel. Prügeleien bleiben für ihn wichtig. „Wenn z.B. irgendwo eine Schlägerei ist und ... man haut dem anderen richtig welche in 'ne Fresse und kriegt kaum was ab, dann gehört man schon mal nicht mehr zu den ganz kleinen." Er hält es im Sinne eines Sozialdarwinismus für gut und normal, wenn sich der (körperlich) Stärkere in Auseinandersetzungen behauptet. Seither drangsaliert Thomas Menschen, die er nicht mag, oder verwickelt sie in Prügeleien. Gewalttätige Handlungen sind für ihn emotional wichtig, weil sie zeigen, dass er zu den „Unterdrükkern" gehört.

Etwas anders als der typische autoritäre Radfahrer, der sich Vorgesetzten unterordnet und gegenüber Schwächeren „draufhaut", ist der hier beschriebene Typ des Aggressiv-Autoritären stärker darauf konzentriert, im Sinne eines gesellschaftlich verbreiteten Sozialdarwinismus und der gesellschaftlichen Belohnung von Stärke und Durchsetzungsfähigkeit eben dies mit den Mitteln gewalttätigen Handelns zu demonstrieren. Angesichts der Polarisierung zwischen Groß und Klein, Stark und Schwach, Unterdrücker und Unterdrücktem, Freund und Feind liegt es nahe, dass mit besonderer Verve Ausgegrenzte und zugleich Schwächere drangsaliert werden. Unter den Asylbewerbern würde er gerne Angst und Schrecken verbreiten, damit sie die Bundesrepublik verlassen.

Dies wird dadurch verstärkt, dass man das Bild des Not leidenden, frustrierten Ostdeutschen dem des gut situierten Ausländers gegenüberstellt, so an Frustrationen und Neid anschließt und die Aggression des Gewalttäters zuletzt als berechtigt erscheint. Denn dann sind nicht die Gewalttäter das Problem, sondern die wirtschaftliche Situation, die sie frustriert, und die angeblich gut oder auch besser lebenden Ausländer, die sie provozieren. Täter werden zu Opfern umkonstruiert und Opfer zu Tätern.

9 Vgl. ebd., S. 104

3.3.2 Autoritäre Aggression

Gesteigert findet sich die autoritäre Aggression in den Aussagen von Volker, der beschreibt, wie er mit Leuten umgeht, die er nicht mag. Er habe in einer Disco mit zwei Freunden einen anderen Jugendlichen beim Tanzen getreten und „immer umgekickt und so, weil er eben voll dämlich war“ . Bei ihm ist die autoritäre Aggression besonders ausgeprägt. Sie wird geradezu beliebig gegenüber anderen, die man zu Schwachen erklärt oder die schwach erscheinen, ausgeführt. Mit körperlicher Gewalt reagiert Volker auf diejenigen, die von seinen Erwartungen abweichen, deren Art zu reden, zu gehen, sich anzugleichen oder zu tanzen er nicht mag. Er ist dem Opfer gegenüber zusammen mit seinen Freunden zugleich in einer Situation der Überlegenheit. Er kann auf die Schwächeren ohne Risiko einschlagen. Er hat Freude an ihrem Elend. Ein Jugendlicher, der Opfer seiner Attacken wurde, landete zuletzt in einer Pfütze. Wenn der Unterlegene defensiv reagiert, wächst noch die Verachtung, die den Schläger womöglich zu erneuten Attacken provoziert – ein sadistisches Verhalten.

Autoritär-Aggressive führen im Grunde nur aus, was sie selbst an Frustrationen, vor allem an Liebesentzug, autoritärer Strafe und Aggression, an Ohnmachtserfahrung erlebt haben: Sie reproduzieren jene Ohnmacht, an der sie selbst gelitten haben und von deren Erfahrungszusammenhang sie sich nicht haben befreien können. So unerträglich es nach wie vor für sie ist, wie die Eltern mit ihnen umgegangen sind, tendieren sie trotzdem vielfach dazu, diese zu verklären und sie in der Darstellung ihrer Eigenheiten noch zu idealisieren. So verschieben sie die in der Eltern-Kind-Beziehung unterdrückten Aggressionen auf andere Menschen und Gruppen, die sie im Vergleich zu den eigenen Eltern leichter und mit geringerem Risiko („feige“) attackieren können. Diese Aggression ist insofern autoritär, als man sich nicht traut, die Autoritäten der eigenen Gruppe, der eigenen Familie anzugehen und Konflikte zu riskieren. Das Böse wird vielmehr aus der eigenen Gruppe, auch aus der Person selbst nach außen verbannt.

3.3.3 Die feige Verschiebung der Aggression auf schwache „Sündenböcke“

Dies erklärt, warum die leicht attackierbaren Ausländer mit solcher Wutentladung bedacht werden: Sie sind im Kern gar nicht gemeint. Die Wut kommt woanders her. So abgetrennt von den idealisierten eigenen Eltern, der idealisierten eigenen Gruppe, werden die Opfer außerhalb: in Sündenböcken, gesucht. Es sind vornehmlich jene, die eigentlich der eigenen, längst abgewehrten Erfahrung demütigender Schwäche und Ohnmacht sehr nahe kommen. Die Ausländer scheinen gewalttätige Jugendliche an ihre eigene Schwäche und Opferposition zu erinnern. Indem sie Ausländer schlagen, suchen sie diese eigene Erfahrung zu verbannen. Im Akt der allmächtigen Gewalt wiederholen die Täter am Opfer ihr eigenes Opfersein. Eine entsetzliche Verkettung ohne Lösung, wenn am Gewalthandeln festgehalten wird. Dies erklärt, warum neben den Phasen des Gewaltrausches zugleich Phasen tiefer Depression nach oder vor Gewalthandlungen auftreten. Deswegen greifen die Schläger zu Alkohol und handeln zumeist in der Gruppe.

Gewaltrausch, Drogen, Rituale und Mythen harter Männlichkeit sind mehr oder weniger verzweifelte Versuche, dem zugleich immer wieder erkannten und wahrgenommenen tristen Alltag zu entgehen. Nur im ethnozentrischen rechtsextremen Mythos vom „großen Deutschland" und von den abzuwertenden Feinden lässt sich eindeutig Freund und Feind definieren und damit jene scheinbare Sicherheit „deutscher Zugehörigkeit", welche die extrem verunsicherten Jugendlichen „brauchen", um Wut und Hass überhaupt kanalisieren und ihre Aggression ungehemmt ausleben zu können. Nur das Gefühl, man befinde sich *im Krieg*, erlaubt die wahnhafte Idee, bloß in der gewaltsamen Bekämpfung des Anderen überleben zu können, allerdings ohne die Erfahrung, dass dies auf Dauer irgendein Problem löst.

Zu dieser bitteren Einsicht gelangt auch Marcel, der in der 12. Shell-Jugendstudie ausführlich zu Wort kommt. Marcels Biographie ist sicher ein Extremfall an elterlichen und familiären Versagungen, ebenso wie seine rechtsextreme Clique. Aber gerade an solchen extremen Erfahrungen lassen sich Wege zu autoritären Aggressionen rekonstruieren. Marcel ist 1978 geboren. Er hat eine Mutter, die bis Ende 1989, als sie erwerbslos wurde, nahezu ununterbrochen als Schneiderin arbeitete. Sein Vater hatte sich von seiner Mutter getrennt, als Marcel zwischen zwei und drei Jahren alt war. Sein Stiefvater trank und schlug die Mutter täglich. Marcel wehrte sich dagegen und galt in der Schule wie zu Hause als auffällig. Besonders die demütigende Erfahrung als kleines Kind, die Schläge des Stiefvaters nicht verhindern zu können, müssen für ihn schwerwiegend gewesen sein.

Aber auch seine Mutter handelt ihm gegenüber ambivalent. Dafür gibt es mindestens einen Anhaltspunkt: die Situation nämlich, als er – in der Schule auffällig – auf Vorschlag des Direktors in ein Heim soll. Es muss für ihn eine erhebliche Enttäuschung gewesen sein, dass die Mutter sich nicht dagegen entscheidet. Mit 12 Jahren kommt Marcel ins Heim und wird auch noch zum Stressfaktor erklärt, wenn er am Wochenende nach Hause kommt. Unfähig, sich gegen den Stiefvater im Sinne der Mutter aufzulehnen, von dieser selbst mit gemischten Gefühlen angesehen und vom Stiefvater nichts hörend, bekam Marcel das Gefühl, die Welt habe sich gegen ihn verschworen: „Die Leute, die Schule, der Direktor, die hatten was gegen mich. Mein Stiefvater genauso." Auch im autoritär geleiteten Heim wird Marcel verprügelt, ehe man ihn anderthalb Jahre später mit 14 auch von dort ausweist. Der Kontakt mit seiner älteren Schwester ist begrenzt, jener mit seinem „kleineren Bruder" läuft über Gewalt: „Wir sprechen meistens mit den Fäusten." Nach acht Jahren Schule beginnt Marcel eine Lehre, die er abbricht; danach arbeitet er als Dachdeckergehilfe, auch dies mit einer allenfalls begrenzten Perspektive.

Es ist nur konsequent, dass die Clique, die Marcel mit Udo und anderen bildet, ihm eine eigene Welt gegen die andere, feindliche bedeutet. Ein fast symbiotischer Zusammenhalt wird gesucht und beschworen, vor allem im Kampf gegen vermeintliche Feinde. Die „Bedrohung" etwa durch Asylbewerber schweißt zusammen, bietet Identität durch Erklärung von Feindschaft. Vor allem braucht man keine Angst zu haben, dass in der Gruppe jemand eine andere Einstellung hat.

Nicht nur sich sieht Marcel perspektivlos, sondern zugleich ganz Ostdeutschland – von den Politikern gleich mehrfach betrogen. Wenn er auch selbst durch Gewaltaktionen etwa zur Verteidigung seines Bruders auffällt und Bewährungsstrafen erhält, dominierend ist das Gefühl, von allen bedroht zu sein. Es sind offenkundig die Erfahrungen demütigender Isolation und Ohnmacht im Sinne einer Ergänzungskette, die Marcel letztlich dazu treiben, sich nun seinerseits an noch Schwächeren, den kritisierten Asylbewerbern, den „Assis" , schadlos zu halten. Wie wenig „problemlösend" dies ist, wird auch daran klar, dass die bisherigen Konflikte nicht immer günstig für ihn ausgegangen sind und er selbst schon durch einen Messerstich verletzt worden war. Fast depressiv, jedenfalls pessimistisch meint er: „Dreißig Jahre, so alt werde ich gar nicht. Da glaube ich nicht so richtig dran. In dieser Zeit hier. (...) Bei der starken Kriminalität jetzt in der Gesellschaft ... und die Gewalt. (...) Noch so ein Messer und das ein bißchen tiefer, das überlebe ich nicht. Außerdem bin ich irgendwie ... ich habe auch soviel Scheiße erlebt. Da hat man vielleicht nicht soviel Hoffnung." Und daneben steht fast zaghaft der Wunsch: „Erstmal muß ich eine richtige Existenz aufbauen, und dann hätte ich auch nichts gegen eine Familie. Wenn ich dann eben, sagen wir jetzt mal, die Richtige gefunden habe, die, wo ich auch weiß, die steht zu mir ..."

Die Biographie von Marcel ist ein Hinweis auf das, was auch Gertrud Hardtmann und Christel Hopf in ihren Untersuchungen herausgefunden haben: Es scheint, als würden biographisch tief gestaffelte Aggressionspotenziale fortexistieren und durch gegenwärtige soziale wie biographische Versagungen im Sinne einer Ergänzungskette reaktiviert, verstärkt und zu Gewaltentgleisungen verdichtet. Dies dürfte für jene gelten, die in Ostdeutschland durch den deutsch-deutschen Umbruch verunsichert sind und bisher keine Möglichkeiten hatten, ihn zu bewältigen. Viele sehen kaum Ausbildungs- und Berufschancen, andere erkennen diese zwar, sind aber durch die Erfahrung im Elternhaus autoritär verhärtet. Für diejenigen ohne Ausbildungs- und Berufsperspektiven gilt, dass selbst „integrierte Kindheitsmuster" erneut in Frage gestellt werden.

3.3.4 Dreifaches Betrogenwordensein

Eine besondere Gefahr für männliche Jugendliche resultiert daraus, dass das Gefühl, „betrogen worden zu sein" , aus der Familie und jenes aus der Gesellschaft einander gegenseitig verstärken: „Wenn sich die Wut über das persönliche Betrogenwordensein durch uneinfühlsame Eltern überlagert mit dem Eindruck, vom sozialistischen Staat betrogen worden zu sein, und dieses wiederum ergänzt wird durch das Gefühl, nun auch noch nach der Wende von der neuen BRD betrogen worden zu sein, so ist es diese dreifache Traumatisierung, die sich ein Ventil im Rechtsradikalismus und in der Fremdenfeindlichkeit sucht."[10]

„So wie gewalttätige rechtsradikale Jugendliche in ihrer Kindheit von ihren Eltern selbst nicht angenommen, sondern zurückgewiesen wurden, weisen sie heute diejenigen zurück, die sich bedingt durch eine andere Haut- und Haarfarbe von ihnen unterscheiden. Daß die ‚Objekte' rechtsextremer Gewalt in der Regel selbst Menschen sind, die sich aufgrund körperlicher Gebrechen und/oder psychischer und sozialer Schwäche in einer ohnmächtigen Position befinden, prädestiniert sie aus der Sicht der Gewalttäter geradezu für die Rolle des Opfers, läßt sich auf sie doch um so einfacher die eigene als peinigend empfundene Ohnmacht projizieren."[11] Gertrud Hardtmann ist diesem Verhältnis von Schwäche und Ohnmacht der Täter und ihrer besonderen Aggressivität in teilnehmenden Beobachtungen im Rahmen der Jugend-Sozialarbeit im Osten Berlins nachgegangen.[12] Sie nimmt an, die Aggressivität habe mit einer besonderen Abwehr und einer Spaltung im jugendlichen Täter zu tun. Sie beobachtete, dass die boshafte Häme, mit der Jugendliche über ihre Gewaltakte und ihre Opfer sprachen, auf Prozesse der Spaltung im jugendlichen Täter zurückverweisen, also eine Abwehr, die mit den eigenen Erfahrungen von Schwäche und Ohnmacht zu tun hat und in diesem Sinne eine Projektion, eine Übertragung der eigenen Ohnmacht auf die Ohnmacht des Täters ist.

Die *Spaltung* zeige sich darin, dass die aggressiven Anteile offen zum Ausdruck kommen, die anderen, eher positiven und nach Anerkennung verlangenden aber unterdrückt sind und nicht mehr in der sozialen Umwelt ausprobiert werden. Diese entwerteten und enttäuschten Wünsche nach sozialer Anerkennung in ihrer Umwelt sind für die Täter offenkundig nicht mehr realistisch. Bei jungen Menschen, die man wenig beachtet hat, deren Gefühle nicht ausreichend hatten beantwortet, aufgenommen und verarbeitet werden können und deren (innere) Konflikte daher erst recht unaufgeklärt bleiben, besteht eine besondere Neigung, sich gegen die tiefen Enttäuschungen und die damit verbundene Wut zu panzern, abzudichten und an einem illusionäres Selbstbewusstsein zeigenden Größenselbst, an einer neuen Grandiosität teilzunehmen. Eine der entsetzlichen Formen ist, Stärke an Schwachen zu zeigen und sich hierzu Mythologien zu suchen, die das scheinbar legitimieren: z.B. Mythen des extremen Nationalismus, des Nationalsozialismus, die es zu erlauben scheinen, Aggressionen an öffentlich definierten Sündenböcken (feige) abzureagieren.

---

10 Hans Jürgen Wirth, Adoleszenz als Chance und Risiko, in: Psychosozial 64 (1996), S. 23
11 Ebd.
12 Vgl. Gertrud Hardtmann, „Und du bist raus ...". Rechtsradikale Jugendliche – im „Aus" der Gesellschaft?, in: Richard Faber u.a. (Hrsg.), Rechtsextremismus. Ideologie und Gewalt, Berlin 1995, S. 96ff.

Es spricht einiges dafür, dass solche biographisch weit zurück reichenden Aggressionspotenziale (der berüchtigte „Wutstau") durch gegenwärtige soziale und biographische Versagungen gerade in der Adoleszenz im Sinne einer Ergänzungskette reaktiviert werden und sich zu Gewaltentgleisungen verdichten. Dies dürfte vor allem für jene Jugendlichen gelten, die in Ostdeutschland der durch den deutsch-deutschen Umbruch bedingten sozialen Katastrophe ausgesetzt und bisher ohne Chance sind, diese wirksam zu bewältigen. Denn selbst „integrierte Kindheitsmuster" werden erneut in Frage gestellt, wenn die gesellschaftliche Integration durch Arbeit, beruflich oder gesellschaftlich anerkannte Tätigkeiten und Ausbildungsperspektiven fehlt und damit nur eine Erfahrung wiederholt wird, die sie als Kinder oder Jugendliche dramatisch an den Eltern in den frühen 90er Jahren miterleben mussten.

3.3.5 Innerer Rückzug, Wutstau und Wahnvorstellungen vom gefährlichen Feind

Wie es zu der Spaltung in Anpassung und Aggression kommen kann, hat Annette Streeck-Fischer am Beispiel eines männlichen Jugendlichen, der bei ihr in Behandlung war und der diese Spaltung in zwei Leben perfekt eingeübt hat, genauer untersucht.[13] Demnach führen die psychischen und biologischen Reifungsvorgänge in der Adoleszenz dazu, dass die bisherige relative Übereinkunft des Jugendlichen mit sich und mit den Eltern oder anderen wichtigen Bezugspersonen allmählich oder vielfach abrupt verloren geht oder abgebrochen wird. Viele, bei denen dies eine tiefe emotionale Verunsicherung auslöst, erfahren sich in Verbindung mit den Veränderungen von Körper und Seele als fremd und können nicht mehr auf die bisherigen Formen, damit umzugehen, zurückgreifen. Dies mobilisiert Gefühle der Beschämung und Angst gerade bei Jugendlichen, die etwa durch autoritäre Erziehung eher labil sind. Sie geraten in eine Krise, die sie häufig mit einem bis zum Narzissmus gesteigerten Bezug auf sich selbst beantworten.

Was bei weiblichen Jugendlichen häufig zu einer Innenwendung und Nachdenklichkeit führt, gibt bei männlichen Jugendlichen oft zur Selbstvergrößerung und, sofern eine hinreichend gute Beziehung zum Vater existiert, zur Identifizierung mit ihm Anlass. Fehlt es aber an einer hinreichend guten Beziehung zum Vater und an verlässlichen Strukturen in der Erwachsenenwelt, auf die hin eine Identifizierung überhaupt lohnt, sieht sich der männliche Jugendliche anhaltend von den Umbrüchen in seinem Leben bedroht, ohne dies angesichts seiner Identifizierung mit Männlichkeitsvorstellungen ausdrücken zu können.

---

13 Vgl. hierzu und zum Folgenden: Annette Streeck-Fischer, „Geil auf Gewalt". Psychoanalytische Bemerkungen zu Adoleszenz und Rechtsextremismus, in: Psyche 46 (1992), S. 745ff.

Eher kommt es zu Formen der Identifizierung mit besonders brutalen, andere Gefühle abspaltenden männlichen Idealvorstellungen, die umso eher aufgegriffen werden, je labiler und erschütterter das eigene Selbst, die eigene Identität ist. Auch hier kann angenommen werden, dass vielfach Erfahrungen eines brutalen Umgangs mit ihm als Kind abgebildet, gespiegelt werden. So wie der Jugendliche die früheren Erfahrungen, nicht beachtet oder sogar aggressiv behandelt und missachtet zu werden, nicht hat verarbeiten können (weshalb diese Erfahrungen ein Eigenleben führen und er daneben eine Art Normalität spielt, also gespalten lebt), so ist er nun erneut unter Druck, die auftretenden Erfahrungen der Missachtung und der Adoleszenz miteinander zu vereinbaren: Es gelingt dem Betreffenden genauso wenig. Er spaltet sich erneut in zwei Welten. Streeck-Fischer beobachtet an ihrem Patienten, wie er ein scheinbar normales Alltagsleben von Anpassung und Ordentlichkeit lebt und daneben ein Skinhead-Leben voller Wut und sadistischer Aggressivität. Es handelt sich um eine „Als-ob-Persönlichkeit", die keinen eigenen Kern besitzt und deren Gefühle seltsam unwirklich und nichtig sind. Der Betreffende ist als Mitläufer nicht nur extrem manipulierbar, sondern weiß auch selbst zu manipulieren. Er täuscht sich und andere und lebt in einem doppelten Gehorsam: gegenüber der herrschenden Alltagsinstitution einerseits und der herrschenden Skinhead-Clique andererseits. Es liegt relativ nahe, dass eine solche doppelte Nichtexistenz unter großen Spannungen und einem großen Aggressionspotenzial steht.

Wahnhafte Vorstellungen vom gefährlichen Anderen gereichen zur Definition von Opfern, die als Sündenböcke zur Abreaktion der Wut dienen. Dabei ist, wie wir wissen, die Wahl der Opfer relativ beliebig: von Juden über sichtbare Ausländer bis hin zu Odachlosen, Behinderten und „Zecken". In den Augen der Gewalttäter weichen sie ab, sind anders, passen nicht in das Bild des ordentlichen Deutschen, nicht zur homogenen Volksgemeinschaft, nicht zum reinen „Volkskörper". Überhaupt fällt auf, dass vielfach mit Reinheits- und Schmutzvorstellungen gearbeitet wird. Da ist die Wut des rechten Skinheads über die „Schwulen" und die „stinkenden Ausländer", aber auch der Mord an einem im Urin liegenden Obdachlosen durch rechtsextreme Jugendliche. Zum Abgewehrten gehört offenbar neben der Ohnmacht, die man am Opfer bekämpft, auch die Assoziation von Dreck, Schmutz, Gift und Unreinem. Die besonders in der Pubertät scharfe Empfindung von Ekel und Scham scheint sich hier mit dem beschriebenen hohen Aggressionspegel zu verbinden und im Gruppenhandeln der extremen Clique eine besondere Wut zu mobilisieren. Gegen den Schmutz und den Dreck der Anderen entwirft man das Bild der Reinheit und Homogenität des ethnisch gesäuberten und national befreiten eigenen „Volkskörpers", des eigenen deutschen Territoriums, des „national befreiten", „ausländerfreien" Reviers in von Skinheads beherrschten Stadtteilen Ostdeutschlands.

Natürlich gibt es auch Cliquenbildungen männlicher Jugendlicher, die ihre Differenz zur erwachsenen Mehrheitskultur durch körperbetonte Symbole,

Rituale und Embleme kenntlich machen und auch zu Gewalt untereinander greifen, ohne dass sie mit den Mythen des extremen Nationalismus Ausländer/innen, Schwache, Behinderte und Obdachlose jagen. Aber dies zeigt gerade, wie wichtig die vorgängigen Erfahrungen in Familie und Schule sind, wie groß die Verantwortung von Politik und Öffentlichkeit ist, wenn sie in ihren Stigmatisierungen schwacher Gruppen Sündenböcke geradezu anbieten und sich die Cliquen mit Gewaltexzessen an diese halten.

4. Fazit

4.1 Fremdenfeindliche Einstellungen und Mentalitäten

Fremdenfeindliche Einstellungen sind stark verbreitet und stellen einen Gewalt begünstigenden Faktor dar. Sie beziehen sich auf Traditionen und Mentalitäten, die sich unter Jugendlichen schon in den 80er Jahren herausgebildet haben, nach 1989 als rechte Szene bzw. rechtsextreme Bewegung im jugendlichen Alltag auftauchten und sich auf verbreitete Einstellungen in der Bevölkerung stützen können.

Für die tief irrational-paranoide Angst dürfte von Bedeutung sein:

- die Erfahrung eines autoritären Anpassungsregimes der DDR, in dem individuelle Abweichungen und öffentlicher Streit nicht entwickelt und gefördert, sondern abgewehrt wurden;
- die Erfahrung in den Familien, die insbesondere in Fragen der Erziehung vielfach einem strengen Korsett gesellschaftlicher Regeln ausgesetzt waren; befolgte man diese Regeln nicht, konnten die Einzelnen schnell bestraft, vor allem von Berufschancen und anderen Vergünstigungen des Systems ausgeschlossen werden: Anpassung wurde belohnt;
- die von einem Teil der Jugendlichen und ihrer Eltern gemachten Erfahrungen einer rigiden Kinderkrippenerziehung, in der es zu Reglements kam, die für das jeweilige Alter des Säuglings/Kleinkinds unangemessen waren;
- Erfahrungen des Umbruchs, die deswegen besonders gravierend waren, weil man sich zuvor auf das System autoritärer Anpassung eingestellt hatte bzw. auch hatte einstellen müssen; dies trug offenbar zum emotionalen Zusammenbruch vieler Familien bei und belastete die damals 5- bis 8-jährigen Kinder besonders, nicht zuletzt wegen der Zunahme körperlicher Gewalt, durch Scheidungen und vermehrten Alkoholkonsum;
- die im Anschluss an den Umbruchschock erlebte anhaltende Verunsicherung, vor allem eine als unsicher erlebte Zukunft.

4.2 Falsche Politik

Dass sich rechtsextreme und fremdenfeindliche Einstellungen so stark ausgebreitet haben, hängt auch mit der Politik zusammen. Zum einen hat die von Westdeutschen betriebene Einigungspolitik zu nicht prognostizierten katastrophalen Wirkungen geführt, die jedoch absehbar waren. Von „blühenden Landschaften" zu reden und sie für die nächste Zukunft anzukündigen, war eine bewusste Täuschung. Sowohl die Währungsunion wie auch die Privatisierungspolitik vor allem der Treuhandanstalt wurden nicht ausreichend flankiert von Maßnahmen einer aktiven Industrie- und Arbeitsmarktpolitik seitens des Bundes. Zum anderen haben die westdeutsch dominierten Parteien das Asylrecht seit dem Sommer 1991 über mehrere Jahre hinweg zu einem zentralen Thema öffentlicher Debatten gemacht – mit verheerenden Wirkungen für die Flüchtlinge, die sich nicht wehren konnten und Opfer von Sündenbockjagden wurden.

Wie stark und „erfolgreich" die Ablenkung von sozialen und ökonomischen Probleme mit Hilfe des Themas „Asylanten" und „Ausländer" durchgeführt wurde, zeigt das erwähnte Beispiel der Konflikte in Rostock-Lichtenhagen. Es hängt auch von dem Klima, dem Milieu sowie der politischen Kultur in der Region oder der Kommune ab, ob es zu einer zerstörerischen Eskalation der Gewalt kommt.

4.3 Jugend und rechte Gewalt

Jugendliche sind unter den genannten Bedingungen vielfach überfordert und ziehen sich umso mehr in ihre Gleichaltrigengruppen zurück. Dass sich in diesen bei einer beträchtlichen Minderheit rechte oder rechtsextreme Gesinnungen ausgebreitet haben, hat mehrere Ursachen:

- Erfahrungen des Ausgeschlossenseins aus der Gesellschaft;
- Erfahrungen der Missachtung in Familie, Nachbarschaft oder Schule;
- irreführende fremdenfeindliche Propaganda vor allem konservativer Politiker, wonach Ausländer schuld an der ökonomischen und sozialen Misere in Deutschland sind, die man in Wirklichkeit selbst zu verantworten hat;
- die Existenz rechtsextremer Kader vor Ort;
- eine kaum versteckte Fremdenfeindlichkeit in beträchtlichen Teilen der Bevölkerung, der Herkunftsfamilien sowie der lokalen Öffentlichkeit und Politik.

4.4 Alternativen

Es hängt daher von Maßnahmen der Wirtschafts- und Sozialpolitik sowie der öffentlichen Meinung zur Fremdenfeindlichkeit gleichermaßen ab, ob die ökonomischen Schwierigkeiten leichtfertig auf „Sündenböcke" abgeladen werden. Hinsichtlich einer veränderten Industrie-, Arbeitsmarkt- und Ausbildungspolitik sind zunächst Bund und Länder gefordert, aber auch die Kommunen. Letztere bilden schließlich den Ort, wo sich zeigt, ob Bürger/innen mit entscheiden können oder nicht, und welches Klima gegenüber den sozial Schwächeren, vor allem Ausländer(inne)n, herrscht.

1. Es erscheint wichtig, die politisch produzierte Seite sozialer Verwahrlosung und des Alleingelassenseins vor allem von Jugendlichen durch einen neuen Gesellschaftsvertrag anzugehen, der nachprüfbar und glaubwürdig Ausbildungs- und Arbeitschancen in der Region eröffnet. Dies gilt vor allem für Jugendliche, die sich vor Ort durch eine Vielfalt unkonventioneller Maßnahmen und Angebote ihren sozialen Raum wieder konstruktiv aneignen sollten, statt ihn destruktiv gegen „Außen", gegen „Fremde" zu „verteidigen". Wir brauchen eine Ausbildungs- und Beschäftigungsoffensive, die eine Halbierung der Arbeitslosigkeit innerhalb kurzer Zeit vorsieht.
2. Gleichzeitig brauchen wir eine entschiedene Veränderung der autoritären Anpassungskultur, vor allem in den örtlichen Institutionen. Besonders wichtig sind die Schulen, die ohne kreativen Schub zu sehr auf reglementierten Unterricht vertrauen und deswegen die Motivation der Schüler/innen gefährden oder gar zerstören. Projekttage zeigen, wie kreativ und lernbegierig Schüler/innen sein können, wenn das übliche Reglement durch eine bessere Ermittlung der Motive von Schüler(inne)n und Lehrer(inne)n durchbrochen wird. Nur wenn man Schüler/innen ernst nimmt und von ihren Interessen ausgeht, kann Schule wieder ein vernünftiger Lernort werden.
3. Das, was zunächst als unauflösbarer Gewaltzusammenhang bei Jugendlichen erscheint, weist Brüche und Widersprüche auf und kann durch Prozesse der Kooperation, durch Bildungs-, Jugend- und/oder Beschäftigungspolitik sowie durch das Insistieren auf einem freiheitlichen Rechtsstaat, der die Würde des Menschen ungeachtet seiner Abstammung entschieden verteidigt, angegangen werden. Daraus erwächst die Chance für Jugendliche, ihre Konflikt- und Enttäuschungserfahrungen nicht mehr abwehren und hinter einem gepanzerten (Sicherheits-)Selbst verdecken zu müssen.
4. So sehr eine rechtsextreme Gewalttat nicht mit der Persönlichkeit des Täters als ganzer erklärt werden kann, so klar muss sein, dass weder Eltern, Lehrer/innen oder Mitschüler/innen noch die Verantwortlichen in der Kommune auch nur ein Stück weit gegenüber Tat und Tatmotiv

„nachsichtig" sein dürfen. Der jugendliche Täter sollte unmittelbar durch seine Umwelt, durch Polizei oder Justiz mit der Tat konfrontiert werden. Dies gilt gleichermaßen für brutale Schlägereien auf dem Schulhof oder im Stadtteil wie für deren Vorbereitung oder Androhung. Die Gesellschaft muss sich in ihrer Selbstverpflichtung, potenzielle Opfer wirksam zu schützen, ernster nehmen, als sie es gegenwärtig tut.

Rechtsextremismus als Herausforderung für Staat und Gesellschaft

Christoph Butterwegge/Gudrun Hentges

„Ausländer und Asylmissbrauch" als Medienthema: Verantwortung und Versagen von Journalist(inn)en

Das medientheoretische Konzept, von dem wir ausgehen, sucht zu erklären, welche Funktion die Massenmedien im Rahmen der Ethnisierung unserer Gesellschaft, einer „Kulturalisierung" von Politik und der Entpolitisierung sozialer Konflikte haben, wie sie beispielsweise zwischen den unterschiedlichen Wirkungsfeldern des Rassismus vermitteln. „Ethnisierung" ist ein sozialer Exklusionsmechanismus, der Minderheiten schafft, diese negativ etikettiert und Privilegien einer dominanten Mehrheit zementiert.[1] Heute bildet Ethnisierung nicht zuletzt eine Reaktion auf die Globalisierung des Handels, des Kapitals und der Finanzmärkte, wodurch national(staatlich)e Entscheidungsspielräume beschnitten werden. Je mehr die Konkurrenz im Rahmen einer neoliberalen Modernisierung (nicht zuletzt durch eine mediale „Standortdebatte") ins Zentrum zwischenstaatlicher und -menschlicher Beziehungen rückt, desto leichter lässt sich die ethnische bzw. Kultur*differenz* politisch aufladen.

Wenn ethnische Differenzierung als Voraussetzung der Diskriminierung und Mechanismus einer sozialen Schließung charakterisiert werden kann, treiben die Medien den Ausgrenzungsprozess voran, indem sie als Multiplikatoren und Motoren der Ethnisierung wirken. Medien dienen als Bindeglieder zwischen dem *institutionellen* (strukturellen, staatlichen), dem *intellektuellen* (pseudowissenschaftlichen) und dem *individuellen* bzw. Alltagsrassismus. Sondergesetze für und behördliche Schikanen gegen Migrant(inn)en, die man „institutionellen Rassismus" nennen kann, kennen deutsche „Normalbürger/innen" hauptsächlich aus Medienberichten und bestätigen eigene Klischeevorstellungen über Ausländer/innen. Umgekehrt nutzt der Staat durch Medien millionenfach verbreitete Ressentiments gegenüber Ausländer(inne)n, um diese strukturell benachteiligen zu können. Im Rahmen der 1991/92 kampagnenartig zugespitzten Asyldebatte rechtfertigten Politiker/innen die geplante Verfassungsänderung mit der „Volksmeinung". Schließlich

1 Vgl. Wolf-Dietrich Bukow, Feindbild: Minderheit. Ethnisierung und ihre Ziele, Opladen 1996

erhält der pseudowissenschaftlich untermauerte Rassismus durch die Medien ein öffentliches Forum, was seine Massenwirksamkeit erklärt.[2]

1. Migrant(inn)en im Zerrspiegel der Massenmedien: Wie aus Zuwanderern „Fremde" gemacht werden

Massenmedien filtern für die Meinungsbildung wichtige Informationen und beeinflussen auf diese Weise das Bewusstsein vieler, vor allem junger Menschen, für die sich Realität zunehmend über die Rezeption von Medien erschließt. Während beispielsweise die Berichterstattung über Fluchtursachen und deren Hintergründe (von der ungerechten Weltwirtschaftsordnung und den Ausbeutungspraktiken industrieller Großkonzerne über den Ökokolonialismus bis zu den Waffenexporten „unserer" Rüstungsindustrie) mehr als defizitär zu nennen ist, behandeln Reportagen aus der sog. Dritten Welt überwiegend Kriege und Bürgerkriege, Natur- und Technokatastrophen, Militärputsche und Palastrevolutionen, wodurch das Vorurteil genährt wird, „die Afrikaner", „die Asiaten", „die Südamerikaner" und „die Osteuropäer" seien zwar Nutznießer der westlichen Zivilisation und modernster Technologien, zu rationaler Daseinsgestaltung und demokratischer Selbstverwaltung allerdings unfähig.

Über die ca. 7,5 Millionen Ausländer/innen in der Bundesrepublik berichten die Massenmedien ähnlich, wie sie über das Ausland berichten, also praktisch nur im Ausnahmefall, der möglichst spektakulär sein und katastrophische Züge tragen sollte, wodurch Zuwanderer mit Unordnung, Chaos und Gewalt in Verbindung gebracht werden. Der medial konstruierte und deformierte „Fremde" ist überflüssig und/oder gefährlich, zu bedauern oder zu fürchten – meistens allerdings beides zugleich.[3] Dies gilt heute vor allem im Hinblick auf Musliminnen und Muslime aus der Türkei, die größte Zuwanderergruppe Deutschlands.[4]

Durch die Art und Weise, wie sie über Ausländer/innen, Flüchtlinge und Zuwanderer berichten, zementieren die Medien eine im Bewusstsein der Bundesbürger/innen ausgebildete Hierarchie, wonach bestimmte Gruppen

2 Vgl. Christoph Butterwegge, Ethnisierungsprozesse, Mediendiskurse und politische Rechtstendenzen, in: ders. (Hrsg.), NS-Vergangenheit, Antisemitismus und Nationalismus in Deutschland. Beiträge zur politischen Kultur der Bundesrepublik und zur politischen Bildung, Mit einem Vorwort von Ignatz Bubis, Baden-Baden 1997, S. 172ff.; Christoph Butterwegge, Massenmedien, Migrant(inn)en und Rassismus, in: ders. u.a. (Hrsg.), Medien und multikulturelle Gesellschaft, Opladen 1999, S. 64ff.

3 Vgl. Karin Böke, Die „Invasion" aus den „Armenhäusern Europas". Metaphern im Einwanderungsdiskurs, in: Matthias Jung u.a. (Hrsg.), Die Sprache des Migrationsdiskurses. Das Reden über „Ausländer" in Medien, Politik und Alltag, Opladen 1997, S. 191

4 Vgl. z. B. Irmgard Pinn, Muslimische Migranten und Migrantinnen in deutschen Medien, in: Gabriele Cleve u.a. (Hrsg.), Wissenschaft – Macht – Politik. Interventionen in aktuelle gesellschaftliche Diskurse, Münster 1997, S. 215ff.

von Ausländern „Fremde", andere willkommene Gäste sind. In der Lokal- und der Boulevardpresse ist dieser Dualismus besonders stark ausgeprägt, weil sie das „Ausländerproblem" oftmals mit einer angeblich drohenden „Übervölkerung" sowie einer Gefährdung der Inneren Sicherheit in Verbindung bringen. Aus der Lokalzeitung erfährt man nur wenig Positives über Ausländer/innen. Mord und Totschlag, (Banden-)Raub[5] und (Asyl-)Betrug sind typische Delikte, über die im Zusammenhang mit ethnischen Minderheiten berichtet wird. „Für Zeitungsleser und Fernsehzuschauer sieht es leicht so aus, als sei ‚multikulturell' oft eng mit ‚multikriminell' verbunden. Wenn man die Geschichten über Ausländer auf ihre Grundstruktur reduziert, so sind es häufig stark polarisierte, schablonenhafte Bilder, die einem in den Medien von den ‚Fremden' präsentiert werden."[6]

Ein angelsächsisches Bonmot („Only bad news are good news") abwandelnd, kann man sagen: Nur böse Ausländer sind gute Ausländer! Georg Ruhrmann spricht von einem „Negativsyndrom", das die deutsche Medienberichterstattung kennzeichne: „Folgen weltweiter Migrationsprozesse und das Entstehen multikultureller Tendenzen werden in einer Semantik der Gefahren präsentiert. Die vorhandenen und zukünftigen sozialen Veränderungen werden nicht als entscheid- und gestaltbar, sondern als katastrophal und schicksalhaft dargestellt."[7]

Häufig spielt die *Bedrohung* deutscher Ressourcen durch ethnische Minderheiten, vor allem jedoch durch „Asylbetrüger", eine Rolle. Teun A. van Dijk gelangt aufgrund diskursanalytischer Untersuchungen in Großbritannien und den Niederlanden zu dem Schluss, dass Rassismus durch den Elite- und Mediendiskurs induziert bzw. verstärkt wird, wobei er die Presse selbst als Teil des genannten Problems identifiziert: „Die Strategien, Strukturen und Verfahren der Nachrichtenbeschaffung, die Themenauswahl, der Blickwinkel, die Wiedergabe von Meinungen, Stil und Rhetorik richten sich alle darauf, ‚uns' positiv und ‚sie' negativ darzustellen. Minderheiten haben zudem einen relativ schwierigen Zugang zur Presse; sie werden als weniger glaubwürdig angesehen; ihre Sache gilt nur dann als berichtenswert, wenn sie Probleme verursachen, in Kriminalität oder Gewalt verstrickt sind oder wenn sie als Bedrohung der weißen Vorherrschaft dargestellt werden können."[8]

Der „kriminelle Ausländer" repräsentiert für Rainer Geißler die grellste Facette des Zerrbildes vom „bedrohlichen Ausländer": „Es knüpft an beste-

---

5 Vgl. dazu: Margret Jäger u.a., Von deutschen Einzeltätern und ausländischen Banden. Medien und Straftaten, Duisburg 1998

6 Ralf Koch, „Medien mögen's weiß" – Rassismus im Nachrichtengeschäft. Erfahrungen von Journalisten in Deutschland und den USA, München 1996, S. 8

7 Georg Ruhrmann, Medienberichterstattung über Ausländer: Befunde – Perspektiven – Empfehlungen, in: Christoph Butterwegge u.a. (Hrsg.), Medien und multikulturelle Gesellschaft, a.a.O., S. 102

8 Teun A. van Dijk, Eliten, Rassismus und die Presse, in: Siegfried Jäger/Jürgen Link (Hrsg.), Die vierte Gewalt. Rassismus und die Medien, Duisburg 1993, S. 125f.

hende Vorurteile gegenüber ethnischen Minderheiten an, verstärkt diese gleichzeitig und bereitet damit sozialpsychologisch den Boden für Aktionen gegen ethnische Minderheiten – im harmloseren Fall für politische Beschränkungen, im schlimmeren Fall für Fremdenhaß und brutale Gewaltausbrüche gegen ethnische Minderheiten."[9]

Problematisch ist die Nennung der nichtdeutschen Herkunft von Tatverdächtigen und Straftätern in Zeitungsartikeln über Verbrechen, wodurch der Eindruck vermittelt wird, die Amoralität eines Gesetzesbrechers hänge mit dessen Abstammung zusammen.[10] Identifizierende Hinweise auf Nationalität und Hautfarbe sind nur dann zu rechtfertigen, wenn die aktuelle Fahndung sie erfordert.[11] Allerdings bedarf es keiner Schlagzeile wie „Tod im Gemüseladen: Türke erschoß Libanesen" auf der Titelseite,[12] um den Rassismus zu stimulieren. Schon eine nur scheinbar „objektive" Polizeistatistik zur Ausländerkriminalität, die nicht kommentiert oder falsch interpretiert wird, enthält die Botschaft, Menschen anderer Hautfarbe/Herkunft seien aufgrund ihrer biologischen und/oder kulturellen Disposition für Straftaten anfälliger. Tatsächlich sind Ausländer/innen jedoch nicht krimineller als Deutsche, und es gibt kaum ein rechtes „Argument", das durch kritische Reflexion und fundierte Analysen überzeugender zu widerlegen wäre.[13]

2. Die fatalen Wirkungen der Asyldiskussion auf das Flüchtlingsbild und die politische Kultur der Bundesrepublik

Heribert Prantl, Ressortleiter Innenpolitik der „Süddeutschen", hat die Folgen der sich über mehrere Jahre hinziehenden Asyldiskussion für die politische und Medienkultur des Landes herausgearbeitet: „Wie kaum eine andere Auseinandersetzung in der Geschichte der Bundesrepublik hat der sogenannte Asylstreit das Klima in Deutschland verändert – und zwar so sehr, daß es notwendig wurde, in Demonstrationen und Lichterketten die Fundamentalnorm des Gemeinwesens zu verteidigen: ‚Die Würde des Menschen ist un-

9 Rainer Geißler, Das gefährliche Gerücht von der hohen Ausländerkriminalität, in: Aus Politik und Zeitgeschichte. Beilage zur Wochenzeitung *Das Parlament* 35/1999, S. 35

10 Vgl. Rainer Topitsch, Soziobiologie, Fremdenfeindlichkeit und Medien, in: Bernd Scheffer (Hrsg.), Medien und Fremdenfeindlichkeit. Alltägliche Paradoxien, Dilemmata, Absurditäten und Zynismen, Opladen 1997, S. 136

11 Vgl. Klaus Merten, Das Bild der Ausländer in der deutschen Presse, in: Bundeszentrale für politische Bildung (Hrsg.), Ausländer und Massenmedien. Bestandsaufnahme und Perspektiven. Vorträge und Materialien einer internationalen Fachtagung vom 2. bis 4. Dezember 1986, Bonn 1987, S. 77

12 Siehe Tod im Gemüseladen: Türke erschoß Libanesen, in: Weser-Kurier v. 22.5.1999

13 Vgl. dazu Rainer Geißler, Das gefährliche Gerücht von der hohen Ausländerkriminalität, a.a.O., S. 30ff.

antastbar'. Das war etwa so, als müßte die Mathematik das Einmaleins verteidigen."[14]

Flüchtlinge wurden zu „Betrügern", „Sozialschmarotzern" und „Störenfrieden" gestempelt, die den Wohlstand und das friedliche Zusammenleben in der Bundesrepublik gefährden. Dabei gab es „Dramatisierungen, Skandalisierungen, Exotisierungen, Sensationierungen, Verzerrungen und Falschmeldungen", die mit Bernd Scheffer als „Manipulationen" zu kennzeichnen sind.[15] Aber auch in Medien, die auf eine gezielte Beeinflussung und absichtliche Desinformation ihrer Nutzer/innen verzichteten, dominierten fast durchgängig negative Assoziationsketten bzw. pejorative Konnotationen.

Ohne den „Volkszorn" gegen Asylsuchende schürende Berichte wären rassistische Übergriffe wie im sächsischen Hoyerswerda (September 1991) und in Rostock-Lichtenhagen (August 1992) kaum vor laufenden Fernsehkameras mit Applaus bedacht worden. Im deutschen Mediendiskurs dominierten aber seit 1989/90 Kollektivsymbole wie „brechende Dämme" und das „volle Boot", die mit (neo)rassistischen Positionen verknüpft waren.[16] „Asylantenfluten" ergossen sich über Deutschland, das als „Wohlstandsinsel" galt. Durch ständige Benutzung der Flutmetaphorik und mittels „Killwörtern" (Jürgen Link) wie „Scheinasylanten" oder „Wirtschaftsflüchtlinge" wurde die Stimmung angeheizt. „Durch die unreflektierte Verwendung dieser Schlüsselbegriffe haben die Medien mit dazu beigetragen, bei bestimmten Gruppen Handlungsbereitschaften zur Gewalt zu erzeugen bzw. Gewaltanwendung als notwendig und legitim erscheinen zu lassen."[17]

Der soziale Ethnisierungsprozess hat jedoch noch eine zweite Funktion: Jede Identifikation und Negativklassifikation des „Fremden" dient dem Zweck, die („nationale") Identität des eigenen Kollektivs schärfer hervortreten zu lassen. Das für die politische Machtentfaltung nach außen unverzichtbare Selbstbewusstsein einer „Volks-" bzw. „Standortgemeinschaft" kann bloß geschaffen oder gefestigt werden, wenn sich „die Anderen" klar und deutlich davon abheben. Bei dem Versuch einer Reorganisation der „nationalen Identität" im vereinten Deutschland spielten die Massenmedien eine Schlüsselrolle. Nora Räthzel hat gezeigt, wie die Asyldebatte in verschiedenen Zeitungen und Zeitschriften dazu benutzt wurde, ein homogenes deut-

---

14 Heribert Prantl, Deutschland – leicht entflammbar. Ermittlungen gegen die Bonner Politik, München/Wien 1994, S. 53f.

15 Siehe Bernd Scheffer, Eine Einführung: Medien und Fremdenfeindlichkeit. Alltägliche Paradoxien, Dilemmata, Absurditäten und Zynismen, in: ders. (Hrsg.), Medien und Fremdenfeindlichkeit, a.a.O., S. 33

16 Vgl Ute Gerhard, Wenn Flüchtlinge und Einwanderer zu „Asylantenfluten" werden. Zum Anteil des Mediendiskurses an rassistischen Pogromen, in: Siegfried Jäger/Franz Janoschek (Hrsg.), Der Diskurs des Rassismus. Ergebnisse des DISS-Kolloquiums im November 1991, Oldenburg 1992, S. 171

17 Hans-Bernd Brosius/Frank Esser, Eskalation durch Berichterstattung?, Massenmedien und fremdenfeindliche Gewalt, Opladen 1995, S. 215

sches Volk (als Opfer der Ausbeutung bzw. Überfremdung durch „die Anderen") zu konstruieren.[18]

3. Der sog. Bremer Kurdenskandal als Beispiel für die Kriminalisierung von Asylsuchenden

Ende Februar 2000 wurde in mehreren Bremer Zeitungen berichtet, dass es der polizeilichen Ermittlungsgruppe 19 (EG 19) gelungen sei, einen „Asylmissbrauch in bislang ungeahnter Größe" aufzudecken.[19] Nach Angaben der Bremer Innenbehörde lebten ca. 500 Asylbewerber/innen in der Hansestadt, die sich als staatenlose Libanes(inn)en ausgaben und daher nicht abgeschoben werden konnten. Tatsächlich handle es sich bei dieser Personengruppe jedoch um Kurd(inn)en türkischer Staatsangehörigkeit, die zwischen 1986 und 1992 in das Bundesgebiet eingereist seien und zunächst als türkische Staatsangehörige einen Asylantrag gestellt hätten, jedoch wenige Tage später untergetaucht seien, um in Bremen – nunmehr als staatenlose Libanes(inn)en – erneut Asyl zu beantragen.

3.1 Hintergründe der Flucht und Migration von Kurd(inn)en

Die Auflösung des Osmanischen Reiches nach dem Ende des Ersten Weltkrieges 1918 hatte neue Grenzziehungen und Nationalstaatsgründungen zur Folge. Die Konzeption einer nationalen, kulturellen und sprachlichen Homogenität, wie sie u.a. von Mustafa Kemal (seit 1935 Atatürk, d.h. „Vater der Türken") vertreten wurde, führte im neu gegründeten türkischen Staat zu Aufständen und militärischen Auseinandersetzungen. Die kurdische Sprache, jahrhundertelang gesprochen und von Generation zu Generation weitergegeben, wurde 1924 per Dekret verboten. Davon betroffen waren Schulen, Publikationen sowie politische und religiöse Vereinigungen.[20]

---

18 Vgl. Nora Räthzel, Zur Bedeutung von Asylpolitik und neuen Rassismen bei der Reorganisierung der nationalen Identität im vereinigten Deutschland, in: Christoph Butterwegge/Siegfried Jäger (Hrsg.), Rassismus in Europa, 3. Aufl. Köln 1993, S. 213ff.; dies., Gegenbilder. Nationale Identität durch Konstruktion des Anderen, Opladen 1997

19 Rose Gerdts-Schiffler, Brisanter Fall, in: Kurier am Sonntag v. 25.2.2000; dies., Polizei stieß auf Hunderte von „falschen Libanesen", in: Weser-Kurier v. 27.2.2000; dies., 500 Türken gaben sich als Libanesen aus. Bremer Polizei deckte Fälle von Asylmissbrauch auf, in: Weser-Kurier v. 27.2.2000; Axel Schuller, Schein-Libanesen entdeckt. Sonderermittlungsgruppe lässt Betrüger auffliegen, in: Weser Report v. 27.2.2000; Innenbehörde will „zügig" abschieben, in: Weser-Kurier v. 28.2.2000

20 Vgl. Hamide Akbayir/Monika Morres, Hintergründe von Migration und Flucht am Beispiel der Kurd(inn)en, in: Christoph Butterwegge/Gudrun Hentges (Hrsg.), Zu-

Gegen die kemalistische Politik der sprachlichen und kulturellen Zwangsassimilation sowie als Reaktion auf die Verhaftung kurdischer Abgeordneter, die sich zu einem kurdischen „Unabhängigkeitskomitee" zusammengeschlossen hatten, brach am 14. Februar 1925 der sog. Sheikh-Said-Aufstand los, welcher zwei Monate später vom türkischen Militär niedergeschlagen wurde. Sheikh Said und weitere Anhänger des Unabhängigkeitskomitees wurden am 4. September 1925 in Diyarbakir öffentlich hingerichtet. Infolge der Unterstützung des Sheikh-Said-Aufstandes durch die Kurd(inn)en zerstörte das türkische Militär kurdische Dörfer; Bauern wurden erschlagen und Hunderte von Widerstandskämpfern gehängt. „Unter Führung der im Libanon neu gegründeten *Hoybun*-Bewegung (d.h. Unabhängigkeitsbewegung) sammelten sich die nach 1925 in den Irak und Iran versprengten kurdischen Kämpfer erneut. *Hoybun* war eine Bewegung der kurdischen Feudalherren, unter ihnen befanden sich auch viele Intellektuelle. (...) Ihre Zentren im Exil waren Damaskus (Syrien) und Bihamdun (Libanon)."[21] Auch dieser Aufstand, der die Unabhängigkeit für die Kurden zum Ziel hatte, wurde 1930 niedergeschlagen.

Trotz der beiden Niederlagen kam es zu einem dritten Aufstand: dem Widerstand der Kurden von Dersim (1936-1938). Die türkische Armee reagierte mit beispielloser Grausamkeit. Sie setzte Giftgas gegen die dortige Bevölkerung ein; Frauen und Kinder, die sich in den Höhlen des Tudshik-Gebirges versteckt hielten, wurden eingemauert oder mit Giftgas ermordet. 50.000 bis 70.000 Kurdinnen und Kurden fielen diesem Massaker zum Opfer, mehr als 100.000 Menschen wurden deportiert. Viele Überlebende des Massakers verließen die Gegend, siedelten sich in den Außenbezirken von Izmir oder Istanbul an oder emigrierten in die Türkei.[22]

Verstärkt ab Mitte der 1920er Jahre setzte eine Wanderungs- und Fluchtbewegung ein. Kurdinnen und Kurden flohen aus der Türkei und ließen sich u.a. im Libanon nieder. In einem Bericht zur Lage der Kurd(inn)en dort geht das Deutsche Orient-Institut (Hamburg) davon aus, dass – insbesondere infolge der zu Beginn der 70er Jahre einsetzenden kurdischen Arbeitsmigration in den Libanon – 100.000 Kurd(inn)en zwischen 1970 und 1975 im Libanon lebten. Mit Beginn des Bürgerkrieges im Libanon sahen sich zahlreiche kurdische Familien dazu gezwungen, ihr Aufnahmeland wieder zu verlassen. „In den Strudel dieser sunnitisch-schiitischen Auseinandersetzungen", so die

---

wanderung im Zeichen der Globalisierung. Migrations-, Integrations- und Minderheitenpolitik, Opladen 2000, S. 63f.

21 Karin Leukefeld, „Solange noch ein Weg ist ...". Die Kurden zwischen Verfolgung und Widerstand, Göttingen 1996, S. 47; vgl. auch: Arnold Hottinger, Der zweihundertjährige Krieg. Ein Volk zwischen allen Fronten, in: Bahman Nirumand (Hrsg.), Die kurdische Tragödie, Reinbek bei Hamburg 1991, S. 42

22 Vgl. Karin Leukefeld, „Solange noch ein Weg ist ...", a.a.O., S. 47ff.; Arnold Hottinger, Der zweihundertjährige Krieg, a.a.O., S. 42f.; Hamide Akbayir/Monika Morres, Hintergründe von Migration und Flucht am Beispiel der Kurd(inn)en, a.a.O., S. 64

Einschätzung des Orient-Instituts, „sind auch die Kurden nicht nur insofern geraten, als sie im Rahmen eigener bewaffneter Einheiten oder innerhalb anderer sunnitischer Milizen im Verbund mit der PLO gegen die Schiiten kämpften, sondern weil sie als Sunniten auch von dem allgemeinen Bevölkerungsdruck, den die Schiiten auf die sunnitischen Viertel ausübten, betroffen waren.“ [23] Die Kurden unterlagen als „Teil des sunnitischen Widerstandes gegen die Amal-Hegemonie“ zwischen 1984 und 1987 Verfolgungsmaßnahmen, in deren Rahmen es auch zur „Verschleppung von Kurden seitens der Amal“ kam. Von Verfolgung und Verschleppung waren nicht nur jene bedroht, die an bewaffneten Kämpfen teilgenommen hatten, sondern die Religionszugehörigkeit selbst wurde zum zentralen Unterscheidungskriterium zwischen Freund und Feind. Das Orient-Institut resümiert: „Eine Ansiedlungsmöglichkeit besteht unseres Erachtens derzeit im Libanon für Kurden faktisch nicht.“ [24]

Von ca. 10.000-15.000 eingebürgerten Kurd(inn)en abgesehen erhielt der überwiegende Teil der im Libanon lebenden kurdischen Bevölkerung – insbesondere die nach 1943 eingewanderte Gruppe – *nicht* die libanesische Staatsangehörigkeit. Auszugehen ist somit davon, dass ein Großteil der zunächst im Libanon lebenden Kurd(inn)en in die Türkei floh, sich dort vermutlich durch Bestechung Papiere besorgte und anschließend in die Bundesrepublik weiterreiste.

Hierzulande wird den Flüchtlingen zu Unrecht vorgeworfen, sie hätten „Asylbetrug“ begangen, um nicht ausgewiesen zu werden: Hätten sich jene Flüchtlinge, die Ende der 80er Jahre in Bremen einen Asylantrag stellten, als Kurd(inn)en türkischer Staatsangehörigkeit deklariert, so wären sie – auch im Falle einer Ablehnung ihres Asylbegehrens – nicht ausgewiesen worden, denn zu jener Zeit galt in Bremen der sog. Kurden-Erlass, wonach auch abgelehnte Asylbewerber/innen aus der Türkei zumindest vorerst bleiben durften.

3.2 Die Darstellung der kurdischen Flüchtlinge in den Printmedien: der Vorwurf des Asylmissbrauchs

Nachdem die Bremer Polizei mit ihrer vermeintlichen Enthüllung an die Öffentlichkeit getreten war, startete die regionale Presse eine denunziatorische Kampagne gegen die in Bremen lebenden kurdischen Flüchtlinge, denen man „Asylmissbrauch“ vorwarf. „Keine Frage, die Methode ist Betrug“, kom-

23 Deutsches Orient-Institut, Hamburg, Bericht zur Lage der Kurden im Libanon, in: Flüchtlingsinitiative Bremen (Hrsg.), Falsche Türken, echte Libanesen. Dossier zur Kriminalisierungskampagne gegen Kurden aus dem Libanon, Bremen 2000 (o.P.)

24 Ebd.

mentierte der Kurier am Sonntag;[25] „Asylmissbrauch in großem Umfang" titelte der Weser-Kurier.[26] Der Weser Report wiederum meldete: „Schein-Libanesen entdeckt. Sonderermittlungsgruppe lässt Betrüger auffliegen/Kosten in Millionenhöhe".[27] Axel Schuller, Chefredakteur des Weser Reports, sprach von „Schein-Libanesen", „Schein-Asylanten" und einer „Schein-Asylbewerber-Familie". Auch die (überregionale) linksliberale Presse stimmte in den Chor mit reißerischen Titeln ein: „Polizei deckt Asylmissbrauch auf", „Milliardenschaden durch organisierten Asylbetrug", „Asylbetrug von Bremen schlägt Wellen" und „Organisierter Asylmissbrauch".[28] Selbst die Berliner Wochenzeitung *Jungle World* überschrieb ihre Meldung mit „Krasser Betrug".[29] Den Bremer „Fall" aufgreifend, warnte die Berliner Morgenpost vor „Asylmissbrauch in großem Stil",[30] beruhigte ihre lokalen Leser/innen aber mit der Schlagzeile: „Nur wenige Fälle von Asylbetrug in Berlin".[31]

In fast allen Pressemeldungen und Hintergrundberichten wurde der angeblich durch die Flüchtlinge verursachte Schaden quantifiziert: „Bei 181 von ihnen steht fest, dass sie die öffentlichen Kassen um 8,9 Millionen Mark betrogen", konstatierte der Weser-Kurier.[32] Und der Weser Report bediente sich eines Vokabulars, das für die Versicherungsbranche üblich ist: „Die über 500 widerrechtlich in Bremen lebenden Schein-Libanesen kosten Bremen (...) jährlich zwischen drei und fünf Millionen. Für 181 Frauen, Männer und Kinder wurde bereits die genaue *Schadenssumme* (Hervorh. von uns, *Ch.B./G.H.*) ermittelt: Seit 1986 wurden allein für sie nahezu neun Millionen Mark ausgegeben."[33]

Die Bild-Zeitung und das Nachrichtenmagazin *Der Spiegel* schürten eine rassistische Stimmung, indem sie – auf den Bremer „Fall" Bezug nehmend – den sog. Asylmissbrauch exemplarisch anhand einzelner Familien darstellten und den Kurd(inn)en eine Bereicherungsabsicht unterstellten: Die Bild-

---

25 Rose Gerdts-Schiffler, Brisanter Fall, in: Kurier am Sonntag v. 25.2.2000

26 Dies., Polizei stieß auf Hunderte von „falschen Libanesen" – Familien aus Südostanatolien gaben Alias-Identitäten an, in: Weser-Kurier v. 27.2.2000

27 Axel Schuller, Schein-Libanesen entdeckt. Sonderermittler lässt Betrüger auffliegen/Kosten in Millionenhöhe, in: Weser Report v. 27.2.2000

28 Siehe Gesamtschaden noch nicht absehbar. Polizei deckt Asylmissbrauch auf, in: Süddeutsche Zeitung v. 28.2.2000; Milliardenschaden durch organisierten Asylbetrug, in: Süddeutsche Zeitung v. 29.2.2000; Eckhard Stengel, Asylbetrug von Bremen schlägt Wellen, in: Frankfurter Rundschau v. 29.2.2000; Eva Rhode, Organisierter Asylmissbrauch, in: taz (Bremen) v. 29.2.2000

29 Krasser Betrug, in: Jungle World v. 8.3.2000

30 Asylmissbrauch in großem Stil. Deutsche Sozialämter um fast eine Milliarde Mark betrogen, in: Berliner Morgenpost v. 29.2.2000

31 Nur wenige Fälle von Asylbetrug in Berlin, in: Berliner Morgenpost v. 29.2.2000

32 Rose Gerdts-Schiffler, Polizei stieß auf Hunderte von „falschen Libanesen", in: Weser-Kurier v. 27.2.2000

33 Axel Schuller, Schein-Libanesen entdeckt. Sonderermittler lässt Betrüger auffliegen/Kosten in Millionenhöhe, in: Weser Report v. 27.2.2000

Zeitung titelte „Asylbetrüger – sie kassieren jeden Monat eine halbe Million".[34] „Ahmed T.", so hetzte die Bild-Zeitung, „lebte mit Frau (...) und acht Kindern in Saus und Braus (...). 575.000 Mark zockte die Familie ab. Nebenher besserten sie ihr Einkommen mit über 230 Straftaten (...) auf. Oder die Großfamilie von Türki B. (...) Er (...) schnorrte in neun Jahren 930.000 Mark vom Sozialamt. Aber das reichte ihnen nicht. Um Mercedes und teure Zuchttauben finanzieren zu können, begingen Familienmitglieder mehr als 40 Straftaten."[35] „Der Trick mit dem Libanon", behauptete der *Spiegel*, „hat Kemals Familie ermöglicht, sich seit ihrer Landung auf dem Rhein-Main-Flughafen im September elf Jahre lang Sozialhilfe zu ergaunern, bis zur Ausweisung im vergangenen November knapp 700.000 Mark."[36]

3.3 Die Verknüpfung des „Asylmissbrauchs" mit Kriminalität

In der medialen Berichterstattung wird suggeriert, dass es sich nicht einfach um Asylbetrug, sondern um eine Form der Organisierten Kriminalität[37] – „organisierten Asylbetrug" – handle: „Dahinter stecken nicht ein Mütterlein mit sieben Kindern, sondern Abzockprofis", war im *Spiegel* zu lesen.[38] Obwohl sich sehr schnell erwies, dass die Einreise der kurdischen Flüchtlinge (zunächst als türkische Staatsangehörige, dann als staatenlose Kurden aus dem Libanon) keineswegs von „Hintermännern", „Drahtziehern" oder „Schleppern" arrangiert worden war, findet sich auch noch in einigen Pressemeldungen und -berichten jüngeren Datums der Hinweis auf den „organisierten Asylmissbrauch".[39] Die mediale Anspielung auf die Organisierte Kriminalität bleibt erhalten, der Aspekt des organisierten Handelns wird lediglich etwas anders interpretiert und großzügiger ausgelegt: Es handle sich, heißt es nun,

---

34 Marcus Stöcklin, Asylbetrüger – sie kassieren jeden Monat eine halbe Million. Aber für ihre Ausweisung fehlt das Geld, in: Bild v. 3.5.2000

35 Ebd.

36 Der Trick mit dem Libanon, in: Der Spiegel v. 6.3.2000

37 Eine genaue Definition des Begriffs „Organisierte Kriminalität" (OK) existiert nicht. In der Literatur finden sich folgende – sehr allgemein formulierte – Voraussetzungen, die erfüllt sein müssen, um von OK sprechen zu können: „Die von Gewinn- und Machtstreben bestimmte planmäßige Begehung von Straftaten, die einzeln oder in ihrer Gesamtheit von erheblicher Bedeutung sind, wenn mehr als zwei Beteiligte auf längere oder unbestimmte Dauer arbeitsteilig unter Verwendung gewerblicher oder geschäftsähnlicher Strukturen, unter Anwendung von Gewalt oder anderer zur Einschüchterung geeigneter Mittel oder unter Einflußnahme auf Politik, Medien, öffentliche Verwaltung, Justiz oder Wirtschaft zusammenwirken." (Bundeszentrale für politische Bildung [Hrsg.], Informationen zur politischen Bildung [Kriminalität und Strafrecht], Bd. 248 der Schriftenreihe, Bonn 1995, S. 44)

38 Der Trick mit dem Libanon, in: Der Spiegel v. 6.3.2000

39 Vgl. z.B. Rose Gerdts-Schiffler, „Asylmissbrauch" ohne Hintermänner. Kurdische Familienclans organisierten ihre Einreise selbst, in: Weser-Kurier v. 6.5.2000

um organisierten Asylmissbrauch, denn die „Familien aus dem Südosten der Türkei haben sich gegenseitig nachgezogen."[40] Dieser Sichtweise des Sprechers der Bremer Innenbehörde schließt sich der Weser-Kurier unter der Überschrift an: „ ‚Asylmissbrauch' ohne Hintermänner. Kurdische Familienclans organisierten ihre Einreise selbst".[41]

Auch der Bremer Innensenator musste einen Rückzieher machen. Es handle sich nicht um eine Form der Organisierten Kriminalität, ließ er verlauten, vielmehr seien die Flüchtlinge in Familien organisiert eingereist; ferner gehe es lediglich um 500 *Verdachts*fälle; d.h., diese Größenordnung sei durch Schätzungen zustande gekommen, außerdem seien die Kinder mitgezählt und nur bei 181 Personen die Asylanträge bislang abgelehnt worden.[42]

Diese nachträgliche Relativierung des vermeintlichen Skandals, welche die Glaubwürdigkeit der Bremer Innenbehörde erschütterte, hatte keineswegs zur Folge, dass die Medienkampagne gegen die Flüchtlinge im Sande verlief. Im Gegenteil: Neuen Aufwind bekam sie durch eine Anfrage der CDU-Bürgerschaftsfraktion zum Thema „Kriminalität der Asylbewerber". Der Weser Report machte mit der Schlagzeile auf: „2.502 Straftaten begangen. Innenbehörde listet Kriminalität der 531 entdeckten Schein-Asylanten auf".[43] „148 der 531 Bremer Schein-Libanesen", so die sensationslüsterne Berichterstattung von Axel Schuller, „sind im Computer der Polizei als Tatverdächtige registriert. Auf ihr Konto sollen 2.502 Straftaten gehen. (...) ‚Die Straftaten reichten vom Diebstahl ohne erschwerende Umstände bis zu versuchtem Mord, Geiselnahme, Entführung, schwerer Körperverletzung und Sexualverbrechen.' Die Schwerpunkte ‚lagen bei den Eigentums-, Raub- und Rauschgiftdelikten', so die Vorlage der Innenbehörde."[44] Dankbar aufgegriffen wurde der Kriminalitätsdiskurs in der Bild-Zeitung, dem Weser-Kurier und der taz (Bremen).[45] Die Bild-Zeitung unterschlug komplett, dass es sich bei den im polizeilichen Informationssystem (PIS) registrierten Personen lediglich um Tatverdächtige handelte, die sie somit somit zu Tätern machte, ohne ein Gerichtsverfahren abzuwarten.

Im Mediendiskurs wurde *erstens* nur ungenügend oder gar nicht berücksichtigt, dass die Polizeiliche Kriminalstatistik (PKS) bzw. das PIS nicht die

---

40 Ebd.

41 Siehe ebd.

42 Vgl. Eva Rhode, Nicht ganz fair, in: taz (Bremen) v. 29.2.2000; Behörde relativiert Ausmaß des Asylbetrugs, in: Frankfurter Rundschau v. 1.3.2000

43 Axel Schuller, 2.502 Straftaten begangen, in: Weser Report v. 30.4.2000

44 Ebd.

45 Vgl. Marcus Stöcklin, Asylbetrüger – sie kassieren jeden Monat eine halbe Million. Aber für ihre Ausweisung fehlt das Geld!, in: Bild v. 3.5.2000; Rose Gerdts-Schiffler: „Asylmissbrauch" ohne Hintermänner. Kurdische Familienclans organisierten ihre Einreise selbst, in: Weser-Kurier v. 6.5.2000; Weiter Tauziehen um „falsche Libanesen", in: taz (Bremen) v. 3.5.2000

Kriminalität, sondern lediglich den polizeilichen Tatverdacht registriert.[46] *Zweitens* wurden die Leser/innen nicht darüber informiert, dass ca. 90 Prozent der in der PKS registrierten Straftaten durch Anzeigen aus der Bevölkerung bekannt werden und die Anzeigebereitschaft gegenüber Ausländern in der Bevölkerung größer ist als gegenüber Angehörigen der Mehrheit.[47] Man erfuhr *drittens* nicht, dass zahlreiche Straftaten (z.B. Verstöße gegen das Ausländer- und das Asylverfahrensgesetz) nur von Menschen nichtdeutscher Staatsangehörigkeit begangen werden können, die deshalb scheinbar eine höhere Kriminalitätsrate aufweisen.

3.4 Die Verknüpfung von Familienclan, Patriarchat und Kriminalität

Wie ein roter Faden zieht sich ein Stereotyp durch die Berichterstattung in den Printmedien: das des patriarchal strukturierten, weit verzweigten und mit kriminellen Energien ausgestatteten Familienclans. Die taz-Redakteurin Eva Rhode kommentiert: „Man sollte Klartext reden: in manchen libanesisch-kurdischen Großfamilien gibt es echte Hard-Core-Leute. Mit denen haben einige Bremer echte Probleme: Drogen, räuberische Erpressung, Waffen.“[48] Mitunter wird der rassistische Kriminalitätsdiskurs auch in eine Patriarchatskritik verpackt, so z.B. in einem Interview mit Matthias Güldner, innenpolitischer Sprecher der Grünen-Bürgerschaftsfraktion: „Man muss dafür sorgen, dass das, was einige männliche Mitglieder der Gruppe veranstaltet haben, auch wahrgenommen wird, ohne dass die Frauen und Kinder, die völlig unschuldig in diese Situation hineingeraten sind, darunter zu leiden haben.“[49] Was meint Güldner, wenn er von „veranstaltet haben“ spricht? Sollen hierdurch der Asylantrag oder die damit zusammenhängenden Identitätsfragen qualifiziert werden, so stellt sich die Frage, ob nicht auch kurdische Frauen in der Vergangenheit Asylanträge gestellt haben und – ebenso wie kurdische Männer – mit dem Dilemma der Staatenlosigkeit bzw. türkischen Staatsangehörigkeit zu tun hatten.

Auch der Weser-Kurier verknüpft vermeintliche Patriarchatskritik mit dem Kriminalitätsdiskurs, indem der Redakteur Bernd Meier die Frage aufwirft: „Sind es Libanesen? Sind es kurdische Türken? (...) Deren sachliche Erörterung wird zusätzlich dadurch erschwert, dass das öffentliche Bild von diesen beiden Volksgruppen (mehr als bei anderen Nationalitäten) von Män-

---

46 Vgl. Rainer Geißler, Der bedrohliche Ausländer. Zum Zerrbild ethnischer Minderheiten in Medien und Öffentlichkeit, in: Markus Ottersbach/Sebastian K. Trautmann (Hrsg.), Integration durch soziale Kontrolle?, Zu Kriminalität und Kriminalisierung allochthoner Jugendlicher, Köln 1999, S. 27

47 Vgl. Bundeszentrale für politische Bildung (Hrsg.), Informationen zur politischen Bildung, a.a.O., S. 6f.

48 Eva Rhode, Nicht ganz fair, in: taz (Bremen) v. 29.2.2000

49 Nicht tabuisieren. Echte Kurden, falsche Libanesen, in: taz (Bremen) v. 3.3.2000

nern geprägt wird, die als Angeklagte vor Gericht stehen."[50] Der Kommentar – überschrieben mit „Kein Thema für den Stammtisch" – sorgt für Irritationen: Das öffentliche Bild kurdischer Flüchtlinge, auf das Meier hier rekurriert, wird vor allem durch Medien bestimmt, die maßgeblich dazu beigetragen haben, dass Flüchtlinge mit Kriminalität in Verbindung gebracht werden.

Der *Spiegel* behauptet ohne jeden Beleg: „Fast alle sind Kurden aus der Region Mardin im Südosten der Türkei, die meisten miteinander verwandt", und fährt fort: „Jahrelang war den Hansestädtern nicht aufgefallen, dass ganze Sippen Einlass begehrten. ‚El-Zein' nannten sich viele in ihrem Asylantrag."[51] Auch der Weser-Kurier verwendet wiederholt das Clan- und Sippenstereotyp: Die „falschen Libanesen" seien „Mitglieder einiger weitverzweigter Sippen",[52] heißt es, und in derselben Ausgabe liest man, dass die „Oberhäupter der Familien (...) immer nach demselben Muster vor(gingen)."[53]

3.5 Die Verknüpfung des sog. Asylbetrugs mit Brandanschlägen

Perfide wird die Argumentation, wenn Rose Gerdts-Schiffler im Kurier am Sonntag andeutet, vor dem Hintergrund des Bremer „Asylskandals" seien Brandanschläge zumindest nachvollziehbar: „Keine Frage, die Methode ist Betrug, bringt unzählige ehrliche Asylbewerber in Misskredit und die öffentliche Meinung in Wallung. Was daraus entstehen kann, zeigten die grausamen Brandanschläge in Lübeck und Solingen."[54] Ähnliches stand übrigens auch in der taz: „Gut, dass Bremen nicht Magdeburg ist. Sonst würden vielleicht schon Häuser brennen: 500 Asylbetrüger, die den Steuerzahler Millionen kosten, das ist manchen Rechten einen Anschlag wert."[55]

3.6 Ausländer- und asylrechtliche Konsequenzen

Als unmittelbare Reaktion auf die vermeintlichen Enthüllungen der Bremer Polizei fanden Hausdurchsuchungen statt (u.a. am islamischen Opfertag), kam es zu Prozessen und Abschiebungen. Die Auswirkungen beschränkten sich jedoch nicht auf die Hansestadt an der Unterweser; der Bremer „Fall" erlangte vielmehr innerhalb kürzester Zeit überregional Beachtung und provozierte bei vielen Politiker(inne)n die Frage, was daraus zu lernen sei. So behauptete die

50 Bernd Meier, Falscher Name nicht zu beweisen, in: Weser-Kurier v. 12.5.2000
51 Der Trick mit dem Libanon, in: Der Spiegel v. 6.3.2000
52 Siehe Rose Gerdts-Schiffler, Polizei stieß auf Hunderte von „falschen Libanesen", in: Weser-Kurier v. 27.2.2000
53 Siehe dies., 500 Türken gaben sich als Libanesen aus. Bremer Polizei deckte Fälle von Asylmissbrauch auf, in: Weser-Kurier v. 27.2.2000
54 Rose Gerdts-Schiffler, Brisanter Fall, in: Kurier am Sonntag v. 25.2.2000
55 Eva Rhode, Nicht ganz fair, in: taz (Bremen) v. 29.2.2000

Berliner Ausländerbeauftrage Barbara John, in keinem anderen EU-Staat sei es möglich, Asyl zu beantragen, ohne sich ausweisen zu können, und forderte, Asylbewerber/innen künftig nur dann aufzunehmen, wenn sie zumindest Ersatzdokumente (Schulzeugnisse, Mietverträge etc.) vorlegen könnten.[56]

Ungeachtet dessen, dass über 16 Jahre alte Asylbewerber/innen bereits seit 1993 erkennungsdienstlich behandelt, ihre Fingerabdrücke erfasst und mit dem Ausländerzentralregister abgeglichen werden, forderte Brandenburgs Innenminister Jörg Schönbohm (CDU) als Reaktion auf den Bremer „Fall" eine zentrale datentechnische Erfassung der Asylsuchenden, die Einführung der sog. Asylcard und eine Änderung des Asylverfahrensgesetzes.[57] In Bayern haben sich SPD und CSU auf eine gemeinsame Linie geeinigt: Sie verlangen die Einführung einer Chipcard für Asylbewerber/innen, auf der relevante Daten gespeichert werden sollen: der digitale Fingerabdruck, andere identitätssichernde Daten sowie die Auflistung der personenbezogenen Leistungen. Eine solche Chipcard dient der Überwachung von Asylbewerber(inne)n und der Vernetzung der Ausländerbehörden untereinander.[58]

3.7 Juristische Gegenwehr oder ein „Akt zivilgesellschaftlicher Kontrolle"[59]

Mitte Mai 2000 erstatteten über 20 betroffene Kurd(inn)en Strafanzeige gegen Axel Schuller (Weser Report) und Marcus Stöcklin (Bild) wegen Beleidigung, Verleumdung und übler Nachrede. Parallel dazu stellten Bremer Bürger/innen einen Strafantrag gegen die beiden Redakteure wegen Volksverhetzung.[60] Der Duktus und die Formulierungen der inkriminierten Artikel (Bild v. 3.5.2000, Weser Report v. 30.4.2000) seien geeignet, zum Hass gegen die betroffene Personengruppe aufzustacheln. Mit den verwendeten Begriffen („Asylbetrüger", „Scheinasylanten", „Asylabzocker") würden beim Leser Aggressionen geweckt. Ziel der Texte sei der soziale Ausschluss der Angeprangerten, die als parasitär dargestellt würden.[61]

56 Vgl. Asylmissbrauch in großem Stil. Deutsche Sozialämter um fast eine Milliarde Mark betrogen, in: Berliner Morgenpost v. 29.2.2000; Der Trick mit dem Libanon, in: Der Spiegel v. 6.3.2000

57 Vgl. Pro Asyl (Hrsg.), Infomappe Nr. 28, März 2000; vgl. auch http://www.demographie.de/newsletter/ artikel/000203.htm v. 25.6.2000

58 Vgl. Der Trick mit dem Libanon, in: Der Spiegel v. 6.3.2000; Krasser Betrug, in: Jungle World v. 8.3.2000

59 Pressemitteilung der Flüchtlingsinitiative Bremen v. 15.5.2000: „Mehrere Dutzend Strafanzeigen wegen der Berichterstattung über kurdische LibanesInnen"

60 Vgl. ebd.

61 Vgl. „Rechtsradikales" Vokabular. Bild und Weser Report kassieren Anzeigen, in: taz (Bremen) v. 16.5.2000

„Beide Zeitungen verwenden (...) Begriffe, die zum Standartvokabular von Parteien wie Die Republikaner, DVU und NPD gehören. Die gewählten Formulierungen verfolgen nur das Ziel, Hass zu schüren (...). Kurzum, die im Weser Report und in Bild präsentierten Artikel könnten ihrer Sprache und Machart nach ebensogut in der Nationalzeitung oder ähnlichen einschlägigen Publikationen erschienen sein"[62], so begründete die Flüchtlingsinitiative Bremen die Strafanzeigen in ihrer Pressemitteilung.

In einer abschließenden Passage setzt sich die Flüchtlingsinitiative kritisch mit den Wirkungen einer solchen medialen Präsentation von Flüchtlingen auseinander: „Das Anliegen von Weser Report und Bild ist es nicht, zu informieren. Die Berichterstattung verfolgt vielmehr nur den Zweck, eine ganze Bevölkerungsgruppe systematisch zu diffamieren. Eine derartige Berichterstattung ist unzulässig und durch das Presserecht nicht mehr gedeckt. (...) Es soll nicht stillschweigend hingenommen werden, dass in einem Land, in dem täglich – oft genug tödliche – Angriffe auf Menschen mit ‚ausländischem Aussehen' stattfinden, von zwei Zeitungen eine derartige Pogrom-Hetze betrieben wird."[63]

Unerwähnt bleibt in der Anklage, dass von „Asylbetrügern" auch in der taz-bremen,[64] dem Weser-Kurier[65] und im *Spiegel*[66] die Rede war, wie auch, dass dieses Nachrichtenmagazin in derselben Ausgabe – einen Sprecher der Ausländerbehörde zitierend – von „Abzockprofis" sprach. Elemente eines rassistischen Mediendiskurses finden sich leider auch in jenen Zeitungen, die sich aufgeklärt oder linksliberal geben.

Die Staatsanwaltschaft Bremen teilte den Initiator(inn)en der Strafanzeigen am 19. Juni 2000 mit, dass sie dem Antrag auf Durchführung eines Ermittlungsverfahrens nicht Folge leisten könne. Wegen Volksverhetzung werde bestraft, wer Schriften herstellt oder verbreitet, „die (...) zum Haß gegen Teile der Bevölkerung oder gegen eine nationale, rassische, religiöse oder durch ihr Volkstum bestimmte Gruppe aufstacheln oder die Menschenwürde anderer dadurch angreifen, daß Teile der Bevölkerung oder eine vorbezeichnete Gruppe beschimpft, böswillig verächtlich gemacht oder verleumdet werden".[67] In der Begründung der Ablehnung diskutiert die Staatsanwaltschaft, ob die Tatbestandsmerkmale „Teile der Bevölkerung", „eine durch ihr Volkstum bestimmte Gruppe", „Aufstacheln zum Haß" und „Angriff auf die Menschenwürde" im vorliegenden Fall erfüllt seien. Von „Teilen der Bevölkerung" könne nur dann die Rede sein, wenn es sich bei der betreffenden Gruppe um eine Personenmehrheit handle, die sich als eine von der übrigen

62 Pressemitteilung der Flüchtlingsinitiative Bremen v. 15.5.2000, a.a.O.
63 Ebd.
64 Eva Rhode, Organisierter Asylmissbrauch, in: taz (Bremen) v. 29.2.2000
65 Bernd Schneider, Bremer Sozialamt muss auch an Asylbetrüger weiter zahlen, in: Weser-Kurier v. 3.3.2000
66 Der Trick mit dem Libanon, in: Der Spiegel v. 6.3.2000
67 Siehe Schreiben der Staatsanwaltschaft Bremen v. 19.6.2000, S. 1

Bevölkerung unterscheidbare Bevölkerungsguppe darstelle und „eine gewisse Bedeutung im Leben der Bevölkerung“ habe. Diese Voraussetzungen träfen auf die Gruppe der Kurd(inn)en aus dem Libanon nicht zu.

Auch sei das Tatbestandsmerkmal „eine durch ihr Volkstum bestimmte Gruppe“ nicht erfüllt, weil die kurdischen Flüchtlinge aus dem Libanon „keine eigene völkische oder ethnische und damit keine durch ihr Volkstum bestimmte Gruppe“ darstellten. Die Artikel im Weser Report und der Bild-Zeitung, so die Argumentation der Staatsanwaltschaft Bremen, thematisierten nicht „sämtliche staatenlose Kurden aus dem Libanon im Gebiet des Landes Bremen“, sondern lediglich jene 500 Personen, die behauptet hatten, Libanesen zu sein. Demnach treffe auch die zweite Voraussetzung nicht auf den vorliegenden Fall zu.

Das Tatbestandsmerkmal „Aufstacheln zum Haß“ ist nach Einschätzung der Staatsanwaltschaft ebenso wenig erfüllt. Um dem Autor einen solchen Vorwurf zu machen, müsse er beabsichtigt haben, „eine verstärkte, auf die Gefühle der Aufgestachelten gemünzte, über die bloße Ablehnung und Verachtung hinausgehende Form des Anreizes zu einer emotional gesteigerten und feindseligen Haltung bei dem Leser seiner Schrift zu erreichen“.

Schließlich könne man von einem „Angriff auf die Menschenwürde“ nur dann sprechen, wenn „den angegriffenen Menschen ihr ungeschmälertes Lebensrecht als gleichwertige Persönlichkeiten in der staatlichen Gemeinschaft (abgesprochen; *Ch.B./G.H.*) wird *und* sie als unterwertige Menschen gekennzeichnet werden.“ Die Staatsanwaltschaft kommt abschließend zu dem Ergebnis, dass kein einziges der Tatbestandmerkmale, die in ihrer Gesamtheit den Straftatbestand der Volksverhetzung ausmachen, erfüllt sei.

Um ein Verfahren wegen Volksverhetzung einzuleiten, müssen derart viele Voraussetzungen erfüllt sein und Hürden genommen werden, dass es aussichtslos erscheint, auf juristischem Wege gegen eine Berichterstattung vorzugehen, die Pogromstimmungen schürt. Vielmehr wurde den beiden Journalisten vom Staatsanwalt attestiert, dass ihre Ansichten durch die Presse- und Meinungsfreiheit des Artikels 5 Grundgesetz geschützt sind. Zurückgewiesen wurde seitens der Staatsanwaltschaft auch die von den Betroffenen erstattete Strafanzeige wegen Beleidigung, Verleumdung und übler Nachrede.

4. Konsequenzen und Alternativen der Medienpraxis

Wie kann in Zukunft eine rassistische Berichterstattung in Medien verhindert werden? Der Deutsche Presserat hat publizistische Grundsätze, einen sog. Pressekodex entworfen, in dem Regeln für die tägliche Arbeit der Journalist(inn)en aufgestellt werden, die – so lautet der Anspruch – die Wahrung der „journalistischen Berufsethik“ sicherstellen.[68] „Niemand darf wegen sei-

68 Vgl. http://www.presserat.de v. 13.9.2000

nes Geschlechts oder seiner Zugehörigkeit zu einer rassischen, ethnischen, religiösen, sozialen oder nationalen Gruppe diskriminiert werden“, so lautet die Ziffer 12 des Pressekodexes.[69] Der Bremer Fall wurde an den Presserat weitergegeben mit der Bitte, zu prüfen, ob der Pressekodex verletzt wurde.

Ausführlichere Empfehlungen für Journalist(inn)en legten beispielsweise das Duisburger Institut für Sprach- und Sozialforschung oder die Arbeitsgruppe Migranten und Medien des niederländischen Journalistenverbandes (NJV) vor, und auch in der Fachliteratur finden sich Hinweise für eine nichtrassistische Berichterstattung.[70]

Die Journalist(inn)en, die über den sog. Bremer Kurdenskandal berichteten, hätten auch die Möglichkeit gehabt, sich mit der Geschichte von Flucht und Migration der Kurd(inn)en zu beschäftigen, deren Fluchtwege nachzuzeichnen und Lebenssituation aufzuzeigen. In der Berichterstattung dominierte hingegen der Vorwurf, die Flüchtlinge missbrauchten die Sozialleistungen des Wohlfahrtsstaates Bundesrepublik und hätten sich auf Kosten „der Deutschen“ bereichert.

Es würde zu kurz greifen, die Medien zu schelten und die staatlichen Institutionen aus den Augen zu verlieren. Vielmehr sind Medien und Politik eng miteinander verzahnt. Erstere fungieren als Sprachrohr der letzteren und als Resonanzboden politischer Entscheidungen und politischen Handelns. Umso größer ist allerdings die Verantwortung der Journalist(inn)en, rechter Propaganda und Gewalt keinen Vorschub zu leisten.

---

69 Ebd.

70 Vgl. Duisburger Institut für Sprach- und Sozialforschung (DISS), Medien und Straftaten. Vorschläge zur Vermeidung diskriminierender Berichterstattung über Straftaten von Einwanderern und Flüchtlingen, Duisburg 1999; Arbeitsgruppe Migranten und Medien des niederländischen Journalistenverbandes (NJV) (Hrsg.), Zwischen Mission und Malheur. Empfehlungen für die Berichterstattung über Migranten, Amsterdam 1994; Margret Jäger, Inländische und ausländische Straftäter in deutschen Printmedien: Ergebnisse einer Untersuchung und Vorschläge zur Verbesserung der Berichterstattung, in: Christoph Butterwegge u.a. (Hrsg.), Medien und multikulturelle Gesellschaft, a.a.O., S. 120f.

Jörg Fischer

Falsche Freunde schon mit 13 ... oder: Wie rechtsextreme Organisationen Jugendliche rekrutieren

Rechtsextreme und neonazistische Organisationen rekrutieren schon seit Jahren in einem beträchtlichen Ausmaß jugendliche Anhänger/innen. Nicht nur, aber vor allem in ostdeutschen Städten gelingt es insbesondere der NPD und ihrem Umfeld, die Jugendkultur zu dominieren und eine rechtsextreme Hegemonie zu erringen. Die Vorgehensweisen bei der Anwerbung jugendlicher Anhänger/innen sind nicht neu. Dennoch scheinen für viele die Fragen nach dem „Wie" und dem „Warum" schier unlösbar. Nachfolgend soll zu ihrer Beantwortung beigetragen werden. Zunächst will ich meine persönliche Geschichte erzählen – wie ich als 13-jähriger Junge in die braune Szene kam. Danach gehe ich auf die Rekrutierungsmethoden der Rechtsextremisten ein und thematisiere, welche Umstände ihnen die Anwerbung jugendlicher Anhänger/innen erleichtern.

Seit dem vierten Lebensjahr Diabetiker, betrat ich im Oktober 1982 das Versorgungsamt meiner Heimatstadt Nürnberg, um die Ausstellung eines Schwerbehindertenausweises zu beantragen. Eigentlich wollte ich nur den Antrag im Zimmer des für mich zuständigen Sachbearbeiters abgeben. Dieser war ein schmächtiger Mittfünfziger, an dem nur sein militärischer Haarschnitt auffiel. Was ich zu diesem Zeitpunkt noch nicht wusste: Dieser Mann namens Günter Rust war auch stellvertretender Kreisvorsitzender der NPD und in seiner beruflichen Funktion nicht nur für die Bearbeitung von Anträgen 13-jähriger Diabetiker zuständig, sondern auch für die Beurteilung der Versorgungsansprüche von Opfern des Nationalsozialismus – von Menschen, die in KZs, Zuchthäusern und anderen Zwangseinrichtungen das sog. Dritte Reich überlebt hatten. Die politische Gesinnung des NPD-Funktionärs Rust war in der Behörde bestens bekannt, sowohl bei seinen Kolleg(inn)en als auch bei seinen Vorgesetzten. Opferverbände wie etwa die „Vereinigung der Verfolgten des Naziregimes/Bund der Antifaschisten" (VVN/BdA) hatten durch mehrmalige Proteste auf Rust aufmerksam gemacht, ohne etwas zu bewirken: Er blieb auf seinem Posten und konnte ungestört weitermachen. Anträge von Opfern des NS-Regimes bearbeitete er nach eigenen, durchaus stolzen Bekundungen im „Kameradenkreis" mit besonderer „Sorgfalt" und daher mitunter auch sehr zeitraubend und langwierig. Mittlerweile ist Rust pensioniert.

Aber auch bei dem 13-jährigen Diabetiker konnte und wollte er Beruf und braune Gesinnung nicht voneinander trennen. Rust verwickelte mich nach Erledigung der Formalitäten in ein Gespräch über meine Schule. Wie hoch deren Ausländeranteil sei und ob es deswegen Probleme gebe, wollte er wissen. Ich konnte ihm zwar von keinen außergewöhnlichen Schwierigkeiten berichten, was ihn aber nicht davon abhielt, mir während der Arbeitszeit im Rahmen eines dienstlichen Vorgangs mitten im Amtszimmer eine Ausgabe der NPD-Parteizeitung „Deutsche Stimme" sowie ein oder zwei Flugblätter der NPD-Jugendorganisation „Junge Nationaldemokraten" (JN) in die Hand zu drücken. So habe ich zum ersten Mal in meinem Leben Parteiwerbung bekommen. Seine Aufforderung und sein Angebot zum Schluss lauteten: „Lies dir die Sachen mal durch! Und wenn du Fragen hast, kommst du einfach vorbei."

Richtig angeschaut habe ich mir die Flugblätter und die Zeitung nicht. An politischer Theorie war ich mit 13 Jahren noch nicht sonderlich interessiert. Nach einigen Tagen landete das ganze Zeug im Papierkorb. Damit wäre die Sache eigentlich erledigt gewesen. Günter Rust erwies sich aber als ein sehr gewissenhafter Agitator seiner Partei. Kurze Zeit nach der Entsorgung der NPD-Werbung rief er mich zu Hause an. Die Nummer hatte Rust meinem Antrag entnommen, und nach der Uhrzeit zu schließen, telefonierte er von seiner Behörde aus. Rust stellte keine Fragen nach den Flugblättern und der Zeitung, sondern erzählte mir, in Nürnberg gebe es eine Gruppe von JN-lern. Sie seien zwar alle drei bis vier Jahre älter als ich, aber ich solle trotzdem einfach mal vorbeikommen. Bei den wöchentlichen JN-Treffen gehe es, so Rust weiter, auch gar nicht in erster Linie um Politik, sondern im Mittelpunkt stehe die „Kameradschaft" – ein Begriff, mit dem ich damals noch nicht viel anfangen konnte. Dann erzählte er mir noch von Höhlenfesten und Zeltlagern, welche die JN veranstalteten.

Der JN-Stammtisch fand jeden Montag ab 19 Uhr in einer Nürnberger Kneipe statt. Ich war nicht sicher, ob ich hingehen sollte. Es war eine ungewöhnliche Einladung, aber sie übte einen starken Reiz auf mich aus: In der Schule war ich ein Außenseiter, bisher aufgrund meines Diabetes insbesondere seitens meiner Mutter von jeglicher Herausforderung abgeschirmt worden und wohlbehütet aufgewachsen. Zu Hause erzählte ich nichts von der Begegnung mit Rust und meinen Überlegungen; einer meiner wenigen Schulfreunde gab mir für den Abend ein „Alibi". Ohne große Erwartungen betrat ich die Kneipe. Wie Rust gesagt hatte, waren alle etwas älter als ich. Obwohl sich die Anwesenden kannten und ich nicht bloß ein „Neuer", sondern auch der Jüngste war, fühlte ich mich nur kurz als Fremder. Der bayerische JN-Landesvorsitzende Ralf Ollert schien von Rust über meinen eventuellen Besuch informiert worden zu sein. Er richtete mir aus, dass ich in den nächsten Tagen meinen Schwerbehindertenausweis abholen könne, und gab mir eine

Sonderausgabe der damaligen JN-Schülerzeitung „Frontal“, die im Comic-Stil aufgemacht war. Damit ging der politische Teil des Abends auch schon zu Ende, von einigen Bemerkungen und Anspielungen in den persönlichen Unterhaltungen einmal abgesehen. Ollert und andere waren bemüht, mich in die Gespräche einzubeziehen, was ihnen auch gelang. Spät bin ich dann gegangen, um meinen Bus noch zu bekommen, obwohl Ollert mir anbot, mich in seinem Wagen nach Hause zu fahren.

Dies war also mein erster „offizieller“ Kontakt zur rechten Szene. Warum ist es nicht mein einziger geblieben, warum bin ich auch zum nächsten Stammtisch gegangen? Es gab dafür mehrere Gründe, die zunächst nichts oder nur wenig mit den politischen Vorstellungen der NPD zu tun hatten. Plötzlich zeigten Leute größeres Interesse an mir und ließen erkennen, dass ich zu ihnen passen würde. Sie kamen für mich aus einer neuen, faszinierenden Welt, und mir als 13-Jährigem war es sehr wichtig, zu einer Gemeinschaft von Älteren Zugang gefunden zu haben und von ihnen aufgenommen zu werden. Schon bei meinem zweiten Besuch wurde ich begrüßt, als ob ich dazugehören würde.

Gerade bei Neuzugängen und jüngeren Menschen wird sehr großer Wert darauf gelegt, ihnen möglichst bald ein Gefühl von Dazugehörigkeit und Geborgenheit zu vermitteln. Im Mittelpunkt steht das Erleben von „Kameradschaft“ – logisch, dass dies sehr schnell auf das gesamte Leben übergreift. Schon bald setzt sich das soziale Umfeld, also der Freundes- und Bekanntenkreis, fast nur noch aus Szeneangehörigen zusammen. Entsprechend sieht dann auch die Freizeitgestaltung auch außerhalb der gemeinsamen politischen Aktivitäten aus.

Verstärkt wird diese Entwicklung – die durchaus Parallelen zu religiösen Sekten hat – durch das elitäre Selbst- und das damit verbundene rassistische Weltbild der rechten Szene. Der „Arier“ ist die Elite der Menschheit, der „Deutsche“ ist die Elite der „Arier“, die „volks- und nationalbewussten Patrioten“ wiederum sind die Elite der „Deutschen“. (Junge) Nationaldemokraten verstehen sich selbst als Avantgarde; wer zu ihnen gehört, bildet somit die „Speerspitze der Elite der Elite der Elite“, umgeben von Feinden – „Umerziehern“, „Überfremdern“, „Volksschädlingen“ usw. Die Reihe der rechten Verschwörungstheorien ist lang.

Aufgrund der schnellen Integration beginnt die Identifizierung mit der Gruppe, zumal man sich ja in erster Linie nicht als Individuum, sondern als Teil des völkischen Kollektivs sieht. Dieses Selbstverständnis lässt sich am besten in dem in NPD-Kreisen gängigen Satz zusammenfassen: „Du bist nichts – dein Volk ist alles!“ In diesem Selbstbild liegt auch begründet, warum sich beispielsweise ein junger Neonazi in einer ostdeutschen Kleinstadt ganz persönlich von der angeblichen „Überfremdung“ bedroht fühlt, obwohl dort und in der ganzen Region der Anteil nichtdeutscher Menschen an der Bevölkerung unter zwei Prozent liegt. Das subjektive Empfinden des Betreffenden wurzelt in dem Glauben, das „eigene Volk“ sei in seinem „biologischen Bestand" gefährdet. Aus dieser Wahnvorstellung einer persönlichen und kollektiven Bedrohungssituation resultiert dann auch die pseudomoralische Legitimation eines Rechtsextremisten zu „Notwehrhandlungen", wie etwa der Drangsalierung oder gar Ermordung von Menschen, die nicht in sein Weltbild hineinpassen. Reue und Sühne für begangene Verbrechen kann von den Tätern daher nur in den seltensten Fällen ernsthaft erwartet werden – ein Umstand den sie mit ihren historischen Vorbildern aus der Waffen-SS gemein haben.

So aberwitzig und irrational dieses Gedankengebäude erscheint, aus heutiger Sicht auch für mich selbst, so logisch und in sich geschlossen stellt es sich aber für den dar, der ihm verhaftet ist. Verstärkt wird diese Situation vor allem durch zwei weitere Faktoren.

Der eine ist die mystische, fast schon religiöse Selbstverklärung der rechtsextremen Szene. Das beginnt schon bei der Inszenierung von Veranstaltungen. Meine erste größere Veranstaltung war das traditionelle „Deutschlandtreffen" am 17. Juni 1983, dem Jahrestag des – so die NPD-Diktion – „mitteldeutschen Volksaufstandes". Es fand in der Stadthalle von Neustadt/Saale (Bayern) statt. Die Nürnberger NPD charterte einen Reisebus. Das Ganze erinnerte an einen Familienausflug. Die älteren Teilnehmer/innen zeigten Fotos von vergangenen „Deutschlandtreffen" und anderen Aufmärschen der NPD herum und packten ihren Reiseproviant aus. Der Bus fuhr direkt zur weiträumig abgeriegelten Stadthalle, wo sich im Foyer die Bücher- und Informationsstände der NPD sowie anderer rechtsextremer und neonazistischer Verlage und Gruppen, wie etwa der mittlerweile verbotenen „Wiking-Jugend" (WJ), befanden. Dort gab es die Memoiren bekannter Nazi-Größen, revisionistische Literatur, Bildbände über die Waffen-SS und die „deutschen Ostgebiete" sowie Bücher von Alain de Benoist, dem führenden Kopf der französischen „Neuen Rechten", zu kaufen.

Den mit schwarz-rot-goldenen Fahnen und einem riesigen Transparent („Einheit für Deutschland") geschmückten Saal füllten ca. 1.000 Parteianhänger und -mitglieder. Nach dem mit rhythmischem Klatschen begleiteten Einzug der NPD-Spitze in die Halle trat als erstes der als „Kabarettist" angekündigte ehemalige SS-Angehörige Gerd Knabe auf. Als Höhepunkt folgte die Ansprache des damaligen NPD-Vorsitzenden Martin Mußgnug. Der zwischenzeitlich verstorbene Tuttlinger Rechtsanwalt stand seit 1971 an der Spitze der Partei. Beflügelt durch einen eher bescheidenen Stimmenzuwachs bei der Bundestagswahl 1983, kündigte er den Antritt der NPD zur Europawahl im Juni 1984 an. Die Veranstaltung wurde nach etwa zwei Stunden mit dem Absingen aller drei Strophen des „Deutschlandliedes" feierlich beendet. Obwohl ich nicht der Einzige war, der mit dem Text seine Probleme hatte, bemerkte es Rust und meinte, es sei an der Zeit, die „Hymne" auswendig zu lernen. Folgerichtig überreichte er mir den Text.

Der Veranstaltung schloss sich noch ein Demonstrationszug von einigen hundert NPD-Anhänger(inne)n an. An der Spitze marschierte der Parteivorstand, gefolgt von einem mehrreihigen Block Fahnenträgern. Es waren weniger die Reden oder der Anlass der Veranstaltung, die mich gefangennahmen. Was mich beeindruckte, war die Größe des Aufmarsches, das disziplinierte Auftreten seiner Teilnehmer/innen, die Fahnen- und Fanfarengruppen sowie das tief empfundene Gemeinschaftserlebnis. Ich nahm am Treffen einer mächtigen, verschworenen Gemeinschaft teil, einer Elite, die umgeben war von Feinden. Die bereits beschriebene Selbstinszenierung der Partei, ihr Hang zur mythischen Überhöhung, ergriff mich ganz und gar.

Werben mit dem Erlebnis in der „Gesinnungsgemeinschaft" gehört unverändert bis heute zum festen Repertoire rechtsextremer Gruppierungen. Ein Meister der Vermittlung dieses Pathos ist der DVU-Vorsitzende und „National-Zeitungs" -Herausgeber Dr. Gerhard Frey aus München. In der „National-Zeitung" vom 4. September 1998 ließ er zur bevorstehenden Kundgebung der DVU Folgendes schreiben: „In nationalfreiheitlichen Kreisen heißt es (...) nicht selten: Teilnahme ist ‚Ehrensache'. Schließlich garantiert Dr. Frey seinen Anhängern: Niemand wird die Teilnahme bereuen! Es ist ein faszinierendes Erlebnis, sich unter Tausenden Gleichgesinnten zu befinden. In der Passauer Nibelungenhalle sind in den vergangenen Jahren unzählige Bekanntschaften und Freundschaften geschlossen worden."

Neben Großveranstaltungen gehören auch kleinere regionale Veranstaltungen zu den wichtigen Methoden, um das elitäre Gemeinschaftsgefühl zu verstärken. Im Juli 1986 nahm ich erstmals an der traditionellen „Sommersonnwendfeier" der NPD im nordbayerischen Rottenbach (bei Coburg) teil. Etwa 200 zumeist jüngere NPD-Mitglieder und -Anhänger/innen aus ganz Bayern trafen ab Mittag ein. Auf dem Programm stand zunächst eine Fahrt zur nahe gelegenen Grenze zwischen der Bundesrepublik und der DDR. Danach spielten die JN Mittelfranken und die JN Unterfranken gegeneinander Fußball. Mit Beginn der Dämmerung formierte sich dann ein Demonstrationszug, der schweigend in Richtung der Feuerstelle marschierte. Zu Beginn blies ein NPD-Mitglied das Soldatenlied vom „Guten Kameraden" , anschließend warfen JN-Mitglieder Fackeln in das brennende Feuer. Für jedes Bundesland, für jedes „Gau" , für jedes „von Fremden besetzt gehaltene deutsche Land" eine. Die „Feuerrede" hielt Gerd Knabe, der mit pathetischen Worten die „Wiederauferstehung des Deutschen Reiches" beschwor und gegen die „Amerikanisierung in Sprache, Kultur, Kleidung und Essgewohnheiten" sowie gegen die „Nachäffer des Amerikanismus, die geistigen Kaugummilutscher" wetterte. Am Ende der etwa einstündigen Zeremonie wurden alle drei Strophen des „Deutschlandliedes" gesungen – die wenigen älteren Teilnehmer/innen hatten teilweise Tränen in den Augen, manche Jugendliche einen Kaugummi im Mund. Der Sonnwendfeier schloss sich ein „Kameradschaftsabend" mit „Volks- und Heimatmusik" nebst Unmengen Alkohol in der Kneipe an.

Vieles, was zunächst für mich neu war und für Außenstehende ungewöhnlich ist, wurde schnell zur Routine: jeden Montag der Stammtisch, wöchentliche Redaktionstreffen für diverse JN-Publikationen, „Kameradschaftsabende“, Schulungen und die täglichen Treffen mit den „Kameraden“. Zum ersten Mal hatte ich das Gefühl, echte Freunde gefunden zu haben und akzeptiert zu sein. Daneben verfehlte die Anerkennung, die ich erhielt, auch nicht ihre Wirkung. So durfte ich 1987 das „Nationaldemokratische Bildungszentrum“ (NBZ) in Iseo/Norditalien besuchen und den „Grundlehrgang“ für Nachwuchskader absolvieren. Lehrgangsleiter war der heutige NPD-Vorsitzende, Diplom-Politologe und Hauptmann d.R. Udo Voigt, aus dessen Händen ich nach bestandener Prüfung feierlich meine Urkunde erhielt. Nach der Zeremonie führte Voigt noch ein abschließendes Gespräch mit jedem einzelnen Seminarteilnehmer, in dem er u.a. das soziale Verhalten während des Lehrgangs beurteilte.

Den zweiten, zu oft unterschätzten Faktor bildet der Umstand, dass man als Rechtsextremist eben nicht außerhalb der Gesellschaft steht. Ich war nie der „einsame Steppenwolf“, der stigmatisiert und geächtet ist. Ganz im Gegenteil. Besonders jugendliche Rechtsextremisten werden in ihren ideologischen Überzeugungen durch Vorurteile und Meinungen bestärkt, die in der Gesellschaft weit verbreitet, teilweise sogar mehrheitsfähig sind. Viele fühlen sich letztendlich als „Vollstrecker des Volkswillens“. Durch politische Kampagnen gegen Minderheiten – wie etwa zur doppelten Staatsangehörigkeit für Migrant(inn)en oder zur Gleichberechtigung von Schwulen und Lesben – entsteht nicht nur ein gesellschaftliches Klima, in dem die Hemmschwelle für Gewaltanwendung sinkt, sondern das Rechtsextremisten auch in ihrer Meinung bestärkt.

Die fast schon psychische Abhängigkeit vieler Szeneangehöriger, der Elitewahn, das Bedrohungsszenario – alles das erschwert den Zugang zu ihnen und die Möglichkeit des Herauslösens solcher Menschen. Ohnehin ist es schwierig, jugendliche Rechtsextremist(inn)en von der Falschheit und Gefährlichkeit ihrer Ideologie zu überzeugen, solange sie sich beispielsweise hinsichtlich der angeblichen „Überfremdung“ auf prominente und völlig unverdächtige Mitbürger/innen berufen können. Es ist kein Wunder, dass in der rechtsextremen Publizistik entsprechende Äußerungen hauptsächlich von Politikern der Unionsparteien ausführlich zitiert werden.

Nicht nur wurde Rechtsextremist(inn)en zumindest bis zum Sommer 2000 kaum vermittelt, wie inakzeptabel ihre Überzeugungen sind, sondern man begegnete Jugendlichen aus dieser Szene vor allem in Ostdeutschland im Rahmen der „akzeptierenden Sozialarbeit“ mit einem Höchstmaß an Verständnis. Mit allen nur erdenklichen Mitteln wurden sie regelrecht gehätschelt, ganze Jugendzentren auf ihre Bedürfnisse abgestimmt und ihnen im wahrsten Sinne des Wortes als Rekrutierungsfeld überlassen.

Mein Ablösungsprozess aus der rechtsextremen Szene, der ich neun Jahre lang angehörte, war nicht das Ergebnis von „Verständnis“ und „Akzeptanz“ der Gesellschaft, vielmehr das Resultat einer längeren, von vielen inneren Widersprüchen und Kämpfen begleiteten Entwicklung. Immer wieder kamen mir Zweifel an der Richtigkeit meiner Überzeugungen und Handlungen. Aber nein, es durfte nicht sein! Ich war doch kein „Verräter", kein „Fahnenflüchtiger". Genauso wie die Szene ihre Angehörigen mit Begriffen wie „Treue", „Ehre", „Kameradschaft" bei der Stange hält – oder besser gesagt: an die Stange fesselt –, so gilt auch der logische Umkehrschluss: Wer die „Gesinnungsgemeinschaft" verlässt, lässt seine „Kameraden im Stich". Aus dem einstigen „Kameraden" kann dann sehr schnell ein Feind werden, zumal man ja nicht nur zum „Verräter" an den Kampfgefährten und der „Bewegung" wird, sondern zum „Verräter am eigenen Volk". Das mindeste, was dann passiert, ist der Wegfall des gesamten sozialen Umfelds, zumal Freundschaften das Ende der „Kameradschaft" nicht überleben. Schlimmstenfalls kann es, wie bisher bereits zwei Mal geschehen, zur physischen Vernichtung kommen. Das Wissen um die Konsequenzen eines Ausstiegs ist ein weiterer Faktor, warum so wenige bereit sind, die Szene zu verlassen. Es darf auch nicht vergessen werden, dass es bis heute keine oder kaum Hilfestellungen für Ausstiegswillige gibt.

Für mich kam das „Ende der Fahnenstange" nicht plötzlich. Ich bin nicht am Sonntagabend als Nazi ins Bett gegangen, um nach einer nächtlichen Eingebung am Montagmorgen als Demokrat aufzuwachen. Zwei Umstände waren hauptverantwortlich dafür, dass der ganze psychische Druck und der Verdrängungsmechanismus bei mir nicht mehr wirkten. Bei meinem Rückzug aus der rechtsextremen Szene war ich 22 Jahre alt. Seit meinem 17. Lebensjahr, also seit damals fünf Jahren, wusste ich definitiv, dass ich homosexuell bin. Als Schwuler – der nicht am „biologischen Überlebenskampf der arischen Rasse" teilnimmt – gehörte ich selbst zu einer den Neonazis verhassten Minderheit. Manche ertragen diese Lebenslüge. Mir fiel dies zunehmend schwerer, letztendlich schaffte ich es nicht mehr. Ich hatte viele Fragen und keine Antworten. Der zweite Umstand war, dass 1990 im wiedervereinigten Deutschland mehrere Ausländer/innen ermordet wurden. Im Herbst 1991 nahmen Überfälle auf Einwanderer, Pogrome und Brandanschläge auf Asylbewerberheime drastisch zu. Sie eskalierten vom 17. bis 21. September im sächsischen Hoyerswerda, wo es drei Tage lang zu schweren Ausschreitungen rechtsradikaler Jugendlicher gegen Ausländerwohnheime kam – oft unter dem Beifall eines Großteils der Bevölkerung. Gleichzeitig regte sich erster Protest, und zwar auch in mir. Ich begann mich zu fragen, wohin das führen sollte. Was würde am Ende stehen?

Die Tragweite meiner Entscheidung, „raus" zu gehen, wurde mir rasch deutlich. In den neun Jahren war ich vom Außenseiter zum „Nachwuchs-Star" geworden, hatte viel Aufmerksamkeit bekommen, war herumgereicht und um Mitarbeit gefragt worden. Mein ganzes Leben fand innerhalb der Szene statt, und für Freunde „außerhalb" gab es weder Zeit noch Raum. Für meine ehemaligen „Kameraden" und „Freunde" bin ich heute der „Verräter". Das NPD-Blättchen „Frankenspiegel" bezeichnete mich Anfang 1998 als „erbärmlichen, skrupellosen Charakter". Heute kann ich sagen, dass es mir um keinen meiner „Freunde", die ich durch meinen Rückzug aus der braunen Szene verloren habe, wirklich leid tut und dass ich keinen von ihnen – so wie sie damals waren und heute wohl noch sind – vermisse.

Seinerzeit war es ganz anders: Die ersten Monate erschienen mir wie ein großes schwarzes Loch. Mir wurde klar, dass ich meine alten „Freunde" nicht mehr sehen und sich mein Leben von Grund auf ändern würde. Es wäre gelogen, wenn ich heute behaupten würde, dass ich in diesen Monaten keine inneren Kämpfe mit dem Drang hatte, wieder in den „Schoß der Kameradschaft" zurückzukehren. Für den Moment wäre es sicherlich einfacher gewesen. Aber was wäre danach gekommen? – Ich würde auch lügen, wollte ich so tun, als ob es mir damals keine Probleme bereitet hätte, dass Menschen mich über Nacht nicht mehr kannten, mit denen ich viele Jahre zusammengearbeitet, zu denen ich in dieser Zeit nicht nur politische, sondern auch teilweise sehr enge persönliche Beziehungen unterhalten hatte. Immerhin verdanke ich meine ersten homosexuellen Erfahrungen einer Person, die heute noch als Funktionär in der NPD aktiv ist.

Fast ein Jahrzehnt lang war ich tief in die Naziszene verstrickt – ein Zeitraum, der gerade einen jungen Menschen entscheidend prägen kann. Mein Denken und Fühlen ließen sich nicht von einem auf den anderen Tag ändern. Es hat vier Jahre gedauert, bis ich mir ein völlig neues soziales Umfeld geschaffen und eine berufliche Basis aufgebaut hatte. So lange musste ich mich vor allem mit mir selbst, mit allem, was ich geglaubt und zu wissen gemeint hatte, auseinandersetzen. Es dauerte auch eine geraume Zeit, bis ich mich selbst akzeptieren konnte. Ich hatte das große Glück, 1992 die Bekanntschaft eines drei Jahre älteren US-Amerikaners zu machen, der mir in dieser Zeit sehr half, mit Selbstvorwürfen und -zweifeln fertig zu werden, meinen neuen Weg zu gehen. Aus der Bekanntschaft wurde eine Partnerschaft, deren Bedeutung für meine weitere Entwicklung gar nicht hoch genug einzuschätzen ist. Was aber wäre gewesen, wenn ich diese Stütze nicht gehabt hätte? Hier wird mir ein bereits beschriebener Mangel deutlich. Es fehlt an praktischen Hilfestellungen für Ausstiegswillige. Menschen, die sich aus der rechten Szene lösen wollen, brauchen ähnliche psychologische Hilfe wie Sektenmitglieder – gehören sie doch einer sektenähnlichen Szene an.

Susanne Ulvolden

Rechtsradikale Jugendliche – nur ein Problem der Jugend?

In einer Stadt wie Magdeburg kann schon lange niemand mehr der Frage ausweichen, wie mit ideologisch motivierter Gewalt umzugehen ist. 1992 fand der Punk Torsten Lamprecht bei einer Schlägerei mit rechten Jugendlichen den Tod, was zum Auslöser für permanente Auseinandersetzungen zwischen beiden Szenen wurde. Auch in den Folgejahren gab es immer wieder Schlagzeilen, die Magdeburg weltweit zum Synonym für rechte Gewalt gemacht haben.

Einige Indikatoren lassen scheinbar den Schluss zu, dass Rechtsradikalismus heute primär ein Problem von Jugendlichen und jungen Erwachsenen ist:

- Die Kriminalitätsstatistik weist rechtsradikale Delikte häufiger für die Altersgruppe von Jugendlichen und jungen Erwachsenen aus als für andere Altersgruppen.
- Analysen der Landtagswahl vom 26. April 1998 zeigten, dass hauptsächlich Jung- und Erstwähler für die DVU stimmten.
- Verfolgt man die Berichte in den Medien über einen längeren Zeitraum, so werden im Zusammenhang mit rechtsradikaler Gewalt Jugendliche und junge Erwachsene am häufigsten genannt.
- Über bestimmte Musikrichtungen werden mit entsprechenden Texten ganz gezielt junge Leute angesprochen.
- Auch die Manifestation rechter Ideologie durch das Tragen bestimmter Kleidungsstücke erfolgt wesentlich häufiger durch Jugendliche und junge Erwachsene als durch Ältere.

Trotz all dieser Indikatoren ist die Schlussfolgerung falsch, Rechtsradikalismus sei ein Problem der Jugend. Ich drehe den Spieß um und behaupte: Bei den Jugendlichen und jungen Erwachsenen ist „die Botschaft“ angekommen, denn keiner wird rechtsradikal geboren. Vielmehr werden alle Menschen in unseren Breiten im Laufe ihrer Sozialisation mit diesem Gedankengut konfrontiert. Einige – vielleicht zunehmend mehr – eignen es sich in dieser Zeit an und verfestigen es. Sind das nur Zufälle? Kann es verhindert werden, und wenn ja, durch wen?

Ich gehe im Folgenden von der These aus, dass der Rechtsradikalismus Jugendlicher einen gesellschaftlichen Kontext hat, und versuche zu entwikkeln, wer in dieser Gesellschaft wofür verantwortlich ist und welche Gegenmaßnahmen vor allem die Berufsgruppe der Lehrer/innen ergreifen kann.

Selbst auf die Gefahr hin, neuere und moderne Konzepte des Lernens an dieser Stelle zu ignorieren, möchte ich die simple Formel „Lernen durch Erfahrung" aufgreifen. Denn auch das Erleben von Vorbildern ist Teil von Erfahrung. Welche Erfahrungen sind es nun, die in einem unvereinbaren Gegensatz zu rechtsradikalen Ideologien stehen und die m.E. stärker für Kinder und Jugendliche zugänglich gemacht werden müssten? Es handelt sich um

- Freiheit,
- Toleranz,
- Partizipation und
- Transparenz.

Fortan beschränke ich mich auf diese vier Erfahrungen, wobei ich mir darüber klar bin, dass die Liste erweiterbar ist. Mit diesen Begriffen kommt man schnell in eine Diskussion über Werte, was ich gerade provozieren möchte. Wir erörtern gesellschaftlich derzeit die Arbeitslosigkeit, das ungleiche Wirtschaftswachstum, die Euro-Schwäche, die Green Card für ausländische IT-Fachleute, das Asylrecht u.a.m. Und wenn ich Beiträge hierzu in den Medien verfolge, scheinen mir die Themen ziemlich unabhängig von Werten diskutiert zu werden. Ja, sie werden im Einzelfall sogar selbst zu oberflächlichen Werten gemacht. M.E. brauchen wir eine Wertediskussion, die besagt, welche Werte wir mit einer Novelle des Asylrechts verfolgen oder erhalten wollen, welche Werte wir durch das Wirtschaftswachstum erhalten können bzw. welcher Werte wir durch einen Rückgang desselben verlustig gehen und welchen Wert – nicht: Stellenwert – Erwerbsarbeit hat. Ist sie ein Wert per se oder was steht hinter ihr?

Ich halte die vier o.g. Prinzipien (Freiheit, Toleranz, Partizipation und Transparenz), aber auch andere für Wesensmerkmale einer funktionierenden Demokratie, in der Rechtsradikalismus überflüssig wird. Ich frage nun, wie diese Prinzipien erfahrbar, wo sie im Alltag von Kindern und Jugendlichen verankert sind.

Freiheit

Ohne auf die anderen philosophischen Aspekte von Freiheit eingehen zu wollen, erscheint mir die Freiheit im sozialen Leben als das *Recht* der uneingeschränkten Entfaltung des Individuums und der Gemeinschaften wie Familie, Staat und Kirche.[1] Grenzen werden durch jene normativen Systeme gesetzt,

1 Vgl. Handbuch theologischer Grundbegriffe, Bd. 2, München 1970, S. 22

die diese Entfaltung innerhalb eines bestimmten Rahmens ermöglichen. Der Staat, der die Normen des Systems formuliert, muss Garant dafür sein, dass die Ansprüche von Individuum und Gemeinschaft richtig gegeneinander abgewogen werden.

Die Schule repräsentiert möglicherweise für eine bestimmte Gruppe von Jugendlichen ein System, in dem die Abwägung zu Ungunsten individueller Entfaltung ausfällt. Ich frage mich in diesem Kontext, ob schulische Rahmenbedingungen in dem gewünschten und erforderlichen Maß die pädagogische Arbeit unterstützen. Wieviel Freiheit und Freiraum wird z.B. durch die zwanghafte Notwendigkeit der Erfüllung der Curricula verhindert? Anders gefragt: Wie viele Freiräume hat ein Lehrer oder eine Lehrerin im Rahmen der vorhandenen Curricula? Was ist gewünscht, was eher notwendig, was ganz und gar unabdingbar? Und letztlich: Kann ein Schüler im Rahmen des normativen Systems Schule sein Recht auf Entfaltung wirklich erkennen und erleben?

Toleranz

Toleranz wird in den meisten Nachschlagewerken als Duldung abweichender Überzeugungen aufgrund der Auffassung dargestellt, dass niemand die absolute Wahrheit für sich beanspruchen kann. Toleranz hat aber ihre Grenze in der Würde und Freiheit des Menschen, die – wie oben gezeigt – auch durch die normativen Systeme eines Staates nicht verletzt werden dürfen.[2]

Je offener und komplexer unsere Gesellschaft wird, umso stärker steht Toleranz auf dem Prüfstein. Ich wünsche mir, von der negativen Definition im Sinne der „Duldung von ...“ wegzukommen und mehr zu einem Verständnis von Toleranz zu gelangen, welches davon ausgeht, dass Menschsein sich nur im „freien Dialog“ (Albert Camus) entwickeln kann.

Toleranz muss vermittelt werden und kann dann eine wichtige Orientierungshilfe gerade in Konfliktsituationen sein. Das ist aber nur dann möglich, wenn Toleranz nicht länger als schwammiger Begriff für nicht eindeutig definiertes Verhalten verwendet wird. Es muss deutlich werden, dass tolerantes Verhalten Chancen hat, wo die Grenzen liegen und welche Konsequenzen Intoleranz nach sich zieht. Toleranz schließt also nicht aus, deutlich Position zu beziehen. Im Gegenteil: Die gesellschaftliche Situation, in der Rechtsextremismus gedeihen kann, darf von Lehrkräften nicht wertneutral oder distanziert betrachtet werden.

Politische Bildung allein fördert Toleranz nicht. Meiner Meinung nach muss sich die Schule öffnen, sich in die Vernetzung mit außerschulischen Institutionen begeben, um die außerhalb der Schule gemachten Erfahrungen und die Lebensprobleme der Schüler/innen einbeziehen zu können.

---

2 Vgl. dfv Brockhaus Lexikon Bd. 18, Mannheim/München 1988

Partizipation

Der erreichte Demokratisierungsgrad einer Gesellschaft lässt sich in der Regel am Prinzip der Partizipation und seiner Verwirklichung ablesen. Partizipation beschreibt die Forderung, die von Entscheidungen in Staat und Gesellschaft (z.B. Schule) Betroffenen stärker an den sie berührenden Entscheidungsprozessen teilnehmen zu lassen.

Eine lebensnahe Schule zeichnet sich durch das Bereitstellen eines größtmöglichen Rahmens demokratischer Handlungs- und Erfahrungsspielräume aus. Wo echte Partizipation stattfindet, wird billigend in Kauf genommen, dass die Prozesse bis zur Entscheidung langsamer ablaufen, dass aber die getroffenen Entscheidungen auf einem breiteren Konsens fußen. Benedikt Sturzenhecker, von Beruf Sozialarbeiter, hat schon zu Beginn der 90er Jahre prognostiziert: „Wenn die Jugendlichen Realität und Qualität der Demokratie in ihrem Alltag erkennen können, werden die Chancen des Rechtsextremismus verschwinden.“ [3]

Es besteht auch eine direkte Verbindung zwischen gelungener Partizipation und Engagement. Bietet die Schule handlungs- und erfahrungsorientierte Lernmöglichkeiten, sind die Chancen eines höheren Grades an Selbstständigkeit und Selbstorganisation groß. Veränderte Unterrichtsformen könnten dafür ein Ansatz sein, konsequente Begleitung und Unterstützung der Schülerräte in ihrer Arbeit ein weiterer.

Transparenz

Transparenz beschreibt in diesem Zusammenhang die Durchsichtigkeit aller demokratischen Prozesse. Totalitäre, diktatorische Systeme sind gekennzeichnet von Undurchschaubarkeit. Angst flößen ihre Institutionen wie Polizei, Geheimdienste etc. deshalb ein, weil die Bürger/innen des betreffenden Staates nicht wissen, wie jene in welchen Situationen reagieren. Die Demokratie und ihre Institutionen müssen durchschaubar, Entscheidungsprozesse nachvollziehbar sein. Denn die Transparenz ermöglicht den kritischen Umgang aus einer unbeschränkten Erkenntnis heraus. Daher müssen wir uns für die Schule die Frage stellen, ob die Strukturen in und um Schule für den jungen Menschen überschaubar bzw. erkennbar und ihre Wirkungsmechanismen berechenbar sind.

Die Transparenz betrifft aber nicht nur Strukturen, Verfahrens- und Entscheidungsabläufe. Auf die Problematik des Rechtsextremismus bezogen be-

3 Benedikt Sturzenhecker, Was folgt aus neuen Argumenten zu jugendlichem Rechtsextremismus für die pädagogische Praxis?, in: Zeitschrift für die Jugendarbeit 11/1991, S. 497

deutet sie auch, dass eindeutig voraussehbare und berechenbare Reaktionen erfolgen. Ein Schüler, der rechte, rassistische Parolen von sich gibt, muss wissen, dass ihn im Rahmen sozialer Kontrolle harte Sanktionen treffen. Er darf auf keinen Fall hoffen können, dass ein Teil seiner Lehrer/innen weghört oder -sieht.

Die Schule ist weder schuld an der heutigen Misere, noch kann ihr allein die Aufgabe übertragen werden, gesellschaftliche Missstände auszubügeln. Vielmehr ist sie ein Spiegel gesellschaftlicher Strukturen. Die Rahmenbedingungen für das Handeln von Lehrer/innen und Schüler/innen hat sich die Schule nicht selbst gegeben. Der übergewichtige Fokus auf Leistung, Erfolg und Versagen muss zugunsten einer lebensorientierten Schule ausbalanciert werden. Der gleiche Maßstab muss selbstverständlich auch an die Jugendhilfe angelegt werden.

Exkurs

In einem kurzen Exkurs beschreibe ich exemplarisch ein paar Handlungsmöglichkeiten des Jugendamtes, die erprobt wurden bzw. noch praktiziert werden und die m.E. den Ansprüchen der Erfahrbarkeit der dargestellten demokratischen Prinzipien entsprechen:

1. Das Magdeburger Jugendamt ist Träger eines ABM-Projektes, mit dessen Hilfe Kindern und Jugendlichen fremde Kulturen und deren Lebensart, Religion, Sitten und Bräuche vermittelt werden sollen. Ziele sind die Förderung von interkulturellem Verständnis und Toleranz, der Abbau von Vorbehalten und Aversionen gegenüber Ausländer(inne)n und Andersdenkenden, die Förderung des soziokulturellen Austausches mit anderen Kulturen, die Förderung geistiger Mobilität im Hinblick auf die Internationalisierung der Lebens- und Wirtschaftszusammenhänge sowie die Stärkung kreativer und verantwortungsbewusster Denk- und Handlungsweisen. Besetzt werden die Stellen mit Arbeitnehmer(inne)n aus asiatischen, afrikanischen und/oder lateinamerikanischen Ländern.
2. Dasselbe Jugendamt führt „Politische Jugendforen" zu unterschiedlichen Themen durch. An den von einem älteren Jugendlichen moderierten Gesprächsrunden nehmen Personen des öffentlichen Lebens (Politiker/innen, Entscheidungsträger/innen aus der Verwaltung u.a.m.) teil. Die jeweiligen Themen werden von Jugendlichen und Sozialarbeiter(inne)n entwickelt, und die Veranstaltung wird gemeinsam vorbereitet.
3. Im Rahmen der Fortbildung für Multiplikator(inn)en wird ein Anti-Rassismus-Training durchgeführt.
4. Bei der Durchführung einer bestimmten Ferienfreizeit wird die Zahl der ausländischen Teilnehmer/innen nicht dem Zufall überlassen, sondern

nur die Hälfte der Plätze an deutsche vergeben. Da der Ansatz integrativ ist, steht das Einüben von Verhaltensweisen im Vordergrund, die nicht ausgrenzen.

Die Verantwortung von Politikern und Eltern

Zuerst möchte ich jene Politiker in die Pflicht nehmen, die dazu beitragen, rechtsextreme und ausländerfeindliche Äußerungen salonfähig zu machen. Einige von ihnen seien im Folgenden nach dem Magazin „Stern“ (v. 17.10.1991) und der „taz“ (v. 26.8.2000) zitiert:

- „Ein konfliktfreies Zusammenleben wird nur möglich sein, wenn die Zahl der Ausländer bei uns begrenzt und langfristig vermindert wird, was vor allem die großen Volksgruppen betrifft.“ (Friedrich Zimmermann, CSU, damals Bundesinnenminister, im Mai 1983 vor dem Bundestag)
- „Wir müssen Herr der Situation bleiben und dürfen uns nicht von den internationalen Flüchtlingsströmen unserer Zeit, von denen die Väter des Grundgesetzes noch nichts ahnen konnten, hilflos überrollen lassen.“ (Rolf Olderog, damals CDU-Bundestagsabgeordneter, am 4. Oktober 1985 in einer Bundestagsdebatte)
- „In der Koalition ist ja das von mir propagierte Prinzip nicht umstritten, daß oberstes Ziel die Beseitigung der Ursachen für die Asylantenflut in deren Heimatländern sein muß.“ (Wolfgang Schäuble, CDU, damals Bundesinnenminister, am 26. November 1990 in einem *Spiegel*-Interview)
- „Ich gehe nicht so weit wie ein Kommentator, der aber sicher vielen im Volke aus der Seele spricht, der von einer multikriminellen Gesellschaft gesprochen hat.“ (Max Streibl, CSU, damals Ministerpräsident, im Oktober 1991 vor dem Bayerischen Landtag)
- „Das Boot im Münchner Süden läuft über. Jetzt muß Schluß sein. Deshalb wiederhole ich meine Forderung, den Münchner Süden ab sofort von Scheinasylanten zu verschonen.“ (Erich Riedl, damals CSU-Bundestagsabgeordneter, am 16. April 1992 in einem Interview der Süddeutschen Zeitung)
- „Wir können nicht der Lastesel für die Armen der Welt sein. (...) Der Unmut bei den Menschen ist riesig. Glauben Sie denn, daß die ruhig hinnehmen werden, wenn Millionen Ausländer ungeordnet in unser Land fluten?“ (Georg Kronawitter, SPD, damals Münchner Oberbürgermeister, am 7. September 1992 in einem *Spiegel*-Gespräch)
- „Die Grenze der Belastbarkeit ist überschritten. Die Situation hat sich dramatisch zugespitzt. Wenn jetzt nicht gehandelt wird, stehen wir vor der Gefahr einer tiefgehenden Vertrauenskrise gegenüber unserem demokratischen Staat, ja – ich sage es mit Bedacht –, eines Staatsnotstan-

des. Die Menschen erwarten von uns schnelle Lösungen, und zwar Lösungen, die greifen, die dem Missbrauch des Asylrechts wirksam einen Riegel vorschieben." (Helmut Kohl, damals Bundeskanzler und Parteivorsitzender, am 26. Oktober 1992 in einer Rede auf dem CDU-Parteitag)
- „Wir dürfen nicht mehr so zaghaft sein bei ertappten ausländischen Straftätern. Wer unser Gastrecht mißbraucht, für den gibt es nur eins: raus, und zwar schnell." (Gerhard Schröder, damals Ministerpräsident, heute Kanzler und SPD-Vorsitzender, am 20. Juli 1997 in BILD am Sonntag)
- „Wenn Ausländer eine Bereicherung sind, dann können wir schon seit langem sagen: Wir sind reich genug. (...) Eine multikulturelle Gesellschaft ist eine latente Konfliktgesellschaft. Der innere Friede ist gefährdet." (Heinrich Lummer, damals noch CDU-Bundestagsabgeordneter, am 30. Juni 1998 im Berliner *Tagesspiegel*)
- „Die Zeit der Gastfreundschaft geht zu Ende." (Jörg Schönbohm, CDU, damals Innensenator von Berlin, heute Innenminister des Landes Brandenburg, am 31. August 1998 in der Berliner Zeitung)
- „Die Grenze der Belastbarkeit Deutschlands durch Zuwanderung ist überschritten." (Otto Schily, SPD, Bundesinnenminister, am 15. November 1998 in einem Interview des Berliner *Tagesspiegels*)
- „Das Boot ist mehr als voll, es sinkt bereits. (...) Wo steht geschrieben, daß Ausländer dieselben Sozialleistungen erhalten müssen wie Deutsche?" (Wolfgang Zeitlmann, CSU-Bundestagsabgeordneter, am 20. Dezember 1998 in der Berliner Morgenpost)
- „Wenn wir mit dieser neuen Staatsbürgerregelung etwa die ganze Kurdenproblematik und das damit verbundene massive Gewaltpotenzial nach Deutschland importieren, schätze ich die Gefährdung der Sicherheitslage höher ein als bei der RAF in den Siebziger- und Achtzigerjahren." (Edmund Stoiber, CSU-Chef und bayerischer Ministerpräsident, am 4. Januar 1999 in einem *Focus*-Interview)
- „Wir brauchen weniger Ausländer, die uns ausnützen, und mehr, die uns nützen." (Günther Beckstein, CSU, bayerischer Innenminister, am 10. Juni 2000 im *Focus*)

Nach meinem Verständnis sind solche Sprüche durch das Recht auf freie Meinungsäußerung nicht gedeckt. Sie vermitteln teilweise sogar überdeutlich ausländerfeindliche Haltungen, die sich im rechtsextremen Gedankengut wiederfinden.

Die 12. Shell-Jugendstudie hat gezeigt, dass es nicht richtig ist, von einer „Politikverdrossenheit der Jugend" zu sprechen.[4] Ganz im Gegenteil sind gesellschaftspolitisches Bewusstsein und Interesse bei den meisten Jugendli-

4 Vgl. Jugendwerk der Deutschen Shell (Hrsg.), Jugend '97: Zukunftsperspektiven, gesellschaftliches Engagement, politische Orientierungen, Opladen 1997

chen durchaus vorhanden. Es handelt sich eher um eine „Jugendverdrossenheit“ der Politik. Dieser wird nicht ausreichend entgegengesteuert, indem man das Wahlalter bei Kommunalwahlen von 18 auf 16 Jahre herabsetzt.

Wenn die DVU ihre Entscheidung, bei einer Landtagswahl in Bayern nicht als Partei anzutreten, damit begründet, dass die CSU ihre wesentlichen Programmpunkte hinreichend vertritt, findet eine fatale „Normalisierung“ des Rechtsextremismus statt. Wie soll man fremdenfeindliche Einstellungen und Verhaltensweisen im pädagogischen Bereich noch problematisieren, wenn sie einen so hohen Normalisierungsgrad in Politik und Bevölkerung haben?

Neben der Schule und der Politik sind auch die Eltern wieder stärker in die Pflicht zu nehmen. Sie haben den ersten und originären Erziehungsauftrag, den ihnen keine andere Institution abnehmen darf (von Ausnahmen im Bereich der Jugendhilfe abgesehen). Die persönliche Verantwortung für die Vermittlung von Haltungen und Werten an die nächste Generation scheint jedoch wenig im Bewusstsein vieler Erziehungsberechtigter verankert zu sein. Sie kann vielleicht auch dadurch wieder erhöht werden, dass die eingangs geforderte Wertediskussion endlich geführt wird. Nur durch die Wahrnehmung der Verantwortung, die jeder Einzelne als kleinster Teil der Gesellschaft hat, wird es Veränderungen geben. Ich wünsche mir, dass möglichst viele Menschen an dieser Veränderung mitwirken.

Klaus Breymann

Die Wertordnung des Grundgesetzes und der strafrechtliche Umgang mit jungen rechten Gewalttätern

Rechtsradikalismus ist ein zentrales Problem unserer Zeit. Wahlerfolge rechtsextremer Parteien, z.B. der DVU bei der Landtagswahl in Sachsen-Anhalt am 26. April 1998, vor allem unter Jungwählern, sowie die sich häufenden Übergriffe meist männlicher Jugendlicher auf Ausländer/innen, besonders in Ostdeutschland, zeigen die dringende Notwendigkeit, sich dieses Themas anzunehmen. Wir werden uns darauf einstellen müssen, dass rechtsradikale Tendenzen bis hin zu rechtsextremistisch motivierten Gewalttaten keine passageren Phänomene gesellschaftlicher Übergangsphasen sind, sondern als Dauerproblem beschrieben werden müssen.

Es liegt nahe, in diesem Zusammenhang auch einen Staatsanwalt wie mich nach Erfahrungen im Umgang mit rechtsextremistischen Taten und Tätern, nach Einschätzungen und Konzepten zu fragen. Dabei muss gleich zu Beginn die Hoffnung zerstreut werden, aus dieser beruflichen Perspektive seien entscheidende Beiträge zur Lösung des Problems „Rechtsradikalismus" zu erwarten. Zwar entspricht es einem Zug der Zeit, dass die Justiz immer dort auf den Plan gerufen wird, wo es der Gesellschaft an politischer Innovationskraft und sozialem Gestaltungswillen fehlt oder wo die demokratischen Institutionen nicht mehr in der Lage sind, Konsens zu schaffen. Die Justiz befasst sich aber nur mit den konkreten Straftaten einzelner Personen. Sie hat weder die Aufgabe noch die Möglichkeit und schon gar nicht die demokratische Legitimation, gesellschaftliche Prozesse zu steuern. Wo sich Politiker/innen und zuweilen auch Strafrechtspraktiker/innen zu solchen kriminalpolitischen Fragen zu Wort melden, wird häufig offenbar, dass es ihnen an fachlicher Qualifikation zur Beurteilung gesellschaftlicher Prozesse außerhalb einer allgemeinen Laienkompetenz fehlt.

Geboten wird deshalb von den einen wie den anderen regelmäßig ein Sammelsurium von Prämissen, Hypothesen, Tatsachen, eigenen Vorverständnissen und Vorurteilen zum strafrechtlichen Umgang mit rechtsradikalen Tätern, wo zunächst Rationalität in Form analytischer Vernunft gefragt wäre. Diskussionen über die geschlossene Heimunterbringung, die Herabsetzung des Strafmündigkeitsalters oder härtere Sanktionsformen seien hierfür exemplarisch genannt.

Das Phänomen rechtsradikaler Jugendlicher bzw. ihrer Straftaten und die strafrechtlichen Bearbeitungsmöglichkeiten lassen sich sinnvoll nur aus einer *sozialwissenschaftlichen* Perspektive zur Herausarbeitung von Kernursachen (nicht jede mögliche Kriminalitätsursache ist gleichermaßen bedeutungsvoll) kompetent beschreiben. Eine Darlegung von Einzelfällen und der Sanktionsmöglichkeiten aus der *jugendstrafrechtlichen* Praxis allein („Ich hatte da mal folgenden Fall ...") würde dem Thema kaum gerecht.

1. Die Wertordnung des Grundgesetzes

Im Zusammenhang mit der Frage nach der Ethik in dieser Gesellschaft bedarf der Klärung, ob es noch eine verbindliche Wertordnung gibt. Grundlage unserer Ethik ist das mitmenschliche Zugewandtsein, das jedoch in weiten Bereichen der Gesellschaft erodiert. Wilhelm Heitmeyers Forschungsresultat „Das Soziale löst sich auf" entspricht auch der Lebenserfahrung im Gerichtssaal, wenn ein arbeits- und obdachloser Jugendlicher auf die Frage, warum er einem anderen in Not und Bedrängnis nicht geholfen habe, antwortet: „Mir hilft auch keiner!" Diese Ansicht des Jugendlichen und sein Verhalten entsprechen seinen Lebenserfahrungen. Helfen, das zeigt dieses Beispiel, wird nur, wer über positive Erfahrungen damit verfügt, wer das Helfen gelernt hat und aus der Erfahrung weiß, wie gut es ist, wenn einem Hilfe zuteil wird und wie viel man sich selbst gibt, wenn man geholfen hat. Eine Jugend, der es an Erfahrungen von Helfen und Geholfen-Werden mangelt, erwirbt keine soziale Wertorientierungen.

1. These: Es nutzt wenig, über Ethik und Moral zu reden, wenn Erwachsene als Vorbilder für moralisches Handeln ausfallen und die eigenen praktischen Erfahrungen von Hilfe und Helfen ausbleiben.

Einen allgemeinen „Werteverlust" der Jugend zu beklagen wäre gleichwohl eine grobe Ungerechtigkeit. Wir verlören damit große Teile der Jugend aus dem Blick, die sich nach wie vor an eher traditionellen Werten orientieren. Aber auch Jugendliche spüren, dass die praktische Wertorientierung der Erwachsenenwelt defekt ist. Die Werte der heutigen Konsum- und Risikogesellschaft sind beliebig, unverbindlich und austauschbar geworden. Jugend erlebt statt allgemein verbindlicher Werte konkurrierende soziale Systeme, die versuchen, ihre Binnenmoral als einzig gültige durchzusetzen, ganz so, als sei beispielsweise das, was für Wirtschaftsunternehmen nützlich ist, deshalb auch schon gleich gut für alle und jeden Einzelnen.

Die jahrelange Debatte um den „Standort D" hat die Wertediskussion längst überschwemmt. Wachsende Armut und Ausschließung von der sozialen Teilhabe erscheinen zuweilen nur noch als notwendige menschliche Gestehungskosten im Globalisierungsprozess. Justiz scheint diesen Prozeß repressiv zu unterstützen. Sie kann zwar an den sozialen Ursachen wachsender Kriminalität wenig ändern. Weil Richter und Staatsanwälte aber das Bedingungsgefüge selten durchschauen und sich an sozialwissenschaftlichen Erkenntnissen auch wenig interessiert zeigen, erliegen sie oft der Versuchung, mit einem Anziehen der Repressionsschraube zu reagieren: Dafür stehen die Zunahme der Untersuchungshaft und der Freiheits(Jugend-)strafen, die Abschiebung sozial entwurzelter Kinder und Jugendlicher in geschlossene Heime, die gezielte Kriminalisierung von Ersttätern bei Bagatelldelikten (sog. Mundraubtaten) als Antwort auf steigende Armut und soziale Folgeprobleme. Eine Justiz, die (statt auf eine ursachenorientierte und damit kompensatorisch ausgerichtete Praxis zu setzen) ihre Möglichkeiten in Bestrafungsritualen vergeudet, ist sich zwar momentaner öffentlicher Zustimmung sicher, wird letztlich aber mehr Kriminalität produzieren, weil sie Problemlagen verschärft, statt Lösungsmöglichkeiten dafür zu bieten.

Hinsichtlich der Frage nach dem ethischen Prinzip, das diesen Staat im Innersten zusammenhält, geht die Wertordnung des Grundgesetzes zunächst von dem verbindlichen Konsens einer Idee der sozialen Gerechtigkeit aus, was weit mehr ist als nur formale Chancengleichheit und rechtliche Gleichbehandlung, die es Armen wie Reichen gleichermaßen verbietet, unter Brücken zu schlafen oder in Kaufhäusern zu stehlen. Es geht darum, aus Respekt vor dem Mitbürger/der Mitbürgerin (Mitmenschlichkeit) zu verhindern, dass Menschen unter die Räder, unter Brücken oder ins soziale und kriminelle Abseits geraten.

Diese Idee der sozialen Gerechtigkeit muss verteidigt werden gegen eine Okkupation aus dem ökonomischen Bereich, die uns suggerieren will, dass die Umorganisation des Staates und der Gesellschaft in eine „Standort Deutschland GmbH" unsere gesellschaftlichen Probleme lösen könne, gegen eine Entwicklung, die den staatlichen Institutionen nur noch die dazu erforderlichen Reparatur- und Hilfsdienste abverlangt, sowie gegen eine Politik, die aus der selbst- und medienproduzierten Kriminalitätsangst der Bürger/innen Kapital zu schlagen sucht.

2. These: Die Ethik dieser Gesellschaft und ihrer verfassungsmäßigen Grundordnung ist eine sozialvertragliche Idee von Gerechtigkeit, wie sie in der Wertordnung des Grundgesetzes ihren Ausdruck gefunden hat. An dieser Idee und ihrer Umsetzung sind die sozialen Systeme dieser Gesellschaft und somit auch Schule (zum Beispiel im Ethikunterricht) und Justiz (zum Beispiel im Jugendstrafrecht) zu messen.

2. Jugend (und junge Rechtsradikale) in unserer Gesellschaft

Zunächst: Jugend allein kommt nicht vor. Sie ist eingebettet in die Erwachsenengesellschaft, und im Verhalten von Jugend spiegelt sich auch die innere Verfasstheit der Erwachsenengesellschaft wider, insbesondere deren Umgang mit Jugendlichen, welcher sehr zu wünschen übrig lässt.

Dass Erwachsene über „die Jugend" klagen, ist so alt wie die Zivilisation, wahrscheinlich noch älter. Jugend will sich austesten, sich selbst in ihren neuen Möglichkeiten von körperlicher Kraft und Beweglichkeit mit dem Bedürfnis nach Abenteuer und Unternehmungsfreude auf der Suche nach Sinn und Gemeinsamkeit erfahren. Es handelt sich dabei um Schritte auf dem Entwicklungsweg zur Erwachsenengesellschaft. Diese hat dafür gewöhnlich Freiräume zur Verfügung gehalten und jugendtypische Verhaltensformen sowohl begrenzt wie auch (stöhnend) als notwendig ertragen. Erwachsene und Jugendliche verband die Überzeugung, dass man sich gegenseitig braucht und alles schon in Normalität enden werde. Diese Überzeugung geht offenbar verloren. Die Jugend wird zur Last.

Für weite Teile der Jugend stellen sich Zukunft und Normalität nicht mehr wie selbstverständlich her. Die Erwachsenengesellschaft verbarrikadiert nicht nur Entwicklungsfreiräume, sie dezimiert auch die Zukunftschancen der Nachfolgegeneration. Dabei geht es nicht nur um die ungelösten Probleme wie die Zerstörung der Umwelt, den (nach dem Motto „Lebe jetzt, lass die Kinder zahlen!" aufgetürmten) Schuldenberg infolge der Deutschen Einheit usw., sondern auch um die Bedrohung in fundamentalen Lebensbereichen wie Arbeit, Wohnen, Familiengründung und anderen Formen der Verwirklichung von Lebensglück außerhalb der Sozialhilfe.

Dies gilt umso mehr, je sozial belasteter die Situation der Jugend ist. Zwölfjährige benennen bereits als Hauptproblem ihres Lebens Zukunftsangst, insbesondere Angst vor Arbeitslosigkeit. Die folgende Bemerkung von Hermann Nohl aus den 1920er Jahren erhält neue Aktualität: Nicht der verwahrloste Jugendliche bedroht die Gesellschaft mit Kriminalität, die Gesellschaft bedroht den Jugendlichen mit Verwahrlosung und Kriminalität.

Dass Jugendliche in einer solchen Situation einfache Antworten suchen, die emotional stützen, anscheinend Sinn vermitteln sowie Schutz und Gemeinschaft von Schicksalsgenoss(inn)en bieten, ist naheliegend – Rechtsradikalität drängt sich förmlich auf.

Natürlich sind die meisten Jugendlichen auch als Straftäter keine sattelfesten rechten Ideologen. Darum geht es auch nicht. Faschismus ist zunächst keine Ideologie und keine Antwort des Verstandes auf gesellschaftliche Probleme, sondern eher eine spezifische Gemütsverfassung. Die Massen, die zu Beginn der 30er Jahre des 20. Jahrhunderts in die SA strömten, waren auch keine Ideologen, sondern Desillusionierte und Desorientierte auf dem Weg zu oder in der Angst vor sozialer Deklassierung. Das sind ziemlich genau jene

Symptome, die wir heute bei rechtsradikalen jungen Straftätern wieder finden.

Wahlerfolge der DVU gerade unter Jungwählern signalisieren den Qualitätssprung von einer kollektiven Gemütslage zur politischen Wortmeldung. Der Kampf gegen den Rechtsextremismus ist nur zu gewinnen, wenn der Idee von sozialer Gerechtigkeit auch erlebbare Wirklichkeit gegenübersteht, welche die Überzeugung wieder herstellt, dass es sich lohnt, in konformen Bezügen „dazuzugehören".

Zwar erweisen sich noch weite Teile der Jugend als wenig anfällig für rechtsradikale Thesen, sei es, weil sie als „Fun-Generation" hedonistisch mit sich selbst beschäftigt sind, sei es, dass sie in Angepasstheit und Botmäßigkeit ihren persönlichen Sieg im Konkurrenzkampf zu ergattern suchen oder weil sie zur Vorbildschicht jener jungen Eliten gehören, die mit allen materiellen und gesellschaftlichen Ressourcen ausgestattet sind, aber doch nicht mehr vor Augen haben als den eigenen (wirtschaftlichen) Erfolg.

Die Idee der sozialen Gerechtigkeit wird auf der Strecke bleiben, wenn es nicht gelingt, auch die zuletzt Genannten für die neue Verantwortungsethik einer sozialvertraglichen Verpflichtung jenen gegenüber zu gewinnen, die durch ökonomische Prozesse in soziale Ausgrenzungsbereiche abgedrängt werden. Die Chancen dafür stehen gar nicht so schlecht, finden sich doch in den Jugendkulturen vielfache Ansätze, die von Formen einer Verantwortungsethik getragen sind. Wir müssen sie nur als solche erkennen.

Die postmoderne Gesellschaft, im Umbruch von der Industrie- zur Dienstleistungs- und Kommunikationsgesellschaft befindlich, ist gekennzeichnet durch Individualisierungsprozesse, die den Einzelnen zunächst von konventionellen Selbstverständlichkeiten, sozialen Normen, einverständlichen Zielsetzungen und Lebensformen freigestellt zu haben scheint. Wenn die selbst gewählten Peergroups, Freundschaften und sonstige Manifestationen von Zugehörigkeit eine wachsende subjektive Bedeutung für die „individualisierten" Jugendlichen haben, so wohl, weil diese sich bemühen, dort auch Individualität und Unverwechselbarkeit einzubringen und im gemeinsamen Engagement zu leben. Individualität und Gruppenintegration schließen sich für Jugendliche keineswegs aus, was seinen Niederschlag im Engagement von Jugendlichen in Umweltgruppen, in der Rumänien-Hilfe, auf Kirchentagen usw. findet. Es ist ein Einsatz, der sich durchaus als Versuch eines „Reparaturbetriebes für die Defekte der Erwachsenengesellschaft" interpretieren lässt. Stützen wir die Erkenntnis, dass die Entwicklung zur „Zweidrittelgesellschaft" nicht akzeptabel ist und eine Provokation auch für uns Erwachsene darstellt, dass wir es nicht hinnehmen können, wenn in den ostdeutschen Bundesländern inzwischen etwa jedes dritte Kind in einer Familie groß wird, die zumindest zeitweilig Sozialhilfe bezieht! Wir dürfen auch nicht zulassen, dass die Ausgegrenzten, die sich für rechtsradikale Thesen einspannen lassen, zu allererst Objekte verfassungsschutzmäßiger Überwachung und staatsanwaltschaftlicher Ermittlungen werden.

Wir haben weder das moralische Recht, noch macht es Sinn, rechtsradikale Straftäter abzuschreiben, auszugrenzen und ggf. in Haftanstalten zu „entsorgen". Dabei bleibt gleichwohl unbestritten, dass Freiheitsstrafe als Ultima Ratio und Akt gesellschaftlicher Notwehr durchzusetzen ist, wenn die (potenziellen) Opfer mit gewaltfreien Mitteln nicht zu schützen sind. Der Anspruch der Allgemeinheit auf öffentliche Sicherheit kann im Einzelfall zuweilen nur durch Inhaftierung eines Täters erfüllt werden. Damit sind *Ausnahme*situationen beschrieben. Die *Regel* muss sein, auch die „Glatzen" mit ihren ekelhaften Thesen, die „Faschos" in ihrer Menschenverachtung u.a.m. selbst dann, wenn sie Straftaten begehen, nicht abzuschreiben.

3. Das Strafrecht

Auch Justiz kommt isoliert nicht vor. Was Richter/innen und Staatsanwälte im Guten wie im Gutgemeinten tun, spiegelt ebenfalls gesellschaftliche Prozesse und ihre soziale Einstellungen wider. Auch sie unterliegen in ihrem Handeln Zeitströmungen und gelten manchem zu einem nicht unerheblichen Teil als Vorreiter/innen eines konservativen Zeitgeistes – eine These, die sich mit vielfältigem soziologischem und kriminologischem Material belegen ließe.

Wenn es für rechtsradikale Jugendliche, die in einer Vielzahl als sozial hoch belastet gelten müssen, darum geht, ihnen die Wege zu einem geordneten und zufriedenen Erwachsenenleben zu zeigen und zu bahnen, wenn es darum geht, zu integrieren statt auszugrenzen, wenn sich rechtsradikale Gesinnungen am besten dadurch verändern lassen, dass man Situationen schafft, in denen man diese Anschauungen für das eigene Selbstwertgefühl nicht mehr benötigt, dann sind wir bei der Justiz als Adressatin solcher Zielvorgaben an einer schlechten Adresse.

Das Strafrecht ist zunächst (trotz aller semantischen Klimmzüge von seiner angeblich „sittenbildenden Kraft") ein Ausgrenzungsmechanismus. Vernünftige, integrierende Strategien, erst recht im Umgang mit „rechtsradikalen" Straftätern, haben es deshalb innerhalb der Justiz schwer. Die Schwierigkeit liegt zunächst darin begründet, dass es Rationalität im Strafrecht überhaupt schwer hat. Unsere Einstellungen zu Schuld und Sühne, zu Strafen und Büßenlassen, zu Rache und Vergeltung sind nur vordergründig rational überformt, was bei Richtern und Staatsanwälten schon deshalb nicht anders ist, weil niemand einen solchen Beruf wählt, der nicht zur eigenen Rechtfertigung ein sinngebendes Verhältnis zu Strafe – dies heißt, anderen Leid zuzufügen – entwickelt hat. Gleichwohl darf die Idee eines rationalen (zumindest Jugend-)Strafrechts nicht aufgegeben werden, sie ruft im Gegenteil dringlich nach Verstärkung.

Unbestreitbar übt das Strafrecht eine gesellschaftlich wichtige Signalfunktion aus. Es kennzeichnet die Grenzen dessen, was die Rechtsgemeinschaft äußerstenfalls hinzunehmen bereit ist. Auf die Klarheit dieser Grenzsignale, auf die Deutlichkeit von Normgeltung und Normdurchsetzung kann und darf nicht verzichtet werden. Dieser Gesichtspunkt soll ebenso wenig in den Hintergrund treten, wie auch klar sein muss, dass die Gesellschaft sich und die Opfer schützt, zur Not auch mit Haftstrafen, wenn andere Mittel keinen Erfolg erwarten lassen.

Die deutsche Justiz ließ diese Klarheit in der Vergangenheit wohl nicht vermissen. Sie hat dort unmissverständliche repressive Reaktionen gezeigt, wo Gewalt oft auch von gut sozialisierten Tätern als Freizeitspaß („just for fun") und Abenteuer verübt worden ist. Sie hat gefährliche Gewalttäter zeitweilig „aus dem Verkehr gezogen". Aber von einer rationalen Justiz mit kriminologischem Sinn und strafrechtlichem Verstand muss mehr verlangt werden. Ihre Aufgabe besteht gerade auch darin, Straftaten – möglichst ohne Einsperren – zu verhindern. Sie muss dazu beitragen, die Mitläuferszenen abzuschmelzen, aus denen sich immer wieder der harte Kern der Gewalttäter rekrutiert, und helfen, Täterkarrieren abzubrechen und umzukehren.

3. These: Ein rationaler Umgang mit rechtsradikalen Gewalttätern heißt, zu integrieren statt auszugrenzen und dabei deutliche Grenzsignale zu setzen. Das gilt für die Justiz in besonderer Weise.

Die Straftaten von Jugendlichen sind regelmäßig gekennzeichnet von Spontaneität, von einer Gruppendynamik ohne ausreichende Kalkulation der Folgen des eigenen Handelns. Im tatrelevanten Augenblick zählt selten, was einem Eltern, Lehrer, Richter o.a. vielleicht zuvor angedroht haben. Viele der rechtsradikalen Gewalttäter sind zudem aus der Opferstatistik des Kinderschutzbundes übergewechselt in die Täterstatistik der Strafverfolgung; geändert hat sich nur die Anzahl ihrer Lebensjahre, gleich geblieben sind ihre Lebensverhältnisse. Gewalt erscheint als am eigenen Leibe erlittenes und an anderen erprobtes Erfolgsrezept. Szenarien repressiver Abschreckung können deshalb kaum präventiven Schutz entfalten.

Das Jugendstrafrecht gilt von Gesetz wegen als Erziehungsstrafrecht und müsste dem allen eigentlich gebührend Rechnung tragen. In der strafrechtlichen Praxis wird dieser Erziehungsanspruch zumeist nicht eingelöst und der Erziehungsbegriff oft auf Disziplinierung, Konditionierung und Überwachung reduziert. Es erstaunt niemanden, dass die Rückfall- und Misserfolgsquote dieser Form von Erziehung dort am höchsten ist, wo die Interventionen der Justiz am intensivsten sind, bei den freiheitsentziehenden Maßnahmen, insbesondere der Jugendstrafe in Jugendstrafanstalten, die nur dem Etikett nach stationäre Gesamtpersönlichkeitserziehung sein kann.

Wenn Desillusionierung, Desorientierung und Desintegration oft auf geringem Bildungsniveau und häufig mit eigenen Gewalt(opfer)erfahrungen die gemeinsamen Nenner rechtsradikaler Straftäter sind, so haben sich Gegenstrategien der Justiz an diesen Mangellagen zu orientieren. Dabei wird der jugendliche Täter nicht als Defizitpersönlichkeit beschrieben, die nur der pädagogischen und therapeutischen Intervention bedarf. Diese Jugendlichen sind so normal wie alle anderen, ihre Lebensverhältnisse, aus denen sie ihre Einstellungen entwickeln, sind es dagegen nicht. Die jugendstrafrechtliche Intervention muss deshalb Ansätze bieten (oder doch zumindest nicht zerstören), die gestaltend auf diese Lebensverhältnisse einwirken, und zwar in einer Art und Weise, die über die Vermittlung neuer Erfahrungen von Lebenswirklichkeit auch Einstellungen verändert.

Richterliche Weisungen, an einer Fahrt in das KZ Buchenwald teilzunehmen, das Tagebuch der Anne Frank zu lesen o.Ä., sind ebenso wie der kurzfristige Freiheitsentzug (Jugendarrest) Maßnahmen, die regelmäßig nichts positiv verändern und deren Botschaften auf einer Frequenz gesendet werden, für die diese Täter in der Regel keine Empfänger besitzen. Es gehört sicherlich zu den notwendigen Grenzsetzungssignalen, Aversionen und Empörung über rechtsradikale Gewalttaten deutlich zum Ausdruck zu bringen. Auch muss klar sein, dass rechtsradikales Gedankengut nicht zur Verhandlungsmasse gehört. Aber das bei rechtsradikalen Gewalttätern zu bearbeitende Problem ist eben nicht in erster Linie der Faschismus, sondern die Veränderung konkreter Lebenssituationen und Zukunftsperspektiven.

Die Straftat, an deren Ablehnung kein Zweifel bestehen kann (keine Toleranz!), muss Anlass sein, Veränderungsprozesse einzuleiten. Zu diesen Prozessen gehört am Anfang die Erfahrung, dass man mit dem Erwachsenwerden zunehmend an seinem Verhalten gemessen wird und für sein Handeln Verantwortung trägt (Signalwirkung des Strafrechts). Deshalb hat man es auch mit der Justiz zu tun. Die strafrechtliche Reaktion muss darüber hinausgehen, und das Jugendgerichtsgesetz lässt dafür den erforderlichen erzieherischen Spielraum. Die Reaktion muss deutlich machen, dass das moralische Unwerturteil die Tat betrifft und kein Werturteil über die Persönlichkeit des Täters ist. Sie muss deshalb Wege zeigen, wie man sich aus kriminogenen Verstrickungen löst und, wenn man Hilfe zulässt, wieder auf geordnete Wege zurückfinden kann. Dieses Angebot muss ernsthaft sein, und es bedarf dazu oft mehr, als Justiz und Jugendhilfe aus eigenen Kräften leisten können.

Integration in konforme Bezüge setzt voraus, dass die Jugendlichen aus ihren rechtsradikalen „Kameradschaften“ herausgelöst werden. Anders als bei den beschriebenen Peergroups der individualisierten Konformen sind diese Gruppen weniger Lern- und Erfahrungsräume, sondern sie erfüllen Ersatzfunktionen. Sie sind weniger die Erprobungsfelder der eigenen Möglichkeiten und individuellen Fähigkeiten, sondern eher Familien- und insbesondere Vaterersatz sowie ein Versuch, Isolation und Vereinsamung zu überwinden. Sie sind ein überschaubarer Mikrokosmos. In dieser kleinen Welt beherrscht man die Regeln und erscheint sich und anderen wichtig, im Gegensatz zur übrigen Welt. Gegenkonzepte müssen Ersatz für diese Ersatzsozialisation bieten, also etwas, das auch emotionalen Bedürfnissen entspricht, etwas, das Spaß macht, wo man sich wohl fühlt, wo Verständnis und Perspektive praktisch erlebt werden können.

4. Aufgaben eines rationalen Jugendstrafrechts: Erziehung, Unterstützung, Befähigung

Welche praktischen Möglichkeiten es dazu im Einzelnen gibt, soll an Hand von drei ausgewählten Beispielen aus der Magdeburger Praxis dargestellt werden.

4.1 Das Magdeburger Kompassprojekt

In dem Trägerverein „Kompass e.V." sind Projekte organisiert, die mit unterschiedlichen Jugendszenen (Skins, Hooligans, Punks, Stinos u.a.) arbeiten. Das Projekt ist Eigentümer eines ehemaligen Fischkutters, der durch die Mitglieder in mehrjähriger Arbeit instand gesetzt werden musste und mit dem an Wochenenden und in den Ferien auf See und Flüssen Gruppenreisen stattfinden. Auch wenn die verschiedenen Szenen nicht zur selben Zeit auf dem Kutter arbeiten oder ihre Zeit verbringen, herrscht Einigkeit darüber, dass es sich um ein gemeinsames Projekt handelt, das nur funktionieren kann, wenn alle Beteiligten ein Mindestmaß an Zusammenarbeit und Toleranz aufbringen. Wer dazu nicht bereit oder fähig ist, schließt sich selbst von den attraktiven Angeboten aus. Dem Projekt werden seitens der Justiz auch Straftäter zur Ableistung von Arbeitsweisungen zugeteilt. Eine ständige Sozialarbeiterbegleitung ist gewährleistet. Nicht selten bleiben die jungen Straftäter länger dabei, als es ihnen von der Justiz aufgegeben worden ist.

4.2 Der Täter-Opfer-Ausgleich

Die Lehre, dass man für sein eigenes Handeln einzustehen hat, muss praktische Konsequenzen haben. Wer andere schädigt, muss sich Auge in Auge den Folgen seiner Handlung für andere stellen. Der Täter-Opfer-Ausgleich bringt Täter und Opfer unter Vermittlung eines Konfliktschlichters an einen Tisch.

Bagatellisierungs- und Rechtfertigungsstrategien des Täters brechen meist schnell zusammen, wenn er sich dem Verletzten und dessen Verletzungen, dem Geschädigten und dessen Schaden stellen und eine Antwort auf die Frage finden muss, wie er die Sache wieder in Ordnung bringen kann.

Die Initiative für den Täter-Opfer-Ausgleich geht von der Staatsanwaltschaft aus. Der Verlauf bestimmt den weiteren Gang des Strafverfahrens wesentlich mit. Haben sich Täter und Opfer geeinigt, ist der Schaden ausgeglichen und ggf. der soziale Friede wieder hergestellt, so besteht letztlich oft kein weiteres Bedürfnis mehr für staatliche Strafen. Für den Jugendlichen bleibt das gute Gefühl, etwas wirklich und unter eigener Regie wieder in Ordnung gebracht zu haben, sowie die Erfahrung, dass es sich gelohnt hat.

4.3 Das Projekt „Ausländer in Deutschland"

Am Himmelsfahrtstag 1994 jagten rechtsorientierte Hooligans schwarzafrikanische Asylbewerber durch die Magdeburger Innenstadt. Rechte Skins nutzten die Gunst der Stunde, sich mit Nazi-Symbolen in Szene zu setzen. Für den Kreis der Mitläufer unter den Straftätern organisierte die Staatsanwaltschaft Magdeburg in Zusammenarbeit mit Sozialarbeitern des Jugendkommissariats der Polizei, des Fanprojekts, des Nachbarschaftsvereins Cracau (dem Stadtteil, in dem das Asylbewerberheim liegt) und der Betreibergesellschaft dieser Unterkunft ein dreimonatiges Arbeitsprojekt. Die Straftäter mussten jeweils samstags (pünktlich und nüchtern) zunächst einen Kinderspielplatz auf dem Gelände der Asylbewerberunterkunft bauen (denn wie auch immer man zu Asylbewerbern stehen mag, die Kinder können am wenigsten für ihre Situation) und sodann Unterkunftsräume für Bosnien-Flüchtlinge renovieren. Diese Arbeitseinsätze waren begleitet von Informationsveranstaltungen über die Herkunft und die Schicksale der Bewohner (einschließlich unterschiedlicher Erfahrungen mit Deutschen), aber auch von Gelegenheiten, wo die Jugendlichen über ihre eigene Situation und ihre Probleme reden und auch sozialarbeiterische Hilfe in Anspruch nehmen konnten. Sie machten die Erfahrung, dass ernsthaft mit ihnen geredet wurde und man auch ihre Probleme nicht mit leichter Hand abtat.

Für die Jugendlichen galten klare Spielregeln, von denen es keine Ausnahmen gab. Jedem wurde in Aussicht gestellt, dass er bei erfolgreicher Teilnahme ein weiteres Strafverfahren nicht zu erwarten habe und die Staatsanwaltschaft von weiterer Strafverfolgung absehe (§ 45 Abs. 2 Jugendgerichtsgesetz). Dafür wurde zunächst ein klares und unmissverständliches Eingeständnis der eigenen Tat erwartet. Wer sich Chancen für einen Freispruch ausrechnete, hatte selbstverständlich die Möglichkeit, sein Glück im gerichtlichen Verfahren zu suchen. Außerdem wurde vereinbart, dass bereits einmaliges Fehlen zum Abbruch des Projekts für den Betreffenden mit anschließender Anklageerhebung führte; akzeptiert wurde nur eine Krankschreibung mit amtsärztlichem Attest.

Die Täter des „harten Kerns" , die mit diesen Maßnahmen nicht erreichbar schienen (Rädelsführer, vorbestrafte Gewalttäter, massive eigene Gewaltbeteiligung), kamen nicht in das Projekt. Sie wurden angeklagt und abgeurteilt, auch zu Jugendstrafen, zum Teil ohne Bewährung (s.o.: Ultima-Ratio-Gedanke).

4.4 Was ist Erfolg?

Man wird natürlich ständig nach dem Erfolg solcher Maßnahmen gefragt. Für jene, die mit oberflächlichen Antworten zufrieden sind, kann festgestellt werden, dass die Rückfallquote entschieden niedriger liegt als nach verbüßten freiheitsentziehenden Maßnahmen. Das Projekt im Asylbewerberheim ist nur von einem Teilnehmer vorzeitig beendet worden, der später erneut straffällig wurde. Von den übrigen 14 Teilnehmern sind neue Straftaten zumindest nicht bekannt.

Jenen, die bei der Frage des Erfolges nicht nur von flachen Tellern löffeln, kann man mitteilen, dass es zunächst darum geht, Alternativen zu den gängigen strafrechtlichen Reaktionen und ihren schädigenden Folgen zu entwickeln. Bei Gruppendelikten werden durch die gemeinsame Gerichtsverhandlung und Verurteilung neue Helden, Vorbilder und Märtyrer produziert sowie anschließend im gemeinsamen Vollzug der Strafe Freundschaften fürs Leben geschlossen. Nicht das Zusammenschweißen der Szene unter Strafverfolgungsdruck, sondern deren Destabilisierung bzw. Entmythologisierung ist das Ziel. Und es gibt praktische Erfolge, die darin bestehen, dass gefährdete Jugendliche beginnen sich umzuorientieren (Frage eines Reporters: Wie geht es jetzt danach mit dir weiter? Antwort: Haare wachsen lassen, Turnschuhe anziehen).

Außerdem werden Lernfelder bereitgestellt, die auf dem Weg in die Kriminalität regelmäßig gefehlt haben. Es gelingt in nicht wenigen Fällen immer wieder, mit dem Einstieg in den Ausstieg aus der Kriminalität zu beginnen, neue Kontakte zu knüpfen, neue Modelle der Lebens- und Konfliktbewältigung kennenzulernen, Hilfsangebote zu akzeptieren, neue Möglichkeiten der Freizeitgestaltung zu testen, Verantwortungsbewusstsein und Selbstvertrauen im abenteuerlichen Freizeiterlebnis aufzubauen; das alles sind erste Marksteine auf dem Weg aus rechtsradikalen Orientierungen und der Kriminalität. Dabei ist völlig klar, dass dieser Weg durch andere mit gepflastert werden muss. Kriminalprävention ist und bleibt eine gesamtgesellschaftliche Aufgabe.

5. Die Behandlung des jugendstrafrechtlichen Umgangs mit rechten Straftätern im Schulunterricht

Bei der Erörterung rechtsradikaler Phänomene beansprucht die strafrechtliche Perspektive keine zentrale Position. Im Unterricht zu vermitteln ist, dass das Strafrecht allenfalls den Flankenschutz für gesellschaftliche Prozesse und die Ultima Ratio der Normdurchsetzung und des Opferschutzes bildet. Für die einzelnen Täter muss es rationale Strategien entwickeln, um sie (wieder) in konforme Bezüge zu integrieren. Damit tut sich das Strafrecht schwer, umso mehr, als von der öffentlichen Meinung nur ein scheinrationaler Umgang mit dem Problem verlangt wird.

Für den Unterricht gilt sicherlich zu unterscheiden, an wen sich dieser richtet, ob Schüler/innen des berufsvorbereitenden Jahres vor uns sitzen, denen ihre geringen Zukunftschancen zunehmend bewusst werden, oder Schüler/innen der gymnasialen Oberstufe, die sich noch Perspektiven und soziale

Teilhabe ausrechnen können, ob Schüler/innen aus belasteten Milieus oder aus nach wie vor stabilen konformen Sozialisationsbezügen.

Da die rechtsextremistischen Versuchungen teilweise bis in die Mitte der Gesellschaft reichen, muss klar sein, dass Rechtsradikalismus (und das heißt: Menschenverachtung) in keiner Form hingenommen wird. Wer sich in dieser Weise bekennt – auch durch Wahlverhalten –, muss einerseits wissen, dass er sich außerhalb des gesellschaftlichen Konsenses stellt und damit zu rechnen hat, an seinem Verhalten gemessen zu werden. Wer rechtsradikal motivierte Gewalttaten begeht, setzt sich einer Strafverfolgung aus, die in der Konsequenz die eigenen Lebensperspektiven gänzlich zerstören kann. Es darf keine Erpressung geben, nach der diejenigen besonders gehätschelt werden, die sich am radikalsten geben. Das Strafrecht steht für Normgeltung (Risikoperspektive).

Andererseits muss für die von sozialer Ausgrenzung Bedrohten am eigenen Leibe erlebbar werden, dass sich eine Orientierung an konformen Normen lohnt. Unterricht für diese Klientel kann sich deshalb kaum im Reden erschöpfen (Hilfeperspektive). Das gilt auch – aus anderer Perspektive – für die konform Sozialisierten, denen deutlich gemacht werden muss, dass ihre Privilegierung den sozial Belasteten gegenüber ihren moralischen Preis hat. Wer die Idee von sozialer Gerechtigkeit akzeptiert, ist auch sehr praktisch gefordert, seine Leistung im sozialverträglichen Kontext zu erbringen, und zwar nicht durch Reden, sondern durch Handeln. Dazu muss der Unterricht anleiten (Perspektive des praktischen Helfens): Wie wäre es beispielsweise mit Schularbeitenhilfe in Spätaussiedlerfamilien?

Aufgaben der Schule: Modelle – Methoden – Medien

Sylke Kirschnick

Rechtsextremismus an Schulen: Was tun?

Anregungen und Argumente für Lehrer/innen

1. Wahrnehmung, Kommunikation, Information und Bereitschaft zur Auseinandersetzung

1.1 Rechtsextremer Mainstream an Schulen

Dass Rechtsextremismus ein gesellschaftliches Problem darstellt, welches vor den Toren der Schulen nicht Halt macht, bildet inzwischen einen Allgemeinplatz. Wie sich Rechtsextremisten heute organisieren, artikulieren und Einfluss gewinnen, ist dagegen weniger bekannt. Neben der parteipolitischen Ebene des Rechtsextremismus (NPD, DVU, REPublikaner) hat sich im letzten Jahrzehnt eine heterogene rechtsextreme Jugendkulturlandschaft etabliert, die unabhängig von der Parteipolitik agiert, wiewohl sich beide wechselseitig inspirieren. Besonders in Ostdeutschland erfüllt die rechtsextreme Jugendkulturszenerie längst die Funktion einer sich selbst organisierenden und inszenierenden Sozialisationsinstanz und verfügt in vielen Kommunen und Bezirken größerer Städte über die soziokulturelle Hegemonie.

Die genannte Jugendszenelandschaft lässt sich nicht auf das „Glatzen"-Image reduzieren, sondern ist vielgestaltig und im Hinblick z.B. auf Gewaltakzeptanz und -bereitschaft, den Grad der Ideologisierung und die Einbindung in Organisationsstrukturen sehr ausdifferenziert.[1] Sie reicht vom Skinhead bis zum moderat und höflich in schwarzer Jeans und weißem Hemd auftretenden „Schwiegermütterschwarm" und enthält auch Elemente der Comic- und Popkultur. Was sie bei aller Ausdifferenziertheit uniformiert, ist „die Strukturierung der Lebensweise auf der Basis rassistischer, nationalistischer Werte, Parolen und ästhetischer Muster im Widerstreit mit demokratisch-humanistischer Sozialisation".[2] Der politische Rechtsextremismus hat sich um eine starke soziokulturelle Dimension erweitert, die man spätestens seit Mitte der 1990er Jahre auch als Lifestyle-Zusammenhang beschreiben kann.

Rechtsextreme Jugendkultur ruht auf vier Säulen: Musik, Symbolen, Mythen und einer militarisierten Ästhetik. Sie spiegelt sich nicht nur im Outfit wider, sondern prägt den gesamten Habitus, d.h. die Denkmuster, sozialen

---

1 Vgl. Bernd Wagner, Rechtsextremismus und kulturelle Subversion in den neuen Ländern, Berlin 1998 (Schriftenreihe des Zentrums Demokratische Kultur), S. 38ff.

2 Siehe ebd., S. 41

Bilder, Posen und das Verhalten Jugendlicher. Darüber werden rechtsextreme Ideologiegehalte (Werteensemble, Rassismus, Nationalismus, Feindbilder, gesellschaftliche Visionen u.a.) transportiert. Kern dieser Ideologie ist die Annahme der natürlichen Ungleichwertigkeit von Menschen, mitunter die Auffassung der biologisch-kulturellen Höherwertigkeit des „Deutschen", zumindest aber die Setzung angeblich spezifisch deutscher Werte und Tugenden als verbindlich für alle hier lebenden Menschen.

In den Schulen werden die rechtsextremen Tendenzen immer sinnfälliger.[3] Lehrer/innen nehmen sie in der Regel zunächst diffus wahr. Selten herrscht Klarheit darüber, was es bedeutet, wenn Schüler einander mit „88" oder „1347" begrüßen[4], in der Pause CDs von Musikbands wie „Landser" oder Bandprojekten wie den „Zillerthaler Türkenjägern" hören wollen, T-Shirts der Marken „Lo*nsda*le" und „Co*nsdap*le" bevorzugen[5] oder gar mit dem Aufdruck „Odin statt Jesus" umherlaufen. Zwar spüren Lehrer/innen jene Gefährdungen, die von der rechtsextremen Jugendkultur als Träger antihumanistischer und -demokratischer Ideologie ausgehen, können aber infolge mangelnder Information und Reflexion nicht angemessen darauf reagieren.

Viele Elemente rechtsextremer Jugendkultur inklusive ihrer Ideologiegehalte sind in den letzten Jahren zu ästhetischen und ideologischen Trendsettern innerhalb der „normalen" Jugendkultur geworden. Das wird immer dann deutlich, wenn Schüler/innen sich einerseits verbal von „den Rechten" distanzieren, andererseits eine teilweise ungeheuer aggressiv vorgebrachte Ablehnung gegenüber Migrant(inn)en, Flüchtlingen, Juden, Homosexuellen und anderen Minderheiten sowie „Verständnis für die Rechten" zeigen. Diese Schüler/innen sind nicht in die rechtsextreme Szene integriert. Sie orientieren sich aber im Habitus, d.h. in Vorstellungswelten und Verhaltensmustern, am rechtsextremen Lifestyle. Die Erfahrungen bei Projekttagen der vergangenen Jahre haben gezeigt, dass solche Schüler/innen häufig die Rolle der „Stimme des Volkes" übernehmen, während die fest in die rechtsextreme Szene integrierten Schüler/innen sich im Unterricht oder bei Projekttagen häufig nicht exponieren, sondern vornehm zurückhalten.

---

3 Vgl. Frieder Dünkel/Bernd Geng (Hrsg.), Rechtsextremismus und Fremdenfeindlichkeit. Bestandsaufnahme und Interventionsstrategien, Möchengladbach 1999

4 „88" steht für „Heil Hitler" und „1347" für die Formel „Mit deutschem Gruß", die ausgesprochen ebenso strafrechtlich relevant ist wie der Hitlergruß.

5 Die britische Marke „Lonsdale" wurde und wird in Ostdeutschland von rechtsextremen Jugendlichen bevorzugt, weil man bei halbgeöffneter Jacke auf dem T-Shirt die Buchstabenkombination „NSDA" lesen und „NSDAP" assoziieren kann. Die Marke „Lonsdale" gehört damit zum rechtsextremen Lifestyle, auch wenn sie inzwischen selbst von Jugendlichen getragen wird, die zumindest ihrer Selbsteinschätzung nach nicht rechtsextrem orientiert sind. Parallel zu „Lonsdale" gab und gibt es eine szeneinterne „Marke" mit dem Aufdruck „Co*nsdap*le" unter einem leicht verfremdeten, stilisierten nationalsozialistischen Reichsadler.

1.2 Fachliche Kompetenz und Offenheit

Wenn Lehrer/innen Projekttage zum Thema „Rechtsextremismus" planen, sollten sie sich an professionelle Partner/innen wenden und diese so früh wie möglich in die Vorbereitungen einbeziehen. An einem Freitagnachmittag bat z.B. eine Lehrerin die Mitarbeiter des Zentrums Demokratische Kultur telefonisch um Beratung für eine entsprechende dreitägige Projektveranstaltung, die in der nächsten Woche beginnen sollte. Während des Gesprächs wurde deutlich, dass die Lehrerin über Rechtsextremismus sehr unzureichend informiert war. Das Angebot der Mitarbeit oder auch nur der Teilnahme an der Veranstaltung durch das Zentrum lehnte sie ab, war aber mit einer Hospitanz eines RAA-Praktikanten einverstanden. Schon am ersten Morgen entglitt ihr die Veranstaltung nach nur sehr kurzer Zeit, als Schüler/innen sich massiv mit antisemitischen Äußerungen hervortaten, einander mit „88" grüßten, die Frage nach dem „Deutschsein" nicht nur mit völkischen Vorstellungen quittierten, sondern Vorschläge für einen Umgang mit ethnisch-kulturellen Minderheiten unterbreiteten, wie er während des sog. Dritten bzw. Großdeutschen Reiches praktiziert wurde. Nach zwei weiteren, analog verlaufenen Projekttagen war die Lehrerin vor allem frustriert. Gespräche mit einer weiteren Lehrerin der Schule im Anschluss an die Veranstaltung ergaben, dass es in anderen Klassen ähnlich zugegangen war. Dass eine Kollegin in der Woche zuvor tätlich angegriffen worden war, erwähnte die Lehrerin nur beiläufig. Nachfragen wich sie aus. Das Klima im Kollegium schien zumindest im Hinblick auf die deutlichen rechtsextremen Tendenzen durch Ignoranz, Schweigen, Überforderung und Angst geprägt zu sein – Angst vor den rechtsextremen Entwicklungen und davor, dass sie öffentlich werden könnten. Eine solche Haltung, die ein wichtiger Indikator für das Schulklima insgesamt ist, lässt rechtsextreme Tendenzen nicht nur unangetastet, sondern kann sie fördern und verstärken. Ein erster wichtiger Schritt praktischer Intervention ist neben der Wahrnehmung von Anzeichen für Rechtsextremismus unterschiedlicher Form die offene Kommunikation darüber im Lehrerkollegium.

Als Mittel zum Einstieg in eine komplexe Problematik wie Rechtsextremismus können Projekttage unter der Voraussetzung, dass Lehrer/innen entweder informiert sind oder externe Partner/innen hinzuziehen, durchaus sinnvoll sein – nicht zuletzt deshalb, weil sie meist ein Bild vom soziokulturellen Klima, von den Stimmungen und Vorstellungswelten der Schüler/innen vermitteln. Als Instrument, rechtsextremen Entwicklungen entgegenzusteuern, greifen sie jedoch zu kurz. Das Thema „Rechtsextremismus" im Rahmen von Projekttagen ein Mal anzusprechen und den Entwicklungen ansonsten ihren Lauf zu lassen, ist keine geeignete Methode der Auseinandersetzung und erst recht nicht der Problemlösung im Schulalltag.

Wichtig ist, sich die Auswirkungen rechtsextremer Tendenzen in ihrer ganzen Dimension klarzumachen, anstatt sie vorab zu bagatellisieren. Die Jugendstadträtin eines Berliner Stadtbezirks hat z.B. eine Befragung der Schüler/innen an allen dortigen Schulen veranlasst. Ausgangsthese war, dass die Feststellung rechtsextremer Tendenzen unter den Schüler(inne)n des Stadtbezirks eine üble Nachrede der Medien sei. Deshalb bildete das Ziel der Befragung der Beweis des Gegenteils. Die Fragen wurden diesem Ziel gemäß konzipiert und die Antworten der Schüler/innen fielen entsprechend aus. So wurde z.B. nach der Einstellung zu Skinheads gefragt, ohne zu beachten, dass die rechtsextreme Szene sehr heterogen ist und es viele rechtsextrem orientierte Jugendliche gibt, die Skinheads als prügelnde, trinkende Underdogs ablehnen. Auch die Frage der Gewalt wurde und wird in der rechtsextremen Szene kontrovers diskutiert, sodass man aus der Ablehnung von Gewalt keinesfalls auf das Fehlen eines rechtsextremen Potenzials schließen kann. Auf die Frage nach ihrer politischen Orientierung antwortete die Mehrzahl der Schüler/innen mit dem Hinweis, unpolitisch zu sein. Dem darf man getrost Glauben schenken, denn viele rechtsextrem orientierte Jugendliche lehnen die traditionelle parlamentarische Parteiendemokratie – damit oft auch rechtsextreme Parteien – schlichtweg ab. In diesem Sinne interessieren sie sich in der Tat nicht für Politik. Politisch sind sie aber insofern, als sie eine andere Gesellschaft wollen: eine Solidargemeinschaft auf völkischer Basis, d.h. unter Ausschluss ethnisch-kultureller Minderheiten, Behinderter, Homosexueller, Liberaler, Linker und anderer als „undeutsch" qualifizierter Menschen. Die Umfrage ergab schließlich lediglich einen Anteil von fünf Prozent rechtsextrem orientierter Schüler/innen in dem besagten Stadtbezirk. Der Vollständigkeit halber sei erwähnt, dass einige Lehrer/innen, vor allem aber Sozialpädagog(inn)en die Gültigkeit der Befragungsergebnisse heftig anzweifelten, weil sie ihren Wahrnehmungen und Erfahrungen komplett widersprachen.

Ganz anders ging ein Schulleiter in einem anderen Stadtbezirk vor. Auch er führte eine Umfrage an seiner Schule durch, die aber das zentrale Thema rechtsextrem orientierter Jugendlicher und Erwachsener ansprach: die Haltung zu ethnisch-kulturellen Minderheiten. Das Ergebnis dieser Umfrage übertraf die schlimmsten Erwartungen des Schulleiters und der Lehrer/innen, lieferte aber zugleich einige Anhaltspunkte für die künftige Intervention.

Um rechtsextremen Hegemoniebestrebungen an der Schule entgegenwirken zu können, ist es vonnöten, dass Lehrerinnen und Lehrer im Kollegium 1. ihre Wahrnehmungen artikulieren und darüber kommunizieren, 2. diese Bestrebungen als rechtsextreme einordnen und sie 3. als bearbeitungsbedürftiges Problem anerkennen. Als Einstieg empfiehlt es sich, die Problematik Rechtsextremismus unter Hinzuziehung eines qualifizierten externen Partners auf einer Lehrerkonferenz zu thematisieren. Einer solchen einführenden Informationsveranstaltung sollten eine intensive Fortbildung möglichst unter Einbeziehung interessierter und engagierter Eltern sowie eine Beratung über Gegenstrategien folgen.[6]

---

6 Qualifizierte Referenten für Informations- und Fortbildungsveranstaltungen sowie für die Beratung vermittelt z.B. das Zentrum Demokratische Kultur Berlin.

2. *Klarheit und Sicherheit in der Artikulation demokratischer Grundwerte*

Die Schulgesetzgebungen der Bundesländer treffen in der Regel klare Aussagen hinsichtlich der Aufgaben der Schule. Das Land Berlin hält im § 1 fest: „Ziel muß die Heranbildung von Persönlichkeiten sein, *welche* fähig sind, *der* Ideologie des Nationalsozialismus und allen anderen zur Gewaltherrschaft strebenden politischen Lehren entschieden entgegenzutreten sowie das staatliche und gesellschaftliche Leben auf der Grundlage der Demokratie, des Friedens, der Freiheit, der Menschenwürde und der Gleichberechtigung der Geschlechter zu gestalten." Die Haltung dieser Persönlichkeiten müsse, heißt es weiter, „bestimmt werden von der Anerkennung der Gleichberechtigung aller Menschen".[7] Damit sind Lehrer/innen verpflichtet, den völkischen Ideenwelten rechtsextremer Schülerinnen und Schüler zu widersprechen.

2.1 Opferschutz und Stärkung menschenrechtlich-demokratischer Positionen in der Schule

In der ostdeutschen Praxis auch außerhalb der Schule stand im Verlauf des vergangenen Jahrzehnts zumeist die Frage im Mittelpunkt, „wie man mit rechtsextremen Schülern und Jugendlichen arbeiten" könne. Voraussetzung dafür ist die Entwicklung eines differenzierten Blicks bezüglich der Einbindung von Jugendlichen in die rechtsextreme Szene und den Grad ihrer Orientierung am rechtsextremen Lifestyle. Lehrerinnen und Lehrer müssen sich klar darüber sein, dass Missionierungsversuche bei Schüler(inne)n, die in die rechtsextreme Szene fest integriert sind, zum Scheitern verurteilt bleiben. Schüler/innen, die sich am rechtsextremen Lifestyle orientieren, sind dagegen argumentativ noch erreichbar. Lehrerinnen und Lehrer sollten sich in jedem Fall eindeutig menschenrechtlich-demokratisch positionieren. In der Schule sollte eine Kultur der Anerkennung entwickelt werden, die nicht nur diejenigen mit Aufmerksamkeit belohnt, die sich lautstark und in unangemessener Weise exponieren. Schülerinnen und Schüler, die Opfer rechtsextremer Übergriffe geworden sind, müssen geschützt werden. Darunter sind nicht nur physische Attacken, sondern auch Beschimpfungen und Mobbing in allen Facetten zu verstehen.

Lehrer/innen sollten sich selbstverständlich und für alle sichtbar mit den Opfern solidarisieren und ihnen gemeinsam mit den Eltern jegliche Unterstützung zukommen lassen. Als in einer brandenburgischen Kleinstadt Gymnasiasten am Wochenende bei einer Party unterschiedlicher Klassenstufen

7 Schulgesetz (SchulG) des Landes Berlin in der Fassung v. 20.8.1980 (GVBL S. 2103), § 1: Aufgaben der Schule

außerhalb der Schule von rechtsextremen Jugendlichen überfallen, beschimpft und geschlagen wurden, fand die Schulleitung das auf Nachfrage hin zwar bedauerlich, nahm aber weder in noch außerhalb der Schule dazu Stellung. Hinzu kam, dass die Ignoranz der Schulleitung das vorangegangene Versagen der Polizei sowie die Rat- und Hilflosigkeit der Eltern komplettierte, sodass die Schülerinnen und Schüler keinerlei Unterstützung oder Beratung durch Erwachsene erfuhren. Niemand klärte die Betroffenen z.B. darüber auf, dass sie die Weigerung einer regionalen Polizeidienststelle in jener Nacht, vor Ort zu erscheinen und die rechtsextremen Gewaltstraftäter zur Verantwortung zu ziehen, mit einer Dienstaufsichtsbeschwerde hätten beantworten können.

Auch wenn einzelne Lehrer/innen verbal bedroht oder tätlich angegriffen werden, muss das Kollegium reagieren, sich mit den betreffenden Kolleg(inn)en öffentlich solidarisieren und sich darüber hinaus mit dem Vorfall auseinandersetzen. Monatelang hatte z.B. ein Lehrer einer Ostberliner Schule schriftlich Morddrohungen erhalten, die mit Sigrunen verziert waren. Regelmäßig hatte er Anzeige bei der Polizei erstattet, die untätig geblieben war. Da er vermutete, dass die Täter/innen an der eigenen Schule zu finden waren, hatte der Lehrer einzelnen Kollegen davon berichtet, ohne dass dies zu gemeinsamen Überlegungen über Handlungsmöglichkeiten oder auch nur zu einer Diskussion im Kollegium führte. Als der Fall schließlich von den Medien aufgegriffen wurde, gründeten Schüler/innen mit der Unterstützung von zwei engagierten Lehrerinnen eine Initiativgruppe, welche die offensive Auseinandersetzung mit dem Thema „Rechtsextremismus" an der Schule und in deren Umfeld zum Ziel hat.

2.2 Der Umgang mit diskriminierenden Äußerungen

Wenn sich Schüler/innen im Unterricht demokratiefeindlich bzw. rassistisch äußern, müssen eindeutige Gegenpositionen formuliert und in Diskussionen jene Schüler/innen gestärkt werden, die sich gegen Rechtsextremismus, Demokratiefeindlichkeit und Rassismus exponieren. Sachliche Argumentationen dienen dabei in erster Linie dazu, erkennbare Grenzen zu setzen und indifferenten Schüler(inne)n ein Orientierungsangebot zu unterbreiten. Dies setzt voraus, dass die Lehrer/innen selbst ein Verständnis von Demokratie haben, für das Werte wie Minderheiten- und Opferschutz essenziell sind. Eine „Demokratie", die Werte wie Geborgenheit, Solidarität, Wärme, soziale Gerechtigkeit, Umweltschutz etc. nur für eine ethnisch-kulturell „reine" Gemeinschaft geltend macht, ist keine Demokratie, sondern eine völkisches Gemeinwesen, das sich über Ausschlusspraktiken konstituiert und stabilisiert.

Einen definitiv falschen Ansatz stellten daher die Vorschläge einer Lehrerin in einer Ostberliner Gesamtschule dar. Gefragt, was sie sich als wirksame Strategie gegen Rechtsextremismus vorstellen könne, äußerte sie auf einer Beratungsveranstaltung des Zentrums Demokratische Kultur, dass die Asylgesetzgebung verschärft und die Überprüfung allein reisender Jugendlicher effizienter gestaltet werden müsse. Außerdem dürften Bürgerkriegsflüchtlinge aus dem ehemaligen Jugoslawien kein kostenloses Schulmaterial für ihre Kinder bekommen. Hier tut sich eine Schere auf: Man kann nicht den Rechtsextremismus bekämpfen wollen und zugleich massive antidemokratische Ressentiments gegenüber Flüchtlingen und Migrant(inn)en hegen. Sozialpolitische Forderungen auf Kosten ethnisch-kultureller Minderheiten zu stellen, muss der DVU oder der NPD vorbehalten bleiben. Als Beamte haben Lehrer/innen einen Eid auf das Grundgesetz abgelegt, und zwar auf alle Artikel, einschließlich derjenigen, welche die Rechte ethnisch-kultureller Minderheiten garantieren.

Da die Diskriminierung kultureller Minderheiten zu den beliebtesten argumentativen Strategien rechtsextrem orientierter Schüler gehört, sollten Lehrer/innen in dieser Frage klar Stellung beziehen. In der Regel operieren solche Schüler mit extrem überhöhten Zahlen in Deutschland lebender Migranten und Flüchtlinge und führen auch gern Zahlenmaterial zur sog. Ausländerkriminalität an. So behaupteten Schüler eines Fürstenwalder Gymnasiums, dass in dieser Stadt 500 Türken lebten. Tatsächlich wohnten dort zu diesem Zeitpunkt nur 70 Libanes(inn)en bzw. Palästinenser/innen. Schüler/innen einer Ostberliner Schule schätzten, dass 80 Prozent der in Berlin lebenden Ausländer/innen kriminell seien; die tatsächliche Anzahl betrug zum damaligen Zeitpunkt 26 Prozent, wobei der überwiegende Teil der Straftaten das Aufenthaltsrecht betraf, daher in einem Bereich anzusiedeln war, in dem Inhaber der deutschen Staatsbürgerschaft nie straffällig werden können.

Es ist sinnvoll, die realen Zahlen, die man jederzeit bei den regionalen Ausländerbeauftragten erfragen kann, zu kennen. Noch wichtiger ist es, den unlogischen Argumentationszusammenhängen zwischen sozialen Unwägbarkeiten, Arbeitslosigkeit, Kriminalität und der Anwesenheit ethnisch-kultureller Minderheiten zu widersprechen. Schon der Hinweis auf die rechnerische Unmöglichkeit, dass ein Ausländeranteil von knapp zwei Prozent in den ostdeutschen Bundesländern für eine Arbeitslosenquote von 20 Prozent verantwortlich sein kann, genügt mitunter.

Meist entbrennt in diesem Zusammenhang auch eine heftige Diskussion darüber, wer „deutsch“ ist und wer nicht. In der Regel lassen rechtsextrem orientierte Schüler/innen das Staatsangehörigkeitsprinzip nicht gelten und argumentieren mit einer zwischen Biologismus und Kulturalismus oszillierenden völkischen Konzeption des „Deutschen“. Oft kommen dem Nationalsozialismus entlehnte Vorstellungen der „Volkszugehörigkeit“ nach dem „Blutsrecht“ zum Vorschein. Das ist den Schüler(inne)n nicht immer bewusst. Lehrerinnen und Lehrer sollten hier Klarheit schaffen.

Moderater geben sich nationalistische Argumentationen, wenn sie eine kulturell homogene Volksgemeinschaft unterstellen, die das Individuum genauso „schicksalshaft“ determinieren soll, wie es der Auffassung der Nationalsozialisten nach die Biologie tat. In dieser Argumentation tritt das angeblich organisch gewachsene Kulturelle lediglich an die Stelle des Biologischen. Zur Legitimation wird meist ein reduziertes nationalistisches Geschichtsbild herangezogen, uneingedenk dessen, dass eine essenziell „deutsche" Kultur zu keiner Zeit existiert hat, wiewohl es zwischen 1933 und 1945 den Versuch gab, eine homogenisierte Kultur des „Deutschen" durchzusetzen.

Gewöhnlich nehmen rechtsextrem orientierte Schülerinnen und Schüler auch gern zur Militärgeschichte, zu den Themen Drogen, Globalisierung, Europäische Union, Todesstrafe u.a. Stellung, um geschichtsrevisionistische und extrem antidemokratische und antiliberale Positionen zu beziehen. Lehrer/innen sollten entweder in diesen Fragen kompetent sein oder professionelle Partner/innen hinzuziehen. Wenn sich rechtsextrem orientierte Schüler/innen als unterdrückte Minderheit gerieren und als Opfer inszenieren, sollten Lehrer/innen klarstellen, dass es keine Toleranz für prinzipielle Intoleranz geben kann.

2.3 Die fragwürdige Berufung auf die Meinungsfreiheit

Bekanntlich erfreut sich das Grundgesetz der Bundesrepublik Deutschland in rechtsextremen Kreisen keiner allzu großen Wertschätzung. Mit einer Ausnahme: Artikel 5, der das Recht auf Meinungsfreiheit garantiert, wird auch von Rechtsextremisten gern und häufig herangezogen, um ihre Äußerungen zu legitimieren. Lehrer/innen sollten Art. 5 GG in seinem Wortlaut aus zwei Gründen kennen: erstens, um die mitunter irrtümliche Berufung darauf kompetent zurückweisen zu können, und zweitens, weil die Berufung auf die Meinungsfreiheit Mitschüler/innen nicht selten überzeugt. Dort heißt es:

> „(1) Jeder hat das Recht, seine Meinung in Wort, Schrift und Bild frei zu äußern und zu verbreiten und sich aus allgemein zugänglichen Quellen ungehindert zu unterrichten. Die Pressefreiheit und die Freiheit der Berichterstattung durch Rundfunk und Film werden gewährleistet. Eine Zensur findet nicht statt.
>
> (2) Diese Rechte finden ihre *Schranken in den Vorschriften der allgemeinen Gesetze*, den gesetzlichen Bestimmungen zum Schutze der Jugend und in dem Recht der persönlichen Ehre.
>
> (3) Kunst und Wissenschaft, Forschung und Lehre sind frei. Die Freiheit der Lehre entbindet nicht von der Treue zur Verfassung."

Das Recht auf die freie Meinungsäußerung besteht in der Bundesrepublik Deutschland nicht uneingeschränkt, wie etwa hinsichtlich der Persönlichkeitsrechte in anderen Ländern auch. In Deutschland kommt aber eine Besonderheit hinzu, die mit dem millionenfachen Mord an Juden, Sinti, Roma, politischen und religiösen Gegnern, Behinderten, Homosexuellen, Andersdenkenden und weiteren Opfern während der NS-Zeit im Zusammenhang steht. Der

Verweis auf die allgemeinen Gesetze beinhaltet unter anderem das Strafgesetzbuch mit den §§ 86 und 86a StGB zur Propaganda und Verwendung von Kennzeichen verfassungswidriger Parteien und Organisationen sowie den § 130 StGB zur Frage der Volksverhetzung. Dieser lautet auszugsweise:

„(1) Wer in einer Weise, die geeignet ist, den öffentlichen Frieden zu stören,
1. zum Hass gegen Teile der Bevölkerung aufstachelt oder zu Gewalt- oder Willkürmaßnahmen gegen sie auffordert oder
2. die Menschenwürde anderer dadurch angreift, dass er Teile der Bevölkerung beschimpft, böswillig verächtlich macht oder verleumdet,

wird mit Freiheitsstrafe von drei Monaten bis zu fünf Jahren bestraft.

(2) Mit Freiheitsstrafe bis zu drei Jahren oder mit Geldstrafe wird bestraft, wer
1. Schriften (§ 11 Abs. 3), die zum Hass gegen Teile der Bevölkerung oder gegen eine nationale, rassische, religiöse oder durch ihr Volkstum bestimmte Gruppe aufstacheln, zu Gewalt- oder Willkürmaßnahmen gegen sie auffordern oder die Menschenwürde anderer dadurch angreifen, dass Teile der Bevölkerung oder eine vorbezeichnete Gruppe beschimpft, böswillig verächtlich macht oder verleumdet werden,
   a) verbreitet,
   b) öffentlich ausstellt (...),
   c) einer Person unter 18 Jahren anbietet, überlässt oder zugänglich macht,
   d) herstellt, bezieht, liefert, vorrätig hält, anbietet, ankündigt, anpreist, einzuführen oder auszuführen unternimmt (...).

(3) Mit Freiheitsstrafe bis zu fünf Jahren oder mit Geldstrafe wird bestraft, wer eine unter der Herrschaft des Nationalsozialismus begangene Handlung der in § 220a Abs. 1 bezeichneten Art in einer Weise, die geeignet ist, den öffentlichen Frieden zu stören, öffentlich oder in einer Versammlung billigt, leugnet oder verharmlost."

Jedoch genügt es nicht, die Gesetzeslage zu kennen. Im Interesse der demokratisch-menschenrechtlich orientierten Schüler/innen ist die zugegeben schwierige, aber notwendige Diskussion über die nicht minder schwierige Unterscheidung zwischen Meinungen, Interpretationen, Fakten und Lügen unabdingbar. Eine beliebte Taktik von Rechtsextremisten und Geschichtsrevisionisten ist es, über gerade diese Unterscheidungen gezielt Verwirrung zu stiften. Es geht an dieser Stelle weder darum, eine Definitionshoheit über diese Begriffe zu beanspruchen, noch darum, sich in philosophische Debatten verstricken zu lassen. Vielmehr gilt es, Klarheit darüber zu gewinnen – und dann bei Schüler(inne)n zu schaffen –, wann Meinungsäußerungen wirklich als bloße Äußerungen einer Meinung gelten können und wann es sich darüber hinaus um Lügen, Beschimpfungen und Verächtlichmachungen handelt, nicht im strafrechtlichen Sinne, sondern unter einem ethischen Aspekt, weil sie die Anerkennung der Würde und Gleichwertigkeit aller Menschen verweigern.

Man kann zwar die antidemokratische, rassistische und zudem nicht operationalisierbare Meinung vertreten, dass man in Deutschland Arbeitsplätze grundsätzlich und ausschließlich an Menschen vergeben sollte, die im Besitz der deutschen Staatsbürgerschaft sind. Wenn Schüler diese Meinung vertreten, sollte man sie jedoch auf die Verfassungswidrigkeit und unübersehbare Realitätsferne einer solchen Auffassung aufmerksam machen.

Es ist aber nicht lediglich eine Meinungsäußerung, jemanden als „Zecke“ oder „Nigger“ zu beschimpfen oder bestimmten Gruppen von Menschen herabsetzende kollektive Merkmale wie Faulheit, einen Hang zur Gewalttätigkeit oder unlautere Absichten zuzuschreiben. Häufig bagatellisieren Lehrer/innen einzelne menschenverachtende und rassistische Äußerungen von Schüler(inne)n beschwichtigend als „bloße Sprüche“, die lediglich den Zweck der Provokation verfolgen. Mag es sich bei einzelnen Schüler(inne)n, die sich gewöhnlich nicht in dieser Weise äußern, um einmalige Entgleisungen handeln; selbst ein solcher Fall entbindet Lehrerinnen und Lehrer nicht davon, zu widersprechen. Im Allgemeinen werden „Meinungsäußerungen“ dieser Art in ihrer potenziell mobilisierenden Wirkung unterschätzt. Sie sind nicht lediglich eine Artikulation unschöner Worte, sondern Handlungen: entwerten, schüchtern ein, drohen und verletzen.

Vor dem Hintergrund des soziokulturellen Klimas vor allem in Ostdeutschland sind solche „Sprüche“ darüber hinaus Handlungen, die in entsprechenden Situationen weitere provozieren können. Es ist hinlänglich bekannt, dass rechtsextremen Gewalttaten gegen Menschen deren verbale Entwertung vorangeht und sie begleitet. Rechtsextreme Gewalt ist ideologisch motivierte Gewalt. „Sprüche“ fixieren Menschen als deren potenzielle Ziele. Rechtsextreme Gewalttäter haben unter anderem deshalb in der Vergangenheit häufig kein Unrechtsbewusstsein angesichts ihrer Straftaten entwickelt, weil die Opfer in ihren Augen keine gleichwertigen Menschen, sondern qua Ideologie als „lebensunwert“ zur Vernichtung freigegeben waren.

Ebenso wenig kann man einfach der Meinung sein, dass Migrant(inn)en in Deutschland politische, wirtschaftliche und soziale Privilegien genießen, wenn das faktisch nicht der Fall ist. Hier geht es nicht um eine diskutable Interpretation der Anwesenheit von Migranten einschließlich ihres Rechts auf Sozialleistungen und auch nicht um tolerierbare Vorurteilsstrukturen, sondern um eine durch keinerlei Faktizität gestützte Behauptung, deren Grenze zur Lüge mit mobilisierender Wirkung fließend ist.

Eine Meinung muss zwar durch allgemein anerkannte Faktizitäten nicht gestützt sein, sollte aber – will sie nicht Lüge genannt werden – offen zutage liegenden Fakten nicht diametral widersprechen, wie z.B. denen, dass die Bürgerrechte von Migrant(inn)en eingeschränkt sind, dass sie häufig anstatt Geld- nur Sachleistungen erhalten oder dass der Sozialhilfesatz, den Migrant(inn)en beziehen, niemals höher, sondern zeitweise sogar niedriger als der deutscher Staatsbürger ist. Lehrer/innen sollten „Meinungsäußerungen“ dieser Art widersprechen und mit einer Informationsveranstaltung unter Hinzuziehung professioneller Partner/innen wie Ausländerbeauftragten oder Flüchtlingsinitiativen reagieren.

Man kann die Tatsache, dass ein bestimmter Prozentsatz in Deutschland lebender Migrant(inn)en genauso wie ein bestimmter Prozentsatz deutscher Staatsangehöriger kriminelle Energien entwickelt, als Beweis dafür nehmen, dass Migrant(inn)en moralisch nicht vollkommener sind als Inländer mit deutschem Pass. Aber man kann diesen Umstand ganz sicher nicht dahingehend interpretieren, dass Migrant(inn)en aufgrund ihrer ethnisch-kulturellen Herkunft zur Kriminalität disponierter sind. Interpretationen müssen sich aber – anders als Meinungen – an Fakten zurückbinden lassen, und es ist ein schwer zu leugnender Fakt, dass die Fähigkeit, kriminelle Handlungen zu begehen, Individuen aller Ethnien und Kulturen eigen ist und daher in keinem unmittelbar kausalen Ableitungsverhältnis zur ethnisch-kulturellen Herkunft stehen kann. Straftaten werden in der Regel von Individuen begangen, die dafür auch als Individuen – und nicht als Repräsentanten eines ethnisch-kulturellen Kollektivs – zur Verantwortung gezogen werden.

Und es ist weder Ansichtssache noch kann man entsprechende Tatsachen so deuten, dass Deutschland im 20. Jahrhundert nicht zwei Weltkriege veranlasst und zwischen 1933 und 1945 keine ethnisierende Innen- und Außenpolitik praktiziert hat, in deren Folge Millionen Juden, Sinti, Roma und Angehörige anderer Staaten und Kulturen ermordet wurden. Faktizitäten dieser Art sind nicht verhandelbar: Man kann über ihren Status nicht dieser oder jener Meinung sein. Zwar ist es richtig, dass historische Wahrheit nur bis zu einem bestimmten Grad objektivierbar ist, und ebenso, dass die Entscheidung darüber, was als solche gilt, immer eine Frage machtgestützter Konvention ist und es „sterile“, von Interpretationen vollständig geläuterte Fakten nicht gibt. Die Anerkennung bestimmter historischer Dokumente einschließlich der Zeugenaussagen, die das begangene Unrecht belegen und als Faktizitäten Geltung beanspruchen können, ist nach der derzeitigen Rechtslage unzweifelhaft und unumstößlich. Wenn daher Schüler/innen den historischen Tatbestand des Holocaust leugnen oder gar begrüßen, erfüllen sie einen Straftatbestand nach § 130 StGB, worauf Lehrer/innen sie hinweisen sollten.

Man wird der Problematik der Diskriminierung ethnisch-kultureller Minderheiten mit Informationsarbeit allein nicht beikommen können. Notwendig ist die Verständigung über demokratische Werte und eine Ethik, welche die Fähigkeit zur Empathie vermittelt. Unter Empathie ist dabei nicht distanzlose Einfühlung oder Identifikation zu verstehen, sondern die Fähigkeit, die Perspektive zu wechseln und ein auch emotionales Vorstellungsvermögen darüber zu entwickeln, welche Wirkungen „Meinungsäußerungen“ der genannten Art auf diejenigen haben können, denen durch sie die Würde abgesprochen wird und Anerkennung und Respekt verweigert werden.

3. Thematisieren rechtsextremer Symbol- und Vorstellungswelten

3.1 Der Umgang mit strafrechtlich nicht relevanten Symbolen, codierten Grußformeln und Parolen

Im Hinblick auf Propagandamaterialien rechtsextremer Parteien (NPD, DVU, REPublikaner), Organisationen und Vereine, die lediglich als verfassungsfeindlich gelten und daher nicht verboten sind, sieht bereits die Schulgesetzgebung klare Richtlinien vor. Politische Flugblätter und entsprechende Schriften unterliegen dem Werbeverbot. Auch Aufkleber oder Plaketten dieser Parteien müssen nicht widerspruchslos hingenommen, sondern können und sollten skandalisiert werden.

Rechtsextremisten verfremden mitunter verbotene Symbole, sodass sie zwar wiedererkennbar, aber strafrechtlich nicht relevant sind. Das gilt z.B. für das Symbol der Hammerskins[8]: ein Zahnrad mit zwei gekreuzten Zimmermannshämmern im Inneren. Dieses in der rechtsextremen Szene weit verbreitete Symbol ist dem verbotenen Kennzeichen der nationalsozialistischen „Deutschen Arbeitsfront" (DAF) nachempfunden, das statt der Zimmermannshämmer ein Hakenkreuz enthält.[9] Bei strafrechtlich nicht relevanten, aber erkennbar rechtsextremen, rassistischen und antidemokratischen Vorstellungswelten verpflichteten Symbolen können und sollten Schulleiter/innen von ihrem Hausrecht Gebrauch machen und das Tragen von T-Shirts z.B. mit dem Kopf von Rudolf Heß, der Aufschrift „white power" oder „white law"[10] auf dem Schulgelände untersagen.

Strafrechtlich ebenfalls nicht relevant sind eine Reihe codifizierter Grußformeln und Parolen, deren Botschaft für Uneingeweihte nicht nachvollziehbar ist. Zu ihnen zählen Zahlen- und Buchstabencodes[11] wie die bereits zitierten Kombinationen „88" und „1347". Weitere Beispiele sind „18" für

8 Die Hammerskins verstehen sich selbst „als weiße arische Bruderschaft" und Repräsentanten der „weißen Arbeiterklasse". Ursprünglich von den USA ausgehend, bilden sie inzwischen internationale Netzwerke, deren Vertreter in den einzelnen europäischen Ländern, seit Mitte der 90er Jahre zunehmend auch in Ostdeutschland, jeweils regionale Aktivitäten entwickeln.

9 Bereits die inzwischen verbotene „Freiheitliche Deutsche Arbeiterpartei" (FAP) hatte dieses Zahnrad mit der Sigle „FAP" statt des Hakenkreuzes im Innern verwandt. Da die FAP seit dem Februar 1995 durch das Bundesministerium des Innern verboten ist, erfüllt die Verwendung dieses Kennzeichens einen Straftatbestand nach § 86a StGB.

10 Diese Formeln bzw. Parolen stammen aus dem Umfeld des Ku-Klux-Klan bzw. der Hammerskins und beschwören die Vorherrschaft der „weißen arischen Rasse".

11 Die Zahlen bezeichnen die Stellung, welche die Anfangsbuchstaben der Wörter im deutschen Alphabet jeweils einnehmen, z.B. bei „A" die 1. Stelle, bei „H" die 8.

„Adolf Hitler“ oder „14 words“ für die Parole: „Wir müssen das Leben unserer Rasse und eine Zukunft für unsere weißen Kinder sichern.“

Codifizierte Formeln und Parolen dieser Art lassen sich qua Hausrecht ebenso wenig unterbinden wie das Tragen von Kleidungsstücken der Marke „Lonsdale“. Es ist aber wichtig zu signalisieren, dass man um die Bedeutung und die über diese Codes transportierte Botschaft weiß. Gleiches gilt für indizierte rechtsextreme Musikstücke bei kulturellen Veranstaltungen innerhalb der Schule. Auch die Namen bestimmter Musikgruppen wie „Kroizfoier“ oder „Arisches Blut“ auf Schulheften oder -taschen sollten nicht einfach widerspruchslos hingenommen, sondern problematisiert werden. Die einzelnen Landesämter für Verfassungsschutz geben regelmäßig Musikindexlisten heraus, über die Lehrer/innen in Erfahrung bringen können, welche Musikbands, CDs oder Musikkassetten indiziert bzw. verboten sind.

Beim Auftauchen strafrechtlich nicht relevanter rechtsextremer, rassistischer und demokratiefeindlicher Symbole, Codes, Parolen und CDs ist die eindeutige Positionierung von Lehrer(inne)n sowohl gegenüber einzelnen Schüler(inne)n als auch im Rahmen der Klasse anzuraten. Allerdings sollten Lehrer/innen sich vorher informieren oder externe Partner/innen zu Rate ziehen.

3.2 Der Umgang mit strafrechtlich relevanten Symbolen

Wenn Lehrer/innen strafrechtlich relevante Symbole entdecken, sollten sie die Schüler/innen darauf ansprechen und ggf. nicht davor zurückscheuen, Strafanzeige zu erstatten. Letzteres ist in jedem Einzelfall abzuwägen. Es empfiehlt sich, darüber eine Diskussion im Kollegium zu führen und die Eltern in diese Auseinandersetzung einzubeziehen. Jedoch darf die bloße Angst vor Vertrauensverlust oder möglichen Konflikten mit den Eltern nicht dazu führen, dass die klaren Grenzen verwässert werden, die das Strafgesetz der Bundesrepublik Deutschland zieht. Die entsprechenden Paragraphen des Strafgesetzbuches sollen die Öffentlichkeit vor der über diese Kennzeichen vermittelten Ideologie schützen. Es geht bei Strafanzeigen im Wesentlichen um die wichtige, keineswegs zu unterschätzende Signalwirkung, dass die Vorstellungswelten, die mit diesen Kennzeichen verbunden sind, nicht toleriert und deren Verbreitung nicht als Kavaliersdelikt behandelt werden können.

Schulen und Jugendfreizeiteinrichtungen sind öffentliche Räume. Dort gelten grundsätzlich die Paragraphen 86 StGB über das Verbreiten von Propagandamitteln und 86a StGB über das Verwenden von Kennzeichen verfassungswidriger Organisationen. Sie lauten in Auszügen:

„§ 86 (1) Wer Propagandamittel

1. einer vom Bundesverfassungsgericht für verfassungswidrig erklärten Partei oder einer Partei oder Vereinigung, von der unanfechtbar festgestellt ist, dass sie Ersatzorganisation einer solchen Partei ist,

2. einer Vereinigung, die unanfechtbar verboten ist, weil sie sich gegen die verfassungsmäßige Ordnung oder gegen den Gedanken der Völkerverständigung richtet, oder von der unanfechtbar festgestellt ist, dass sie Ersatzorganisation einer solchen verbotenen Vereinigung ist,

(...)

4. Propagandamittel, die nach ihrem Inhalt dazu bestimmt sind, Bestrebungen einer ehemaligen nationalsozialistischen Organisation fortzusetzen,
im Inland verbreitet oder zur Verbreitung im Inland oder Ausland herstellt, vorrätig hält, einführt oder ausführt, oder in Datenspeichern öffentlich zugänglich macht, wird mit Freiheitsstrafe bis zu drei Jahren oder mit Geldstrafe bestraft."

„§ 86 a (1) Mit Freiheitsstrafe bis zu drei Jahren oder mit Geldstrafe wird bestraft, wer

1. im Inland Kennzeichen einer der in § 86 (...) bezeichneten Parteien oder Vereinigungen verbreitet oder öffentlich (...) verwendet.

(...)

2. (2) Kennzeichen im Sinne des Absatzes 1 sind namentlich Fahnen, Abzeichen, Uniformstücke, Parolen und Grußformen. Den in Satz 1 genannten Kennzeichen stehen solche gleich, die ihnen zum Verwechseln ähnlich sind."

Welche Parteien, Organisationen und Kennzeichen das betrifft, kann man beim Verfassungsschutz oder beim Zentrum Demokratische Kultur erfragen. Rechtsextreme Schüler/innen tragen oder verfertigen selten allgemein bekannte verfassungswidrige Kennzeichen wie das Hakenkreuz oder Sigrunen in der Öffentlichkeit, sondern den meisten Erwachsenen häufig nicht geläufige Kennzeichen verfassungswidriger Parteien oder Organisationen wie die „Odalrune" des seit November 1994 verbotenen „Wiking-Jugend e.V." oder das „Keltenkreuz" der seit 1986 verbotenen „Volkssozialistischen Bewegung Deutschlands". Zur endgültigen Feststellung der strafrechtlichen Relevanz ist es mitunter nötig, das jeweilige Landesamt für Verfassungsschutz um Auskunft zu bitten, weil aufgrund der föderalen Struktur der Bundesrepublik in den einzelnen Bundesländern unterschiedliche juristische Standpunkte vertreten werden können und die Strafbarkeit bestimmter Kennzeichen strittig sein kann. So ist z.B. das öffentliche Verwenden des Kreuz-Symbols des Ku-Klux-Klan in Brandenburg strafbar, in anderen Bundesländern aber nicht.

Hakenkreuz-Schmierereien sollten immer zur Anzeige gebracht werden. Auch wenn die Täter/innen meistens unbekannt sind. Oft reden Lehrerinnen und Lehrer derlei Schmierereien mit dem Hinweis auf die Anonymität des Urhebers klein. Die Frage ist, ob man diese Anonymität durch das Unterlassen einer Strafanzeige auch noch schützen sollte. Mitunter verbirgt sich hinter dem Hinweis auf die Anonymität auch die Angst, eine Schule könne durch Bekanntwerden des Vorfalls Imageschäden erleiden. Dem steht die langjährige Erfahrung des Zentrums Demokratische Kultur entgegen, dass bisher noch keine Schule oder Jugendfreizeiteinrichtung durch Offenlegen von Problemen mit rechtsextremen Orientierungen und anschließender offensiver Gegensteuerung in Verruf geraten ist. Das Gegenteil ist der Fall: Dem Zentrum sind eine Reihe von Schulen, Jugendfreizeiteinrichtungen und Kommunen bekannt, die Probleme dieser Art bewusst ignoriert, geleugnet oder verharmlost haben und durch rechtsextreme Vorfälle irgendwann unfreiwillig ins Licht der Öffentlichkeit geraten sind.

In der Vergangenheit traten mitunter Schwierigkeiten bei der Strafverfolgung auf, wenn z.B. die Staatsanwaltschaft die Schule nicht hinreichend unterstützt hat. An einer Ostberliner Schule hatte ein Schüler während des Unterrichts eine Zeichnung verfertigt: Ein zum Keltenkreuz verfremdetes „O" für „Oi-Skin" stand am oberen Rand und quer über den DIN-A4-Bogen „Skinhead Berlin" sowie in großen Lettern im Vordergrund „Rudolph Hess". Das verdoppelte „s" deutete augenfällig auf das Runen-Kürzel der Schutzstaffel Heinrich Himmlers hin. Die Lehrerin, die das Gesinnungsgemälde entdeckt hatte, wandte sich umgehend an die Schulleiterin, die dann mit ihr gemeinsam Strafanzeige nach § 86a StGB erstattete. Daraufhin geschah lange Zeit nichts. Fast ein halbes Jahr nach der Strafanzeige informierte die Staatsanwaltschaft die Schulleitung in einem Brief darüber, dass und warum das Verfahren gegen den Schüler eingestellt worden sei. Die in verquirltem Amtsdeutsch verfasste Begründung des Staatsanwaltes lautete:

> „Es erscheint mir bereits zweifelhaft, ob die von dem beschuldigten Schüler in seiner Zeichnung stilisiert in Annäherung an Sigrunen dargestellten Doppelbuchstaben ‚SS' bereits als verbotene Kennzeichen anzusehen sind oder solchen jedenfalls im Sinne von § 86 a Absatz 2 Satz 2 des Strafgesetzbuches ‚zum Verwechseln ähnlich waren'. Diesbezügliche Zweifel gründen sich auf die Gesamtdarstellung des Namens ‚Rudolph Hess' in einer geschwungenen-zeichnerischen Form, in die sich die Buchstaben ‚SS' einfügen. Demgegenüber sind Sigrunen in ihrer ursprünglichen Darstellung spitzwinkelig und mit gleichlangen Ober- und Unterstrichen sowie einem kürzeren Mittelstrich dargestellt.
>
> Jedenfalls scheitert aber eine Strafbarkeit vorliegend am Fehlen des Merkmales der öffentlichen Verwendung. Eine solche Öffentlichkeit mag zwar in einem Klassenzimmer grundsätzlich gegeben sein. Die Zeichnung hatte jedoch der Beschuldigte vor sich auf dem Tisch liegen, wo sie von der Lehrerin, jedoch bereits nicht mehr von der Sitznachbarin wahrgenommen wurde."

Letzteres traf laut Aussage der Schulleitung nicht zu: Außer der Lehrerin hatte auch die Banknachbarin die Zeichnung zur Kenntnis genommen. Immerhin wird eingeräumt, dass die Öffentlichkeit in einem Klassenraum grundsätzlich gegeben ist. Sigrunen sind nicht nur definitiv verbotene Kennzeichen, der Kontext – die „Stilisierung" selbst, der Name „Rudolph Hess" und das zu diesem Zeitpunkt ebenfalls definitiv verbotene, vom Staatsanwalt gar nicht erst erwähnte sog. Keltenkreuz[12] – verwiesen unzweifelhaft auf nationalsozialistische bzw. rechtsextreme Symbol- und Vorstellungswelten.

Im besten Fall ist anzunehmen, dass der Staatsanwalt seine Entscheidung in Unkenntnis der soziokulturellen Dimension rechtsextremer Orientierungen unter Jugendlichen und Erwachsenen in Ostdeutschland gefällt hat. Dass er zeichnerisch-stilistischer Korrektheit den Vorrang vor juristischer Unmiss-

---

12 Das als Kennzeichen von der rechtsextremistischen „Volkssozialistischen Bewegung Deutschlands/Partei der Arbeit" verwendete Keltenkreuz ist wie die Vereinigung selbst bereits am 14. Januar 1982 vom Bundesinnenminister verboten worden.

verständlichkeit einräumte, könnte auf einen Mangel an Wissen über die kulturellen Praktiken und politischen Implikationen rechtsextremer Jugendkulturen hindeuten. Die Erkenntnis, dass die Heroisierung nationalsozialistischer Führerfiguren und bestimmte Vorlieben wie Oi-Musik und die dazugehörige Skinhead-Kultur in Ostdeutschland eindeutig verfassungsfeindliche und zum Teil verfassungswidrige Vorstellungen transportieren, muss sich in staatlichen Institutionen erst noch durchsetzen. Namen von Musikbands wie „Kroizfoier“ oder „Oithanasie“ sind orthographisch nicht korrekt. Das Ensemble handlungsleitender Werte, die solche Namen kaum verhehlen, ist demgegenüber unmissverständlich.

Wie auch immer die Entscheidung des Staatsanwalts motiviert gewesen sein mag, sie setzte die falschen Signale und verzerrte die Absichten des Gesetzgebers. Leider haben Schulleitung und Lehrerin entschieden, von einer Intervention zugunsten der Wiederaufnahme der Strafverfolgung abzusehen, weil der betreffende Schüler die Schule bereits verlassen hatte.

Wünschenswerter wäre freilich ein Klima, in dem strafrechtliches Vorgehen gegen rechtsextreme Tendenzen in und außerhalb der Schule überflüssig ist, weil sie sich gegenüber einer entwickelten demokratische Kultur der Anerkennung und des Respekts vor der Gleichwertigkeit und Würde aller Menschen nicht durchsetzen könnten und zu einem randständigen Dasein verurteilt wären.

4. *Schulprofil, Projektarbeit und Partner in der Zivilgesellschaft*

Weil unter Demokratie mehr verstanden werden sollte als parteipolitische Vollzüge und die Berechtigung, an Wahlen teilzunehmen, ist es sinnvoll, Überlegungen darüber anzustellen, wie man im Schulalltag menschenrechtlich-demokratische Grundstandards vermitteln und eine Kultur der Anerkennung und des Respekts etablieren kann. Die Verbesserung des Schulklimas unter diesem Gesichtspunkt ist die wirksamste Strategie gegen Rechtsextremismus.

Es gibt in Theorie und Praxis eine Reihe innovativer Konzepte zu Fragen der Schulöffnung, *community education* und attraktiver Formen politischer Bildung. Und es gibt eine Reihe bereits erprobter, teilweise institutionalisierter Instrumentarien zur Partizipation und zum Erlernen demokratischer Spielregeln und Prozesse wie Schülersprecher/innen, Schülermedien, Schülerclubs und Projektarbeit. Die Verständigung über Werte und menschenrechtlich-demokratische Grundstandards, die im Schulalltag eine Rolle spielen sollten, ist dabei unabdingbar. Denn ein Schülersprecher, der sich am rechtsextremen Lifestyle orientiert, oder ein Elternvertreter, der sich mit antisemitischen Stereotypen exponiert, fördern nicht die Vermittlung und Durchsetzung einer demokratischen, sondern allenfalls jene einer völkischen Kultur.

Wenn es an der Schule ethnisch-kulturelle Minderheiten gibt, sollten sie weder als Not noch als Tugend empfunden werden, sondern einfach willkommen sein. Nicht hilfreich war z.B. die Reaktion einer Grundschullehrerin auf die Ankündigung, dass im nächsten Schuljahr ein Kind vietnamesischer Herkunft in ihrer Klasse lernen wird. Sie berief eine außerordentliche Elternversammlung ein und machte aus der Ankunft der kleinen Vietnamesin nachgerade ein Problem.

Wichtig ist, dass sich Schüler, Schulleiter, Lehrer und Eltern gemeinsam ein Klima wünschen, in dem alle Respekt und Anerkennung erfahren. Dazu braucht die Schule unter Umständen Hilfe von außen. Seit 1980 gibt es in den alten Bundesländern ein Netz von inzwischen 28 Regionalen Arbeitsstellen für Ausländerfragen (RAA). Als eine Institution der Bildungsreform bieten sie Lehrerinnen und Lehrern eine systematische Begleitung besonders im Hinblick auf die Integration und Förderung von Migranten sowie interkulturelles Lernen. In den neuen Bundesländern entstand mit Unterstützung der Weinheimer Freudenberg Stiftung die erste RAA 1991, 17 weitere im Verlauf der folgenden Jahre. In einer Bundesarbeitsgemeinschaft kooperieren die RAAs der alten und der neuen Länder.

Vom Beginn der 90er Jahre an waren die Bekämpfung des Rechtsextremismus, die Erziehung zur Demokratie und das Interkulturelle die wichtigsten Schwerpunkte der ostdeutschen RAAs: „Eine demokratische, zur Nachbarschaft offene Schule zu befördern, in der Minderheiten geschützt sind und Respekt erfahren, in der Kinder und Jugendliche ihre Fähigkeiten entfalten, Initiative entwickeln können und mit ihnen gemeinsam auch an beruflichen Perspektiven gearbeitet wird, schien die beste Fortsetzung des Gedankens der Bildungsreform zu sein. Diese Art der Humanisierung ist ein wichtiger Weg, den beiden stärksten Gefährdungen der Demokratie entgegenzuwirken: der Gefahr durch die Ethnisierung von Konflikten und durch soziale Ausgrenzung.“ [13] Dabei sind die Kommunikation und Kooperation von Schule, Jugendarbeit und Eltern entscheidend.

Die RAAs in Ostdeutschland verstanden sich von Anfang an als Dienstleistungsagenturen für Demokratie. Sie stellen nicht nur innovative Materialien für die politische Bildung wie Plan- und Computerspiele oder ein Musical bereit, sondern können bei Fragen der Schulöffnung, der Einrichtung eines Schülerclubs und bei der Projektarbeit beraten und unterstützen.

Das Projekt „Schule und Jugendhilfe“ der RAA Berlin hat wesentliche Kriterien für Projekte zusammengefasst, die helfen, eine demokratische Kultur zu schaffen:

- „ein offener Umgang mit Problemen
- die Anerkennung und Förderung demokratischer Grundstandards
- das Training von Konflikt- und Diskursfähigkeit

13 Anetta Kahane, Alles unter einem Dach. Interkulturelle Beiträge 25, Berlin 2000, S. 4

- klare Werte
- das Aushalten von Ambivalenzen
- die Suche nach komplexen Strategien für komplexe Probleme
- Humor und etwas Selbstironie
- Realitätsnähe und Orientierung an der Lebenssituation der Zielgruppe
- Akzeptanz der Bedürfnisse, Vermittlung von Geborgenheit und interessanten Angeboten
- thematische Fachlichkeit und Begleitung durch kompetente Erwachsene
- Eigeninitiative der Jugendlichen unterstützen durch: eine persönliche Aufgabe, praktische Arbeit, Mitspracherecht in wesentlichen Aspekten, partnerschaftliche Zusammenarbeit zwischen Jugendlichen und Erwachsenen." [14]

Seit 1997 behandelt das „Zentrum Demokratische Kultur" als themenspezifisches Projekt der RAA den Rechtsextremismus und die spezifischen Formen der Intervention. Dazu zählen auch Informations- und Fortbildungsveranstaltungen sowie Coaching für Lehrer/innen.

Sofern es bereits kommunale Netzwerke gegen Rechtsextremismus und für Demokratie gibt, sollten Schulen ihnen beitreten. Eine gute Möglichkeit für die wirksame Intervention lautet: Entwicklung einer demokratischen Zivilgesellschaft in den neuen Bundesländern. Dies heißt, dass Eltern, Schule, Jugendarbeit, Ämter, Bürgermeister, Parteien, Polizei, Justiz, Wirtschaft, Gewerkschaften, Initiativen, Kirchen, Vereine, Verbände etc. kooperieren müssen, um die konkrete Situation vor Ort aus der Vielfalt ihrer Perspektiven analysieren, konkrete Handlungsansätze entwickeln und gemeinsame Projekte starten zu können. Nur auf diese Weise wird sich langfristig das soziokulturelle Klima verändern lassen, das einer rechtsextremen Kontrastkultur und ihren Gewaltkontexten die Einflusspotenziale geboten hat, über die sie heute verfügen.

14 Siehe Britta Kollberg, „Häkeln für den Frieden. Essen gegen Rechts". Projektbeispiele und -kriterien zur Rechtsextremismusprävention, in: Handeln für mehr Demokratie ist Handeln gegen Rechtsextremismus – Möglichkeiten der Intervention, Bulletin 4/1998 des Zentrums Demokratische Kultur, Berlin, S. 24

Burkhard Schröder

Rechtsextremismus im Internet als politisches und pädagogisches Problem

Wie lernen Schüler/innen etwas über das Internet? Genauso wie Lehrer/innen: mittels der Methode „learning by doing“ oder auch durch „trial and error“. Dass sich Jugendliche mit den neuen Medien besser auskennen, ist vermutlich ein Vorurteil, ein Unterschied jedoch bedeutsam: Lehrer/innen haben eine erheblich höhere emotionale Hemmschwelle, sich des Internets zu bedienen. Der Grund: Das weltweite digitale Wissen liegt jedem zu Füßen, der mit diesem Medium umgehen kann. Der Wissensvorsprung des pädagogischen Personals schmilzt. Es geht nicht mehr primär um einen informellen Input, nicht darum, das Füllhorn humanistischer Bildung, in einem langen Studium erworben, huldvoll über die Köpfe der Anvertrauten auszugießen. Lehrer/innen müssen Kompetenz vermitteln, Wissen zu finden und es zu bewerten. Dazu bedarf es flacher Hierarchien: Das Internet ist ein Totengräber des Frontalunterrichts.

Ein ähnliches Problem haben auch Journalist(inn)en, die sich mühsam Techniken aneignen, wie man Informationen im Internet findet. Ein älterer, fest angestellter Redakteur mit jahrzehntelanger Erfahrung in Recherche fürchtet sich z.B. davor, eine junge Volontärin zu fragen: „Wie funktioniert das?“ Dies würde seine eigene Bedeutung und Position in Frage stellen. Lieber „fummelt“ man allein vor sich hin, schiebt die Probleme auf die Hard- und Software und murmelt allgemeine kulturpessimistische Sätze, dass „wir“ das Internet sowieso nicht brauchten. Journalist(inn)en und Lehrer/innen sind, die neuen Medien und Recherchetechniken betreffend, ein Paradebeispiel für die Parabel vom Fuchs und von den Trauben.

Die Kulturtechnik des bewussten und professionellen Surfens ist in Deutschland nur sehr rudimentär verbreitet, was nicht verwundert, hat sich doch das Internet erst seit einem halben Jahrzehnt im Bewusstsein der Öffentlichkeit etabliert. Auch die Kulturtechniken des Lesens, Schreibens und Rechnens waren ursprünglich Privilegien der Elite und brauchten lange, um im Volk anzukommen. Das Internet jedoch bedeutet eine heimliche Revolution, die jeden gewohnten Zeitrahmen sprengt. Eine Revolution in mehrfacher Hinsicht: Es zwingt die Regierungen der Welt zu dem Eingeständnis, dass die Untertanen selbst bestimmen, welche Informationen sie zur Kenntnis nehmen oder nicht – sei es das Schöne und Gute, seien es Aufrufe zum Hass. Das Verhältnis zwischen Obrigkeit und Untertan ist vergleichbar mit der Hierarchie im Unterricht – das Internet hat dort eine ähnliche, ebenso umstürzlerische Wirkung. Das Internet gleicht einer Schwangerschaft: Man hat es, oder man hat es nicht. Ein bisschen Internet geht nicht. Wer das behauptet oder Filter fordert, um Inhalte zu selektieren, hat – ohne Ausnahme! – nicht die geringste Ahnung von den technischen Grundlagen, auch wenn es sich um Fachleute von weltweit tätigen Medienkonzernen handelt.

Bevor Lehrer/innen mit Schüler(inne)n über gute und böse Seiten des weltweiten Netzes diskutieren, müssen sie wissen: Viele der selbst ernannten Experten, selbst Redakteure großer und seriöser Zeitungen, sogar Redakteure von Computer-Fachzeitschriften, kommen mit den einfachsten Dingen im Internet nicht zurecht. Ein grundsätzliches Misstrauen gegenüber Behauptungen, was wo und warum im Internet vorhanden sei, sollte gemeinsamer Konsens im Unterricht sein. Manche „Fachleute" kennen selbst den Unterschied zwischen World Wide Web und Usenet nicht. Jemand, der ein Auto nicht von einem Schiff unterscheiden kann, würde kaum in einer Fernsehsendung als Experte für Verkehrs- und Kommunkationsfragen auftreten. Beim Thema „Internet" ist das durchaus möglich. Die Lehrer/innen sollten sich öffentlich, d.h. vor ihren Schüler(inne)n, bereit erklären, gemeinsam zu lernen. Nichts spornt Jugendliche mehr an oder motiviert sie mehr, als den „Alten", wozu qua Stellung auch das pädagogische Personal gehört, mal zu zeigen, „was eine Harke ist".

Was ist das Internet?

„Internet" verhält sich zum „World Wide Web" (oder abgekürzt: „Web") wie „Personennah- und Fernverkehr" zur „Eisenbahn". Im Sprachgebrauch der Medien hat sich die irrige Meinung durchgesetzt, die beiden Begriffe könnten synonym verwendet werden. Das entspräche der Behauptung, die Unterschiede zwischen einer Lokomotive und einem Zeppelin seien irrelevant, weil beide Dinge sich bewegen, und darauf käme es an. Wer etwas aus dem World Wide Web entfernt, hat es mitnichten aus dem „Internet" verbannt. Es ist noch immer vorhanden und verfügbar.

Das Internet ist schlicht ein übergreifendes Netz, das viele lokale Rechnernetze in aller Welt miteinander verbindet. Über das Internet werden, ähnlich der Post, viele verschiedene Dienste transportiert, die technisch gesehen nichts miteinander zu tun haben.[1] „Dienst" meint: Senden und Empfangen

1 Claus Schönleber, Internet für Grünschnäbel, http://www.toppoint.de/~freitag/daubuch/f-prolog.html (April 2000): „Das Internet ist nur Transportschicht für andere Netze, zum Beispiel News-Netze wie das ‚Usenet' oder Multimedianetze wie das ‚World

digitaler Daten. Zum Beispiel: elektronische Post (E-Mail), die Nachrichten der gut 80.000 öffentlichen Diskussionsforen (news, die Gesamtheit der Foren – newsgroups – heißt Usenet), Archie, Gopher und andere Suche nach Files (FTP-search), Diskussionen in Echtzeit (chat), das World Wide Web (WWW) und einige andere mehr. Der Unterschied der verschiedenen Dienste besteht vor allem in der Art der Datenübertragung (Protokoll). Das Standard-Protokoll, das den kompatiblen Datenverkehr ermöglicht, nennt man TCP/IP (Transmission Control Protocol/Internet Protocol).[2] Das World Wide Web hat das Internet populär gemacht, weil mit der Programmiersprache, in der Webseiten geschrieben werden, Multimedia-Elemente transportiert und auf dem heimischen Computer angezeigt werden können, Texte, Grafiken, Töne und vor allem Links. Per Mausklick verbindet das Dokument mit anderen Daten auf anderen Computern. Das WWW ist also nur ein Segment des weltweiten Datennetzes. Zu diesem gehören auch das Usenet, die Chat-Foren, zum Internet gehört aber auch die Möglichkeit, sich per „Telnet-Programm" anonym in fremde Rechner einzuwählen und dort Befehle auszuführen. Zum Internet gehört ebenso die Suche nach Files, Dateien und Programmen jeglicher Formate, ohne dass dazu ein „Browser"[3] verwenden werden müsste.

Mailboxen jedoch sind kein Teil des Internets, obwohl Mailboxsysteme aus vernetzten Computern bestehen, die regelmäßig Daten austauschen. Mailboxen arbeiten nach einem hierarchischen System. Wer den Zentralrechner „abklemmt", hat damit alle anderen vernetzten Computer lahmgelegt. Das Internet funktioniert aber dezentral, es gibt keine Hierarchien. So haben amerikanische Militärs es schon in den 60er Jahren geplant: Computer sollten Daten übertragen können, auch wenn das Netz teilweise zerstört wäre. Informationen zerlegt man in einzelne Datenpakete, die sich, versehen mit der richtigen Adresse, unabhängig auf den Weg machen und erst auf dem Zielrechner zusammengesetzt werden. Die „Mutter" des Internets, das militärische ARPANET, entließ ihr „Kind" zu Beginn der 80er Jahre und schottete sich vom wild wuchernden neuen Netz wieder ab.

Die Folgen der Entwicklung sind einfach zu benennen, aber anscheinend noch nicht in das öffentliche Bewusstsein gedrungen: Das „Internet" widersteht jeder Form von Zensur – aus technischen Gründen und per definitionem. Die Gesamtheit aller vernetzten Rechner interpretiert einen inhaltlichen oder technischen Eingriff immer noch als „Angriff", den es zu umgehen gilt. Vor diesem Hintergrund klingen Forderungen nach Filtern oder der Selektion

---

Wide Web'. Wenn also irgendjemand von den ‚problematischen Inhalten des Internet' redet, zeigt diese Person nur, daß sie von der Materie keine Ahnung hat oder ihr Gegenüber blenden will. Inhalte finden sich ausschließlich in der Anwendungsschicht."

2 TCP/IP besteht streng genommen aus mehreren Protokollen.

3 Browser (von engl.: to browse = blättern): eine Software, die mehrere – nicht alle – Dienste im Internet gleichzeitig handhabbar macht.

von Inhalten naiv. Ein Internet ohne Hass und ohne Rechtsextremismus wird es genauso wenig geben wie eine Welt ohne Rassisten und Antisemiten. Das Internet kann nicht mit anderen Medien verglichen werden: Es ist immer interaktiv, nicht ausschließlich eindimensional wie das Fernsehen, das Radio oder das klassische Printmedium. Auch staatliche Eingriffe sind qua Prinzip zum Scheitern verurteilt. Nur vor diesem Hintergrund kann das Problem „Neonazis im Internet" diskutiert werden. Wer glaubt, bestimmte Inhalte aus WWW, Usenet oder Chat entfernen zu können, mag moralisch Recht haben, erklärt aber nur einen – verständlichen – Wunsch zur Wirklichkeit.

Suchen und Finden

Wer von „Neonazis im Internet" redet, meint fast immer nur das World Wide Web. Will man eine Webseite mit einem bestimmten Inhalt finden, muss man sie suchen. Ohne Hilfsmittel bleibt das Surfen wie ein Reisen ohne Karte. Zur Suche benutzt man Suchmaschinen oder vorstrukturierte Kataloge (indices). Die meisten Nutzer/innen des Internets begnügen sich mit der wahllosen Eingabe eines oder mehrerer Begriffe in das Feld einer Suchmaschine und hoffen, dass sie irgendein Ergebnis bekommen, das mit dem gesuchten Inhalt etwas zu tun hat. Die Methode „Versuch und Irrtum" (trial and error) führt fast immer zu einem unbrauchbaren Ergebnis. Professionelle Recherche hingegen besteht aus einer klar strukturierten, aber flexibel angewendeten Suchlogik, der sog. Boolschen Algebra, die (Teil-)Begriffe nach einem spezifischen System miteinander verknüpft und in der Regel schnell zu eindeutigen Ergebnissen führt. Dass die jeweils unterschiedliche Boolsche Algebra der wichtigen Suchmaschinen nicht Teil der Allgemeinbildung ist und auch (noch) nicht zum Schulunterricht gehört, erklärt den weit verbreiteten und hartnäckigen Irrtum, man könne Suchmaschinen den Befehl erteilen, eventuell politisch bedenkliche Seiten zu filtern und sie gar nicht erst anzuzeigen.

Literatur zum Thema „Suchmaschinen" ist so gut wie nicht vorhanden. Das verwundert, arbeiten doch angeblich hochkarätig besetzte Expertengremien schon an Filtersystemen. Die CDU unterstützt unter dem Namen „Projekt Gatekeeper" die Entwicklung eines globalen Filtersystems,[4] Bundesjustizministerium Hertha Däubler-Gmelin forderte gleichfalls eine flächendeckende Durchsetzung von Filtern.[5] Tilman Baumgärtel schreibt: „Lediglich einige WWW-Sites bieten Informationen zum Thema ‚Suchmaschinen' an, fast alle sind freilich in Englisch und zum Teil offensichtlich von Geschäftsmacher-

4 Vgl. Heise online (www.heise.de/newsticker), CDU propagiert „Netz gegen Gewalt" und Filtersysteme, 10.8.2000

5 Vgl. Florain Rötzer, Bundesjustizministerium befürwortet Filter, Telepolis (www.heise.de/tp), 26.4.2000

betrieben, die aus ihrem – oft bescheidenen – Wissen über Suchmaschinen Kapital schlagen wollen ..." [6]

Eine Suchmaschine besteht aus drei Elementen: neben dem Eingabefeld (interface) aus einer Software, meistens *robot* genannt, die das World Wide Web durchsucht. Der *robot* indiziert den Text einer Seite, aber nicht den Text, den der Surfer auf dem Monitor sieht, sondern den Text der Programmiersprache H(yper)T(ext)M(arkup)L(anguage).[7] Darin verbergen sich Befehle, die der Such-Software bestimmte Schlüsselworte der Seite als prominent vorgeben. Nach welchen Prinzipien eine Suchmaschine etwas in ihren Index, das dritte Element, aufnimmt, ist in der Regel Betriebsgeheimnis der Suchmaschinen-Betreiber und bei jeder *search engine* anders. Wer nach Informationen über den Holocaust sucht, bekommt immer auch Webseiten von Holocaust-Leugnern. Wer nach „Nazis" sucht, bekommt auch antifaschistische Seiten über Nazis.

Eine Suchmaschine kann nicht nachdenken oder bestimmte Inhalte als bedeutsam bzw. seriös anzeigen. Kataloge wie Yahoo (www.yahoo.com) oder der deutsche Dino (www.dino-online.de) hingegen bieten ausgewählte Linksammlungen, deren Güte sich nach Vorgaben der Betreiber richtet.

Um eine Seite mit einem bestimmten Inhalt zu finden, ist es völlig unerheblich, ob diese auf einem Rechner in Ulan Bator, Washington oder Clausthal-Zellerfeld liegt. Für den *robot* einer Suchmaschine ist das gleich, er untersucht nur den HTML-Code. Und der wäre identisch, falls eine Webseite auf mehrere Computer „gespiegelt", das heißt kopiert wurde. Organisationen, die staatliche Zugriffe fürchten, wie Bürgerrechtler/innen in Diktaturen, Guerilla-Bewegungen wie die kolumbianische FARC, aber auch Rechtsextremisten wie der deutsch-kanadische Nazi Ernst Zündel (www.zundelsite.org) sind schon seit Jahren dazu übergegangen, von ihrer Homepage einen oder mehrere „Mirrors" anzubieten. Die Berliner Rechtsextremisten Christian Wendt und Frank Schwerdt, die die Website von „Radio Germania" betreiben, haben vor Monaten mehrere Mirrors angelegt, darunter einige in den USA. Als ihre Domain[8] *www.radio-germania.de* gesperrt wurde, waren sie dennoch zu erreichen und immer noch durch jede Suchmaschine zu finden.

Einer der hartnäckigsten Irrtümer über das „Internet" lautet, dort sei es möglich, sich zu verstecken oder anonym zu bleiben. Für das World Wide Web gilt vielmehr: Falls ein Computer eine Website findet und sie anzeigt,

6 Tilman Baumgärtel, „Reisen ohne Karte – Wie funktionieren Suchmaschinen?", duplox-wz-berlin.de/texte/suchm/7/98

7 Aus diesem Grund haben die Dateien, die Texte im World Wide Web anzeigen, die Endung html, zum Beispiel datei.html.

8 Eine Domain besteht aus einem Zahlencode. Bei der Eingabe einer Adresse wird die Buchstabenfolge vom Domain Name Server übersetzt, www.nazis.de zum Beispiel in 212.227.242.51. Wüsste man die Zahlenreihe, könnte man sie direkt in das Adressfeld des Browsers eingeben. Deswegen ist die Behauptung, es gebe „rechtsextremistische" Domains wie „heil-hitler.de" – technisch gesehen – absurd.

findet man ausnahmslos auch jemanden, der dafür verantwortlich ist, sei es technisch – also den Provider, der Internet-Dienstleistungen anbietet – oder sogar den Inhalt betreffend, also den Domain-Inhaber: Namen, Anschrift, Telefonnummer, E-Mail-Adresse. Da der Provider den Realnamen seines Kunden kennt, der für die Leistungen bezahlen muss, und die Logfiles des Datenverkehrs zum Kunden hat, können die Strafverfolgungsbehörden jederzeit darauf zugreifen – nach deutschem Recht ist der Provider verpflichtet, alle Informationen zu beschaffen. Die Inhaber aller Domains, zum Beispiel: *bundestag.de*[9], finden sich in öffentlich im Internet zugänglichen Quellen, den sog. Whois-Datenbanken.[10] Diese geben Auskunft über den Provider, falls eine strafrechtlich relevante Seite auf einem Unterverzeichnis des Dienstleisters liegt. Die „Kameradschaft Gera" (internettrash.com/users/ksg/) ist Kunde bei der Firme Langtech Corporation in East Brunswick, Bundesstaat New York (USA), die Telefonnummer des Unternehmens findet man in 15 Sekunden. Nur wird diese Firma dem Ersuchen deutscher Behörden um Auskunft, wer der Kunde sei, kaum nachkommen, auch wenn die Homepage der „Kameradschaft" etwas enthält, was nach deutschem Recht strafbar ist. Es verwundert, wenn selbst ermittelnde Polizeibeamte sich das Wissen über diese leicht zugänglichen und kostenlosen Methoden der Recherche im Internet – wenn überhaupt – im Selbststudium aneignen müssen oder zum zeitaufwendigen Dienstweg über die „EDV-Abteilung" gezwungen werden.

Das Problem liegt also nicht in der Zuordnung einer Seite, sondern den unterschiedlichen Rechtssystemen der einzelnen Länder. Da diese ihren eigenen moralischen und kulturellen Normen und Traditionen verpflichtet sind, wird eine Forderung nach „strafrechtlichen Mindeststandards" „über die Grenzen hinweg", wie sie die „Berliner Erklärung" meint einklagen zu müssen, völlig aussichtslos sein. Wie sollte, zumal es um Meinungsdelikte geht, ein Konsens etwa zwischen den Regierungen der Bundesrepublik Deutschlands, der USA, Burmas, Saudi-Arabiens und Kenias aussehen? Der einzelne Surfer kann, ohne dass ihn jemand daran hindert, weltweit Dienstleistungen von Providern in Anspruch nehmen. Der Bundestagsabgeordnete Klaus Müller (Bündnis 90/Die Grünen) etwa besitzt eine Domain bei einem Provider auf der Insel Sankt Helena und ist im WWW unter der URL „www.mueller.sh" zu finden.

---

9 Oder: navy.mil (die US-amerikanische Marine), banrep.gov.co (die Banco de la Republica in Bogotá, Kolumbien), royal.gov.uk (das englische Königshaus), skyinet.de (Sky Internet Inc. in Quezon, Philippinen, von deren Rechnern der berüchtigte „Loveletter"-Virus seinen Ausgang nahm). Die gesamte Adresse, der URL (uniform resource locator), etwa: „http://www.bundestag.de", verhält sich zur Domain „bundestag.de" wie Straße und Hausnummer zum Eintrag in das Grundbuch.

10 Zum Beispiel www.allwhois.com mit Weiterleitung zu nationalen Whois-Datenbanken. Für deutsche Domains empfiehlt sich die Datenbank der DENIC in Frankfurt am Main (www.denic.de/servlet/whois).

Propaganda im WWW

Die Anti-Defamation League der B'nai B'rith-Loge (www.ad.org) publizierte 1996 eine Schrift mit dem Titel „Extremists Exploit the Internet", eine Übersicht über rassistische und antisemitische Seiten im World Wide Web.[11] Der in den USA nicht verbotene Ku-Klux-Klan hatte schon damals eine Homepage[12], auf der, was nicht überraschte, diejenige Propaganda zu finden war, die man von dieser Organisation erwartete. Einer der wichtigsten Protagonisten und Initiatoren der Neonazi-Seiten im WWW ist der US-Amerikaner Don Black. Dieser saß Anfang der 80er Jahre in einem Bundesgefängnis, weil er versucht hatte, die Regierung des Staates Dominica in der Karibik mit Gewalt und Hilfe einer ultrarechten Söldnertruppe zu beseitigen. Black brachte sich während seines Gefängnisaufenthalts die Grundkenntnisse in verschiedenen Programmiersprachen bei. Nach seiner Entlassung gründete er sowohl eine Mailbox (Bulletin Board System) für Neonazis als auch die Website „stormfront.org", die sich Mitte der 90er Jahre zu einer zentralen Anlaufstelle für Antisemiten und andere Rechtsextremisten weltweit entwikkelte. Deutsche Neonazis kopierten Texte auf die Rechner Don Blacks. Das berüchtigte Strategie-Papier des „Nationaldemokratischen Hochschulbundes" mit dem Titel „Schafft befreite Zonen!" liegt dort schon mehrere Jahre online. Da grafische Symbole ebenfalls in den USA nicht der Zensur unterliegen, bietet die „Stormfront"-Seite eine breite Auswahl von Hakenkreuzen und anderer nationalsozialistischer Devotionalien.

Die heutige rechtsextreme Propaganda per World Wide Web konzentriert sich auf zwei Schwerpunkte: Revisionismus und Musik. Die Leugnung oder Verharmlosung des Holocaust steht bei deutschsprachigen Websites als heimlicher Konsens im Hintergrund. Liegt die Domain nicht in Deutschland, wird das Thema offen angesprochen. Eine Linksammlung, auf deutschen Neonazi-Seiten „Verweise in das Weltnetz" genannt, muss nicht nur Links enthalten, die der politischen Meinung des Betreibers entsprechen, sondern kann allgemein dem Ziel dienen, die Attraktivität der Seite zu erhöhen. Die überwiegende Auffassung in der deutschen Rechtsprechung geht davon aus, einen Link grundsätzlich als Zugangsvermittlung im Sinne von § 5 III TDG zu verstehen, was bedeutet, dass eine Verantwortlichkeit für die fremden Inhalte, auf die verlinkt wird, grundsätzlich nicht gegeben ist.[13] Tendenziell weisen die bis jetzt bekannten Urteile darauf hin, dass ein „zu Eigen machen" der verlinkten Websites sich aus dem jeweiligen Ambiente ergibt.[14] Deswegen

11 Korrekt beschrieben als „a relativly new Internet technology"

12 Links zu allen rechtsextremistischen Websites auf www.burks.de/nazis.html

13 Vgl. zum Stand der Diskussion über die Haftung für fremde Inhalte infolge der Setzung eines Links: http://www.afs-rechtsanwaelte.de/linkhaftung.htm

14 Vgl. Patrick Goltzsch, Die feinen Link-Unterschiede, in: Telepolis, 23.4.1999, http://www.heise.de/tp/deutsch/inhalt/on/2782/1.html

bieten viele deutschsprachige Nazi-Websites einen standardisierten Text auf der Eingangsseite, welcher behauptet, der Betreiber mache sich die Inhalte der Links nicht zu Eigen oder distanziere sich davon.[15] Es dürfte auch in Zukunft juristisch sehr schwierig sein nachzuweisen, dass jemand mit dem Inhalt eines evtl. indizierten Links einverstanden ist, obwohl er explizit das Gegenteil behauptet. Dem widersprechen unter anderem sowohl die Unschuldsvermutung, die das deutsche Recht vom US-amerikanischen unterscheidet, wie der Leitsatz „In dubio pro reo".

Im revisionistischen Milieu gehört es zum „guten Ton", per Link auf die jeweiligen anderen Seiten zu verweisen, um insgesamt die Zahl der Zugriffe zu erhöhen und die Website somit als Werbeträger für Firmen aus dem eigenen politischen Spektrum attraktiv zu machen. Der Neonazi Ernst Zündel bietet auch Links zur Homepage des Simon-Wiesenthal-Zentrums (www.wiesenthal.com) an sowie auf die des antifaschistischen Nizkor-Archivs (www.nizkor.org). Für den ahnungslosen Betrachter erscheint die Leugnung des Holocaust durch Zündel als „Meinung", der von seinen „Gegnern" – den Juden – widersprochen wird und über die gestritten werden kann. Gut gemeinte Initiativen „gegen Rechtsextremismus im Internet", die ausschließlich „gute" Links anbieten, müssen vor diesem Hintergrund ins Leere laufen. Eine Website, die alle Links anbietet, ist für neugierige Jugendliche allemal interessanter. Wer sich ernsthaft mit dem Thema auseinandersetzt, findet ohnehin mit Hilfe von Suchmaschinen genau das, was er oder sie sucht. Von den Akten der Nürnberger Kriegsverbrecherprozesse bis zu detaillierten Widerlegungen der Holocaust-Leugner findet sich alles im Internet – im WWW, als File-Sammlung oder im Usenet. Nazis wie Zündel kokettieren seit Jahren damit, dass sie sich trauen, den politischen Gegner zu verlinken. Eine offensive Auseinandersetzung der Neonazi-Propaganda online muss diese Tatsache berücksichtigen. In mehrere Diskussionsforen wird regelmäßig eine „Leuchter-FAQ"[16] gestellt, „FAQ" steht für: häufig gestellte Fragen (frequently asked questions). Diese umfangreiche Sammlung von Argumenten beweist detailliert, mit welchen rhetorischen Tricks, Lügen und Verdrehungen Neonazis arbeiten. Wer jedoch eine vorgefasste Meinung hat, sucht nur solche Internet-Angebote, die der eigenen Weltanschauung entsprechen. Ob das Internet politische Einstellungen signifikant ändert, ist bis jetzt nicht erforscht worden.

Wie rechtsextreme Websites auf die Nutzer wirken und wie oft sie aufgerufen werden, ist unbekannt. Die Zahl der sog. Hits oder Besuche (page

---

15 Vgl. den „Nationalen Online Anzeiger" http://www.aryan.de, Matthias Weber, Freudenstadt

16 Im WWW unter www.burks.de/leuchter.html, zusammengestellt von Martin Paegert. Vgl. auch Der Leuchter-Report – Auschwitz-Lüge und Leugnung des Holocaust, www.eikon.tum.de/~rwulf/leuchter, sowie: Jürgen Langowski, Argumente gegen Auschwitzleugner, www.h-ref.de/index.shtml

views) sind nur den Logfiles zu entnehmen, die der Domain-Inhaber von seinem Provider als Teil des Service zur Verfügung gestellt bekommt.[17] Die beliebten Seitenzähler (counter), die Internet-Unternehmen anbieten, sind unzuverlässig und können leicht „gefakt" werden.

Man darf vermuten, dass rechtsextreme Seiten umso gefährlicher und wirkungsvoller bei potenziellen Sympathisanten sind, je seriöser sie sich geben. Attraktiv sind vor allem Websites aus dem rechten Spektrum, die weder durch „einschlägige" Domain-Namen noch direkt durch plumpe Propaganda auffallen. Neonazis aus Mecklenburg hatten sich die Domain „stralsund.net" gesichert, auf der auf den ersten Blick unverfängliche Informationen über mehrere Orte in der Umgebung Stralsunds angeboten wurden. Wer jedoch die Seite durchforstete, stieß schnell auf einschlägige Texte. Gegenwärtig heißt die entsprechende Seite „stoertebeker.net". Das gilt zum Beispiel auch für die NPD in Sachsen. Jens Lehmann, der als Besitzer zahlreicher Domains eingetragen ist, liefert vor allem Jugendlichen Internet-Angebote, die bewusst Begriffe vermeiden, die als rechtsextremistisch oder neonazistisch identifiziert werden könnten. Auf der Seite „sturmschritt.de" heißt es zum Beispiel: „Auf dieser Netzseite bieten wir – nicht nur für Jugendliche – neben Anregungen zur sinnvollen Freizeitgestaltung auch Möglichkeiten, sich mit ursprünglicher europäischer Kultur auseinanderzusetzen."

Versuche, mit juristischen Mitteln „Hass" zumindest von deutschen Servern[18] zu verbannen, müssen scheitern, wenn keine illegalen Inhalte angeboten werden. Das trifft auf fast alle Seiten zu, die von langjährigen Kadern und Aktivisten der ultrarechten Szene betreut werden. „Radio Germania" bot auf der Startseite einen Satz Martin Luthers feil: „Trau keinem Juden auf seinen Eid" – solch subtile antisemitische Propaganda ist strafrechtlich kaum zu fassen.

Das gilt auch für Musik-Angebote. Tauschbörsen ermöglichen es, Tondateien jedweder Art und Größe per Software wie „Napster" oder „Gnutella" zu finden, zu kopieren und anderen anzubieten. Da Musik rechtsextremer Gruppen oder einzelner Personen in Deutschland nicht öffentlich verkauft werden darf, greift die Szene, wie schon seit 20 Jahren, auf den einschlägigen Versandhandel zurück. Durch das World Wide Web kann man Kataloge, die früher per Post an den Kundenkreis versandt wurden, online durchstöbern und Hörproben abspielen. Die Websites werden flankiert von Diskussionsforen, meistens US-amerikanischer Firmen, in denen Gleichgesinnte sich über die neuesten Angebote informieren sowie die Listen indizierter CDs austauschen. Diese Foren werden von den Nutzern selbst mit geringem technischem

17 Zum Beispiel die Software „Webalizer" (http://www.mrunix.net/webalizer). Ein Besucher, der zehn Mal auf einer Website „klickt", erzeugt genau so viele „Hits" wie zehn Besucher, die je ein Mal klicken. Die Anzahl der „Hits" ist demnach wenig aussagekräftig.

18 Hier: dem Internet angeschlossene Rechner eines Providers

Aufwand eingerichtet. Voraussetzung dafür ist aber, dass man sich bei der jeweiligen Firma mit einer funktionierenden E-Mail-Adresse identifiziert und dann ein Zugangspasswort erhält.[19] Der weltweit größte Anbieter kostenloser Musikdateien, *mp3.com* aus San Diego (USA), bietet in seinen Charts einen Überblick, welche Musik besonders gefragt ist. Unter der Rubrik World Folk/World Traditions/European/German Charts ist der Neonazi Frank Rennicke allein mit zehn Titeln unter den ersten 15 vertreten; die einzelnen Lieder können kopiert oder online angehört werden. Im August 2000 stand sein Titel „Nürnberg 1946" (über den Hitler-Stellvertreter Rudolf Heß) an der Spitze, erst auf Platz zwölf folgte der politisch harmlose „Zillertaler Hochzeitsmarsch", noch nach dem „Verfassungsschutz-Ständchen", ebenfalls von Rennicke. *Mp3.com* erlaubt den Musikern, sich selbst per Link detailliert vorzustellen. Rennicke macht von diesem Angebot extensiv Gebrauch. Jugendliche, die keine anderen Quellen zur Verfügung haben oder diese nicht suchen, müssen glauben, bei dem fanatischen Neonazi Rennicke handle es sich um einen „vom System" zu Unrecht verfolgten, weil „kritisch" eingestellten Künstler. Dass ein Nazi an der Spitze der „traditionellen" deutschen Musik steht, liegt natürlich auch daran, dass die Klientel, die seinen Musikgeschmack teilt – „Volksmusik" im weiteren Sinn – eher nicht zur klassischen Gruppe der Internet-Nutzer gehört.

Auch für die Mehrzahl der Bands aus dem rechen Skinhead-Milieu gilt: Eine Indizierung durch die „Bundesprüfstelle für jugendgefährdende Schriften (sic!)" ist ein Gütesiegel, das den Verkauf via World Wide Web oder den Versand per privater E-Mail garantiert und beflügelt. Die Schriftenreihe der Bundesprüfstelle listet vierteljährlich alle indizierten Links und CDs im Detail auf. Da jeder die Hefte bestellen kann, gehört der rechtsextreme Versandhandel zu den treuesten Abonnenten. Etablierte Internet-Domains wie „Rock Nord" (rocknord.de) von Andre Goertz, Halstenbek, oder „Hanse Records" (www.hanse-records.de) von Steffen Rolfs, Lilienthal, verdienen ihr Geld nicht mit dem Verkauf illegaler Musik, sondern versuchen, mit politisch unverdächtigen Labels zu kooperieren und rechte Gruppen kompatibel für den Pop-Mainstream zu machen.[20] Ihr Verhältnis zur offen neonazistischen Musik-Szene wie dem Skinhead-Netz „Blood and Honour" (www.skrewdriver.org, Kevin Watmough, London) ist eher zwiespältig. Frank Rennicke distanziert sich von der Internet-Konkurrenz der Skinheads. Seiner Meinung nach sind die Glatzen „undeutsch". Weltanschaulich gilt sowohl für die Online-Präsenz als auch für die „klassische" neonazistische Propaganda via Text und Musik: Getrennt marschieren, vereint schlagen! Jedes Segment des Milieus bedient seinen eigenen Kundenstamm, die Nachfrage bestimmt das Angebot.

---

19 Die bedeutendsten Foren sind zur Zeit „White Power Mp3's" (pub9.ezboard.com/bwhitepowermp3) sowie „Skinheads mp3 World" (www.skinheads-mp3-world.de.st).

20 Vgl. dazu: Burkhard Schröder, Nazis sind Pop, Berlin 2000

Das Usenet ist seit einem halben Jahrzehnt ein wichtiges Feld rechtsextremer Propaganda. Neonazis dominieren nicht nur einschlägige Diskussionsforen wie *alt.politics-white-power, alt.flame.niggers, alt.music.white-power, alt.politics.nationalism.white, alt.politics.white-power, alt.revolution.counter, alt.skinheads* sowie *alt.revisionism.* Sie treten – mehr oder weniger offen – in allen Newsgroups auf, die im weiteren Sinn mit politischen Themen befasst sind. Schon im Jahr 1998 veröffentlichte der US-Nazi Milton Klein („Aryan Network") eine detaillierte Anweisung, wie eine Kampagne in den Diskussionsforen zu initiieren sei („On Tactics and Strategy for Usenet").[21] Diese neonazistische „Gebrauchsanweisung" für das Usenet sollte Pflichtlektüre für jeden sein, der sich mit der medialen Wirkung des Internets befasst. Einige dieser Tipps lauten: In Diskussionen müsse „the race issue" vermieden werden, um nicht die Aufmerksamkeit anderer auf sich zu ziehen. Illegale Inhalte sollten nicht verbreitet und unproduktive Debatten mit feindlichen Aktivisten vermieden werden. Outet sich ein Surfer als potenzieller Sympathisant rechter Ideologien, sollte er per persönlicher E-Mail kontaktiert werden. Einzelne, besonders aktive Neonazis sprechen sich vorher ab und treten als Gruppe in einer *newsgroup* auf, deren einzelne Mitglieder sich angeblich nicht kennen, sich aber in den Diskussionen positiv aufeinander beziehen. Ein Mittel der Propaganda ist schon seit der Zeit des Nationalsozialismus bekannt. Milton Klein schreibt: „Our overall Usenet strategy must be to repeat powerful themes over and over and over."

Im Unterschied zum World Wide Web ist es im Usenet möglich, völlig anonym zu bleiben, also E-Mail-Adressen zu benutzen, die nicht existieren. Das gilt auch für die Newsgroups, in denen Binärdateien (binaries), auch Bilder, hinterlegt werden. An eine fiktive Adresse kann aber auch keine Antwort geschickt werden. Für anonyme E-Mails – private oder öffentliche Mails im Usenet – existieren verschiedene Möglichkeiten. Technisch aufwendig ist das Fälschen des Kopfes der Nachricht, das aber ein solides Wissen über die Grundlagen des S(end)M(ail)T(ransfer)P(rotocols) verlangt.[22] Gebräuchlich und auch für Laien nutzbar sind sog. Anonymizer oder anonyme Remailer.[23] Diese Software vernichtet mit Hilfe kryptografischer Verfahren die IP-Adresse des Surfers, die ihn bzw. den Rechner, den er benutzt, eindeutig identifiziert. Die Datenspur ist selbst für den Betreiber dieser Dienste nicht mehr nachvollziehbar. Anonymizer und Remailer können nicht verboten werden. „Solange im Ausland solche Dienste betrieben werden, ist praktisch unvermeidlich, dass anonymisierte Nachrichten in das Inland gelangen. Auch

---

21 Im WWW unter: www.burks.de/tactic.html

22 Vgl. Thomas Hochstein, FAQ E-Mail-Header lesen und verstehen, sites.inka.de/ ancalagon/faq/headrfaq.html

23 Links: www.burks.de/krypto.html#anon

die Nutzung der Dienste vom Inland aus ist kaum zu verhindern.“ [24] Ein uneingeschränktes Verbot des Betriebs anonymer Remailer zum Beispiel für E-Mail wäre in Deutschland verfassungswidrig. Unter dem Schutz dieser Anonymisierungsdienste lässt sich aber kein Geld verdienen, weil der Kontakt zwischen Händler und Kunde nicht anonym bleiben kann. Kinderpornografie kann so z.B. nicht vertrieben werden, nur als (kostenlose) Provokation.

Das neonazistische Milieu nutzt für die Kommunikaton per privater E-Mail schon seit Jahren Verschlüsselungsverfahren, die kostenlos, allgemein zugänglich und leicht zu bedienen sind, wie etwa das Programm Pretty Good Privacy (www.pgpi.org), das zum Internet-Standard geworden ist. Seit der Entwicklung asymmetrischer Kryptografie[25] um die Mitte der 70er Jahre ist es unmöglich, so kodierte Nachrichten zu entschlüsseln. Otto Leiberich, ehemaliger Leiter des Bundesamtes für Sicherheit in der Informationstechnik, stellt fest: „Das Wettrennen der Codemaker mit den Codebreakern ist entschieden, die Codemaker haben gewonnen.“ [26] Noch unter Bundesinnenminister Manfred Kanther forderten hochrangige Verfassungsschützer das Verbot kryptografischer Verfahren; mit der Realität hatte das aber nichts zu tun.

Absichtserklärungen, wie gegen Rechtsextremisten im Internet vorzugehen sei, nehmen die Tatsachen in der Regel nur selten zur Kenntnis. Cornelie Sonntag-Wolgast, Staatssekretärin im Bundesinnenministerium, „will sich international verstärkt um ein wirkungsvolles Vorgehen gegen rechtsradikale Internetseiten bemühen“.[27] Sobald Fakten eingefordert werden, fallen die Kartenhäuser des Wünschens und Wollens schnell in sich zusammen. Appelle an Selbstverpflichtung und Verhaltenskodizes verhallen ungehört, denn ein Konsens moralischer und kultureller Werte weltweit existiert nicht und wird nicht existieren. Selbst in Deutschland herrscht keine Einigkeit darüber, was „Rechtsextremismus“ überhaupt ist. Der Kampf gegen „bedenkliche“ Seiten kann nicht mit obrigkeitsstaatlichen Mitteln geführt werden.

Das Internet als pädagogisches Problem

Warum sollten Schüler/innen nicht wissen, wie man die eigene Datenspur vernichtet, wie man anonym bleibt? Schüler/innen lernen zwar nicht in der

---

24 Hauke Möller, Gesetzliche Vorgaben für anonyme E-Mail, in: Datenschutz und Datensicherung 24 (2000), S. 344

25 Asymmetrische Kryptografie kommt ohne Generalschlüssel aus. Sie beruht auf dem mathematisch unlösbaren Problem der Faktorisierung sehr großer Primzahlen.

26 Otto Leiberich, Vom diplomatischen Code zur Falltürfunktion – Hundert Jahre Kryptographie in Deutschland, in: Spektrum der Wissenschaft 6/1999, S. 26ff., vgl. ergänzend: Burkhard Schröder, Tron – Tod eines Hackers, Reinbek bei Hamburg 1999, S. 123ff.

27 Siehe Heise online: Verstärkter Kampf gegen Kriminalität und Rechtsradikale im Internet, 29.7.2000, www.heise.de/newsticker/data/jk-29.07.00-004

Schule, warum es sinnvoll ist, statt Postkarten lieber Briefe zu verschicken, auch wenn man nichts zu verbergen hat. Sie tun es trotzdem. Das Thema bietet aber eine gute Gelegenheit, über den Schutz der Privatsphäre und die gesetzlich garantierten Grundrechte zu reden – Internet nicht nur als Teil des Informatik-, sondern des allgemeinen Unterrichts.

Gefährlich ist es, die Entscheidung, welche Inhalte des Internets in der Schule zur Kenntnis genommen werden, Firmen bzw. der Privatwirtschaft zu überlassen. Jeder Internet-Dienstleister kann jetzt schon Websites seiner Kunden sperren, falls er dieses Recht in den allgemeinen Geschäftsbedingungen formuliert hat. Schulen sollten keinen Provider wählen, der Filtersysteme einsetzt, auch wenn diese vom Nutzer selbst konfiguriert werden können. Oder nur aus dem einen Grund, die Schüler zu motivieren, solche Systeme möglichst schnell und effektiv „auszutricksen". Da Informationen darüber auch im World Wide Web zahlreich zu finden sind, handelt es sich um „eine der leichtesten Übungen".

Medienkompetenz bei Jugendlichen lässt sich nämlich nicht dadurch erreichen, dass die Entscheidung, welche Informationen ihnen zugänglich gemacht werden, der Industrie, der Politik oder gar den Lehrer(inne)n überlassen werden. Für Filter-Software gilt das ohnehin.[28] Wer Filter propagiert, hat die Funktionsweise des Internets schlicht nicht verstanden. Ein Lehrer, der Filter gar einsetzt, ist nicht nur fachlich inkompetent, sondern hat im Schuldienst überhaupt nichts zu suchen. In der Schule sollte das Bewusstsein darüber geschärft werden, was Menschenrechte sind. Eines dieser Rechte ist im Artikel 19 der „Allgemeinen Erklärung der Menschenrechte" der UNO-Vollversammlung aus dem Jahr 1948 formuliert. Es liest sich wie ein Grundgesetz des Internet: „Jeder hat das Recht auf Meinungsfreiheit und freie Meinungsäußerung; dieses Recht schließt die Freiheit ein, Meinungen ungehindert anzuhängen sowie über Medien jeder Art und ohne Rücksicht auf Grenzen Informationen und Gedankengut zu suchen, zu empfangen und zu verbreiten." Wer dieses Recht in Frage stellt, ist ein potenzieller Verfassungsfeind, auch wenn er sich zufällig schon im Schuldienst befindet.

Medienkompetenz hieße, dass Schülerinnen und Schüler alle Dienste des Internets nutzen können. Kompetenz zu vermitteln hieße auch, sie in die Lage zu versetzen, die Seriosität der gefundenen Informationen zu beurteilen. Dazu müssen sie zum Beispiel wissen, was eine Whois-Datenbank ist. Unterrichtsstoff der Zukunft wird das Wissen um die Eigenarten des „Headers" einer E-Mail beinhalten. Wer Informationen per elektronischer Post sendet und empfängt, muss sich der Risiken und Nebenwirkungen bewusst sein. Wer ein E-Mail-Programm benutzt, das erhebliche Sicherheitsmängel hat – wie der gegenwärtige Marktführer –, sollte im Sexualkundeunterricht konsequent

---

28 Marit Köhntopp/Dörte Neundorf, Inhaltsfilterung und Jugendschutz im Internet (eine Studie im Auftrag des Bundeswirtschaftsministeriums), http://www.secorvo.de/publikat/juschutz.htm

auch nicht den Gebrauch von Präservativen vorschlagen. Thema des Unterrichts muss Datensicherheit sein: Welche Spuren hinterlässt der surfende Schüler? Was ist unerwünschte Werbung, und warum bekommt man sie zugeschickt? Wie kann man sich dagegen wehren? – Sicherheit beim Surfen sollte so selbstverständlich sein wie Verkehrserziehung für Schüler. Das gilt auch für den Besuch auf Seiten mit rassistischen und antisemitischen Inhalten.

Wird im Unterricht die Struktur und Wirkung von Texten besprochen, eignet sich rechtsextreme Propaganda im World Wide Web und im Usenet hervorragend als Anschauungsmaterial. Lehrer/innen müssen damit rechnen, dass Schüler/innen auch Seiten mit Inhalten aufrufen, die nach deutschem Recht strafbar sind. Niemand wird das verhindern können. Bei vielen Heranwachsenden ist das Wissen um das, was strafbar oder nicht ist, ohnehin vorhanden. Man muss sie nur fragen.

Das Internet ist heute ein digitaler Spiegel der Welt, viel mehr als noch vor zehn Jahren, als es nur ein Abbild der *scientific community* war, mit Benimmregeln, an die sich alle hielten, und fast unerbittlich höflicher Kommunikation. Das Internet ist so gut oder schlecht wie das Leben. Schüler können das nicht früh genug lernen, vorausgesetzt, sie haben immer jemanden, mit dem sie reden können, wenn sie etwas verwundert, erschreckt oder gar anwidert. Das gilt für Pornografie, Rassismus, Antisemitismus oder andere Schmuddelecken. Jedes Kind, das unbeaufsichtigt vor dem Fernseher sitzt, ist mehr gefährdet, sich zu ängstigen, als ein Kind, das im Internet surft. Das Fernsehen hat einen großen Nachteil: Man kann es nur abschalten. Wer sehr neugierig ist oder gar das Gefühl der Angstlust genießen möchte, schaut weiter. Das Internet ist interaktiv: Wer sich ärgert, schreibt eine E-Mail zurück oder baut im Idealfall mit der Clique zusammen eine eigene Website, auf der alles das steht, was Schüler/innen der Welt oder dem Lehrer schon immer mitteilen wollten. Für Lehrer/innen, die das Internet nutzen wollen oder schon nutzen, aber nicht wissen, wie, gibt es zwei wichtige Tipps: die Schüler fragen und ein Buchstabenkürzel, das sich – im Jargon des Netzes – für schwierige Fälle eingebürgert hat: RTFM (read the f... manual)!

Georg Auernheimer

Für eine interkulturell orientierte Schule

Im Folgenden wird dafür plädiert, die Schule so zu gestalten, dass sie positive Erfahrungen ermöglicht, die gegen Ideologien der Ungleichheit immunisieren und die Angst vor Fremdheit nehmen. Diese Zielsetzung ist insofern unbescheiden, als es der Schule selbst unter günstigen Umständen schwer fällt, als pädagogische Institution sozialisationswirksame „Gegenerfahrungen" (Wilhelm Heitmeyer) zu den eindrucksvollen Alltagserfahrungen in dieser Gesellschaft zu ermöglichen, die durch Ungleichheit, Konkurrenz und abstrakte ökonomische Abhängigkeiten gekennzeichnet sind. Die Schule hat aber den Vorzug, dass sie – bei uns zumindest auf der Primarstufe – Heranwachsende unterschiedlicher sozialer und ethnischer Herkunft zusammenbringt und dass die schulische Sozialisation relativ früh einsetzt, was bei richtiger Gestaltung des Bildungsprozesses gewisse Chancen eröffnet. Außerdem kann die Schule ihre antirassistische Bildungsarbeit in einen Gesamtprozess demokratischer Erziehung oder Sozialisation einbetten. Pädagogische Anstrengungen, die sich isoliert – und womöglich kurzfristig – gegen rassistische Einstellungen richten, sind nämlich kontraproduktiv, zumal diese Art zivilisatorischer Mission ein Muster von Über- und Unterlegenheit reproduziert.[1] Daher trete ich für eine generell demokratisch organisierte und interkulturell orientierte Schule ein.

Motive und Ziele interkultureller Pädagogik

Das Programm einer interkulturellen Bildung gründet sich nach meinem Verständnis – wie das Modell einer multikulturellen Gesellschaft – vor allem auf zwei Grundprinzipien: den Gleichheitsgrundsatz und den Grundsatz der Anerkennung, verstanden als Anerkennung anderer Identitätsentwürfe. Diese

1 Vgl. Philip Cohen, Verbotene Spiele. Theorie und Praxis antirassistischer Erziehung, Hamburg 1994

Spezifikation ist wichtig, weil damit von vornherein dem Missverständnis begegnet wird, es ginge um die Anerkennung anderer Kulturen in einem verdinglichten Sinne. Vor allem in der pädagogischen Arbeit handelt es sich vielmehr um subjektiv bedeutsame, weil identitätsrelevante kulturelle Bezüge.

Die Anerkennung liefert auch das Motiv für das Verstehen, speziell auch für das Bemühen um interkulturelles Verstehen und für den Dialog. Während das Verstehen auf die Erschließung von Sinn und Bedeutung zielt, geht es im Dialog um Geltungsansprüche. Gleichheit und Anerkennung schließen beide an die allgemeinen pädagogischen Prinzipien der Gleichbehandlung und des Lebensweltbezugs an. Ich kann daher der Kultusministerkonferenz (KMK) nur zustimmen, wenn sie in ihren Empfehlungen zur „interkulturellen Bildung und Erziehung in der Schule" von 1996 erklärt: „Interkulturelle Bildung wird (...) zunächst in der gewissenhaften Wahrnehmung des allgemeinen Erziehungsauftrags der Schule verwirklicht." Zu fragen ist allerdings, inwieweit die Voraussetzungen zur Verwirklichung dieses Auftrages gegeben sind.

Aus den Grundintentionen interkultureller Bildung – Engagement für Gleichheit, Anerkennung von Differenzen sowie Befähigung zum interkulturellen Verstehen und zum Dialog – ergeben sich oft genannte Lernziele: Einsicht in rassistisch motivierte Ungleichheit und Diskriminierung, kritische Reflexion von Fremdbildern, Reflexion von eigenen kulturellen Selbstverständlichkeiten, Fähigkeit zur Empathie oder Perspektivenübernahme und Konfliktfähigkeit. Wiederum decken sich solche Ziele wie Kooperations- und Konfliktfähigkeit mit generellen pädagogischen Zielsetzungen. Nur sind sie fokussiert auf Rassismen, kulturelle Differenzen und die Kooperation in der *einen* Welt.

Die durch Einwanderung, die neue Multikulturalität und Globalisierungsprozesse bedingten Herausforderungen an die Schule aktualisieren zu einem großen Teil nur alte, uneingelöste Reformforderungen. Ausgangsthese dieses Beitrages ist, dass interkulturelles Lernen einen adäquaten institutionellen Rahmen benötigt. Um dies vorläufig nur unter zwei Aspekten anzudeuten: Die Aufklärung über „strukturellen Rassismus" wird kaum zur gewünschten kritischen Haltung oder gar zum praktischen Engagement führen, wenn Schüler/innen aus Migrantenfamilien schulisch benachteiligt werden. Denn die Schüler lernen so, dass „Ausländer(inne)n" ein niedrigerer Status zukommt. Es wird also mit ihrer Benachteiligung ein „heimlicher Lehrplan" implementiert. Zweites Beispiel: Kommunikative Fähigkeiten werden in einer „Lehranstalt" traditionellen Zuschnitts – mit Frontalunterricht etc. – nicht gefördert, sodass die Voraussetzungen für eine interkulturelle Kommunikation fehlen.

An dieser Stelle sei noch einmal wiederholt, dass die von den gesellschaftlichen Verhältnissen geprägten Erfahrungen und Denkweisen – Stichworte: Konkurrenz, Leistungsideologie, die Erfahrung des Ausgeliefertseins an „Sachzwänge", Erfahrung von Verständnislosigkeit etc. – die Intentionen interkultureller Bildung zumindest zum Teil konterkarieren.[2] Zusammen mit den öffentlichen Diskursen über Zuwanderung, „Flüchtlingsströme“, fremde Kulturen usw. zeitigen sie Sozialisationseffekte, die pädagogisch aufgearbeitet werden müssen. Wenn die Bildungsinstitutionen nicht Gegenerfahrungen ermöglichen, die unterstützen, was verbal vermittelt wird, dürften pädagogische Bemühungen unergiebig sein.

Defizite unseres Bildungssystems

Bereits auf der Makroebene des Bildungssystems lassen sich ungünstige oder auch für die interkulturelle Bildung förderliche Bedingungen identifizieren. Zuerst wendet sich die Aufmerksamkeit beim Thema „interkulturelle Bildung“ in der Regel den Curricula zu, und zwar der Frage, wie stark national orientiert und eurozentrisch sie sind. Aufgrund des föderalen Systems lässt sich das für Deutschland nicht einfach beantworten. Lehrplananalysen belegen zwar einerseits eine stark monokulturelle Ausrichtung,[3] zeigen aber andererseits, dass viele Richtlinien und Lehrpläne – nicht zuletzt aufgrund der Lernzielorientierung – Möglichkeiten zu einer Interpretation bieten, die interkulturellen Intentionen entgegenkommt.[4] Die schon zitierte KMK-Empfehlung von 1996 ermutigt zu einer solchen Auslegung und Anwendung. Allerdings finden Lehrer/innen dafür noch wenig Hilfe in der fachdidaktischen Literatur, weil die interkulturelle Dimension in den Fachdidaktiken noch einen eher marginalen Stellenwert hat.[5] Ein größeres Hindernis für eine Neuorientierung in Richtung „multiperspektivischer Bildung“ stellen vermutlich Schulbücher dar, nach denen Lehrer/innen ihren Unterricht teilweise stark ausrichten. Die vorliegenden Schulbuchanalysen für verschiedene Fächer, meist schon zehn bis 20 Jahre alt[6], sind nicht sehr ermutigend.

Grundlegend ist die staatliche Verantwortung für die Unterweisung in den Minderheitensprachen, die in einigen Bundesländern nur unzureichend wahrgenommen wird. Bildungspolitisch unverantwortlich ist der „Konsulatsunterricht“. Die Forderung nach einer bilingualen und -kulturellen Bildung für Schüler/innen aus Minderheiten wird, so scheint es, innerhalb der Fach-

---

2 Vgl. hierzu: Georg Auernheimer, Interkulturelle Bildung im gesellschaftlichen Widerspruch, in: Das Argument 224 (1998), S. 104ff.

3 Vgl. Hans Göpfert, Ausländerfeindlichkeit durch Unterricht. Konzeptionen und Alternativen für Geschichte, Sozialkunde und Religion, Düsseldorf 1985

4 Vgl. Sigrid Luchtenberg, Interkulturelle sprachliche Bildung. Zur Bedeutung von Zwei- und Mehrsprachigkeit für Schule und Unterricht, Münster/New York 1995

5 Vgl. Hans-Joachim Roth, Allgemeine Didaktik, in: Hans H. Reich u.a. (Hrsg.), Fachdidaktik interkulturell. Ein Handbuch, Opladen 2000, S. 11ff.

6 Eine Ausnahme bildet: Klaus F. Geiger u.a. (Hrsg.), Interkulturelles Lernen mit Sozialkundebüchern?, Kassel 1997

diskussion wieder stärker auf die Tagesordnung gesetzt. Nach einer sehr euphorischen Bewertung der „lebensweltlichen Mehrsprachigkeit“ (Ingrid Gogolin) werden heute die negativen Folgen einer vernachlässigten schulischen Förderung der Erstsprache stärker gesehen.[7]

Einer Einsicht darf sich die Bildungspolitik auf Dauer nicht verschließen: Schulanfänger/innen einer ihnen relativ fremden Unterrichtssprache auszusetzen, ohne irgendeinen Bezug zu ihrer Ausgangssprache herzustellen, ist ein Verfahren, das hinsichtlich seiner Effektivität den therapeutischen Methoden eines Doktor Eisenbart ähnelt. Zudem stellt sich das Problem, dass der Muttersprachliche Ergänzungsunterricht bisher, von Ausnahmen abgesehen, nur die Nationalsprachen der Anwerbeländer der früheren „Gastarbeiter“ umfasst. Soll die tatsächliche Sprachenvielfalt berücksichtigt werden, so muss wohl über die Formen der Organisation und Förderung neu nachgedacht werden. Neben dem Unterricht in staatlicher Regie ist für kleine Sprachgruppen Unterricht in Eigenregie mit finanzieller staatlicher Unterstützung realistisch. Dem Prinzip der Anerkennung trägt auch der Islamische Religionsunterricht Rechnung, für den Rahmenrichtlinien zu vereinbaren sind.[8]

Ebenso relevant wie die curricularen Aspekte sind einige Strukturmerkmale des Bildungswesens, die man nicht ohne weiteres mit interkultureller Bildung und Erziehung in Verbindung bringen wird. Auf *drei* Gesichtspunkte sei hier aufmerksam gemacht: den Stellenwert von Schule für soziales Lernen, die Selektionsmechanismen und den Umgang mit Heterogenität. Unter allen genannten Aspekten schneidet das deutsche Schulsystem gegenüber einigen (nicht allen) europäischen Nachbarländern eher schlecht ab.

Erstens sind die Möglichkeiten, Kooperation, Konfliktaustragung und Umgang mit Differenzen zu lernen, solange die Schule eine reine Unterrichtsanstalt ist, gering. Ganztagsschulen können zum Lebensraum mit einer Vielfalt außerunterrichtlicher Aktivitäten werden, wo Differenzen, aber auch Gemeinsamkeiten erfahrbar werden, die dann allerdings aufgegriffen und bearbeitet werden müssen.

Die Mehrgliedrigkeit unseres Schulsystems zwingt zweitens zu frühen Schullaufbahnentscheidungen und macht diese trotz einer gewissen Durchlässigkeit zwischen den Schulzweigen schwer korrigierbar, was die Chancengleichheit für mehrfach benachteiligte Minderheiten schmälert und so im Bewusstsein aller fixe soziale Zuordnungen bestätigt (etwa das Image der Haupt- als „Ausländerschule“). Nebenbei trägt die frühe Schullaufbahnentscheidung den Leistungsdruck schon in die Grundschulen hinein, was dem sozialen und damit auch interkulturellen Lernen abträglich ist. Gesamtschul-

7 Vgl. Gesa Siebert-Ott, Zweisprachigkeit und Schulerfolg. Die Wirksamkeit von schulischen Modellen zur Förderung von Kindern aus zugewanderten Sprachminderheiten. Universität zu Köln/Landesinstitut für Schule und Weiterbildung NRW, Soest 1999

8 Vgl. zu Nordrhein-Westfalen: Werner Schiffauer, Fremde in der Stadt. Zehn Essays über Kultur und Differenz, Frankfurt am Main 1997, S. 50ff.

systeme erhöhen bei sehr ungleichen Startbedingungen die Chancengleichheit, sind der sozialen Integration förderlicher und deshalb einer Einwanderungsgesellschaft adäquat. Eine bildungspolitische Mindestforderung bleibt die sechsjährige Grundschule.

Drittens zeitigt ein Bildungssystem, das der Heterogenität der Lernvoraussetzungen mit einer Strategie der äußeren Differenzierung begegnet (neben den Schulzweigen Sonderschulen etc.) einen beruflichen Sozialisationseffekt beim Personal. (Scheinbare) Homogenität der Lerngruppen wird zur Bedingung erfolgreichen Unterrichts. Der Umgang mit Heterogenität wird nicht gelernt. Die zuerst von Annedore Prengel formulierte Annahme, dass zwischen einer Integrativen Pädagogik im Umgang mit Behinderungen und Interkultureller Pädagogik ein positiver Zusammenhang besteht, wird durch die vergleichenden Studien von Christina Allemann-Ghionda bestätigt.[9]

Auf dem Weg zur multikulturellen Schule

Die Schulen einiger Bundesländer sind inzwischen verpflichtet oder gehalten, unter Berücksichtigung ihres Umfeldes und ihrer spezifischen Stärken eine „Schulphilosophie“ und ein „Schulprofil“ zu entwickeln, aus dem sich Aufgabenschwerpunkte für ein Schulprogramm ableiten lassen. Gerade die migrationsbedingte Veränderung in der sprachlichen Zusammensetzung der Schülerschaft müsste Anlass sein, gemeinsam darüber nachzudenken, welche Relevanz diese je spezifische Zusammensetzung und die multikulturelle Konstellation im Umfeld für die Schule haben. Jede Schule besitzt ihre, meist freilich unausdrückliche, naturwüchsige, von einer dominanten Gruppe oder von unreflektierten Traditionen geprägte „philosophy“. An deren Stelle zu setzen wäre ein explizit formulierter, von Zeit zu Zeit neu zu bestätigender Grundkonsens. In den dafür nötigen Diskussionsprozessen kommt engagierten Lehrergruppen oder Moderator(inn)en als Impulsgeber(inne)n eine große Bedeutung zu. Sinnvoll wäre also eine Initiativgruppe Interkulturelles Lernen, die mit Rücksicht auf die Mehrsprachigkeit der Schülerschaft ein neues Leitbild entwirft und Anstöße für eine interkulturell orientierte pädagogische Arbeit gibt. Diese müssten im „Schulprogramm“ als „Leitdimensionen“ festgehalten werden, welche dann im dritten Schritt von den Fachkonferenzen fachdidaktisch umzusetzen wären.

Ein so entwickeltes Schulprogramm wird der Schule auch ein Profil nach außen geben. Nicht zuletzt die Migranteneltern dürften die Abkehr von der monokulturellen Orientierung aufmerksam registrieren. Multikulturalität,

---

9 Vgl. Annedore Prengel, Pädagogik der Vielfalt. Verschiedenheit und Gleichberechtigung in Interkultureller, Feministischer und Integrativer Pädagogik, Opladen 1993; Christina Allemann-Ghionda, Schule, Bildung und Pluralität. Sechs Fallstudien im europäischen Vergleich, Bern 1999

speziell Mehrsprachigkeit, kann auch im äußeren Erscheinungsbild der Schule, in ihrer optischen Gestaltung, zum Ausdruck gebracht werden. In englischen Schulen sind beispielsweise mehrsprachige Hinweisschilder nicht unüblich.[10] Hauptbestandteil der äußeren Gestaltung einer Schule sind natürlich die Produkte aus dem Unterricht, wo auch Arbeiten mit interkulturellem Charakter dokumentiert werden können.

Hier schließt der Gedanke einer heute viel diskutierten „Öffnung" der Schule an. Die Kooperation mit anderen pädagogischen und sozialen Institutionen, mit Vereinen und Verbänden vor Ort – die Migrantenorganisationen nicht zu vergessen – bereichert das Schulleben. Eine Erweiterung der Funktionen über den bloßen Vormittagsunterricht hinaus ist ohne sie kaum möglich. Vielfach propagiert wird heute die Kooperation von Schule und Jugendarbeit. Positive Erfahrungen hat man mit gemeinsam eingerichteten und betriebenen „Schülerclubs" gemacht.[11]

Die Arbeit einer guten Schule beschränkt sich nicht auf den Unterricht. Außerunterrichtliche Aktivitäten in Arbeitsgemeinschaften, Clubs, Theater-AGs, Musikbands oder auch befristeten Komitees sind unter interkulturellen Aspekten wichtig, weil stärker als im Unterricht Kooperation und Zusammenleben gelernt werden können. Die Schüler sind hier mehr genötigt, sich aufeinander einzulassen, sich auseinanderzusetzen und zu arrangieren.[12] Außerdem bietet sich gerade die musisch-ästhetische Arbeit für kulturelle Synthesen, aber auch für die verschlüsselte Problemdarstellung mit Verfremdungseffekten an. Theaterszenen lassen sich übrigens mehrsprachig gestalten.

Auch die Vielfalt der Lernorte ist bedeutsam: Außerschulische bieten für soziales und daher auch interkulturelles Lernen besonders günstige Bedingungen. Eine Schule mit solchen Angeboten kann sich nicht auf den Vormittagsunterricht beschränken. Zwar gibt es hierzulande – anders als in vielen anderen Staaten – die Ganztagsschule bislang nicht, aber gleitender Schulanfang, aktive Pausengestaltung, Mittagsbetreuung unter Mitarbeit von Eltern oder auch unter Nutzung von Vereinspartnerschaften wurden inzwischen an vielen Schulen eingeführt.

Eine multikulturelle Profilierung der Schule und Kontakte mit Einrichtungen oder Vertreter(inne)n der Einwanderer-Community können die häufig registrierten Zugangsbarrieren von Migranteneltern abbauen. Bekanntlich nehmen diese Angebote der Beratung und Mitwirkung oft nicht wahr. Hausbesuche bei ihnen sind hilfreich, werden aber nicht nur wegen des damit verbundenen Zeitaufwands selten durchgeführt. Besser oder zumindest ergän-

---

10 Vgl. z.B. Dietlind Fischer u.a., Auf dem Weg zur Interkulturellen Schule. Fallstudien zur Situation interkulturellen und interreligiösen Lernens, Münster 1996

11 Vgl. Britta Kollberg, Die Wiederentdeckung des Pädagogen-Schülerclubs in Berlin und anderen Bundesländern, in: Interkulturelles Lernen. Arbeitshilfen für die politische Bildung, Bonn 1998 (Bundeszentrale für politische Bildung), S. 226ff.

12 Vgl. Manfred Bönsch, Beziehungsdidaktik. Zur Neustrukturierung sozialen Lernens, in: Die Deutsche Schule 1992, S. 300ff.

zend wichtig wären Strategien, mit denen Migranteneltern motiviert werden, sich gemeinsam zu artikulieren. Erfolg versprechende Alternativen von Elternarbeit sind Kursangebote oder die Mitwirkung von Eltern bei Schulveranstaltungen,[13] sofern sie sich nicht aufs Kulinarische oder Folkloristische beschränkt.

Unabdingbare Voraussetzung interkultureller Bildung ist ein gutes Sozialklima an der Schule, das symmetrische, vertrauensvolle Lehrer/innen-Schüler/innen-Beziehungen, eine Kultur der offenen Türen, Transparenz der Entscheidungen und Mitbestimmungsmöglichkeiten für die Schüler/innen einschließt.[14] Die Lehrer/innen dürfen ihre Berufsrolle nicht zu eng definieren, sollten Ansprechpartner/innen für die Schüler/innen sein und positive Modelle für Konfliktlösungen gerade auch im interkulturellen Bereich abgeben. Angesichts der Gefahr eines „heimlichen Lehrplans der Diskriminierung" ist darauf zu achten, dass Migrantenkinder und -jugendliche nicht unbeabsichtigt benachteiligt werden.

Ein gutes Sozialklima, als „Hätschel"-Atmosphäre missverstanden, garantiert allerdings noch nicht soziales Lernen, das nicht zuletzt auf eine vernünftige Konfliktaustragung und -regelung abzielt. Dafür ist Metakommunikation – speziell auch in Hinblick auf die interkulturelle Dimension von Beziehungen – unerlässlich. Der in der Grundschulpädagogik verbreitete Morgenkreis bietet ein Muster für eine institutionalisierte Form zur Thematisierung von Beziehungsaspekten. Ähnliche Gelegenheiten zur Metakommunikation müssten gerade mit Blick auf interkulturelle Beziehungen institutionalisiert werden.

Bei der Unterrichtsorganisation sollten Segregationsmaßnahmen wie Vorbereitungs- oder Auffangklassen möglichst vermieden werden. Getrennte Lerngruppen sind nur zu rechtfertigen, wenn die Vorzüge hinsichtlich der Förderung von Schüler(inne)n stärker wiegen als die Nachteile. Eine besonders fragwürdige Praxis ist es, Lehrkräften mit wenig Unterrichtserfahrung und befristeten Verträgen Lerngruppen zur besonderen Förderung anzuvertrauen. Nicht unüblich scheint überhaupt die Entlastungsstrategie zu sein, Angebote für Migrantenkinder an eher randständige Mitglieder des Kollegiums zu delegieren. Da solche „Gebräuche" auch das Gesellschaftsbild der Schüler beeinflussen dürften, kann man von einem „heimlichen Lehrplan" der Segregation sprechen.

Auch andere Formen der Arbeitsteilung und Aufgabendelegation wären kritisch zu überprüfen, denn sie verhindern meist, dass sich das ganze Kollegium für die interkulturelle Bildung und generell für die Migrationsfolgen verantwortlich weiß. Formen des *Teamteaching* sollten erprobt werden. Für die Sekundarstufe würde sich das an einigen Gesamtschulen seit Jahren

13 Vgl. Dietlind Fischer u.a., Auf dem Weg zur Interkulturellen Schule, a.a.O.

14 Vgl. Manfred Bönsch, Beziehungsdidaktik, a.a.O.; Philip Cohen, Verbotene Spiele, a.a.O.

praktizierte Team-Kleingruppen-Modell (TKM) empfehlen, weil es eine Kontinuität der Schüler/innen-Lehrer/innen-Beziehungen gewährleistet und die negativen Folgen der Verfachlichung minimiert.

Die „kollegiale Fallberatung“ erscheint gerade bei (scheinbar) kulturbedingten Konflikten und bei rassistischem Verhalten angebracht.[15] Denn hier ist es wichtig, dass verschiedene Sichtweisen und Situationsdeutungen eingebracht und berücksichtigt werden. Sehr hilfreich wäre Supervision, weil sowohl der Umgang mit rassistischen Äußerungen als auch teilweise mit interkulturellen Konfliktsituationen pädagogisch prekär sein kann und oft besondere Sensibilität erfordert.

Formen des offenen, schülerzentrierten Unterrichts, die sich inzwischen im Grundschulbereich weitgehend durchgesetzt haben, kommen den Intentionen interkultureller Bildung sehr entgegen, weil sie der Verschiedenheit der Lernzugänge Rechnung tragen. Formen der Binnendifferenzierung sind äußerer Differenzierung vorzuziehen.[16]

Sollen Schüler/innen nicht in der Schule selbst die Erfahrung von strukturellem Rassismus machen und damit in einem fragwürdigen Gesellschaftsbild bestätigt werden, müssen Übergangsempfehlungen, Sonderschulüberweisungs- und Versetzungsverfahren von Zeit zu Zeit kritisch überprüft werden. Nur mit einem solchen *Monitoring* kann die Schule dem Vorwurf „institutioneller Diskriminierung“ entgehen. Die überproportionalen Schulmisserfolgsquoten, speziell der überproportional hohe Anteil an Sonderschulüberweisungen von Migrantenkindern, lässt die Annahme begründet erscheinen, dass eine zwar nicht absichtsvolle, aber kaum weniger problematische „institutionelle Diskriminierung“ stattfindet.[17] Als Grund dafür wird die Bevorzugung möglichst homogener Lerngruppen oder auch eine Überbewertung der sprachlichen Kompetenz vermutet.

Dazu kommen je nach lokaler Konstellation nicht eingestandene Motive des Erhalts der Institution. Wie soll z.B. eine ländliche Schule mit Haupt- und Realschulzweig auf die gestiegenen Bildungsaspirationen der Mehrheit reagieren? Der Übergang auf die Realschule oder das Gymnasium ist für deutsche Schüler/innen und Eltern immer mehr zur Normalerwartung geworden. Das verleitet dazu, bei den Migrantenkindern, die dann häufig in den Hauptschulklassen den Unterricht tragen, besonders strenge Maßstäbe anzulegen. Selbstverständlich können die beschriebenen Mechanismen fallweise auch umgekehrt, nämlich zugunsten von Migrantenkindern, wirksam wer-

15 Siehe Alfred Müller u.a. (Hrsg.), Leitung und Verwaltung einer Schule. 8. Aufl. Neuwied/Kriftel/Berlin 1997, S. 113

16 Vgl. Wolfgang Klafki/Hermann Stöcker, Innere Differenzierung des Unterrichts, in: Zeitschrift für Pädagogik 1976, S. 487ff.

17 Siehe Michael Bommes/Frank-Olaf Radtke, Institutionalisierte Diskriminierung von Migrantenkindern. Die Herstellung ethnischer Differenz in der Schule, in: Zeitschrift für Pädagogik 1993, S. 483ff.

den.[18] Zwar ist nach meinem Eindruck die Notwendigkeit der Förderung aller benachteiligten Schüler/innen, darunter eben auch der Migrantenkinder, im pädagogischen Alltagsbewusstsein fest verankert.[19] Andererseits scheint es aber in den Köpfen vieler Lehrer/innen eine Vorstellung von der „normalen" Schulkarriere und dem „normalen" Berufsweg von Migrant(inn)en zu geben, die im Zweifelsfall die Empfehlung für die jeweils bescheidenere Variante nahelegt.

Noch ein paar Worte zu migrationsbedingten Konflikten und ihrer Bearbeitung: Die Ergebnisse einer Lehrerbefragung deuten darauf hin, dass die Mehrzahl der Lehrer glücklicherweise bei Konflikten generell und eben auch bei interkulturellen Konflikten pädagogische Reaktionen (Gespräch in der Klasse, Bearbeitung im Unterricht) administrativen Strategien (Meldung an den Schulleiter) vorzieht.[20] Eine methodische Konfliktschlichtung (Mediation), wie man sie inzwischen an manchen Schulen erprobt, kann gerade bei (scheinbar) interkulturellen Konflikten hilfreich sein, weil damit die eigentlichen Divergenzen aufgedeckt oder der tiefere Grund für Verletztheit freigelegt werden können. Wie Verfahren der Mediation im Schulbereich zu institutionalisieren sind, zeigt Kurt Faller.[21] Wenn allerdings die Konfliktanlässe im öffentlichen Raum der Schule liegen, z.B. rassistische Sprüche an den Wänden, so lässt sich ein Konflikt kaum noch innerhalb der Klasse oder gar unter vier Augen bearbeiten. Aber auch hier kommt es darauf an, ihn unaufgeregt, ohne missionarischen Eifer, zu verhandeln.

Im Gefolge der Einwanderung sind Gruppenbildungen entlang teilweise ethnischer Trennungslinien unter Jugendlichen zu beobachten. Es kann zu Konflikten nicht nur zwischen Einheimischen und Zugewanderten, sondern auch zwischen verschiedenen Kategorien von Migranten kommen. Während des Feldforschungsaufenthalts an einer Gesamtschule erlebte ich einen Zusammenstoß zwischen Aussiedlerjugendlichen und Jugendlichen vorwiegend türkischer Herkunft, der sich zu einem lokalen Kleinkrieg auszuweiten drohte. Die Schulleitung wählte nach einigen erfolglosen Appellen folgendes Verfahren: In einer Schülerversammlung wurden die Schüler aus beiden Kon-

---

18 Vgl. David Baker/Gero Lenhardt, Ausländerintegration, Schule und Staat. In: Kölner Zeitschrift für Soziologie und Sozialpsychologie 1988, S. 40ff.

19 Vgl. Georg Auernheimer u.a., Interkulturelle Erziehung im Schulalltag. Fallstudien zum Umgang von Schulen mit der multikulturellen Situation, Münster/New York 1996; Paul Walter, Nichts als ethnozentrische Vorurteile?, Kognitionen von Lehrkräften über interkulturelle Erziehung, in: Rainer Dollase u.a. (Hrsg.), Politische Psychologie der Fremdenfeindlichkeit. Opfer – Täter – Mittäter, Weinheim/München 1999, S. 241ff.

20 Vgl. Ulrich Wagner u.a., Der Umgang von Lehrerinnen und Lehrern mit interkulturellen Problemsituationen. Die Bedeutung von ethnischen Einstellungen, in: Psychologie in Erziehung und Unterricht 2000, S. 46ff.

21 Vgl. Kurt Faller, Mediation in der pädagogischen Arbeit. Ein Handbuch für Kindergarten, Schule und Jugendarbeit, Mühlheim an der Ruhr 1998

fliktparteien aufgefordert, ihre Meinungen über die anderen (Negativ- und Positivurteile) auf Karten zu schreiben, die – auf Stellwände geheftet – präsentiert wurden, um ein Gespräch über die beiderseitigen Stereotypen und Vorurteile in Gang zu bringen. Von Schülerseite kamen dann auch Vorschläge zur Konfliktlösung und für „vertrauensbildende Maßnahmen".

Anschläge auf Flüchtlingsunterkünfte, Wohnungen und Geschäfte von Ausländer(inne)n machten zeitweise fast täglich Schlagzeilen. Wo Situationen individueller oder kollektiver Bedrohung für Schüler/innen aus Migrantenfamilien entstehen bzw. von ihnen als solche empfunden werden, sollte das Kollegium einer Schule Solidarität demonstrieren, also eine politische Anwaltsfunktion übernehmen. Den Schüler(inne)n aus der Minderheit muss deutlich werden, dass man sie nicht allein lässt, den anderen Schüler(inne)n, dass man in solchen Situationen nicht stillhalten darf. Mancherorts setzen sich Lehrer/innen, Mitschüler/innen und Eltern für von Abschiebung bedrohte Schüler/innen ein. Bei selbst initiierten antirassistischen Aktionen sollten die Schüler/innen auf die Unterstützung der Schulleitung bauen können, soweit das rechtlich vertretbar ist. Ein Beispiel hierfür bildet die bundesweite Kampagne „Schule ohne Rassismus", die freilich pädagogisch problematisch werden kann, wenn die Selbstverpflichtung der Schule in Tugendterror ausartet.

Ich hoffe, gezeigt zu haben, dass interkulturelle Bildung nichts mit Moralisieren und auch nichts mit Schwärmerei von „kultureller Bereicherung" usw. zu tun haben muss. Ich spreche daher auch nicht mehr gern von interkultureller oder antirassistischer „Erziehung", weil sich mit diesem Wort die Vorstellung pädagogischer Penetranz verbindet. Wichtig sind vor allem handfeste institutionelle Voraussetzungen.

Georg Lohmann

Rechtsextremismus und Menschenrechte

Exemplarische Argumentationen gegen Rechts

Die Chronik rechtsextremistischer Übergriffe ist erschreckend. Die punktuell Aufmerksamkeit erheischenden rechtsextremistisch motivierten Straftaten lassen längst vermuten, dass es sich nicht mehr um bedauerliche Einzelfälle verirrter Jugendlicher, sondern um ein strukturelles und komplexes Problem handelt, welches nicht nur in Deutschland, sondern in fast allen modernen Industriestaaten virulent ist. Wissenschaftliche Erklärungen sowie politische, rechtliche und strafrechtliche Gegenmaßnahmen setzen dabei zu Recht immer voraus, dass rechtsextremistische Gewalttaten, die in jüngster Zeit die Bundesrepublik aufgerüttelt haben, wie Brandstiftung, Totschlag und schwerste Verletzungen von Personen, moralisch und auch strafrechtlich zweifelsfrei zu verurteilen sind. Den Gewalttaten gehen freilich Worte, Gedanken und Ideologeme voraus, die, wenn auch nicht im Sinne einer simplen Kausalität, den Boden für jene bereiten und so eine oft diffuse Disposition zu rechtsextremistischen Taten schaffen. Auf dieser Ebene der orientierenden Vorstellungen geht es ebenfalls um eine kritische und zurückweisende Auseinandersetzung mit dem Rechtsextremismus. Sie ist umso wichtiger, als Menschen ja nicht durch Geburt rechtsextrem werden, sondern in einem komplexen Prozess, in dem auch die Herausbildung von Überzeugungen eine wichtige Rolle spielt. Will man hier entgegenwirken, so hat eine zivile Gesellschaft nur die Möglichkeit der argumentativen Auseinandersetzung. Der Umstand, dass damit manche Gewalttäter nicht mehr erreicht werden können, muss nun keineswegs dazu führen, solche argumentativen Anstrengungen überhaupt zu unterlassen, und sie sind auch nicht einfach als Selbstberuhigung der Zivilgesellschaft zu diagnostizieren.[1]

Es ist daher naheliegend, das Thema „Rechtsextremismus" als ein eigenes Unterrichtsthema (z.B. im Ethikunterricht oder im Sozialkundeunterricht) zu behandeln. Spricht man mit Lehrer(inne)n darüber, so ist einerseits ein großes Interesse an der Behandlung dieses Themas festzustellen, andererseits

1 So aber Armin Nassehi in einem sonst bedenkenswerten Artikel: Schläger schaffen ohne Waffen, in: Die Zeit v. 24.8.2000, S. 36

fällt aber auf, dass eine große Unsicherheit besteht, wie es angemessen im Unterricht zu behandeln ist. Einige zeigten sich bei genauerem Nachfragen dann doch sehr reserviert dem Thema gegenüber, andere machten den Vorschlag, lieber auf abstraktere und weniger „verfängliche" Themen auszuweichen. In diesen Fällen ergab die Nachfrage, dass reale Angst vor Bedrohungen, die Befürchtung, Rechtsradikalen damit Propagandamöglichkeiten zu bieten, oder Unsicherheit hinsichtlich der Komplexität des Themas Gründe für solche Ausweichmanöver oder für eingestandene Unsicherheit waren. Deshalb soll hier die Frage, wie sehr ein Gegensatz zwischen dem rechtsextremistischen Gedankengut und allgemein akzeptierten moralischen und rechtlichen Vorstellungen besteht, behandelt werden.

Als normativer Maßstab der Beurteilung bieten sich die Menschenrechte an. Sie sind einmal in ihrem moralischen Gehalt universell begründbar und heute weitgehend auch faktisch als normativer Minimalstandard akzeptiert, zum anderen in der Gestalt von Grundrechten die normative Basis unserer demokratischen Rechtsordnung. Mit den moralisch begründeten Menschenrechten und mit den juridisch positivierten Grundrechten schützen wir die uns besonders wichtig erscheinenden Freiheiten, Bedürfnisse und Verletzbarkeiten von jedem Menschen respektive von jedem Bürger. Der Nachweis, dass bestimmte Vorstellungen im Widerspruch zum normativen Gehalt der Menschenrechte stehen, hat daher besonderes Gewicht.

Rechtsextremistische Ideologien sind oft aus recht heterogenen Versatzstücken zusammengesetzt. Sie bilden keine systematisch durchargumentierten Theorien, sondern ein Konglomerat von sich zum Teil auch widersprechenden Behauptungen und Anleihen bei konservativen, nationalistischen und faschistischen Autoren.[2] Sie lassen sich aber in ihren wesentlichen Punkten aus ihrem Gegensatz zu den Menschenrechtsideen verstehen. In ihren zentralen Behauptungen zeigen sich die rechtsextremistischen Vorstellungen als der Versuch, die „Ideen von 1789", d.h. die Allgemeine Erklärung der Menschen- und Bürgerrechte zu Beginn der Französischen Revolution, wieder zurückzudrängen. Ich will diesen geschichtlichen Umstand benutzen und in den wichtigsten Aspekten den Gegensatz zwischen beiden Vorstellungsweisen, verbunden mit Argumentationen gegen rechtsextremistische Behauptungen, aufzeigen.

---

2 Vgl. Hans-Gerd Jaschke, Rechtsextremismus, in: Iring Fetscher/Herfried Münkler (Hrsg.), Handbuch der politischen Ideen, Bd. 5, München 1987, S. 487ff.; Uwe Backes, Politischer Extremismus in demokratischen Verfassungsstaaten. Elemente einer normativen Rahmentheorie, Opladen 1989; Wolfgang Benz (Hrsg.), Rechtsextremismus in Deutschland. Voraussetzungen, Zusammenhänge, Wirkungen, Frankfurt am Main 1994

Eine kurze Skizze der Menschenrechte

Ich beginne mit einer kurzen zusammenfassenden Skizze der Menschenrechte.[3] Das sind *universelle, egalitäre* und *individuelle* Rechte, die jedem Menschen als Individuum unabhängig von bestimmten Erwerbshandlungen oder von bestimmten besonderen Eigenschaften wie „Rasse“, Religion oder Volkszugehörigkeit zustehen. Alle Menschen können sie in der gleichen Weise beanspruchen. Mit den Menschenrechten korrespondieren (negative und positive) Verpflichtungen, die sich an alle Einzelnen oder an alle gemeinsam oder an bestimmte Gruppen (den Staat) adressieren. Gegenstand der individuellen Menschenrechte sind der Schutz und die Sicherung von Leben, basalen Freiheiten und Interessen des Einzelnen. Durch individuelle Rechte sind damit auch Gemeinschaftsinteressen geschützt, aber nur so, dass im Konfliktfall Gemeinschaftsinteressen nicht den menschenrechtlich geschützten individuellen Interessen vorgezogen werden können. Rechte implizieren Klagebefugnis und Durchsetzungschancen. Oft werden die Menschenrechte als vorstaatliche, moralisch begründete Rechte verstanden, die dann als externer Maßstab der Legitimität eines Staates fungieren. Ihrem Rechtscharakter entsprechend sind sie aber als juridische Rechte zu institutionalisieren, z.B. als Grundrechte oder als international gesetztes Recht, sodass innerhalb eines Staates oder durch einen internationalen Menschenrechtsgerichtshof (siehe die Bemühungen auf der Konferenz der UN in Rom, Juni/Juli 1998) auch die Klagebefugnis wahrgenommen werden kann.

Historisch[4] sind die Menschenrechte als subjektive Rechte, d.h. als unabsprechbare Rechte eines einzelnen Subjektes (einer einzelnen Person), im Rahmen der revolutionären politischen Verfassungen zuerst in Amerika (1776) und dann in Frankreich (1789) deklariert worden. Ihre gegenwärtige politische Geltung beruht auf der „Allgemeinen Erklärung der Menschenrechte“ der UNO (1949), für die BRD ferner auf den Grundrechten des Grundgesetzes von 1949. Ideengeschichtlich gehen die Menschenrechte auf die in der europäischen Kultur entstandenen Vorstellungen der Gleichheit aller Menschen (z.B. Stoa; christliche Lehre von der Gottesebenbildlichkeit des Menschen), ihrer individuellen Freiheit und der Idee subjektiver Rechte zurück. Für die neuere Zeit bestimmend waren hierfür besonders die naturrechtliche Auffassung John Lokkes und die vernunftrechtliche Immanuel Kants.

---

3 Vgl. Stefan Gosepath/Georg Lohmann (Hrsg.), Philosophie der Menschenrechte, 2. Aufl. Frankfurt am Main 1999

4 Vgl. dazu: Gerhard Oestreich, Geschichte der Menschenrechte und Grundfreiheiten im Umriß, 2. Aufl. Berlin 1978

Inhaltlich kann man d*rei Gruppen* von Menschenrechten unterscheiden[5]: Die *negativen Freiheitsrechte*, die vornehmlich Abwehrrechte gegen Gewalteinwirkungen durch den Staat und durch Einzelne umfassen, gelten als die klassisch-liberalen Menschenrechte. Die *positiven Teilnahmerechte*, welche die politische und gesellschaftliche Meinungs- und Willensbildung betreffen, fordern rechtsstaatliche und demokratische Staatsverfassungen. Die *sozialen Teilhaberechte*, welche die Gewährung von gleichen und angemessenen Lebensbedingungen für alle Menschen sichern sollen, sind sicherlich gegenwärtig umstritten, weil mit Kosten verbunden; aber in den Projekten eines demokratischen Sozialstaates wird ihnen zumindest auf nationaler Ebene in Europa zu entsprechen versucht.[6] Die klassisch liberalen Positionen sahen in den Menschenrechten nur den Schutz der individuellen, negativen Freiheit. Dies muss durch einen positiven Freiheitsbegriff ergänzt werden, der auch die Gelegenheiten und Fähigkeiten, so zu handeln, wie man will, unter den Schutz der Menschenrechte stellt. Schutzwürdig sind auch die Situationen Hilfsbedürftiger, sodass einem umfassenden Verständnis der Menschenrechte die (negativen) Pflichten der Nichtbeeinträchtigung und die (positiven) Pflichten des Schutzes und der Hilfe in Not korrespondieren.

In Hinsicht auf die drei wesentlichen Charakteristika der Menschenrechte, ihren individuellen, egalitären und universellen Charakter, will ich eine mögliche Auseinandersetzung mit rechtsextremistischen Positionen skizzieren. Kritik an diesen Punkten gibt es natürlich auch von anderen Positionen aus, und die rechtsextremistischen Äußerungen schließen hier häufig an. Ich habe deshalb versucht, jeweils auch auf die nichtrechtsextreme Kritik zumindest hinzuweisen, um dann aber die spezifisch rechtsextreme Position davon abzuheben.

Der menschenrechtliche Schutz der individuellen Autonomie

Die rechtsextremistischen Vorstellungen wenden sich zunächst *gegen den individuellen Charakter der Menschenrechte*. Für sie ist der Grundfehler der liberalen Menschenrechte darin zu sehen, dass durch diese das Individuum einen Vorrang erhält vor der Gemeinschaft, dass es als ein autonomes Subjekt den rechtlich und politisch zu bildenden Gemeinschaften vorausgeht und dass seine freie Selbstbestimmung durch subjektive Rechte auch und gerade gegen staatliches Handeln geschützt wird. Sie sehen in diesem individualistischen Ansatz liberaler Menschenrechte einen Freibrief für einen „schrankenlosen

---

5 Vgl. hierzu: Georg Lohmann, Die unterschiedlichen Menschenrechte, in: Klaus Peter Fritzsche/Georg Lohmann (Hrsg.), Menschenrechte zwischen Anspruch und Wirklichkeit, Würzburg 2000, S. 9ff.

6 Vgl. Georg Lohmann, Soziale Menschenrechte und die Grenzen des Sozialstaats, in: Wolfgang Kersting (Hrsg.), Politische Philosophie des Sozialstaats, Weilerwist 2000, S. 351ff.

Egoismus" und führen die von ihnen beklagten Wandlungsprozesse modernisierter Gesellschaften, d.h insbesondere das Poröswerden gemeinschaftlicher Bindungen und einen angeblichen Wertezerfall, darauf zurück.[7]

Man muss sehen, dass diese rechtsextremistische Auffassung sich zum Teil deckt mit der kommunitaristischen Kritik am liberalistischen Verständnis der Menschenrechte. Der Unterschied zu den (meisten) kommunitaristischen Kritikern liberaler Positionen (wie Michael Sandel, Michael Walzer, Charles Taylor u.a.)[8] besteht aber darin, dass die rechtsradikalen Positionen wie ihre konservativen und reaktionären Wegbereiter (Arthur Moeller van den Bruck, Othmar Spann, Oswald Spengler, Hans Freyer, Ernst Jünger, Carl Schmitt u.a.)[9] einer durch familiare Herkunft, Abstammung und Rasse gebildeten Gemeinschaft (des Volkes) unbesehen den Vorzug geben vor dem Individuum. Die individuellen Menschenrechte sind nicht vereinbar mit Auffassungen, in denen der Volksgemeinschaft, zumal mythisch überhöht als „unentrinnbare Schicksalsgemeinschaft", unbedingter Vorrang vor dem Einzelnen zugesprochen wird. Deshalb widerspricht es den Menschenrechten, wenn Pflichten gegenüber der Gemeinschaft (dem Volk) absoluten Vorrang haben sollen vor den individuellen Rechten.[10]

Die Kritik von Rechts (wie auch häufig von kommunitaristischer Seite) verwechselt Genesis und Geltung: Kein Mensch ist aus sich selbst heraus autonom, sondern jeder bedarf zur *Genese* seiner Individualität vielfältiger Gemeinschaftsbezüge, Vorleistungen, Fürsorge und Anerkennung durch andere. Aber die notwendigen Herkunfts- und Entwicklungsbedingungen sind nicht in gleicher Weise auch normative Regeln, deren *Geltung* der Einzelne ebenso notwendig unterworfen wäre. Vielmehr gehört es zum Gelingen einer Individualisierung, dass der Einzelne sich aus vorgefundenen Gemeinschaftsbezügen auch herausentwickelt, dass er neue wählt und schafft und dass er Konflikte auch gegen die („seine") Bezugsgemeinschaft lösen kann. Die subjektiven

---

7 So zum Beispiel das Parteiprogramm der NPD, welches die „jede Gemeinschaft gefährdende ‚Selbstverwirklichung' und den mit ihr einhergehenden schrankenlosen Egoismus" ablehnt.

8 Siehe Michael Sandel (Hrsg.), Liberalism and Its Critics, New York 1984; Nancy C. Rosenblum (Hrsg.), Liberalism and the Moral Life, Cambridge (Mass.) 1989; Axel Honneth (Hrsg.), Kommunitarismus. Eine Debatte über die moralischen Grundlagen moderner Gesellschaften, Frankfurt am Main/New York 1992; Georg Lohmann, Faktizität und „liberale Gemeinschaften", in: Gemeinschaft und Freiheit, Studia Philosophica 1994, Jahrbuch der Schweizerischen Philosophischen Gesellschaft, Bern/Stuttgart/Wien 1995, S. 75ff.

9 Dazu immer noch lesenswert: Martin Greiffenhagen, Das Dilemma des Konservatismus in Deutschland, München 1977; Kurt Lenk u.a. (Hrsg), Vordenker der Neuen Rechten, Frankfurt am Main/New York 1997

10 Es kann deshalb auch nicht, wie von konservativer Seite gefordert, eine den Menschenrechten gleichwertige Erklärung (angeblicher) Menschenpflichten geben. Siehe hierzu: Georg Lohmann, Warum keine Deklaration von Menschenpflichten?, Zur Kritik am Inter-Action Council, in: Widerspruch 35 (1998), S. 12ff.

Menschenrechte schützen den Einzelnen auch in seinen notwendigen sozialen Bezügen, aber sie ordnen ihn nicht einer Gemeinschaft (Familie, Nation, Kultur) unter oder geben dieser gleichwertige, „kollektive Rechte".[11]

Die menschenrechtlich geschützte individuelle Autonomie beinhaltet auch nicht, wie diese Kritiker behaupten, eine schrankenlose Willkürfreiheit, sondern auf der einen Seite, dass der Einzelne seine private Lebensweise selbst wählen kann, aber nur innerhalb von öffentlichen, gesetzlichen Regelungen, die für alle gleich sein müssen, und einen freien Gestaltungsraum seiner Selbstverwirklichung hat, und auf der anderen Seite, dass er über eben diese gesetzlichen Regelungen an politischen Verfahren der öffentlichen Meinungs- und Entscheidungsbildung in einer mit allen anderen gleichrangigen Weise sich beteiligen kann. Sowohl in Hinsicht auf den ersten Aspekt der privat gestalteten wie in Hinsicht auf den zweiten Aspekt der öffentlich wahrgenommenen Autonomie werden daher die individuellen Freiheitsrechte beschränkt, aber eben durch gleiche Schranken für alle, die auch für alle in der gleichen Weise öffentlich kritisierbar und veränderbar sein müssen. Damit soll keinesweg geleugnet werden, dass hier noch gravierende Probleme und Spannungen bestehen, aber die rechtsextremistischen Positionen fordern nicht eine Einschränkung, sondern eine Beseitigung der individuellen Autonomie. Der Einzelne soll gerade nicht seine persönliche Lebensweise selbst frei gestalten, vielmehr den durch „biologisches Erbe" vorgeprägten Sitten „deutscher Familien" folgen und zum „gesunden deutschen Volk" beitragen. Ebenso, wie dadurch die private Autonomie des Einzelnen geleugnet wird, wird auch die öffentliche Autonomie in ihrem Wesenskern verunmöglicht. Sie führt nicht zu einer republikanischen oder liberalen Spielart der Demokratie, die von den gleichen Rechten der einzelnen Bürger/innen ausgeht und diese achtet, sondern versteht „Volksherrschaft" so, dass dabei „das Volk" bzw. die „Volksgemeinschaft" das entscheidende Subjekt ist. Der Einzelne kann sich daher nur dem Volkswillen unterordnen; der Staat hat dann die Aufgabe, „über den Egoismen einzelner Gruppen zu stehen und die Gesamtverantwortung wahrzunehmen".[12] Die rechtsextremistischen Anwürfe gegen den individualistischen Ansatz der Menschenrechte (und der ihnen entsprechenden, demokratischen Bürgerrechte) sind deshalb zurückzuweisen, weil sie keine Lösung der Probleme dieses Ansatzes darstellen, sondern ihn gänzlich außer Kraft setzen und durch eine Gemeinschaftsideologie ersetzen wollen, welcher sich der Einzelne nur noch unterordnen kann.[13]

11 Siehe Georg Lohmann, Die unterschiedlichen Menschenrechte, a.a.O., S. 12
12 Zitate aus dem NPD-Parteiprogramm
13 Aus dem Umstand, dass diese Auffassung nicht nur eine Kritik demokratischer Verfahren darstellt, sondern letztlich auf eine Ablehnung des demokratischen Verfassungsstaates hinausläuft, erklärt sich die Bezeichnung „Extremismus". Vgl. Armin Pfahl-Traughber, Rechtsextremismus in der Bundesrepublik, München 1999, S. 12

Das individuelle Recht auf Gleichbehandlung

In der gleichen Weise wenden sich rechtsextremistische Vorstellungen *gegen die Menschenrechtsidee der fundamentalen Gleichheit aller Menschen.*[14] Natürlich wussten die Theoretiker der Menschenrechte, dass die Menschen nicht faktisch gleich sind. Aber sie argumentierten, dass wir keine guten Gründe haben, sie hinsichtlich ihrer moralischen und rechtlichen Ansprüche *grundsätzlich nicht als Gleiche* zu behandeln. Und genau das glauben rechtsextremistische Vertreter: Ihrer Meinung nach sind die Menschen „von Natur aus" unterschiedlich zu bewerten, z.B. Frauen den Männern unterzuordnen. Aufgrund seiner besonderen Volkszugehörigkeit sei der Volksgenosse, welcher einer „überlegenen" Rasse angehört, demjenigen, welcher einer „unterlegenen" oder „kranken" Rasse zugehört, übergeordnet. Außerdem glauben sie, dass bestimmte Personen aufgrund besonderer Eigenschaften, die ein relativ zum angeblich „gesunden" Verhalten „abweichendes" Verhalten kennzeichnen sollen, aus dem Kreis gleichberechtigter Menschen ausgeschlossen und als „asozial", homosexuell, kommunistisch, andersrassisch, andersfarbig etc. diskriminiert werden können. Diese „primäre Diskriminierung"[15] von Menschen ist deshalb zu kritisieren, weil sie willkürlich erscheint und nicht begründet werden kann.

Man muss sich freilich klarmachen, dass die von den Menschenrechten behauptete Gleichheit aller Menschen hinsichtlich ihrer grundlegenden Rechte eine historisch entstandene Position ist, die mit der Inakzeptabilität traditionalistischer und hierarchisierter Weltbilder und Wertüberzeugungen zu tun hat und sich programmatisch erst seit der Aufklärung findet. Moralphilosophisch gesehen scheint sich die Aufklärungsmoral der „gleichen Achtung aller", wenn man nicht glaubt, sie absolut begründen zu können, auf eine empirische Eigenschaft stützen zu müssen (wie die Zugehörigkeit zum Menschengeschlecht oder zur „Gemeinschaft der Kooperationsfähigen"[16]). Über die Angemessenheit der Begründungsversuche hinsichtlich dieser basalen moralischen Gleichheit gibt es unter Philosophen eine nicht abgeschlossene Diskussion,[17] aber auch in anderen Diskussionskontexten besteht kein Zweifel daran, dass die Behauptung einer basalen moralischen Ungleichheit der Menschen nicht begründet vertreten werden kann. Und in unserem Kontext reicht die Forderung nach der Beweislastumkehrung aus: Wer Menschen grundsätzlich ungleich behandeln will, müsste dies begründen können, und da, wo eine Begründung für Ungleichheit nicht gelingt, ist Gleichbehandlung gebo-

---

14 Dieser Punkt scheint Links- von Rechtsextremisten zu unterscheiden; vgl. ebd., S. 13

15 Zu diesem Begriff siehe Ernst Tugendhat, Vorlesungen über Ethik, Frankfurt am Main 1992, S. 375f.

16 Siehe ebd., S. 376f.

17 Vgl. z.B. Marcus Willaschek (Hrsg.), Ernst Tugendhat: Moralbegründung und Gerechtigkeit. Vortrag und Kolloqium in Münster 1997, Münster 1997

ten. Die Gründe, die von rechtsextremistischer Seite für eine Ungleichbehandlung vorgebracht werden, z.B. Weiße seien höherwertiger als Schwarze, weil angeblich intelligenter oder Mitglieder einer überlegenen Kultur, sind jedoch erstens empirisch falsch und zweitens willkürlich. Wenn aber willkürliche empirische Merkmale zur Begründung von Ungleichbehandlung ausreichen würden, warum dann nicht Merkmale wie Körpergröße, körperliche Stärke, Alter oder Ähnliches? In der Tat beziehen sich die (oft verdeckten) Hintergrundannahmen rechtsextremistischer Behauptungen auf entsprechende Konglomerate rassistischer oder sozialdarwinistischer Lehren, die allesamt „primäre Diskriminierungen" nicht begründen können.[18]

Rechtlich ist für die Bundesrepublik das Gleichheitsgebot eindeutig entschieden. Artikel 3 des Grundgesetzes sagt klar: „Alle Menschen sind vor dem Gesetz gleich." Diese von den Juristen so genannte *Rechtsanwendungsgleichheit* wird teilweise so verstanden, als ob sie indifferent gegenüber dem Gehalt der anzuwendenden Gesetze sei. Das ist aber nach herrschender Meinung eine unvollständige und daher unrichtige Auffassung, weil die Grundrechte auch den Gesetzgeber binden und daher mit dem zitierten Art. 3 Abs. I GG auch eine *Rechtssetzungsgleichheit* gefordert ist.[19] Diese können wir uns so vorstellen, dass nicht nur eine Norm unparteilich angewendet werden, sondern die Norm selbst einer unparteilichen Gesetzgebung entsprechen muss.

Die rechtsextremistische Leugnung basaler moralischer und rechtlicher Gleichheit verbindet damit die (falsche) These, dass daraus eine prinzipielle „Gleichmacherei" folge. Diese Auffassung wird auch häufig von anderer Seite gegen den Egalitarismus der Menschenrechte geäußert. Eine solche Schlussfolgerung ist aber nicht zwingend, weil gleiche Grundrechte durchaus mit einer ungleichen Verteilung von spezifischen Gütern, Leistungen und auch Rechtsansprüchen vereinbar sind, nämlich dann, wenn diese in einem unparteilichen Verfahren, das die basale Gleichwertigkeit aller beachtet, gerechtfertigt werden können. Das ist aber in den Fällen, wo Rechtsextremisten eine Ungleichverteilung fordern, häufig nicht der Fall. Ich nehme wieder ein Beispiel aus dem NPD-Parteiprogramm: „Kindergeld als volkspolitische Maßnahme des Staates darf nur an deutsche Familien ausgezahlt werden." Abgesehen von der zu kritisierenden Bestimmung des Kindergeldes als „volkspolitische Maßnahme" ist die Einschränkung auf eine Gewährung „nur an deutsche Familien" nicht geltendes Recht.[20] Ausländische Staatsbürger, die in Deutschland ein Aufenthaltsrecht haben, Steuern zahlen und hier mit

18 Siehe Ernst Tugendhat, Der Wille zur Macht. Macht und Anti-Egalitarismus bei Nietzsche und Hitler – Einspruch gegen den Versuch einer Verharmlosung, in: Die Zeit v. 14.9.2000

19 Siehe hierzu: Stefan Huster, Zum Zusammenhang von Gleichheit und Gerechtigkeit, Ms., Heidelberg 1999

20 Natürlich ist eine Forderung, geltendes Recht zu ändern, nicht selbst schon verfassungswidrig.

ihren Kindern leben, haben einen Rechtsanspruch auf Kindergeld.[21] Dies ist nach der herrschenden Meinung der Juristen durch Artikel 3 I und 3 III des Grundgesetzes geboten, eine andere Regelung (wie die von der NPD vorgeschlagene) wäre eine ungerechtfertigte Benachteiligung von Bürgern wegen ihrer Herkunft[22] und damit eine Verletzung des Gleichheitsgebotes.

Zwar kann sich durchaus eine ungleiche Verteilung von Gütern und Rechtsansprüchen bei Beachtung des grundsätzlichen Gebotes der Gleichbehandlung ergeben, die rechtsextremistischen Positionen rechtfertigen aber eine Ungleichverteilung gerade mit einer behaupteten grundsätzlichen Wertungleichheit der Menschen. Sie dient, wie wir aus Geschichte und Gegenwart wissen, oftmals nur dem Zweck, eigene uneingestandene Unterlegenheitsgefühle zu kaschieren. Die psychologischen und oftmals handfest wirtschaftlichen und politischen Interessen sind aber gerade keine akzeptablen Gründe, den grundsätzlichen, moralischen und rechtlichen Anspruch der Menschen auf Gleichbehandlung zu leugnen. Die Vorstellung, dass es Menschen 2. Klasse gibt, hat nicht nur bei den Nazis zu entsetzlichen Gräueltaten geführt. Sie ist daher, auch in ihren Anfängen und ohne dass schon Taten folgen müssten, zurückzuweisen.

Der universelle Anspruch der Menschenrechte

Drittens schließlich wenden sich rechtsextremistische Vorstellungen *gegen den universellen Anspruch der Menschenrechte.* Auch hier sind es ähnliche Unterstellungen, die wie bei der Leugnung der prinzipiellen Gleichwertigkeit aller Menschen nun dazu führen, dass moralische Verpflichtungen und grundsätzliche Rechte auf die jeweiligen Mitglieder einer Gruppe beschränkt, und andere, die nicht „zu uns“ gehören, ausgeschlossen werden. *Moralisch gesehen* ist dieser Partikularismus, der die Mitglieder der eigenen Gruppe hinsichtlich ihres *grundsätzlichen* Anspruches auf moralische Rücksichtnahme und Achtung anders behandelt als die Mitglieder anderer Gruppen, aus den gleichen Gründen nicht zu rechtfertigen wie bei der Ungleichbehandlung. Freilich bildet dieser moralische Partikularismus eine oft vertretende Meinung[23], die man keineswegs nur bei Rechtsextremisten trifft. Es gibt auch moralische Pflichten und moralische Rechte, die nach Adressaten und Trägern begründeterweise begrenzt sind (z.B. gewisse Solidaritätspflichten), aber wir

21 Siehe Bundeskindergeldgesetz in der Fassung vom 22.4.1999, § I, BGBl. III/FNA 85-4

22 Siehe Manfred Zuleeg, Zur staatsrechtlichen Stellung der Ausländer in der Bundesrepublik Deutschland, in: Die öffentliche Verwaltung (DÖV) 1973, S. 361

23 Philosophisch wird ein expliziter moralischer Partikularismus selten vertreten; es gibt aber eine ganze Reihe von Autoren, denen man einen impliziten moralischen Partikularismus nachweisen kann, z.B. Richard Rorty; siehe ders., Solidarität oder Objektivität?, Stuttgart 1988.

haben keine guten Gründe, Menschen anderer Kulturen und Herkünfte grundsätzlich aus dem Bereich moralischer Achtung auszuschließen.[24] *Alle* Menschen haben den gleichen begründbaren Anspruch auf moralische Achtung, und es ist diese Überzeugung, die zur Universalität der Menschenrechte geführt hat. Da die Menschenrechte aber nicht einfach nur moralisch begründete Rechte sind, sondern ihrem Begriff nach auch legale Rechte, die positiviert werden müssen, impliziert der universale Anspruch der Menschenrechte eine Reihe von bislang noch nicht befriedigend gelösten Problemen. Ich kann an dieser Stelle auf die Fragen einer interkulturellen und internationalen Verrechtlichung sowie die entsprechenden Begründungen und Verfahrensvorschläge nur hinweisen.[25]

Die rechtsradikale Position kann sich auch mit kulturrelativistischen Auffassungen von Moral und Menschenrechten amalgamieren; dann ergibt sich eine weit brisantere Mischung, die den universellen Anspruch der Menschenrechte angeblich im Namen von Interessen, die jeder Kultur oder jeder Volksgemeinschaft eigentümlich seien, angreift.[26] Hier drapieren sich die rechtsradikalen Vertreter als Anwälte jeweils spezifischer Kulturen, die gegen den „gleichmacherischen Universalismus" der Menschenrechte die besonderen Eigenheiten der Kulturen verteidigen. Schon Carl Schmitt wandte gegen den universalen Geltungsanspruch der Menschenrechte ein, dass „die politische Welt (...) ein Pluriversum, kein Universum" sei,[27] und so vertreten heute rechtsradikale Parteien einen „Ethnopluralismus", der freilich seine angebliche Toleranz gegenüber der Vielfalt unterschiedlicher Ethnien zur Begründung der intoleranten Forderung nach uneingeschränkter Souveränität, Homogenität und Reinheit missbraucht. Der Universalismus der Menschenrechte, das wird ganz richtig gesehen, ist nämlich mit der traditionellen Vorstellung einer absolut gesetzten Volkssouveränität nicht vereinbar.[28] Er bindet auch noch die nationale Selbstbestimmung an eine übergreifende, universale Moral und völkerrechtlich an die in den UN-Konventionen rechtlich vereinbarten Normen, die es den einzelnen Staaten verbieten, die eigenen und die Bürger/innen fremder Staaten in ihren grundsätzlichen Rechten unterschiedlich zu behandeln.

Vor diesem Hintergrund bekommen die Ablehnung von Globalisierungsprozessen, der „Internationalisierung der Volkswirtschaften" und der Forde-

---

24 Vgl. Jürgen Habermas, Die Einbeziehung des Anderen, Frankfurt am Main 1996, S.56ff.

25 Siehe die Aufsätze und die Literatur zu diesem Thema in: Stefan Gosepath/Georg Lohmann (Hrsg.), Philosophie der Menschenrechte, a.a.O.

26 Vgl. dazu: Helmut Fröchling, Die ideologischen Grundlagen des Rechtsextremismus, in: Jens Mecklenburg (Hrsg.), Handbuch deutscher Rechtsextremismus, Berlin 1996, S. 97ff.

27 Zit. bei Wolfgang Gessenharter, Utopien der „Neuen Rechten", in: Tribüne. Zeitschrift zum Verständnis des Judentums 3/1995, S. 41

28 Siehe Georg Lohmann, Menschenrecht und Völkerrecht – Symbiose und Konflikt, in: Notizen. Zeitschrift des Kulturforums der Sozialdemokratie, Berlin 1999, S. 20ff.

rung nach einem „Europa der Völker" in rechtsextremistischen Programmen[29] erst ihren zu kritisierenden Sinn: Sie dienen zunächst der Abwehr und Leugnung universeller Verpflichtungen, die sich aus den gleichen Menschenrechten aller Menschen ergeben und angeblich am Selbstbestimmungsrecht der Völker abprallen (ähnliche Argumentationen finden wir bei vielen diktatorischen Staaten). Sodann sollen sie, wie oben gezeigt, die Unterordnung des einzelnen Menschen unter die Volksgemeinschaft oder Nation umso widerspruchsloser rechtfertigen. Die Leugnung der Universalität der Menschenrechte führt so zu einer Leugnung auch der Menschenrechte jedes Einzelnen „von uns".

Ich will zum Schluss noch anmerken, dass der Schutz durch individuelle Menschenrechte auch für Rechtsextremisten gilt. Das mag, insbesondere im Falle des Rechts auf Meinungsfreiheit, oft schwer erträglich erscheinen,[30] ist aber, der ungeschmälerten Konzeption der Menschenrechte wegen, unumgänglich und für die Glaubwürdigkeit im Kampf gegen rechtsextremistische Auffassungen auch notwendig.

---

29 Siehe z.B. wieder das NPD-Programm „Deutsche Souveränität und das Europa der Völker"

30 Vgl. Georg Lohmann, Liberale Toleranz und Meinungsfreiheit, in: K. Peter Fritzsche/ Frank Hörnlein (Hrsg.), Frieden und Demokratie. Festschrift für E. Forndran, Baden-Baden 1998, S. 117ff.

Gotthard Breit

Unterrichtsziel: Gleichheit und Gewaltlosigkeit

Überlegungen zum Politikunterricht für die Sekundarstufe I

Jungwählerinnen und -wähler gaben bei der Landtagswahl vom 26. April 1998 in Sachsen-Anhalt keiner Partei mehr Stimmen als der rechtsextremen und fremdenfeindlichen DVU. Nach einer Berliner Jugendstudie bekennen sich in den ostdeutschen Bundesländern vor allem Sekundarschüler/innen, Auszubildende und Berufsschüler/innen zu rechten Positionen. 40 Prozent der jungen Wähler/innen neigen zur Stimmenthaltung; die Verweigerungshaltung nimmt gerade bei den jüngeren Wählern zu. 20 Prozent tendieren nach Rechts. Der Berliner Jugendforscher Hans Merkens glaubt, dass rechte Gruppen im Osten deshalb Erfolg haben, weil dort einfache Lösungen favorisiert werden. Man habe nicht gelernt, mit komplexen Sachverhalten wie politischen Problemen und Konflikten differenziert umzugehen. Sein alarmierendes Fazit: „Eine ganze Generation droht der Demokratie verlorenzugehen." (zit. nach: FAZ v. 12.6.1998)

1. Zur Lage der Jugendlichen

Junge Wählerinnen und Wähler sehen ihre Zukunft eher pessimistisch.[1] Sie befürchten, dass es ihnen weniger gut als ihren Eltern gehen wird. Auch Jugendliche, die einen Beruf ausüben, fühlen sich verständlicherweise von Arbeitslosigkeit und gesellschaftlicher Ausgrenzung bedroht. Über 600.000 jungen Männern und Frauen unter 25 Jahren, die arbeitslos sind, misslingt hierzulande der „normale" Eintritt in die Gesellschaft. Hauptschüler/innen ohne Schulabschluss haben nur geringe Chancen auf eine Ausbildung sowie einen Arbeitsplatz und damit auf gesellschaftliche Integration. Auch die Aussichten von Schüler(inne)n, die erfolgreich eine Lehre absolvieren, ja selbst für Abiturient(inn)en und Studierende sind die Berufsperspektiven nicht gut.

1 Vgl. Jugendwerk der Deutschen Shell (Hrsg.), Jugend '97: Zukunftsperspektiven, gesellschaftliches Engagement, politische Orientierungen, Opladen 1997

Auf viele von ihnen wartet nach Abschlussprüfung und Examen ein Leben mit Zeitverträgen, Teilzeitjobs, Umschulungen und Arbeitslosigkeit. Kann ein junger Mensch nicht durch Arbeit für seinen Lebensunterhalt selbst sorgen, kommt ein Gefühl von Hoffnungslosigkeit auf. Hier liegt eine wichtige, vielleicht die Hauptursache dafür, dass ultrarechte Gruppen v.a. an Hauptschulen, aber auch Real- und Gesamtschulen sowie Gymnasien an Boden gewinnen.[2]

Die Lage auf dem Arbeitsmarkt ist in der Bundesrepublik unterschiedlich. Vor allem im Südwesten halten sich die Arbeitslosenzahlen in Grenzen; hier gibt es sogar viele offene Stellen. In den ostdeutschen Bundesländern dagegen haben erschreckend viele Menschen keine Arbeit. Es dürfte vor allem in Sachsen-Anhalt nur wenige Familien geben, in denen nicht mindestens ein Mitglied arbeitslos ist oder sich davon bedroht fühlt. Mit 23 Prozent liegt die durchschnittliche Arbeitslosigkeit hier höher als in allen anderen Bundesländern. Ein selbsttragender Aufschwung der Wirtschaft zeichnet sich in naher Zukunft nicht ab.

Hinzu kommen Orientierungsschwierigkeiten. Die Eltern der heute Zwanzigjährigen wurden nach der Wende 1989/90 aus ihrem Lebenszusammenhang herausgerissen. Viele Erstwähler/innen von 1998 erlebten im Alter von 10 bis 15 Jahren die Unsicherheit und Ohnmacht ihrer Eltern. Die Erwachsenen taten sich schwer, mit den persönlichen Folgen des Umbruchs fertig zu werden. Sie fühlten sich sozial entwurzelt. Werte, die bis dahin galten, waren keine Richtschnur mehr. Es herrscht Desorientierung.

2. Gewalt und Rechtsextremismus

Obwohl der Anteil ostdeutscher Bürger/innen an der Gesamtbevölkerung der Bundesrepublik nur ca. 20 Prozent beträgt, werden ungefähr die Hälfte aller rechten Gewalttaten im Ostteil des Landes verübt. Rund zwei Drittel der Gewalttäter sind Jugendliche, in der Hauptsache junge Männer.

Dieser Beitrag stellt sich die Aufgabe, Einwirkungsmöglichkeiten von Schule und Unterricht gegen Gewalt und Rechtsextremismus von Jugendlichen aufzuzeigen. Den Ausgangspunkt dazu soll die Aussage eines Jugendlichen bilden: „Gewalt ist geil. Gucken wir vorbei am Asylantenheim? Frag mal die Alten, die sagen das vielleicht nicht so direkt, aber jeder will die Negerbude weghaben. Mit Inhalt!“[3]

Diese Sätze zeigen zunächst einmal, dass rechtsextremistisches Denken keine Angelegenheit allein von Jugendlichen ist. Bei vielen Erwachsenen ist

---

2 Vgl. Hans Merkens, Interview, in: Die Woche v. 12.6.1998, S. 6

3 Zit. nach: Christoph Dieckmann, Das normale Rechts-Gefühl, in: Die Zeit v. 19./20.4. 1998, S. 2

dieses Gedankengut zumindest latent gleichfalls vorhanden. Je mehr im Umfeld der Heranwachsenden rechte Lösungen favorisiert, „je mehr Themen wie Ausländer, Arbeitslosigkeit, Zukunftsperspektiven auf einfachem Niveau abgehandelt werden, desto größer ist die Wahrscheinlichkeit, daß – nach Orientierung suchende – Jugendliche rechte Positionen für sich übernehmen.“ [4]

Die oben zitierte Aussage eines Jugendlichen über Gewalt enthält die beiden typischen Grundelemente rechtsextremer Orientierungen und Handlungsweisen: eine Ideologie der Ungleichheit und die Akzeptanz von Gewalt.[5] Wilhelm Heitmeyer zufolge zeigt sich die *Ideologie der Ungleichheit* u.a. in

- nationalistischer Selbstübersteigerung,
- rassistischer Einordnung,
- der Unterscheidung von lebenswertem und lebensunwertem Leben,
- der Behauptung von natürlichen Hierarchien,
- der Betonung des Rechts des Stärkeren,
- der Ungleichbehandlung von Anderen/Fremden.

Gewaltakzeptanz wird sichtbar in der

- Billigung von anderen ausgeübter privater Gewalt,
- eigenen Gewaltbereitschaft,
- eigenen Gewalttätigkeit.

Wer Gewalt als „normale“ Aktionsform zur Regelung von Konflikten ansieht,

- lehnt rationale Diskurse ab,
- betont den alltäglichen Kampf ums Dasein,
- lehnt demokratische Formen der Regelung von sozialen und politischen Konflikten ab,
- betont autoritäre und militaristische Umgangsformen.

3. Soziales Lernen

Schulunterricht verfolgt in den einzelnen Fächern neben spezifischen Aufgaben eine gemeinsame Zielsetzung: Soziales Lernen. Neben der Vermittlung von Kenntnissen und der Förderung von Denkfähigkeiten soll in jedem Unterrichtsfach auch das Soziale Lernen geübt werden. Für das Fach Sozialkunde/Gemeinschaftskunde bildet das Soziale neben dem Politischen Lernen die Hauptaufgabe.

---

4 Hans Merkens, Interview, a.a.O.

5 Vgl. Wilhelm Heitmeyer u.a., Die Bielefelder Rechtsextremismus-Studie, Weinheim/München 1992, S. 13f.

Das Soziale Lernen bereitet die Schüler/innen auf den gewaltfreien und gleichberechtigten Umgang mit ihren Mitmenschen vor. Hier lernen sie,

- „den anderen“, d.h. ihre Mitmenschen, auch die fremden, behinderten, obdachlosen oder schwachen, wahrzunehmen;
- den anderen als prinzipiell gleichberechtigt anzuerkennen;
- ihm gewaltlos zu begegnen;
- sich in die Lage anderer hineinzuversetzen bzw. sie mit den Augen des anderen zu sehen;
- Vorurteile gegenüber anderen abzubauen;
- Konflikte mit anderen durchzustehen und sich dabei für eigene Interessen einzusetzen, aber sich auch kompromissbereit zu zeigen;
- die Bedeutung sozialer Tugenden wie Höflichkeit, Rücksichtnahme, Hilfsbereitschaft und Fairness für die Verbesserung des Zusammenlebens von Menschen zu erkennen und das eigene Verhalten danach auszurichten.

Gerade angesichts von Rechtsextremismus und einer zunehmenden Anzahl von Gewalttaten kommt dem Sozialen Lernen in den ostdeutschen Bundesländern große Bedeutung zu. Die Schüler/innen sollen erkennen, dass entgegen einer weit verbreiteten Einstellung der Zweck keineswegs die Mittel heiligt und niemand das Recht hat, seinen persönlichen Frust und seine Aggressionen mit Gewalttaten an anderen abzureagieren. Auch junge Männer ohne Schul- und Ausbildung, ausreichende berufliche Qualifikation und Arbeit besitzen keinen Freibrief zur Gewaltanwendung.

Im Elternhaus und in der Schule muss Heranwachsenden klargemacht werden, dass jugendliche Gewalttäter immer als Täter und niemals als Opfer angesehen und bestraft werden. Mitgefühl für das schwere Schicksal „Arbeits- und Perspektivlosigkeit“ und Verständnis für die damit verbundenen Schwierigkeiten können nicht so weit gehen, Gewalttaten – gegen wen auch immer – gutzuheißen bzw. straffrei durchgehen zu lassen.

Um die Jugendlichen vom Weg in Gewalt und Rechtsextremismus fern zu halten, können Lehrer/innen versuchen, ihre Schüler/innen von der Würde jedes einzelnen Menschen zu überzeugen. Das klingt sehr abstrakt und kann im Unterricht nicht konkret genug vermittelt werden. Heranwachsende sollen verinnerlichen: Werden Bezeichnungen wie „Zecke“ und „Assel“ als Feindbildbegriffe verwendet, werden Ausländer, Behinderte, Linke, Homosexuelle, Alkoholiker, Obdachlose und auch Frauen als „Menschen zweiter Klasse“ angesehen, denen man mit Gewalt „Respekt einflößen“ kann und soll, dann ist das weder „geil“ noch Spaß, sondern ein klarer Verstoß gegen den Artikel 1 des Grundgesetzes und Paragraphen des Strafgesetzbuches. Wer von der Ungleichheit der Menschen ausgeht und diese Ideologie mit der Bereitschaft zu Gewalttaten verbindet,[6] stellt mit dieser rechtsextremen und menschenfeindlichen Denk- und Verhaltensweise das Fundament unseres politischen Systems

6 Vgl. ebd.

und unserer zivilen Gesellschaft in Frage. Das Grundgesetz und damit die Arbeit aller politischen Institutionen der Bundesrepublik Deutschland gehen von der Unantastbarkeit der Menschenwürde aus. Auch die Schüler/innen sollen als Staatsbürger/innen bereit und fähig sein, die Würde jedes Menschen, nicht nur deutscher bzw. weißer Menschen oder anderer bevorzugter Ausländer/innen, „zu achten und zu schützen" (Art 1 GG). Sie sollen lernen, dem anderen, unabhängig von dessen Aussehen, Hautfarbe, Nationalität oder Religion, nicht mit Hass und Gewalt, sondern friedlich und mit Toleranz zu begegnen. Menschen verschiedener Herkunft mit unterschiedlichen Lebensformen und Werthaltungen, Sitten und Gebräuchen können nur dann zusammenleben, wenn sie bereit sind, ihre Konflikte gewaltfrei auszutragen.

Gerade im Klassenverband der Schule kann der einzelne Heranwachsende beim Zusammenleben und -arbeiten mit seinen Mitschüler(inne)n für die Dauer eines Lebens bleibend lernen, den „Anderen" als prinzipiell gleichwertig und -berechtigt anzuerkennen, was allerdings Lehrer/innen voraussetzt, die das Soziale Lernen ernst nehmen:

- Im Klassenverband bekommt der Heranwachsende von seinen Lehrer(inne)n und vor allem seinen Mitschüler(inne)n beigebracht: Der Zweck, Erfolg zu haben, d.h. zumindest ausreichende Noten zu bekommen und versetzt zu werden, heiligt nicht das Mittel, einen anderen (Klassenkameraden) in irgendeiner Weise zu schädigen.
- Wer mit „fremden" Mitschülern in einer Klasse sitzt und von Lehrer(inne)n, also nicht von bloßen Wissensvermittler(inne)n, unterrichtet wird, sieht ganz selbstverständlich auch „fremde" Klassenkamerad(inn)en als gleichwertig an. Diese Erfahrung („Lehre") kann u.U. ein Leben lang gegen Fremdenfeindlichkeit immunisieren.

Toleranz bedeutet nicht Standpunktlosigkeit. Vielmehr sollen die Jugendlichen lernen, in Auseinandersetzungen für ihre Sache einzutreten, aber auch nach Kompromissen zu suchen, die allen Konfliktteilnehmer(inne)n annehmbar erscheinen.

Bei besonderen Situationen in der Klasse sieht sich der Lehrer aufgefordert, das Soziale Lernen dem – vom Lehrplan vorgeschriebenen – „Stoff" vorzuziehen und sich den Konflikten in seiner Klasse bzw. den sozialen Problemen seiner Schüler/innen zu widmen. Unterrichten bedeutet nicht nur Wissensvermittlung, sondern auch Erziehung.

4. *Soziale Perspektivenübernahme im Politikunterricht*

Im Sozialen Lernen können Lehrer/innen eine Denkfähigkeit aktivieren, die dem Menschen inhumanes Verhalten erschwert: die Fähigkeit zur sozialen Perspektivenübernahme.

4.1 Die Fähigkeit zur sozialen Perspektivenübernahme

Jeder Mensch kann sich die Perspektive anderer vergegenwärtigen. Im Alter von acht Jahren beginnt ein Kind, Ereignisse auch vom Standpunkt seiner Beziehungspersonen aus zu sehen. Es begreift nun, dass die eigene Sicht nicht die einzig mögliche ist. Mit dem intellektuellen Wachstum verfeinert der Heranwachsende in Stufen seine Fähigkeit, die Perspektive des anderen zu übernehmen. Die Operation, sich in die Gedanken und Gefühle des anderen hineinzudenken, bezeichnet Robert L. Selman, ein Mitarbeiter von Lawrence Kohlberg, als soziale Perspektivenübernahme.[7] Eng damit verbunden ist die Fähigkeit zum Hineinfühlen in die innere Verfassung und Emotionen des anderen.

Durch das Hineindenken in die Gedanken- und Gefühlswelt eines Mitmenschen beginnen die Jugendlichen, das fremde Schicksal an Stelle des anderen selbst zu spüren. Beim Nachempfinden der Erlebnisweise und der Befindlichkeit des anderen kann Empathie entstehen. Wem eine soziale Perspektivenübernahme gelingt, kann sich stellvertretend für den anderen selbst betroffen fühlen. Die emotionale Reaktion vermag sich als Mitgefühl, aber auch als Empörung aus einem gestörten Gerechtigkeitsgefühl zu äußern.[8]

Werden Jugendliche im Unterricht mit Ereignissen und Situationen konfrontiert, in denen Menschen unter Problemen leiden oder miteinander Konflikte austragen, beginnen nicht wenige von ihnen, aufmerksam zu werden. Sie nehmen Defizite und Nöte wahr, die einzelne Personen bedrängen, belasten und zu einem schwer erträglichen Dasein führen. Mittels der Denkoperation „soziale Perspektivenübernahme" werden die Schüler/innen dazu gebracht, sich nicht nur mit sich selbst und ihren eigenen Interessen zu beschäftigen, sondern auch die Lage ihrer Mitmenschen wahrzunehmen. Je gründlicher dies geschieht, desto besser können sie die Last der fremden Probleme spüren und Sorgen der anderen mit- und nachempfinden. Von hier aus kann sodann eine Brücke zu politischen Problemen und Konflikten geschlagen werden.[9]

Führt die Denkoperation der sozialen Perspektivenübernahme zu Empathie, wird sich ein Jugendlicher gedanklich und gefühlsmäßig auf die Seite des anderen stellen. Indem er stellvertretend für ihn dessen Schicksal mit- und nacherlebt, erkennt er ihn als prinzipiell gleichwertig und -berechtigt an.

---

7 Vgl. Robert L. Selman, Sozial-kognitives Verständnis, in: Dieter Geulen (Hrsg.), Perspektivenübernahme und soziales Handeln, Frankfurt am Main 1982, S. 223ff.; ergänzend: Detlef Garz, Sozialpsychologische Entwicklungstheorien. Von Mead, Piaget und Kohlberg bis zur Gegenwart, Opladen 1989

8 Vgl. Gotthard Breit, Mit den Augen des anderen sehen. Eine neue Methode zur Fallanalyse, Schwalbach im Taunus 1991

9 Vgl. ders., Lernziel: Politik im Alltag entdecken. Zur Analyse von Fall-Beispielen im Politikunterricht, in: Gotthard Breit/Peter Massing (Hrsg.), Lebenswelt und Politik, Schwalbach im Taunus 1996, S. 76ff.

Die Bereitschaft und die Fähigkeit, mit den Augen des anderen zu sehen, gehören damit zu den Voraussetzungen eines friedlichen Umgangs von Menschen unterschiedlicher Nationalität, „Rasse“, Hautfarbe oder Religionszugehörigkeit.

4.3 Soziale Perspektivenübernahme bei der Fall-Analyse im Sozialkundeunterricht

Konfliktfälle der Jugendlichen untereinander sollen in der Klasse besprochen werden. Achtet der Lehrer dabei darauf, dass die Sichtweisen aller daran beteiligten Schüler/innen berücksichtigt werden („Versetze dich doch in die Lage des anderen! Wie würdest du dann den Vorfall beurteilen?“), so aktiviert er die Fähigkeit der Jugendlichen zur sozialen Perspektivenübernahme. Er bringt sie dazu, nach einer Entscheidung zu suchen, die allen Beteiligten gerecht wird.

Über konkrete Vorfälle im Klassenverband hinaus können die Heranwachsenden ihre Fähigkeit zur sozialen Perspektivenübernahme auch an medial vermittelten Ereignissen aktivieren. Im Sozial- bzw. Gemeinschaftskundeunterricht untersuchen die Schüler/innen dazu „Fälle“, d.h. Ereignisse, in denen Einzelpersonen miteinander handeln. Die Begriffe müssen eine Verallgemeinerung zu einem Inhalt des sozialen oder politischen Lernens zulassen (Inhaltsgeneralisierung).[10]

Zur Analyse der Fälle benötigen Schüler/innen weder systematisches Wissen noch Begriffe; vielmehr reichen ihr Alltagswissen, Vorstellungs- und Denkvermögen aus.

Ein Fall kann zunächst von außen aus der Sicht eines nicht daran beteiligten Beobachters gesehen und untersucht werden (*Außenperspektive*). Dazu bieten sich Fragen an wie:

- Wer ist daran beteiligt?
- Worum geht es?
- Wie ist der Verlauf?
- Welche Methoden der Konfliktaustragung werden angewandt?
- Wie geht das Ereignis aus?

Ist der Fall dem Heranwachsenden von seinem Vorstellungsvermögen her leicht zugänglich, dann kann er ihn zusätzlich aus der Sicht der betroffenen Personen sehen (*Innenperspektive*). Bei dieser Untersuchungsweise kommt es auf die Fähigkeit der Schüler/innen zur sozialen Perspektivenübernahme an.

Im Unterricht schlüpfen die Schüler/innen oftmals spontan in die Schuhe fremder Personen und beschreiben ohne besondere Aufforderung des Lehrers

10 Vgl. Walter Gagel, Einführung in die Didaktik des Politikunterrichts, Opladen 1983, S. 50f.

Gedanken und Empfindungen, die sie anstelle der anderen gehabt hätten. Der Lehrer kann die soziale Perspektivenübernahme aber auch durch Fragen anregen:

- Wie sieht eine an dem Fall beteiligte Person das Ereignis?
- Was denkt und fühlt sie?
- Können Sie (kannst du) die Sichtweise nachempfinden?
- Was hättest du (hätten Sie) gedacht und gefühlt?

5. *Beispiel einer Fall-Analyse im Sozialkundeunterricht*

5.1 Der Fall: „Nigger, hau ab!"

In Brandenburg wächst die rechte Gewalt – und stößt sogar auf Sympathie

Von Vera Gaserow

Potsdam
Ja. Nö. Weeß ick nich. So geht das über Stunden im Saal 105 des Potsdamer Landgerichts. Nicht eine Silbe zuviel kommt aus dem Mund der beiden Angeklagten. Das graue Paket auf dem Richtertisch läßt sich nicht wegreden mit ein paar Satzbrocken. Ein dicker Feldstein wartet auf eine Erklärung.

Der Stein krachte am 16. Juni in das Auto britischer Bauarbeiter im brandenburgischen Mahlow. In voller Fahrt getroffen, schoß der Wagen gegen einen Baum. Noel Martin, der Fahrer, ist seitdem vom Nacken an querschnittsgelähmt. Die Ärzte haben kaum Hoffnung, daß er sich je wieder bewegen kann. Der Stein auf dem Richtertisch hat das Leben eines 36jährigen Mannes ruiniert. Die Gemeinde Mahlow hat er auf eine Liste von Ortsnamen katapultiert, die man auch im Ausland kennt: Hoyerswerda, Rostock, Solingen, Mölln. Daß sie nun dazugehören, nehmen die Mahlower den Tätern noch heute übel. Seit Anfang der Woche sitzen die beiden Täter auf der Anklagebank. Gefährlicher Eingriff in den Straßenverkehr, schwere Körperverletzung – am Ende könnte der Vorwurf auch versuchter Mord lauten. Der 18jährige Sandro R. und der 24jährige Mario P. haben in weiten Teilen gestanden. Verstanden haben sie bis heute nichts.

Wie so oft lungern die beiden jungen Männer am Abend jenes 16. Juni mit ihrer rechten Clique am Mahlower S-Bahnhof herum. „Nigger, hau ab!" brüllt Mario P. einem der drei dunkelhäutigen Briten zu, die auf der Durchreise zu einer Baustelle in Sachsen sind. Der Angepöbelte zeigt den „Stinkefinger". Als die Bauarbeiter dann in ihrem Jaguar wegfahren, nehmen Sandro R. und Mario P. die Verfolgung auf, mit 150 Sachen und dem eigens aufgelesenen Feldstein im Gepäck. Kaum sind sie mit dem Wagen auf einer Höhe, macht Sandro R., was Kumpel Mario ihm aufgetragen hat: „reinschmeißen" ins Autofenster und dann nichts wie weg. Bis hierhin bestreiten die Angeklagten die Vorwürfe nicht. Daß ihr Steinwurf schuld am folgenschweren Unfall war, leugnen sie aber bis heute: Die seien ja danach noch ein Stückchen gefahren.

Was ist Ihnen dabei durch den Kopf gegangen? will Richter Przybilla am ersten Prozeßtag wissen. Gar nüscht. Warum sind Sie dann hinter den Briten hergefahren? Denen

ein bißchen angst machen. Hatten Sie denn kein mulmiges Gefühl dabei? Nicht unbedingt. Daß der eine Brite nun gelähmt ist, berührt Sie das? Scheiße, daß das passiert ist, aber wenn die uns verfolgen, kann ich auch nichts dafür. Die hätten ja anhalten können.
In der Bahnhofsclique geht nach der nächtlichen Verfolgungsjagd der Spruch um: „Der Sandro hat die weggebombt." (aus: Die Zeit v. 29.11.1996, S. 4)

5.2 Planung einer kleinen Unterichtssequenz zu diesem Fall-Beispiel

Der Lernweg in dieser Unterrichtssequenz geht, wie häufig im Politik- bzw. Sozialkundeunterricht, von einem konkreten Ereignis aus, führt zu einer Verallgemeinerung und von da aus wieder zurück zu einem neuen Fall. Den Lernweg charakterisiert also folgender Dreischritt: Konkretisierung – Abstraktion – Rekonkretisierung.

5.2.1 Vorgehensweise bei der Fall-Analyse

Das Ereignis bzw. der Fall wird zunächst von außen gesehen (*Außenperspektive*). Fragen und Antworten dazu können lauten:

Wer ist beteiligt?
- eine „rechte" Clique vom Mahlower S-Bahnhof, darunter die beiden Angeklagten Sandro R. und Mario P.,
- drei dunkelhäutige britische Bauarbeiter; Noel Martin, einer von ihnen, ist heute querschnittsgelähmt,
- der Richter Przybilla.

Worum geht es?
Mitglieder der Bahnhofsclique versuchen, schwarzen britischen Bauarbeitern Achtung und Respekt vor ihnen beizubringen. Sie pöbeln letztere an („Nigger, hau ab!"). Als diese beim Davonfahren mit gleicher Münze heimzahlen, machen sich Sandro R. und Mario P. auf die Verfolgungsjagd. Es gelingt ihnen, einen Stein in das Auto der Fremden zu werfen. Dadurch kommt es zu einem folgenschweren Autounfall; Noel Martin wird querschnittsgelähmt. Der Richter Przybilla muss über die Täter ein Urteil sprechen.

Der Fall kann auch von innen, aus Sicht der beteiligten Personen, gesehen werden (*Innenperspektive*). Zunächst lässt sich die Sichtweise der *Briten* erschließen. Sie, die Bürger eines EU-Mitgliedslandes mit langer demokratischer Tradition, sehen sich wegen ihrer Nationalität (Nummernschild des Autos) und Hautfarbe beleidigt und angegriffen. Nach einem heftigen Wortwechsel werden sie verfolgt und tätlich angegriffen. Die Gewalttat führt zu einem Unfall mit tragischen Folgen für einen der Betroffenen. Er wird ein Leben lang unter dem Steinwurf zu leiden haben. Diese Auswirkungen sollten den Schüler(inne)n konkret und anschaulich vor Augen geführt werden;

sie werden dazu aufgefordert, sich den Tagesablauf eines Rollstuhlfahrers konkret vorzustellen. Danach werden sie verstehen, dass die Briten sich als Opfer sehen, für das Verhalten der deutschen Jugendlichen kein Verständnis aufbringen und ein strenges Urteil erwarten.

Danach fordert der Lehrer dazu auf, sich in die Perspektive der *Deutschen* hineinzudenken.

Zunächst bezüglich des Vorfalls am Bahnhof. Hier fühlen sich die Mitglieder der Bahnhofsclique im Recht. Steht es deutschen Jugendlichen nicht zu, ihre Gefühle gegenüber schwarzen britischen Bauarbeitern zum Ausdruck zu bringen? Wo die doch einen Jaguar fahren und Deutschen die Arbeitsplätze wegnehmen! Muss ich mir das als Brandenburger gefallen lassen; die Neger machen mich doch schon allein mit ihrer Anwesenheit an und beleidigen mich. Habe ich nicht das Recht dazu, mich zu wehren? Im übrigen schadet es Negern nicht, wenn sie ein wenig „aufgemischt werden“. Sind die das nicht gewohnt? Und schließlich bringt es auch mächtig Spaß. Ist es nicht „geil“, Steine aus einem fahrenden Auto in ein anderes zu werfen?

Schon hier zeigt sich, dass hinter dem Denken und Verhalten der Bahnhofsclique eine einfache, aber in sich geschlossene Vorstellungs- und Wertewelt steht:

- Wir und die anderen
- Wir sind die guten Jungs und die anderen die schlechten.
- Die anderen stehen weit unter uns.

Dieser Eindruck vertieft sich beim Hineindenken in die Reaktion von Sandro und Mario auf die Konsequenzen ihrer Gewalttat. Auch angesichts der schrecklichen Folgen für Noel Martin spüren die Jugendlichen kein Unrechtsbewusstsein. Wer gegenüber Deutschen, Brandenburgern, Mitgliedern der Bahnhofsclique frech wird und sie mit ihrer Anwesenheit beleidigt, wer als Fremder in Deutschland Jaguar fährt (wir nicht), wer dazu noch farbig ist und Deutschen die Arbeitsplätze wegnimmt, gegenüber dem muss die Welt wieder in Ordnung gebracht werden. Wir, die Guten, die Weißen, die Deutschen müssten eigentlich den Jaguar fahren und Arbeit haben. Um klare Verhältnisse zu schaffen, muss daher gegen die fremden, farbigen Jaguarfahrer vorgegangen werden. Ist es nicht toll, wie Sandro und Mario die Nigger einfach weggebombt haben? Ist der Steinwurf nicht echt „geil“?

5.2.2 Abstraktion

Die Schüler/innen werden sich in diese Gedankenwelt hineinfinden können. Je intensiver sie das tun, desto mehr werden sie die Vorstellungs- und Wertewelt verstehen und nachvollziehen. Dies bedeutet nicht, dass sie für das entsprechende Denken Verständnis aufbringen oder gar das Handeln der Täter gutheißen werden. Davor bewahrt sie die Übernahme der Perspektive der britischen Bauarbeiter. Wer in deren Schuhe schlüpft und mit deren Augen

Tathergang und Täter sieht, wird schon aus Anteilnahme an dem Schicksal von Noel Martin und aus Gerechtigkeitsempfinden die Argumentation von Sandro und Mario ablehnen. Zumindest einige Schüler/innen werden sich mit Abscheu und Empörung von diesem Denken und Verhalten distanzieren.

Von hier aus sind in einem Schritt der Abstraktion die Merkmale rechtsextremistischen Denkens und gewalttätigen Handelns herauszuarbeiten und den Merkmalen demokratischen Verhaltens gegenüberzustellen. In einem Tafelbild können die Erkenntnisse zusammengefasst werden:

Menschliches Verhalten im Umgang mit anderen	
rechtsextremistisch	*demokratisch*
Ideologie der Ungleichheit	Anerkennung aller Menschen als prinzipiell gleichwertig
Gewaltbereitschaft (Ich bin stolz, ein Deutscher zu sein; daraus leite ich das Recht ab, gegenüber Ausländern und anderen Minderheiten Gewalt anzuwenden.)	Gewaltlosigkeit im Umgang mit anderen (Art 1 GG: „Die Würde des Menschen ist unantastbar.") Im Umgang mit anderen muss daher die *Goldene Regel* beachtet werden („Was du nicht willst, dass man dir tut, das füg' auch keinem anderen zu!")

Sollten sich in der Klasse Mitschülerinnen und -schüler befinden, die das Auftreten der Bahnhofsclique nicht so schlimm finden oder gar die Ideologie der Ungleichheit und die damit verbundene Gewaltakzeptanz gutheißen, wird diese Urteilsbildung sicherlich den Ausgangspunkt zu einer recht lebhaften Diskussion der Jugendlichen untereinander bilden. Dabei sollte sich der Lehrer auf die Rolle eines Moderators beschränken.

Die Abstraktionsphase kann mit der Aufforderung an die Schüler/innen enden, in ihrem Alltag auf demokratische und rechtsextremistische Äußerungen bzw. Verhaltensweisen zu achten und sich von letzteren zu distanzieren.

5.2.3 Rekonkretisierung: Fußballrowdys in Frankreich (Juni 1998)

Zur Rekonkretisierung können die Ausschreitungen von deutschen Hooligans während der Fußballweltmeisterschaft 1998 in Lens untersucht werden. Dabei wurde ein französischer Polizist derartig brutal zusammengeschlagen, dass er wochenlang im Koma lag. Zur Untersuchung bietet sich sowohl die Außen- als auch die Innenperspektive an. Wieder ist es wichtig, nicht nur die

Sichtweise der Täter, sondern auch die des Opfers zu übernehmen. Die Einstellung zur Gewalt von Markus W., einem der deutschen Täter, unterscheidet sich aber deutlich von der Marios und Sandros. Nach einem Bericht der Süddeutschen Zeitung (v. 24.6.1998, S. 3) wird Markus W. ausschließlich aus Freude an der Gewalt und am Zerstören gewalttätig. Rechtsextremistisches Denken bildet bei ihm nicht den Hintergrund seiner Taten. Für sein Opfer sind die Folgen aber ähnlich schwer wie für Noel Martin. Auch an diesem Beispiel kann die Notwendigkeit verdeutlicht werden, keine Gewalt anzuwenden. Gewalt gegenüber Mitmenschen verbietet sich, wenn man den anderen als gleichwertig ansieht und Gewalt gegen sich selbst ablehnt.

Bemerkenswert an dem Fall ist, dass Markus W. mit seinem Denken und Verhalten die friedensstiftende Wirkung des Prinzips der Gleichheit aufhebt. Markus W. erkennt möglicherweise das Prinzip der Gleichheit an, sieht sich aber dennoch zur Gewaltanwendung berechtigt, weil er Gewalt auch gegen sich selbst akzeptiert. Dass sich solche Menschen nicht zum gewaltfreien Zusammenleben mit anderen und damit zur Übernahme der Bürgerrolle in einer Demokratie eignen, dürfte für die Heranwachsenden leicht einsehbar sein.

5.2.4 Zur Begründung der Unterrichtssequenz

Weckt die Unterrichtssequenz die Bereitschaft und die Fähigkeit der Jugendlichen, die häufig hinter Fremdenfeindlichkeit stehende Ideologie der Ungleichheit und Gewaltakzeptanz als Unrecht und einen Angriff auf Menschenwürde und Demokratie zu erkennen, ist viel gewonnen. Es besteht die Hoffnung, dass diese Einsicht die Heranwachsenden in Zukunft vor der Teilnahme an rechtsextremistischen Übergriffen abhält. Mehr kann Unterricht nicht erreichen. Beteiligt sich ein Schüler aus dieser Klasse dennoch an solchen Taten, weiß er immerhin, was er tut, und muss dies auch vor seinem Gewissen verantworten.

6. Generalisierung: die Goldene Regel

In einem zweiten Schritt der Abstraktion kann zum Schluss der Unterrichtssequenz eine weitere Verallgemeinerung herausgearbeitet werden: die *Goldene Regel.*

6.1 Von der sozialen Perspektivenübernahme zur Goldenen Regel

Werden im Unterricht Konflikte von Jugendlichen untereinander mit dem Ziel einer Schlichtung erörtert, sollte der Lehrer immer versuchen, bei den Akteuren, aber auch den nicht am Konflikt beteiligten Mitschüler(inne)n die

Fähigkeit zur sozialen Perspektivenübernahme zu aktivieren. Die Übernahme der Sichtweise des anderen kann die Jugendlichen dazu führen, nach einer Konfliktlösung zu suchen, die für alle Beteiligten annehmbar erscheint. Sind sie bereit, sich in die Rolle jeder an der Auseinandersetzung beteiligten Person hineinzudenken und aus dieser Lage heraus zu prüfen, ob für sie anstelle des jeweils anderen die vorgeschlagene Konfliktlösung annehmbar erscheint, wäre viel erreicht.

Wer das Schicksal des anderen stellvertretend mit- und nacherlebt, wer im anderen sich selbst sieht, erkennt den anderen als gleichberechtigt an. Aus dem Gefühl der Gleichwertigkeit heraus entsteht die Forderung nach Gerechtigkeit, die Jean Piaget als den Kernbereich des moralischen Urteils überhaupt bezeichnet. Das bei der Identifikation mit dem anderen geweckte Gerechtigkeitsgefühl kann den Menschen veranlassen, aus Solidarität für den anderen das zu fordern, was er für sich selbst als angemessen ansehen und beanspruchen würde.

Die Jugendlichen orientieren sich dabei an der *Goldenen Regel*, die positiv und negativ ausgedrückt werden kann: „In der positiven Version ‚Gehe mit anderen so um, wie du willst, daß man mit dir umgeht!‘ gelangt die Haltung des Wohlwollens zum Ausdruck, die in der christlichen Maxime ‚Liebe deinen Nächsten wie dich selbst!‘ noch stärker betont wird. In der negativen Version ‚Was du nicht willst, das man dir tu, das füg‘ auch keinem anderen zu!‘ gelangt die Haltung der Gerechtigkeit zum Ausdruck, mit der die Rechte und Autonomie anderer respektiert und geschützt werden.“ [11]

Auf die beiden Fall-Beispiele aus Brandenburg und Lens/Frankreich angewandt heißt das:

Wer nicht von anderen mutwillig in einen lebensgefährlichen Autounfall verwickelt werden möchte, unterlässt das Werfen von Steinen auf fahrende Autos, auch wenn er sich noch so sehr über deren Insassen ärgert. Wer hilflos am Boden liegend in Ruhe gelassen und nicht zu Tode getrampelt werden möchte, darf selbst nicht auf andere einprügeln, wenn diese wehrlos am Boden liegen. Markus W. erscheint uns deshalb so unheimlich, weil Anzeichen dafür sprechen, dass er, hilflos am Boden liegend, noch Gewalt gegen sich selbst akzeptieren würde. Bei ihm würde die *Goldene Regel* ihre befriedende Wirkung für das menschliche Zusammenleben verlieren. Es gibt demnach Ausnahmefälle, in denen die *Goldene Regel* nicht weiterhilft.

11 Lawrence Kohlberg u.a., Die Wiederkehr der sechsten Stufe: Gerechtigkeit, Wohlwollen und der Standpunkt der Moral, in: Wolfgang Edelstein/Gertrud Nunner-Winkler (Hrsg.), Zur Bestimmung der Moral. Pholosophische und sozialwisenschaftliche Beiträge zur Moralforschung, 2. Aufl. Frankfurt am Main 1996, S. 222

6.2 Die Bedeutung der Goldenen Regel für die Urteilsbildung

Wird im Unterricht wiederholt ein Urteil über menschliches Verhalten im Zusammenleben mit anderen nach der *Goldenen Regel* gebildet, besteht die Hoffnung, dass sich die Jugendlichen auch außerhalb von Schule und Unterricht in Entscheidungssituationen mit Hilfe dieser Formel ein Urteil bilden. Auch für die politische Analyse und Urteilsbildung hat die Anwendung der *Goldenen Regel* Bedeutung. Wer sie sich zu eigen macht und sich bemüht, nicht nur sich selbst, sondern auch den anderen mit dessen Augen zu sehen, der gewöhnt sich daran, die Bedeutung von gesellschaftlichen bzw. von politischen Problemen und Konflikten (zur Lösung dieser Probleme) „an der Existenz von Menschen, nicht an der Existenz von Staaten oder Systemen, geschweige denn von Ideen oder Utopien" zu messen.[12] Die Forderung des Art. 1 GG, die Würde des Menschen zu achten und zu schützen, wird so für die Schüler/innen auch bei der Untersuchung von „Politik" konkret erfahrbar.

Für mich besteht ein wichtiges Ziel des Schulunterrichts im Allgemeinen und des Sozialkundeunterrichts im Besonderen darin, die Jugendlichen zu einem moralischen Urteil bzw. zu einer Entscheidungsfindung nach der *Goldenen Regel* zu befähigen und die Bereitschaft zu dem daraus resultierenden Handeln zu wecken. Für die Zivilgesellschaft wäre viel gewonnen, wenn sich die Heranwachsenden im Umgang mit anderen auf ihre Fähigkeit zur sozialen Perspektivenübernahme besinnen und nach der *Goldenen Regel* urteilen würden. Fremdenfeindlichkeit und Gewalt könnten so zurückgedrängt und durch einen gewaltlosen, den anderen bzw. Fremden in seiner Würde respektierenden Umgang ersetzt werden. An den sechs Stufen des moralischen Urteils von Lawrence Kohlberg gemessen, scheint diese Zielsetzung bescheiden zu sein.

---

12 Siehe Walter Gagel, Geschichte der politischen Bildung in der Bundesrepublik Deutschland 1945-1989, 2. Aufl. Opladen 1995, S. 120

Sechs Stufen des moralischen Urteils nach Lawrence Kohlberg u.a.[13]

Niveau A: Präkonventionelles Niveau (die meisten Kinder unter neun Jahren)

Stufe 1: Die heteronome Stufe	*Definition:* Gut ist der blinde Gehorsam gegenüber Vorschriften und gegenüber Autorität, Strafen vermeiden und kein körperliches Leid zufügen.	*Exemplarische/s Maxime/Postulat* „Der Schüler hat sich den Anordnungen des Direktors und des Lehrers ohne Widersprüche zu fügen" (aus dem Regelkatalog im sowjetischen Schülerausweis)
Stufe 2: Die Stufe des Individualismus, des Zweck-Mittel-Denkens und des Austausches	Gut ist es, eigenen oder anderen Bedürfnissen zu dienen und im Sinne des konkreten Austausches fair miteinander umzugehen.	„Eine Hand wäscht die andere!" (Volksweisheit)

Niveau B: Konventionelles Niveau (die meisten Jugendlichen und Erwachsenen)

Stufe 3: Die Stufe gegenseitiger interpersoneller Erwartungen, Beziehungen und interpersoneller Konformität	Gut ist es, eine gute (nette) Rolle zu spielen, sich um andere und ihre Empfindungen zu kümmern, sich Partnern gegenüber loyal und zuverlässig zu verhalten und bereit zu sein, Regeln einzuhalten und Erwartungen gerecht zu werden.	„Was du nicht willst, das man dir tut, das füg' auch keinem anderen zu!" (Die Goldene Regel; vgl. 3. Mose 19, 18. Siehe auch Bergpredigt Lukas-Evangelium 6, 27, Matthäus-Evangelium 5, 43)
Stufe 4: Die Stufe des sozialen Systems	Gut ist es, seine Pflicht in der Gesellschaft zu erfüllen, die soziale Ordnung aufrechtzuerhalten und für die Wohlfahrt der Gesellschaft oder Gemeinde Sorge zu tragen.	„Ruhe ist die erste Bürgerpflicht!"

Niveau C: Postkonventionelles Niveau (einige Erwachsene über 20 Jahre)

Stufe 5: Die Stufe des Sozialvertrages oder des Nutzens für alle und der Rechte des Individuums	Gut ist es, die Grundrechte sowie die grundsätzlichen Werte und Verträge einer Gesellschaft zu unterstützen, auch wenn sie mit den konkreten Regeln und Gesetzen eines gesellschaftlichen Subsystems in Konflikt geraten.	„Eigentum verpflichtet. Sein Gebrauch soll zugleich dem Wohle der Allgemeinheit dienen." (Art. 14 GG)
Stufe 6: Die Stufe universeller ethischer Prinzipien	Gut ist, ethische Prinzipien als maßgebend zu betrachten, denen die ganze Menschheit folgen sollte.	„Handle nur nach derjenigen Maxime, durch die du zugleich wollen kannst, daß sie ein allgemeines Gesetz werde!" (Kants Kategorischer Imperativ)

13 Quelle: Günter Schreiner, Zum Verhältnis von moralischer Erziehung und politischer Bildung, in: Gotthard Breit/Peter Massing (Hrsg.), Grundfragen und Praxisprobleme der politischen Bildung (Schriftenreihe der Bundeszentrale für politische Bildung, Bd. 305), Bonn 1992, S. 481f.

Welche menschliche Größe zur Beachtung der *Goldenen Regel* gehört, wieviel persönliches Leid ein Urteil und ein Handeln auf der Stufe drei vermeiden kann, soll der Hinweis auf eine Episode aus dem Roman „Huckleberry Finns Abenteuer“ von Mark Twain verdeutlichen. Huck Finn und der entlaufene Negersklave Jim fahren auf einem Floß den Mississippi hinunter. Sie nähern sich der Stadt Cairo und damit der Freiheit von Jim. Denn hier sind entflohene Negersklaven vor Verfolgung sicher; sie erhalten den Status von freien Menschen. Huck Finn wird dadurch in einen schweren Gewissenskonflikt gestürzt.

„Jim sagte, es machte ihn ganz zittrig und fiebrig, der Freiheit so nahe zu sein. Na, ich kann euch sagen, mich machte's auch ganz zittrig und fiebrig, ihm zuzuhören, denn es fing an, mir zu dämmern, daß er tatsächlich fast frei war – und wer war schuld dran? Doch ich! Davon konnte ich mein Gewissen nicht mehr freikriegen, egal was ich anstellte. Das machte mir so zu schaffen, daß ich keine Ruhe mehr hatte; ich konnte nicht mehr still an einem Fleck sitzen bleiben. Vorher war mir überhaupt noch gar nicht zum Bewußtsein gekommen, was ich da eigentlich anstellte. Aber jetzt wurde's mir klar, und der Gedanke ließ mich nicht mehr los, und mir wurde's heiß und immer heißer dabei. Ich versuchte mir einzureden, ich hätte ja keine Schuld, ich hätte Jim ja nicht dazu angestiftet, von seiner rechtmäßigen Eigentümerin zu türmen; aber das nützte nichts, denn jedesmal kam das Gewissen wieder hoch und sagte: „Aber du hast doch gewußt, daß er weglief, damit er frei wird, und du hättest ja an Land paddeln und jemand Bescheid sagen können.“ Das stimmte – da kam ich nicht drum rum. Das war der Punkt, wo's mich piesackte. (...)

Ich kam mir schließlich so gemein vor und fühlte mich so elend, daß ich fast wünschte, ich wäre tot. Ich lief unruhig das Floß rauf und runter und beschimpfte mich in Gedanken, und Jim lief an mir vorbei auch unruhig das Floß rauf und runter. Keiner von uns beiden konnte stillsitzen. Jedesmal, wenn er rumtanzte und sagte: „Da ist Cairo!“, ging es mir durch und durch wie 'ne Kugel, und ich dachte, wenn's wirklich Cairo ist, dann sterbe ich vor Elend.

Jim redete die ganze Zeit laut vor sich hin, während ich im stillen Selbstgespräche führte. Er sagte, das erste, was er tun wollte, wenn er in 'nen freien Staat käme, wäre Geld sparen und keinen Cent ausgeben, und sowie er genug Geld hätte, wollte er seine Frau freikaufen, die zu einer Farm in der Nähe, wo Miss Watson wohnte, gehörte, und dann würden sie beide arbeiten, damit sie ihre beiden Kinder kaufen könnten, und wenn ihr Herr sie nicht verkaufen wollte, dann würde er 'nen Sklavenfreund dazu kriegen, daß er hinging und sie stahl.

Mir wurde eiskalt, als ich so ein Gerede hörte. Nie in seinem ganzen Leben hatte er bisher gewagt, so zu reden. Da seht ihr mal, wie er sich veränderte, als er dachte, nun wäre er so gut wie frei. Es war genau, wie's im alten Sprichwort heißt: „Gib 'nem Nigger 'nen kleinen Finger, dann nimmt er die ganze Hand.“ Ich dachte mir, das kommt davon, weil ich nicht nachgedacht habe. Kam doch dieser Nigger, dem ich so gut wie geholfen hatte auszurücken, glattweg damit raus, er wollte seine Kinder stehlen – Kinder, die 'nem Mann gehörten, den ich noch nicht mal kannte, einem Mann, der mir noch nie was getan hatte.

Es tat mir leid, Jim das sagen zu hören, so tief sank er doch dadurch. Mein Gewissen rumorte schlimmer in mir rum als je zuvor, bis ich schließlich zu ihm sagte: „Hör auf, mich zu piesacken! Noch ist's ja nicht zu spät – beim ersten Licht, das ich sehe, paddle ich an Land und sag's.“ Da wurde mir gleich wohl und froh und federleicht zumute. All meine Sorgen waren weg. Ich paßte scharf auf, ob ich ein Licht sah, und sang innerlich geradezu. Nach 'ner Weile tauchte auch eins auf. Jim jubelte:

„Wir sin' in Sicherheit, Huck, wir sin' in Sicherheit! Auf mit dir un' mach 'nen Luftsprung, das is' das gute alte Cairo, endlich, das weiß ich einfach!"

Ich sagte: „Ich nehm das Kanu und fahre mal nachsehen, Jim. Vielleicht ist's doch nicht Cairo, weißt du." [14]

Huck paddelt los und stößt bald auf Sklavenjäger. Blitzschnell muss er sich entscheiden: für das Gesetz oder für Jim. Spontan entscheidet er sich für letzteren; mit einer genialen List gelingt es ihm, die Verfolger von Jim abzuschütteln und seinen Freund zu retten. Diesem Verhalten ging ein langer und quälender Urteils- und Entscheidungsprozess voraus. Huck Finn befindet sich in einem Dilemma: Soll er rechtmäßig handeln und den Gesetzen folgen (Kohlberg, Stufe vier) oder soll er sich für Jim entscheiden und ihm die Flucht in die Freiheit ermöglichen (Kohlberg, Stufe drei)? Für jeden Südstaatler war es Pflicht, entflohene Sklaven zu melden. Was diesen dann bevorstand, weiß oder ahnt Huck. Huck überlegt lange hin und her und weiß nicht, was er tun soll. Doch als er handeln muss, entscheidet er sich spontan für Jim und damit gegen Recht und Gesetz.

In diesem Jahrhundert haben junge Deutsche in unterschiedlichen politischen Systemen gelernt, sich für den Staat, für die „Größe des Vaterlandes" oder für eine Weltanschauung bzw. Ideologie einzusetzen sowie danach ihr Denken und Handeln auszurichten. Für diese Zielsetzungen sind große Leistungen erbracht worden. Daran haben sich aber auch viele Deutsche in Entscheidungssituationen orientiert und ohne oder mit unterdrücktem schlechtem Gewissen anderen Menschen Gewalt angetan. In den Jahren von 1933 bis 1945 trugen die meisten Deutschen im Vertrauen auf die staatliche Herrschaft des NS-Regimes und im Glauben an staatliches Recht und Gesetz mit mehr oder weniger gutem Gewissen dazu bei, dass Millionen als „lebensunwert" angesehener Menschen in Deutschland und Europa verfolgt und umgebracht wurden.

Die Zeit von 1848 bis heute wäre in Deutschland, Europa und der Welt anders und wahrscheinlich für sehr viele Menschen weit weniger leidvoll verlaufen, wenn über die wenigen Widerstandskämpfer/innen hinaus einige Deutsche mehr die Kraft von Huck Finn aufgebracht und sich für den anderen, den Mitmenschen entschieden hätten. Heute leben wir in einem Staat, dessen Verfassung und Institutionengefüge auf der Unantastbarkeit der Menschenwürde aufgebaut sind. Sie zu achten und zu schützen bedarf es heute nicht des Mutes eines Huck Finn. Notwendig sind aber die Fähigkeit, in rechtsextremistischen Äußerungen die Ideologie der Ungleichheit und Gewaltakzeptanz zu erkennen, und die Zivilcourage, dabei nicht mitzumachen, sondern zu widerstehen und dagegen vorzugehen.

Um nicht pathetisch zu werden, soll eine Pointe den Schluss dieses Beitrages bilden, die sich Mark Twain nicht besser hätte ausdenken können. Anfang der 90er Jahre verschwand in den USA der Roman „Huckleberry Finns

14 Mark Twain, Tom Sawyer und Huckleberry Finn, München 1976, S. 346ff.

Abenteuer" mit der Begründung aus den Bibliotheken von Universitäten und den Lehrplänen von Schulen, er verstoße gegen die „political correctness", weil darin die Bezeichnung „nigger" benutzt werde, „zum ersten Mal auf der Seite 3, bis zum Schluß mehr als zweihundert Mal" (FAZ v. 19.4.1995, S. 33). Das Beispiel zeigt: *political correctness*, zur Leerformel verkürzt und ohne Verstand angewandt, verkehrt sich in ihr Gegenteil. Nur tumbe Gutmenschen können Mark Twain, der sich in seinen Romanen wie kein zweiter für die Anerkennung der schwarzen Mitbürger/innen als gleichberechtigt eingesetzt hat, wegen der Verwendung des Wortes „Nigger" verurteilen. Schulunterricht im Allgemeinen und Politikunterricht im Besonderen bemühen sich daher über das Soziale Lernen hinaus darum, bei den Jugendlichen die Fähigkeit und Bereitschaft zum selbstständigen Denken und unabhängigen Handeln zu stärken.

Stefan Koch

Rechtsradikalismus als Thema im Ethikunterricht: Was kann man, was nicht?

Ist „Rechtsradikalismus" ein Thema für den Ethikunterricht? Selbstverständlich, denn wer über den Rechtsradikalismus streitet, streitet auch über Werte, und darum geht es doch im Ethikunterricht. Andererseits kann ich mich nicht erinnern, in Seminaren oder Vorlesungen während meines Philosophiestudiums jemals etwas über den Rechtsradikalismus gehört zu haben – es sei denn, man versteht darunter – weiter gefasst – auch solche Debatten wie die um Carl Schmitt, den Weimarer Staatsrechtslehrer, Wortführer der sog. Konservativen Revolution, späteren „Kronjuristen" der Nationalsozialisten und Mentor der sog. Neuen Rechten im westlichen Nachkriegsdeutschland.[1]

Ich verstehe meinen Beitrag als Versuch, die Voraussetzungen zu prüfen, unter denen das Thema „Rechtsradikalismus" möglicherweise in den Ethikunterricht passt, um dann entsprechende Beispiele zu nennen. Zuvor möchte ich kurz die Rahmenbedingungen skizzieren, unter denen ich pädagogisch arbeite, nämlich diejenigen des Elisabeth-Gymnasiums in Halle. Danach geht es um die Voraussetzungen für Rechtsradikalismus als Thema im Ethikunterricht, und abschließend soll das Beispiel eines besonders geeigneten Methodentyps des Ethikunterrichts vorgestellt werden. Von den „Abenteuern im Kopf" liest man in der Fachdidaktik des Ethikunterrichts, wo es auch heißt: „Denken ist Probehandeln"[2]; gemeint ist, dass man den Mut für Gedankenexperimente aufbringen soll, selbst wenn sie zunächst auch noch so absurd erscheinen mögen.

1 Vgl. Helmut Fröchling, Die ideologischen Grundlagen des Rechtsextremismus. Grundstrukturen rechtsextremer Weltanschauung. Politischer Stil, Strategien und Methoden rechtsextremer Propaganda, in: Jens Mecklenburg (Hrsg.), Handbuch deutscher Rechtsextremismus, Berlin 1996, S. 89

2 Siehe Hans-Ludwig Freese, Abenteuer im Kopf, Weinheim 1995

Beschreibung der Situation am Elisabeth-Gymnasium, Halle

1991 gründete der katholische Bischof von Magdeburg im Bereich des Bistums drei Gymnasien, eines davon in Halle. Von Anfang an existierte eine Konzeption für diese Schule, die zumindest für die Schulen in Trägerschaft der katholischen Kirche einzigartig ist. Nur ein Drittel der zur Verfügung stehenden Plätze wurde mit katholischen Schüler(inne)n besetzt. Ein weiteres Drittel besteht aus evangelischen, den dritten Teil machen die konfessionslosen Schüler/innen aus. Vor allem in der letzten Bestimmung steckt die genannte Besonderheit. Diese Drittelung ist im Übrigen ein wesentlicher Punkt der Konzeption, welcher nicht etwa dadurch motiviert ist, die möglicherweise fehlenden katholischen Schüler/innen durch andere zu ersetzen.

Hinsichtlich der Unterrichtsplanung ist vorgesehen, dass die katholischen Schüler/innen den katholischen Religionsunterricht, die evangelischen Schüler/innen den evangelischen Religionsunterricht und die konfessionslosen Schüler/innen den Ethikunterricht besuchen. Zur dritten Gruppe gehören auch muslimische Schüler/innen (vorwiegend aus Bosnien), wenige jüdische Schüler/innen und orthodoxe.[3]

Die Diskussion innerhalb der Didaktik des Ethikunterrichts soll nicht in dem Rahmen geführt werden, der manchmal mit den Kürzeln „LER“ (Lebensgestaltung – Ethik – Religionskunde) und „Brandenburg“ gezogen wird. Wir halten am Elisabeth-Gymnasium eine strikte Trennung der drei Fächer innerhalb der Gruppe Religion/Ethik nicht für wünschenswert oder gar notwendig. Möglichkeiten, diese Trennung zu überwinden, sehen wir in der Konzeption und Entwicklung einer punktuellen Zusammenarbeit zwischen den Fächern. „Punktuell“ bedeutet z.B. die Gemeinsamkeit des behandelten Themas oder Problems.

Eine zweite Quote neben der für die Zusammensetzung der Schülerschaft bezieht sich auf die des Lehrerkollegiums und ist heute schon nicht mehr so leicht zu identifizieren wie 1991, als die Schule gegründet wurde. Damals bildeten nämlich jeweils elf Lehrer/innen aus Ost- und Westdeutschland das Kollegium. Mittlerweile arbeiten insgesamt 48 Lehrer/innen an der Schule; noch immer wollen wir über die unterschiedlichen Erfahrungen aus den verschiedenen Biographien diskutieren, aber die exakte Zugehörigkeit der einzelnen Lehrer/innen zu diesen beiden Gruppen wird immer schwieriger; das gilt nicht nur für die Referendare, die nach dem Examen am Elisabeth-Gymnasium bleiben. Regional verschiedene Biographien existieren nicht nur unter den Lehrer(inne)n, sondern auch unter den Schüler(inne)n. Weil auch die Eltern aus allen Teilen des Landes kommen, sind die angesprochenen Diskussionen im Prinzip auch von den Schüler(inne)n nachvollziehbar.

---

3 Die Regelung ist jedoch keine strenge: Schüler/innen, die ein besonderes Interesse an einem der anderen Fächer haben, dürfen prinzipiell auch an diesem Unterricht teilnehmen.

Eine letzte Besonderheit, die nicht ausschließlich für das Elisabeth-Gymnasium gilt, sei noch erwähnt. Mit Beginn des Schuljahres 1997/98 ist in Sachsen-Anhalt die Förderstufe eingeführt worden. Gleichzeitig wurden die Schulen in freier Trägerschaft, also auch das Elisabeth-Gymnasium, von dieser Regelung ausgenommen, was sinnvoll war, damit sich die Ziele einer solchen Schule mit einem besonderen Profil weiterhin in einer nicht um zwei Jahre verkürzten Schulzeit halbwegs erfolgreich realisieren lassen. Überaus viele Eltern äußern seither den Wunsch, ihre gymnasialfähigen Kinder für die 5. Klasse an einer dieser Schulen anzumelden, wohl aus Furcht, dass ihre Kinder einen durch den Besuch der Förderstufe verursachten Rückstand gegenüber den Gymnasiast(inn)en später nicht mehr wieder aufholen könnten.[4]

Vielleicht ist deutlich geworden, dass in Bezug auf die Zusammensetzung der Schüler- sowie der Elternschaft am Elisabeth-Gymnasium eine Besonderheit für das Thema dieses Beitrages wichtig ist, die ich in meiner Arbeit geradezu als Privileg empfinde und die darin besteht, dass man dort ein Interesse der Eltern an Erziehung und Bildung ihrer Kinder prinzipiell voraussetzen, erwarten und auch einfordern kann.

Ich möchte nun drei schlichte oder schlicht anmutende Erfahrungen als meine Konnotationen zum Thema „Rechtsradikalismus im Ethikunterricht" darstellen:

1. Im Unterricht der 9. Klasse hält ein Schüler plötzlich ein kleines „Plakat" an das und aus dem Fenster. Der erst seit zweieinhalb Monaten an der Schule tätige Lehrer entdeckt auf dem Zettel mehrere Friedhofskreuze, Särge, etliche davon mit einem Davidstern gekennzeichnet. Auf einem steht die Aufschrift „Jude". Irritiert, dennoch nicht sichtbar aggressiv werdend, fragt der Lehrer nach Sinn oder Bedeutung der Zeichnungen. Das Gespräch darüber erbringt zunächst nichts als Äußerungen der Unwissenheit oder des Unvermögens des Schülers, der mit seinem Nachbarn das „Plakat" produziert hat. Anschließend verbreitet sich die Nachricht über diesen Zwischenfall, verbunden mit der Furcht etlicher anderer Schüler, jetzt gehe es denen und allen anderen, die auch „so denken", an den Kragen. Der Lehrer steht alsbald im Ruf, ein „Schüler-Fresser" zu sein, vor allem wenn es sich um „Rechte" handele.
2. Im Ethikunterricht der 7. Klasse äußern einige Schüler/innen den Wunsch, den Film „Schindlers Liste" von Steven Spielberg zu sehen. In der letzten Stunde und in den freien Nachmittag hinein schauen sich die Schüler/innen zusammen mit dem Lehrer den Film an. In den folgenden Stunden sprechen die Schüler/innen darüber anhand von Stichworten zum Film, welche sie selbst entwickeln und in Form von Arbeitsaufträ-

4 Ob diese auf den ersten Blick vielleicht „günstige" Entwicklung für die genannten Schulen auch mittel- oder langfristig vorteilhaft ist, möchte ich hier ausdrücklich in Zweifel ziehen.

gen untereinander verteilen. Die Reihe nimmt mittlerweile einige Wochen in Anspruch und neigt sich dem Ende zu, als eine Schülerin eine Postwurfsendung der DVU in den Unterricht mitbringt und vorliest. Soweit die Schüler/innen die Aussagen des Schreibens verstanden haben, empfinden und äußern sie Angst, vor allem angesichts der massiven Plakatwerbung auf den Straßen und des häufig prognostizierten, für die Schüler/innen aber allein deshalb sicherlich nicht schon verstehbaren Wahlerfolges der DVU. Der Lehrer versucht daraufhin, zunächst die Angst selbst zu thematisieren, und fragt anschließend nach Gründen und Gegengründen, um die Angst weiter abzubauen. Ausdrücklich wollen die Schüler/innen die Meinung und auch die Haltung des Lehrers kennen lernen, um sie dann auch hinterfragen zu können.

3. In einem Ethik-Kurs der 12. Klasse fällt einer von insgesamt nur fünf Teilnehmer(inne)n des Kurses dadurch auf, dass er sich zunehmend so kleidet und „stylt“, wie durch die Medien das Erscheinungsbild der jugendlichen Rechten kolportiert wird. Gerade in diesem kleinen Kurs stellt er eine Ausnahmeerscheinung dar; von den anderen Schüler(inne)n wird er entsprechend kritisiert. Der Vorschlag des Lehrers, eine eigene Reihe zum Thema „Rechtsradikalismus“ zu organisieren, wird angenommen. Man sammelt erste Ideen, kann das Projekt aber aus durch die nahenden Abiturprüfungen verursachter Zeitknappheit nicht weiter verfolgen. Am Tag nach der Landtagswahl vom 26. April 1998 berichtet der erwähnte Schüler von seinen Wahlentscheidungen, die beim Lehrer zunächst einen kleinen Schock, dann aber sehr schnell auch so etwas wie Hoffnung auslösen. Der Schüler hatte mit der (über die Zusammensetzung des Parlaments entscheidenden) Zweitstimme die DVU, mit der Erststimme aber die PDS gewählt, sich somit als „Protestwähler“ fast konform verhalten.

Voraussetzungen und Beispiele: Was kann man, was nicht?

Was geht? Fast nichts. Was geht nicht? Fast alles. – Man kann die Geschichte pädagogischen Strebens mühelos als Geschichte eines grandiosen Misserfolgs schreiben. Pädagogik hat den Nationalsozialismus nicht verhindert, Pädagogik mit dem Etikett „antifaschistisch“ hat nicht verhindert, dass es neonazistische Jugendliche gibt. Und wenn die Zielsetzungen, die mit einer sich „kritisch“, „skeptisch“ oder „aufklärerisch“ nennenden Pädagogik in Verbindung stehen, verglichen werden mit den Ergebnissen, so ist sicher kaum festzustellen, dass die Jugendlichen die Schule etwa mit den entsprechenden Schlüsselqualifikationen, als mündige Bürger/innen oder selbstbestimmte, in sozialer Verantwortung denkende Mitglieder der Gesellschaft verlassen, die gelernt haben, Probleme zu erkennen, kritisch zu hinterfragen und zu lösen.

Wenn die Schulen daraufhin ihren Betrieb nicht besser einstellen sollen, dann müssen möglichst vorurteilsfrei und undogmatisch die Probleme identifiziert, wahrscheinliche Ursachen ermittelt und mögliche Lösungen vorgeschlagen werden.

Schon die genaue Bestimmung des Themas macht Schwierigkeiten. So gilt es, bei der Verwendung des Merkmals „rechtsradikal“ genauer zu unterscheiden. Nicht alle Schüler/innen, die von ihren Lehrer(inne)n als „rechtsradikal“ bezeichnet werden, sehen sich selbst so. Dies kann zu erheblichen Missverständnissen führen. Auch die weitere Bestimmung des Begriffs durch andere Merkmale enthält Fallen. „Ausländerfeindlich“ ist z.B. ein unklarer Begriff. Ist jemand, der die Zahl der Ausländer in Deutschland für zu hoch hält, schon „ausländerfeindlich“? Oder derjenige, der sich selbst als „intolerant“ bezeichnet? Oder derjenige, der Verständnis äußert für gewalttätige Übergriffe? Oder nur derjenige, auf den alle diese Aussagen zutreffen? – Will man den ethischen Anspruch einlösen, die Wahrheit der Rede über die Praxis zu prüfen, müssen diese Fragen eigentlich auch in der Schule thematisiert werden.

Das zweite große Problem, das ich sehe, ist die genaue Bestimmung der Lernziele. Will ich Dispositionen der Schüler/innen verändern? Will ich die Schüler/innen nur mit bestimmten Kenntnissen ausstatten? Oder will ich den Versuch machen, über Kenntnisse Dispositionen zu verändern? Im Hinblick auf die Grobziele wird jeder Lehrer sich selbst entscheiden und die Feinziele dementsprechend formulieren müssen. Als Hypothese möchte ich an dieser Stelle formulieren, dass ein Lehrer umso weniger erwarten kann, dass die Schüler so handeln, wie er es erwartet, je mehr er es erwartet.[5]

Welche Voraussetzungen müssen erfüllt sein, damit eine Unterrichtsreihe nicht scheitert? Diese Frage soll nacheinander in Bezug auf die vier beteiligten Gruppen erörtert werden: Schüler/innen, Eltern, Schulleiter/innen und Lehrer/innen.

1. Schüler/innen sind in der fast erdrückenden Regel unfreiwillig in der Schule. Um hier nicht schon zu Beginn den Keim des Scheiterns zu nähren, muss den Schüler(inne)n ein größtmöglicher Teil der Verantwortung für den Unterricht übertragen werden. Dies gelingt nur, wenn die Schüler/innen, möglichst sogar ohne inhaltlichen Einfluss des Lehrers/der Lehrerin, für die Planung einer Reihe selbst zuständig sind und einen eigenen, also spezifischen Fahrplan erstellen. In wahrscheinlich den meisten Fällen macht die Planung daher den zeitlich größeren oder größten Teil einer Reihe aus.
2. Auf vergleichbare Weise gilt auch hier, dass alle didaktischen Anstrengungen zum Scheitern verurteilt sind, wenn die Eltern mit den allgemeinen Lernzielen der Schule nicht übereinstimmen. Zumindest muss sicherge-

5 Die Ungenauigkeiten, die zweifellos in den Begriffen „mehr“/„weniger“ sowie in den drei Verwendungen von „erwarten“ stecken, sollen in den folgenden Beispielen ein wenig aufgelöst werden.

stellt sein, dass sie diese nicht direkt ablehnen. Konkret heißt das hinsichtlich des Themas „Rechtsradikalismus“, ein Lehrer kann diejenigen Schüler/innen überhaupt nicht erreichen, deren Eltern beispielsweise selbst offen antisemitische Überzeugungen äußern und ihre Kinder entsprechend beeinflussen. Die didaktische Konsequenz muss m.E. darin bestehen, gerade mit diesen Eltern ins Gespräch zu kommen. Das kann in Form eines Elternabends geschehen oder auch durch Einladung in den Unterricht. Zweifellos bedeutet dies einen erheblichen Mehraufwand für den Lehrer.

3. Es muss vorausgesetzt werden, dass der Schulleiter die Lehrer/innen im Hinblick auf die allgemeinen Lernziele unterstützt und ihnen so gleichsam den Rücken freihält. Das bezieht sich vor allem auf jene Aspekte, die nicht direkt mit dem Unterricht in Verbindung stehen. Gerade in diesem Punkt gibt es für den Religions- und Ethikunterricht zumindest in Sachsen-Anhalt immer wieder negative Nachrichten. Ein konkretes, hoffentlich nicht alltägliches Beispiel: Wenn Gewalt auf dem Schulhof entsteht oder sich ausbreitet, haben die Lehrer/innen kaum eine Chance, zu diesem Thema im Unterricht gehört oder ernst genommen zu werden, falls der Schulleiter nicht an erster Stelle und rückhaltlos für Klärung und Aufklärung sorgt.
4. Was geht und was geht nicht? Entscheidendes für die Beantwortung der beiden Fragen hängt von der Bestimmung der Lehrerrolle bzw. der Persönlichkeit des Lehrers ab.[6] Es gibt sicher etliche Lernziele, für deren Erreichung kein besonderer pädagogischer Einsatz notwendig ist. Über Beispiele ließe sich hier trefflich streiten. Versuchen wir es einmal mit folgendem Lernziel: Die Schüler sollen die bereits gelernten Phänomene der Subtraktion und der Addition anwenden können. Setzen wir voraus, das anfängliche Motivieren und Entwickeln des Schemas hätte keine größeren und unerwarteten Schwierigkeiten aufgeworfen. Nun kann das Üben der Anwendungen ohne Zweifel mühelos bewerkstelligt werden. Nehmen wir ein anderes Beispiel: Das Lernziel besteht darin, mehrfach LRS-diagnostizierten[7] Kindern etwas über das „Dehnungs-h“ beizubringen. Setzen wir auch hier etwas voraus, nämlich den bestehenden Verdacht, die LRS sei temporär und könne auf z.B. familiär bedingte Stress- und Angstfaktoren zurückgeführt werden. Es leuchtet ein, dass hier mehr Geduld sowie eine größere Bereitschaft des Lehrers nötig ist, sich mit den besonderen Umweltfaktoren des Kindes auseinanderzusetzen.

Was muss nun beim Lehrer vorausgesetzt werden, wenn er das Thema „Rechtsradikalismus“ im Ethikunterricht behandeln will? Unterstellen wir einmal, dass es sogar Schüler in der Gruppe gibt, die – wie ernst gemeint auch immer – rechtsradikale Parolen oder Thesen verkünden, ohne sie begründen zu können und zunächst auch begründen zu wollen. Unterstellen wir

6 Die dezidiert pädagogisch-psychologische Frage nach dem Verhältnis von Rolle und Person will ich hier nicht weiter thematisieren.

7 Lese-Rechtschreib-Schwäche

weiter, dass der Lehrer sogar persönliche Konsequenzen zu erwarten hat, wenn er diese Parolen thematisiert – Konsequenzen, die harmlos erscheinen: Nachfragen von Kolleg(inn)en oder Eltern, die nur in längeren Gesprächen einer Klärung nähergebracht werden können; oder auch weniger harmlose Konsequenzen: versteckte oder offene Drohungen z.B. von älteren Schülern, die möglicherweise den Ton in der Gruppe angeben, gegenüber dem Lehrer.[8]

Die genannte Thematik stellt außergewöhnliche Anforderungen an das Selbstverständnis des Lehrers. Vor allem in der zweiten Phase der Lehrerausbildung wird für die Bewältigung der grundlegenden Unterrichts- und Erziehungsaufgaben etliches vorausgesetzt, was hier fragwürdig scheint.

Der Theologe Franz-Josef Nocke schreibt in seinem Buch „Liebe, Tod und Auferstehung" über etwas ganz anderes als unser Thema. Dennoch hat ein Aspekt auch etwas zu tun mit unserer Frage nach dem Selbstverständnis des Lehrers. Ich möchte daraus zwei Sätze zitieren, bei denen es um den Schmerz geht, den die Liebe schon aus sich heraus verursachen kann: „Ich kenne aber kein Elternpaar, dem, nachdem die Sorge für die Kinder und das Leben mit ihnen einen wesentlichen Teil ihrer Existenz ausgemacht hat, die Lösung von den Herangewachsenen ganz ohne Schmerz gelänge. Ähnliches gilt von allen engagiert realisierten pädagogischen Verhältnissen."[9] Ein engagiert realisiertes pädagogisches Verhältnis ist nun gerade das, was mir die Voraussetzung für das erfolgreiche Vermitteln der in Frage stehenden Lernziele zu sein scheint.

Sofern diese Überlegungen plausibel sind, liegt die Bedeutung der Lehrerrolle in unserem Zusammenhang darin, dass der Lehrer besonders wohlwollend handeln muss gerade denjenigen Schüler(inne)n gegenüber, die ihm aggressiv oder feindselig begegnen. Es scheint mir fast so, als müsse jeder Lehrer bei unserem Thema sich zuvor gründlich und eingehend prüfen, welchen Belastungen er sich aussetzen kann und will. Die jeweiligen Grenzen können nur im Gespräch unter den Lehrer(inne)n – und möglicherweise auch mit den Schüler(inne)n – ausgelotet werden.

Was ist das Spezifische des Ethikunterrichts bei der Bearbeitung des Themas? Im Ethikunterricht können die Begründungen für normative Sätze untersucht werden. Nicht die *Meinung*, vor allem: nicht die Meinung *des Schülers* wird untersucht, sondern die *Begründung* der Meinung. Daraus muss für den Schüler folgen, dass jede Meinung – also auch eine rechtsradikale – erlaubt ist und geäußert werden darf, allerdings ebenfalls begründet werden muss. Weiterhin gilt, dass es nicht die Meinung des Schülers ist, die vom Lehrer bewertet wird, sondern deren Begründung.[10]

---

8 Auch die Drohungen von aggressiven Schülern gegenüber anderen müssen in der Planung oder Auswertung des Unterrichts berücksichtigt werden.

9 Franz-Josef Nocke, Liebe, Tod und Auferstehung, 3. Aufl. München 1993, S. 98

10 Meinungsfreiheit ist ihrem Wesen nach die Freiheit, jede Meinung zu äußern, deren Wahrheit man prinzipiell zeigen kann. Vor diesem Hintergrund ist auch jene Grenze zu bestimmen, wo Meinungsfreiheit in einem eher trivialen Sinne aufgefasst wird.

Man kann erst dann von der Richtigkeit einer Aussage wirklich überzeugt sein, wenn man alle nur möglichen Gegenargumente widerlegen kann. Hinsichtlich unserer Frage gilt es daher für den Lehrer, auch eine extreme Gegenposition, wie sie der Rechtsradikalismus darstellen mag, in der argumentativen Auseinandersetzung gleichsam probeweise sogar besonders stark zu machen, sofern das die Schüler/innen nicht selbst tun.

Die zugrunde liegende Idee besteht darin, einzig die Kraft des stärkeren Arguments didaktisch zuzulassen. Wer sich als Schüler/in auf diese Spielregeln einlässt, auch ohne schon von der Wahrheit des z.B. vom Lehrer Gesagten überzeugt zu sein, ist kein Rechtsradikaler mehr. Dies, so meine ich, kann zu einer formalen Bestimmung von „rechtsradikal" gesagt werden.

Was kann man? – So lautet die eine Frage im Titel. Vielleicht können die folgenden Beispiele als eine Art Steinbruch angesehen werden, aus dem es jeweils passende Brocken herauszubrechen und immer wieder neu zu präparieren gilt.

Zunächst sei an das Moment der Aufklärung erinnert. Viele Schüler verwenden NS-Symbole oder -Ausdrücke, ohne sie oder ihre Bedeutung überhaupt zu kennen. Bekanntlich sind Hakenkreuze und rechte Sprüche oft nur Mittel, um den Eltern und Lehrer(inne)n einen Schock einzujagen. Hier bietet sich unter den genannten Voraussetzungen ein weites Feld für die Zusammenarbeit mit der Sozialwissenschaft oder der Geschichte und die bessere Koordination der Richtlinien der einzelnen Schulen an.

Ein anderer Vorschlag, der sich in vielen Varianten entwickeln lässt, ist die simpel erscheinende Untersuchung der Wahrheit von Sätzen, Sprüchen oder Parolen aus der rechtsradikalen Szene. An Graden der Komplexität ist hier vieles vorstellbar. Wichtig ist, die Voraussetzungen hinreichend zu beachten. Eine Unterrichtsreihe beispielsweise, die sich rechtsradikal gebenden Schüler(inne)n den Eindruck vermittelt, der Lehrer habe sie ihnen aufgezwungen, wird kaum zum Versuch des echten Nachdenkens führen.

Falls es Erkenntnisse gibt in Bezug auf typische Lebensläufe eines Rechtsradikalen der heutigen Zeit, spräche einiges dafür, sie mit den Schülern zu lesen und vielleicht auch in geeignetem Rahmen umzuschreiben. Ich denke hier an so etwas wie einen einfachen Perspektivenwechsel. Mit diesen möglicherweise leseverzögernden Methoden lässt sich analog eine Zusammenarbeit mit dem Fach Deutsch organisieren, die auch als Projekt denkbar wäre.

Ein sehr weites Feld bietet das Rollenspiel als Methode des Unterrichts. Es können Szenen aus dem Alltag gespielt und Szenen aus der Geschichte nachgestellt, es können auch Szenen erfunden, gleichsam „vorgespielt" werden. Der Inhalt kann banal oder bedeutungsvoll, die Form frei oder festgelegt sein, beispielsweise ein Prozess nach einer Straftat. Wichtig ist in allen Fällen, dass hier in wechselnden Rollen gespielt wird, sodass jede(r) prinzipiell jede(n) darstellen kann.

Unter bestimmten Bedingungen ist sogar ein Gespräch mit einem Rechtsradikalen möglich, der ein Parlamentsmandat innehat. Dies setzt allerdings schon etliches an Vorbereitung voraus. Geeigneter erschiene die Einladung von „Aussteiger(inne)n“, die sich vom rechtsradikalen Umfeld wieder entfernt und Kenntnisse „von innen heraus“ haben. Der Vergleich liegt nahe zu entsprechenden Einladungen an ehemalige Mitglieder von Scientology. Auch hier hat sich gezeigt, dass Aufklärung bisweilen viel bewirken kann.

Eine letzte Skizze sei noch unter der Überschrift „Menschenbild“ versucht. In einer Kooperation mit dem Religionsunterricht, die dafür aber nicht zwingend ist, kann versucht werden, die den einzelnen Handlungen oder Personen zugrunde liegenden Aspekte des jeweiligen Menschenbildes, die zumeist für die Schüler nicht so offenkundig erkennbar sind, zu rekonstruieren. Als ein Unterrichtsgegenstand, der vielleicht gleichermaßen abstrakt wie auch anschaulich ist, eignet sich dazu ein Interview, das der jüdische Schriftsteller Erich Fried in den 80er Jahren mit dem damals inhaftierten und später verstorbenen Neonazi-Führer Michael Kühnen geführt hat.

Gedankenexperiment in Anlehnung an Laurence Tribe

In einem zuerst 1974 veröffentlichten Aufsatz stellt Laurence Tribe die Frage „Was spricht gegen Plastikbäume?“ [11] Dabei bezieht er sich auf eine Diskussion in den USA, die durch den Entschluss der Stadtverwaltung von Los Angeles ausgelöst wurde, auf dem Mittelstreifen eines umgebauten mehrspurigen Highways künstliche Bäume aufzustellen. Zum Pflanzen echter Bäume war der Mittelstreifen zu schmal.

Anders als man vielleicht vermuten kann – das ist Tribes These –, sind die Plastikbäume kein Bild für eine Entwicklung, die zu den vielfältigen Umweltschutzbemühungen im Widerspruch steht. Tribe behauptet, dass die Plastikbäume vielmehr in Übereinstimmung mit dieser gesellschaftlichen Praxis stehen. Ich möchte Tribes Begründung seiner These kurz skizzieren und den für meine Zwecke wichtigen Punkt herausgreifen.

Tribe konstatiert, dass unsere Umweltschutzanstrengungen wesentlich motiviert sind durch die Forderung nach Maximierung des Nutzens für den Menschen. So wird der Versuch, ideelle Variablen, wie z.B. den ästhetischen Wert einer Schlucht, in eine Kosten-Nutzen-Rechnung einzubeziehen, vielfach gar nicht erst gemacht. Ähnliches geschieht mit Handlungszielen, die einander widersprechen, oder bei der Bestimmung von Werten, Zwecken und Mitteln des umweltpolitischen Handelns.

11 Laurence H. Tribe, Ways Not to Think about Plastic Trees, in: ders. u.a. (Hrsg.), When Values Conflict. Essays on Environmental Analysis, Discourse and Decision, Cambridge (Mass.) 1976; dt: Was spricht gegen Plastikbäume?, in: Dieter Birnbacher (Hrsg.), Ökologie und Ethik, Stuttgart 1980, S. 20ff.

Die Orientierung an menschlichen Bedürfnissen und ihrer Befriedigung kann in bestimmten Fällen dazu führen, dass kein menschliches Bedürfnis existiert, das nicht auch durch Plastikbäume befriedigt werden könnte. Daraus resultiert der Sinn jener absurd anmutenden Frage im Titel dieses Aufsatzes: „Kurz, was spricht gegen Plastikbäume, wenn die Leute im Grunde genau das wollen?"

Zu Tribes Gegenentwurf gehört die zweifellos auch aus der Tradition bekannte Vorstellung des höchsten Zwecks der menschlichen Vernunft als dem umfassenden Verständnis der Stellung des Menschen im Kosmos. Um diese Vorstellung gleichsam gegen diejenige der Nutzenmaximierung wieder ins Spiel bringen zu können, ist es notwendig, von dem verfehlten „Transzendenz"-Begriff Abschied zu nehmen, ohne allerdings den voraufklärerischen „Immanenz"-Begriff als Alternative zu reaktivieren. Tribe fordert eine Art von Synthese, in welcher dann z.B. die Ausschaltung der menschlichen Bedürfnisse mit der Ausweitung der Rechte von Tieren, Pflanzen oder auch Wäldern und Bergen einhergeht.[12]

Zurück zu unserem Thema: Um den 1. Mai 1998 kam es anlässlich einer NPD-Veranstaltung in Leipzig zu Gegendemonstrationen. Durch ein großes Polizeiaufgebot und erfolgreiche „Tricks" einiger Behörden im Vorfeld konnte eine Eskalation der Gewalt verhindert werden, die deswegen drohte, weil etliche Teilnehmer – sowohl der Veranstaltung als auch der Gegenveranstaltung – zuvor ganz offen ihre Bereitschaft zur Gewalt angekündigt hatten. Was spricht eigentlich – um zum Kern des Gedankenexperiments zu kommen – gegen eine solche gewalttätige Auseinandersetzung von Gruppen mit zur Gewalt bereiten Mitgliedern? Was spricht gegen eine „kontrollierte Schlacht" von politisch extremen Anhängern, in der alle Beteiligten unter sich und von der Außenwelt abgeschottet bleiben?

Bevor wir unterschiedliche Aspekte bei der Beantwortung dieser ebenfalls absurd anmutenden Frage untersuchen, welche dennoch nicht völlig aus der Luft gegriffen ist, muss hier zunächst weiter ausgeholt, vor allem der Begriff „extrem" präzisiert werden. Damit meine ich in diesem Zusammenhang schlicht die Bereitschaft, Gewalt als Mittel der politischen Auseinandersetzung einzusetzen. Nicht extrem ist entsprechend jemand, der an der politischen Auseinandersetzung möglicherweise interessiert ist und daran auch teilnimmt, allerdings die Gewalt als Mittel dazu ablehnt.[13]

---

12 Zur Aktualität der Bestimmungen von „Transzendenz" und „Immanenz" sei mir die Anmerkung gestattet, dass Jürgen Habermas eben das, die Gedanken Tribes, zum Thema macht, wenn er die allen zugänglichen Argumentationsregeln im Rahmen seiner Theorie der Diskursethik im Sinne einer „immanenten Transzendenz" zu kennzeichnen sucht.

13 Hieraus geht hervor, dass sich eine pauschale Gleichsetzung von „rechtsextrem" und „linksextrem" mit bestimmten Parteien verbietet. In Bezug auf meine Frage sind also die Mitglieder und vor allem die Wähler/innen der DVU beispielsweise nicht durchweg extrem. Entsprechendes gilt auf der anderen Seite etwa für Mitglieder oder Wähler/innen der PDS.

Versuchen wir nun anhand der Skizze von Laurence Tribe auf ähnliche Weise erste Schritte einer Analyse. Zunächst fällt auf, dass beide Fragen schon deswegen absurd erscheinen mögen, weil eine empirische Untersuchung der Meinungen zum Thema vermutlich eine breite Ablehnung beider Phänomene – Plastikbäume sowie die „kontrollierte Schlacht" – zeigen würde. Genau an diesem Punkt gilt es anzusetzen, unsere Intuitionen zu überprüfen und nach Gründen zu suchen, die sie möglicherweise fragwürdig machen. Dass unsere Intuitionen falsch sind, wird hier gerade nicht behauptet. Der Zweifel an ihrer Wahrheit oder Richtigkeit ist also ein methodischer.

Was spricht nun für eine „kontrollierte Schlacht"?

- Wenn es zutrifft, dass angestaute Aggression sich nicht auf Dauer gänzlich unterdrücken lässt, dann gäbe es somit ein probates Mittel zur gesteuerten Kanalisation des Gewaltausbruchs.
- Vielen Menschen, die unschuldig Opfer von politisch motivierter Gewalt würden, bliebe dieses Schicksal erspart.
- Sicherlich wären die Kosten für einen solcherart nur noch minimalisierten Polizeieinsatz ebenfalls minimal.
- Die relativ klare Unterscheidung der Gruppe derjenigen, die am Diskurs teilnehmen (wollen), von der anderen Gruppe, auf die das Gegenteil zutrifft, ermöglicht eine klare Identifizierung der politisch ernst zu nehmenden Menschen.
- Pädagogisch fruchtbar gemacht werden könnte die abschreckende Wirkung, die möglicherweise entstünde.
- Der öffentlich akzeptierte Einsatz von Gewalt der Einzelnen nimmt der Gewalt (bei gleichzeitiger Wahrung des staatlichen Gewaltmonopols) möglicherweise den Reiz des Unbekannten oder Verbotenen und verhindert so deren Ausbruch.
- Keine politische Partei könnte weiterhin darauf bauen, durch Einschüchterung der Menschen mit Gewalt ein für diese Partei vorteilhaftes Klima zu schaffen.
- Eine demokratische Protestwahl wäre garantiert ohne Extreme und ohne die Stärkung von Gewaltbereiten möglich.

Gibt es nun aber auch eine gesellschaftliche Praxis, die mit diesem Gewaltszenario in Übereinstimmung stünde, ohne dass wir uns darüber bisher hinreichend Klarheit verschafft hätten, sodass diese Täuschung erst noch aufzudecken wäre? Mir scheint fast, als könnte man hier an das denken, was häufig als der „gesellschaftliche Konsens" bezeichnet und an den ersten 20 Grundgesetzartikeln festgemacht wird. Genauer gesagt, müsste hier von der immer populärer werdenden Brüchigkeit dieses Konsenses gesprochen werden. Dabei sieht es so aus, als bestünde hier sogar ein besonderer Zusammenhang. Denn je schärfer und je häufiger dieser Konsens in Frage gestellt wird, umso größer scheint die Plausibilität des Gedankenexperiments zu werden.

Worin liegen die Grenzen des Experiments? Zwecks ihrer exakten Bestimmung müssten weitere Voraussetzungen untersucht und zu den oben genannten Gründen vor allem auch Gegengründe gefunden werden. Und es gilt genauer zu untersuchen, inwiefern das Gedankenexperiment als Vergleich mit Tribes Untersuchung hinkt; beispielsweise gibt es die Plastikbäume tatsächlich, von einer „kontrollierten Schlacht“ sind wir aber in der Realität wohl noch weit entfernt.

Jugendarbeit und Weiterbildung: Maßnahmen der Prävention/Intervention

Andreas Kuhlmann

Verstehen darf nicht zu Einverständnis werden!

Zur Kritik an der akzeptierenden Jugendarbeit

Was soll man mit rechtsgerichteten Jugendlichen in der Schule oder im Freizeitbereich tun, wie mit ihnen umgehen, wie möglichst im Vorfeld vorbeugend aktiv werden, damit erst gar nicht manifeste Vorstellungen einer autoritären Welt- und Werteordnung entstehen, sich verselbstständigen und dann als Handlungsorientierung fungieren? – Fragen über Fragen, die nicht nur pädagogisch engagierte Menschen stark beschäftigen. Dennoch dringt gerade an deren Ohren wieder der verstärkte Ruf nach beherztem Tätigwerden. Ob diese Forderung zu Recht oder zu Unrecht gestellt wird, ob die Schule, aber auch die Einrichtungen der Freizeitpädagogik, tatsächlich Reparaturanstalten der Gesellschaft sein sollen oder gar können, muss hier nicht erörtert werden, zumal mir eine solche Diskussion überflüssig erscheint. Denn natürlich ist von den Menschen in diesen Institutionen Engagement zu erwarten und zu verlangen, jedoch auch nicht mehr und nicht weniger als von allen anderen gesellschaftlichen Gruppen.

Aber gerade hier gilt: Gut gemeint ist häufig nicht gut! Denn weder nützt es, „das Kind mit dem Bade auszuschütten", was meint, alle jungen Menschen, die sich irgendwie rechts gerieren, ausgrenzen zu wollen, noch ist die Maxime „Hauptsache weg von der Straße", was meint, auch mit jungen Rechtsextremisten ohne jegliche Intervention arbeiten zu wollen, der Weisheit letzter Schluss, und dies aus vielerlei Gründen.

Zunächst wäre es widersinnig und äußerst kontraproduktiv, lediglich verhaltensauffälligen Kindern und Jugendlichen Angebote zu unterbreiten. Denn sie könnten das als Belohnung ansehen, weil man unproblematischen Jugendlichen keinerlei Aufmerksamkeit schenkt, während es den sog. Stinos wiederum einen Anreiz bieten könnte, ihrerseits „Randale" zu machen, damit auch sie in den Mittelpunkt des Interesse geraten. Konsequenterweise muss es differenzierte Angebote für alle Jugendlichen geben.

Darüber hinaus sind „sozialtherapeutische Streicheleinheiten" für gefestigte Ideologieträger eindeutig und nachhaltig abzulehnen. Solchen Menschen muss, ohne persönlich beleidigend oder anmaßend zu wirken, energisch entgegengetreten und jegliche Zusammenarbeit verweigert werden.

Hier darf die Anwendung des Strafrechts, so dies notwendig ist, nicht ausgeklammert bleiben. Damit erkläre ich mich nicht mit einer Verschärfung der Strafgesetze und Erhöhung des -maßes einverstanden, die vorhandenen Sanktionsmittel sollten aber voll ausgeschöpft werden. Gerade Pädagog(inn)en dürfen nicht zurückschrecken, als Ultima Ratio auch die Polizei hinzuzuziehen.

Dies bedeutet im Umkehrschluss, dass orientierungslosen „Mitläufer(inne)n" Angebote unterbreitet werden, wobei ihre rechte Einstellung zunächst als notwendiges Übel – aber nicht inhaltlich – hingenommen, die Persönlichkeit aber als solche akzeptiert wird. Solche Jugendliche werden dort abgeholt, wo sie sich innerlich zur Zeit befinden, um ihnen andere Möglichkeiten aufzuzeigen und anzubieten. Dies meint eine „akzeptierende Sozialarbeit" für rechte, gewaltbereite Jugendcliquen im Sinne ihres Begründers Franz Josef Krafeld,[1] nicht aber eine Pädagogisierung des Problems.

Laut Krafeld bedeutet akzeptierende Arbeit, das einzelne Subjekt mit seinen authentischen Bedürfnissen in den Mittelpunkt zu stellen, dabei die jugendlichen Selbstinszenierungen als subjektive Lebenssteigerungsversuche zu sehen und auf dieser Basis eine Atmosphäre der Kooperation anzustreben. Um dies zu erreichen, sind mehrere Punkte für pädagogisch tätige Menschen unbedingt zu berücksichtigen:

1. Einfach da sein, ohne damit schon die Erwartung zu verbinden, einbezogen oder in spezifischer Weise gefordert zu werden.
2. Damit umgehen können, dass die Jugendlichen gerade am Anfang vor allem unter sich etwas machen, ohne uns aktive Handlungsmöglichkeiten zu geben.
3. Bereit sein, andere anzuhören, ihnen zuzuhören – so haarsträubend und erschreckend manche Sprüche auch sein mögen.
4. Auffassungen und Meinungen äußern, ohne damit den Anspruch zu verbinden, dass sie irgend jemanden überzeugen müssten.
5. Die Arbeit primär als Beziehungsarbeit begreifen, die situativen Einzelgesprächen das größte Gewicht zumisst.
6. Den Versuch machen, eigene Wahrnehmungs- und Reaktionsebenen nicht auseinanderklaffen zu lassen. Erst ein Erleben der ganzen Persönlichkeit, nicht nur ihrer pädagogischen Verhaltensansprüche, kann Vertrauen schaffen.
7. Die Jugendlichen immer wieder damit vertraut machen, dass wir andere Umgehensweisen und Konfliktregulierungsmuster verwenden als sie und dass wir diese auch für geeigneter halten.

---

1 Vgl. hierzu und zum Folgenden: Gunda Heim u.a., Akzeptierende Jugendarbeit mit rechten Jugendcliquen, Bremen 1992; Franz Josef Krafeld u.a., Jugendarbeit in rechten Szenen. Ansätze – Erfahrungen – Perspektiven, Bremen 1993; ders., Die Praxis Akzeptierender Jugendarbeit. Konzepte – Erfahrungen – Analysen aus der Arbeit mit rechten Jugendcliquen, Opladen 1996

8. Die Jugendlichen nicht nur zu Aktivitäten „hinleiten" oder mit Anregungen „animieren" wollen, sondern auf ihre Ideen und Vorstellungen reagieren.
9. Bei Aktivitäten davon ausgehen, dass die Jugendlichen darin ihre eigene Dramaturgie entfalten, statt ihnen eine pädagogisch inszenierte vorgeben zu wollen.
10. Die emotionalen Erlebnis- und Actionwünsche der Jugendlichen ernst nehmen, in denen Regelverletzungen oft unverzichtbare Bestandteile darstellen.
11. Das eigene Funktions- und Aufgabenverständnis durchsichtig machen.
12. Androhung oder Umsetzung von Sanktionen an persönlichen statt an abstrakten pädagogischen oder institutionszentrierten Maßstäben festmachen.
13. Die Jugendlichen deutlich damit konfrontieren, wo wir existenzielle, ja lebensbedrohliche Probleme auf sie zukommen sehen.
14. Die Grenze der Bereitschaft zum Anhören und Zusehen da setzen, wo wir etwas vom inneren Empfinden her nicht mehr aushalten.

Der Umgang mit rechten Jugendlichen anhand dieser Kriterien erfordert von dem pädagogisch Handelnden eine klare Haltung, eine innere Differenzierung und die kritische Solidarität befreundeter Menschen.

Mit einer klaren Haltung ist gemeint, dass sich die Pädagog(inn)en in Gesprächen über „Gott und die Welt", bei der Planung von Aktivitäten oder gar bei politischen Diskussionen immer klar positionieren und nicht aus falsch verstandener Klientelorientierung den Jugendlichen nach dem Munde reden. Diese Jugendlichen brauchen ein lebendiges Vorbild, besser einen lebendigen „Roten Faden", an dem sie sich entlanghangeln können, auf dem Weg zu einer anderen Lebensführung. Dafür aber muss dieser Erwachsene immer wieder deutlich machen, dass es andere Lebensweisen gibt als die der rechten Subkultur. D.h. auch, dass es keinerlei Unterstützung zur Vorbereitung und Durchführung von Straftaten und/oder menschenverachtenden Aktionen geben darf, weder durch Bereitstellung von Räumlichkeiten noch durch Weghören und -sehen!

Hier setzt die oben geforderte „innere Differenzierung" an, was bedeutet, dass wir uns bemühen müssen, zu verstehen, warum jemand so oder anders handelt, denn nur dann erkennen wir die Genese seines problematischen Auftretens und/oder Denkens. Das Wissen hierüber ist wichtig, wenn es um konkrete Hilfestellungen für den Einzelnen geht. Aber dieses „Verstehenwollen" darf nicht zu einem Verständnis im Sinne einer Entschuldigung führen, weil die widerwärtigen Taten der Rechtsextremisten einfach unentschuldbar sind.

Die innere Differenzierung greift jedoch noch weiter, denn diejenigen Menschen, die sich mit rechtsextremistisch motivierten Gewalttätern zwecks Intervention zu Gunsten einer sozialverträglichen Lebensweise beschäftigen wollen, haben einen weiteren Spagat in ihrem Bewusstsein zu vollbringen: Sie müssen in ihrem Gegenüber immer noch das menschliche Antlitz erkennen und fördern, gleichzeitig aber seine Taten verurteilen und bisweilen sogar zu verhindern trachten. Aber dieser Spagat darf nicht dergestalt vollzogen werden, dass nur einer der beiden Bereiche desselben Menschen wahr- und ernst genommen wird!

Dazu dient auch die kritische Solidarität befreundeter Menschen: Indem ich einer/m guten Bekannten (wer auch immer dies sein mag) Einblicke in mein Tun gewähre und kritische Bemerkungen hierzu nicht nur gestatte, sondern auch einfordere, habe ich ein „Korrektiv“ , das mir hilft, die notwendige pädagogische Distanz zu wahren, und mir von der Metaebene aus mögliche Irrwege genauso aufzeigt, wie mir Mut zugesprochen wird, den ich für diese schwierige Arbeit benötige.

Wenn so mit problematischen Jugendlichen gearbeitet wird, wenn also der Spagat – deine Taten missbilligen wir entschieden, du als Person bist uns willkommen – gelingt, wenn zur Einsicht und möglichen Veränderung den Betroffenen Anregungen, Beispiele und vor allen Dingen viel Zeit gewährt wird, dann kann bei allem Risiko, welches in manchen Einzelfällen auftreten mag, hier wertvolle Arbeit geleistet werden.

Zu unterscheiden ist jedoch zwischen dem Konzept der akzeptierenden Jugendarbeit, das nicht einfach abqualifiziert werden darf, und seiner Umsetzung, die zumindest teilweise fragwürdige Ergebnisse zeitigt.[2] Leider wird vor Ort – verstärkt auftretend in den neuen Bundesländern – in Konkretisierung der akzeptierenden Sozialarbeit viel zu oft nach der Maxime gehandelt: „Das sind doch *unsere* Kinder, die wir in Schutz nehmen und für deren Probleme wir Verständnis haben müssen!“ Indem sich die kommunalen Eliten vor „ihre“ (Stadt-, Dorf- oder Gemeinde-)Kinder stellen, tragen sie dazu bei, das gefährliche Potenzial des Rechtsextremismus zu verharmlosen. Dies hat zur Folge, dass die rechten Jugendlichen die kulturelle Hegemonie in einigen Städten und Landstrichen des Ostens erobert bzw. „national befreite Zonen“ errichtet haben, wie dieser Zustand in ihrer eigenen Sprachregelung heißt.[3]

Die Krönung eines solchen Vorgehens ist allerdings dort erreicht worden, wo ältere Skinheads offiziell damit beauftragt wurden, Jugendarbeit für ihre ureigenste Klientel zu betreiben. Dabei müsste eigentlich auch dem noch so Gutwilligen klar sein: Rechtsextreme Sozialarbeiter/innen für rechtsextreme Jugendliche einzustellen heißt, den Teufel mit dem Beelzebub austreiben zu wollen!

---

2 Vgl. Christoph Butterwegge, Möglichkeiten und Grenzen sozialpädagogischer Intervention bzw. Gewaltprävention. Jugendarbeit zwischen Antifaschismus, Ausgrenzung und Akzeptanz, in: Jens Mecklenburg (Hrsg.), Was tun gegen Rechts, Berlin 1999, S. 109

3 Vgl. dazu: Burkhard Schröder, Im Griff der rechten Szene. Ostdeutsche Städte in Angst, Reinbek bei Hamburg 1997

Ebenso widersinnig ist es, mit rechtsextremen Jugendlichen Fahrten nach Israel zu unternehmen. Einerseits signalisiert man hiermit, dass Jugendliche „nur ein anständiges Pogrom" anzetteln müssen, um mit einer Gratisreise für 3.000 DM belohnt zu werden, andererseits leben in Israel noch genügend Opfer des Holocaust. Diese Menschen müssen wir nun wirklich nicht mit unseren Problemkindern belasten!

Anhand zweier konkreter Beispiele soll nun verdeutlicht werden, wie in der schulischen und in der außerschulischen Erziehung rechtsextremistisch geprägten Lebenshaltungen entgegengewirkt werden kann. Dabei wird davon ausgegangen, dass einerseits reine „Belehrung nicht gegen Erfahrung ankommt" (Wilhelm Heitmeyer) und andererseits Jugendliche, die sich unserer Meinung nach ändern und eine von uns als wünschenswert angesehene Haltung einnehmen sollen, hierfür überzeugende Anreize benötigen. Denjenigen, die wir aus der rechten Ecke herausholen möchten, müssen wir eine andere, lohnenswerte Identität, die sie gegen die alte austauschen wollen, anbieten. Sie brauchen also eine kompensatorische Gratifikation. Methode und Inhalt bezwecken den Aufbau eines positiven Selbstbildes, das den Betreffenden erlaubt, sich und andere als wertvolle, schützenswerte Individuen wahrzunehmen.

Vorschlag 1: Innerhalb von Freizeithäusern oder -klubs, aber auch im Rahmen von Arbeitsgemeinschaften in der Schule, sollten für Jugendliche sog. Selbstbehauptungstrainings für Mädchen auf der einen Seite und Jungen auf der anderen angeboten werden.

Die Trennung der Geschlechter gebieten allein schon die Inhalte, die jeweils zu vermitteln sind: So sollen Mädchen nicht bloße Selbstverteidigungskurse absolvieren, sondern Trainingselemente, die es ihnen ermöglichen, mehr Vertrauen in ihren nur angeblich schwachen Körper zu setzen. Auch die Steigerung von Selbstvertrauen, um in Bedrohungssituationen angemessen reagieren zu können, ist Ziel dieser Kurse. Selbstverständlich haben einzelne Verteidigungstechniken, die der effektiven Abwehr von Angreifern, aber nicht deren Vernichtung dienen, ebenso ihren Platz während solcher Veranstaltungen. Das Bewusstmachen von Körpersprache ist ein weiteres zentrales Element guten Selbstbehauptungstrainings, denn aus der Kriminalitätsforschung ist bekannt, dass die Körpersprache signalisiert, ob ich mich schwach oder stark fühle.

Die Jungen sollen bei ihrem Training vor allen Dingen lernen, ihre zarten und feinfühligen Seiten angstfrei zuzulassen und offen zu zeigen. Dies geschieht durch vielerlei Übungen zur Körpererfahrung, z.B. mittels gegenseitiger Massage. Geübt werden soll auch der Abschied vom patriarchalischen Männer(selbst)bild.

Die Geschlechtertrennung ist mitnichten ein Weg zurück in Zeiten der sexuellen Verklemmtheit, sondern sie entspricht den aktuellen Anforderungen, wird doch versucht, Mädchen wie Jungen jeweils spezifisch gerecht zu werden. Deshalb kann es auch sinnvoll sein, Mädchen und Jungen im naturwissenschaftlich-technischen Unterricht zu separieren, damit die Mädchen z.B. überhaupt erst einmal eine Chance erhalten, am Computer zu arbeiten. Zwar soll die Koedukation generell erhalten bleiben, sie muss aber auch Ausnahmen zulassen, damit nicht die Jungen – wie bisher – ihre Hauptnutznießer sind.

Vorschlag 2: Auf ein schulisches Leben, das demokratische Formen einübt, alle Beteiligten in ihren Bedürfnissen ernst nimmt und diese angemessen berücksichtigt und folglich zur Ausbildung von Lebensbewältigungsstrategien („life skills") erfolgreich beiträgt, habe ich bereits an anderer Stelle hingewiesen.[4]

Hier möchte ich ein Beispiel anführen, wie mit dem Thema „Nationalsozialismus" im Unterricht (aber auch in anderen Zusammenhängen) umgegangen werden kann, damit es eben nicht nur als geschichtliche Belehrung daherkommt. Im Rahmen des Geschichtsunterrichts wurden Schüler(inne)n die wesentlichen Wissensbestände des Nationalsozialismus vermittelt, auf methodisch wechselnden Ebenen. Den Abschluss der ersten großen Sequenz zu diesem Thema bildete das Anschauen und die anschließend kritische Diskussion des Films „Schindlers Liste".

Dieser Film eignet sich wie kein zweiter zum Einsatz in der politischen Bildung für Jugendliche (aber auch für Erwachsene)! Denn hier erscheint der Held der Geschichte als ein Lebemann, der nach landläufigen Vorstellungen alles hat, was *mann* zum Leben braucht: Geld, Macht und Frauen. Die spannende Frage, die den Heranwachsenden dann gestellt wird, ist die: Warum gibt Schindler alles auf, vergeudet sein Geld, verzichtet auf Frauen und verspielt seinen Einfluss auf die Machthaber, „nur" um über 1.000 Menschen jüdischen Glaubens zu retten – warum? Die Interpretationen dieses scheinbar kleinen Wörtchens „nur" führen zu einer authentischen Auseinandersetzung über ethische Werte, Zivilcourage, Gemeinsinn und Solidarität, Mut und zu der Einsicht in die Fähigkeit der Menschen sich zu ändern. Hier kann an einem konkreten Beispiel verdeutlicht werden, dass jede(r) immer wieder vor schwerwiegenden und folgenreichen Entscheidungen steht, dass es immer mindestens zwei Wege gibt, die wir beschreiten können und dass es somit eben äußerst selten – oder sollen wir uns zu einem „nie" versteigen? – zu einer unausweichlichen eindimensionalen Zwangslage kommt.

Auch kann anhand dieses Films hervorragend darüber reflektiert werden, warum es lohnt, sich für andere Menschen einzusetzen und stark zu machen, auch wenn die oder der Betreffende z.B. nicht an das „Jüngste Gericht" glaubt, welches dereinst Rechenschaft fordert. Weil es nämlich, so antwortete mir ein Zehntklässler einer Realschule, den Schindlers dieser Welt ermöglicht wird, ihr Bild im Spiegel zu ertragen.

---

4 Vgl. Andreas Kuhlmann, Faustrecht. Gewalt in Schule und Gesellschaft, 2. Aufl. Köln 1999

Noch zwei weitere Vorteile hat die Beschäftigung mit diesem Film: Zum einen wird durch die Personifizierung Geschichte für junge Menschen erlebbar und dadurch erfassbar. Sie können sich mit einer zentralen Figur identifizieren, die in ihrem Wesen nicht im Nachhinein unerträglich überhöht wurde, sondern für „Normalsterbliche" erreichbar bleibt. Zum anderen können sich die jungen Menschen mit einem positiven Beispiel identifizieren, ohne dass die Seite der Opfer auch nur eine Minute lang zu kurz käme. Die Identifizierung mit starken, lebensbejahenden und agierenden Personen erleichtert für die in der Pubertät nach „Vor-Bildern" suchenden Heranwachsenden den Zugang zu diesem komplexen Themenbereich.

Herangehensweisen, wie sie in den vergangenen Jahrzehnten leider zu häufig praktiziert wurden, nämlich entweder Widerstandskämpfer/innen zu übermenschlichen Held(inn)en im Kampf gegen den Faschismus zu stilisieren oder eben den Jugendlichen lediglich als Identifikationsmöglichkeit die zahllosen Opfer des Faschismus deutscher Prägung anzubieten, waren und sind zum Scheitern verurteilt. Im ersteren Fall schon deshalb, weil diese „Held(inn)en" für die Belehrten so gottähnlich erscheinen, dass sie deswegen abgelehnt werden, aber auch, weil sie doch schier unerreichbar sind.

Für den letzteren Fall lässt sich leicht vorstellen, warum dieses Vorgehen auf Ablehnung oder Unverständnis stößt: Wer kann sich schon fünf bis sechs Millionen ermordete Juden tatsächlich vor Augen führen? Die einzelnen Menschen und ihre Schicksale verschwinden in der großen Masse. Zudem ist es für Jugendliche, die noch auf der Suche nach ihrem persönlichen Lebensweg sind, alles andere als erstrebenswert, sich mit Toten zu identifizieren. Dies gilt vor allem für jene Heranwachsenden in unserer Gesellschaft, die das erniedrigende Gefühl ihrer sozialen Deklassierung Tag für Tag spüren.

Wo es möglich ist, sollte der Besuch einer Gedenkstätte, eines ehemaligen KZs, den Abschluss der unterrichtlichen Bearbeitung der historischen Sequenz darstellen. Dies ohne erhobenen moralischen Zeigefinger und ohne bei den Einzelnen das Gefühl aufkommen zu lassen, sie persönlich trügen Schuld an dem tragischen Geschehen. Vielmehr sollte vom historischen Kontext („geschehen im Namen des deutschen Volkes") auf allgemein gültige Zusammenhänge („künftig verhindern, dass Menschen so etwas Menschen antun") verwiesen werden.

Auch empfiehlt es sich, im Anschluss an eine solche historische Einheit Beispiele jüdischen Lebens in unserer heutigen Zeit aufzuzeigen, damit nicht der Eindruck entsteht, man habe es nur mit „toter Materie" zu tun. Wem es gelingt, das Lager Auschwitz zu besichtigen, dem sei noch Folgendes ans Herz gelegt: Ich selber habe sehr gute Erfahrung damit gemacht, mit meinen Schüler(inne)n am Tage nach der Exkursion ins ehemalige KZ Auschwitz die Stadt Krakow (Krakau) zu besuchen. Hier durchliefen wir das jüdische Viertel Kasimierz unter zwei Aspekten: jüdisches Leben heute – Synagoge, Ausstellungen, Restaurants etc. – kennen zu lernen einerseits, auf den Spuren der Drehorte von „Schindlers Liste" zu wandeln andererseits. Der hohe Wiedererkennungswert einzelner Stationen brachte die Handlung, welche mit dem jeweiligen Ort verbunden war, in Erinnerung. Nun wurde es möglich, das eigentlich Unfassbare zu konkretisieren.

Vielleicht lautet die Kritik einerseits, dies seien alles bereits bekannte Methoden; andererseits mögen viele Leser/innen meinen, nicht jede Lerngruppe könne nach Auschwitz und Krakow reisen. Um zunächst letzterer Kritik zu entgegnen, sei klargestellt: Es müssen nicht diese Orte, es können vielmehr auch andere Stätten des Erinnerns und der gegenwärtigen Anschauung sein. Wichtig erscheint mir, dass die vorhandenen Chancen genutzt werden. Zu der Frage, ob die vorgeschlagenen Methoden nicht schon alte Hüte seien, sei angemerkt, dass es darum gar nicht gehen kann. Nicht, ob Hüte alt oder neu sind, ist das Entscheidende, sondern ob es passende Kopfbedeckungen sind. Um der Ausbreitung und Verfestigung von rechtsextremen Lebenshaltungen entgegenzuwirken, müssen wir zunächst die Lern- und Lebensbedingungen unserer jeweiligen Klientel kritisch betrachten und daraus die notwendigen Schlussfolgerungen ziehen. Dies bedeutet, jene „Kanäle" zu benutzen, über welche die Heranwachsenden lernen (ohne dass hierbei unsinnigen Vorgehensweisen, etwa dem Mitsaufen oder Ähnlichem, das Wort geredet wird!), um ihnen ihre ureigensten Möglichkeiten aufzuzeigen und ihre sozialen Fähigkeiten zu fordern und zu fördern.

Ein kleiner, aber dennoch wirkungsvoller Schritt zu diesem Ziel mag die folgende Beschäftigung mit Graffiti rechtsextremen Inhalts sein, welche ich an einer Berliner Schule fand: Immer wenn innerhalb des Schulgeländes rechte Sprüche o.Ä. an Wänden etc. auftauchen, werden diese umrahmt und innerhalb des Rahmen die Gegenargumente angebracht. Nach ca. 14 Tagen verschwindet das Ganze. So werden zwei Fliegen mit einer Klappe geschlagen: Es wird nichts vertuscht, und den Urhebern wird inhaltlich und optisch Paroli geboten! Diese öffentliche Gegenwehr zeigt Wirkung nach beiden Seiten: Die Urheber haben kein Monopol, sich zu äußern, sondern erfahren Ablehnung, und den Andersdenkenden wird Mut zum Handeln signalisiert.

Peter Krahulec

Zivilcourage als „ansteckende Gesundheit“

Bausteine für eine eingreifende pädagogische Praxis

Seit der „Wende“ 1989/90 wurden nachweislich mindestens 100, wahrscheinlich jedoch weit über 120 Menschen aus rassistischen bzw. rechtsextremen Motiven ermordet, totgetreten und verbrannt, was nach vielen Jahren der Ignoranz erst im Sommer 2000 wieder die nötige (Medien-)Aufmerksamkeit fand, aber zu einer paradoxen Reaktion führte: Die Bürgergesellschaft verlangt von „den“ Politikern Handeln, der „Staat“ von „den“ Bürger(inne)n Zivilcourage. „Jedem das Seine“, würde man vermutlich sagen, hätten die Nationalsozialisten dieses preußische Motto der Selbstverpflichtung in Buchenwald und anderswo nicht bleibend vergiftet.

Warming up: Am eigenen Leibe!

Im Folgenden soll den Leser(inne)n dargestellt und in Workshops den Teilnehmer(inne)n vermittelt werden, wie sich Wahrnehmungsfähigkeit und Zivilcourage stärken lassen. Auch im Wörtlichen in Bewegung versetzt die Teilnehmer/innen eine kleine Übung zur Distanzzone. In Paaren stehen sich (womöglich auch nach Geschlechtern getrennt) zwei Schlangen, so weit es der Raum hergibt, gegenüber. Auf Teameranweisung bewegt sich die eine langsam auf die andere zu, bis das jeweilige Vis-à-vis ein deutliches Stoppsignal gibt: „Nicht näher kommen! Sonst wird es unangenehm.“ Sofort „friert“ das Gegenüber ein. Die Teilnehmer/innen diskutieren das resultierende Bild, wiederholen mit vertauschten Rollen den Vorgang und stellen fest: EinE jedeR braucht seine Distanzzone. Diese variiert nach Kulturkreis; in Mitteleuropa beginnt etwa bei 90 Zentimetern die „Intimsphäre“. Warum aber gerät diese nötige Schutzzone (allzu) oft zum eskapierenden „Schneckenhaus“ nach dem Motto des alten Schmähverses: „Was draußen in der Welt geschicht‘, das sticht mich nicht, das ficht mich nicht“?

Zur Pathologie des Alltags: „Alle gaffen, keiner hilft"

Mit einem „Schlagzeilensalat" öffnet man den Adressat(inn)en ein Guckloch in verdrängte Lebenswelten: *„Wegsehen droht zum Leitbild zu werden"* – *„Niemand half 17jähriger gegen Vergewaltiger"* – *„Untätigkeit trotz Blutspuren"* – *„Kinder missbraucht, doch Passanten gingen weiter"* u.a.m.: Aktuell kann dieser Baustein auch als Collage von den Teilnehmern selbst in Gruppenarbeit erstellt werden. Er zeigt „die Wegschaugesellschaft" (Renate Klingsma) und das Phänomen „Alle gaffen – keiner hilft", wie Hans-Dieter Schwind seine Materialsammlung nennt.[1] „Unser Gemeinwesen scheint zu einer Raffgesellschaft verkommen zu sein", resümiert Till Bastian.[2] Die Bedrängnis anderer werde konsumiert wie eine spannende Fernsehshow. Wie erklären das Sozialpsycholog(inn)en?

Experimente zum Hilfeverhalten

Die „Mutter" aller sozialpsychologischen Experimente von Bibb Latané und Judith Rodin stammt bereits aus dem Jahre 1969.[3] Die Zuhörer imaginieren sich identifizierend (Konzept: gefühlseinschließende Wissensvermittlung) in die Standardsituation: Ich werde in ein Büro gerufen. Während ich warte, höre ich aus einem Nebenraum bei angelehnter Türe Sturzgerausche und ein leises Stöhnen. Beobachtet werden nun verschiedene Situationen: Ich bin allein (Allein-Bedingung) bzw. ein instruierter „Verbündeter" des Versuchs ist anwesend, mit der Anweisung, sich so passiv wie möglich zu verhalten. Hans Werner Bierhoff interpretiert das Ergebnis so: „Die Studenten in der Bedingung ‚Verbündeter' intervenierten am wenigsten. Die passive, unbeeindruckte Haltung des Verbündeten wurde offensichtlich als Hinweis darauf interpretiert, daß nichts Besorgniserregendes passiert sei. Nur 7% dieser Personen reagierten auf das Unfallereignis. Der signifikante Unterschied zur ersten Bedingung (‚Allein'), in der 70% der Studenten versuchten zu helfen, stimmt mit der Annahme der sozialen Hemmung überein."[4] Seit Latané/Rodin ist also in der Sozialpsychologie als zentrale Kategorie „eine soziale Hemmung, bedingt durch die Anwesenheit anderer" bekannt.

---

1 Vgl. Hans-Dieter Schwind u.a., Alle gaffen ... keiner hilft. Unterlassene Hilfeleistung bei Unfällen und Straftaten, Heidelberg 1998 (mit dem schier unglaublichen „Lukas-Experiment" vom hier unbarmherzigen Samariter auf S. 83)

2 Till Bastian, Zivilcourage. Von der Banalität des Guten, Berlin 1996, S. 7

3 Vgl. die Übersicht bei: Hans Werner Bierhoff, Psychologie hilfreichen Verhaltens, Stuttgart/Berlin/Köln 1990

4 Ebd., S. 439

Vier gruppendynamische Einsichten, die ein trügerisches Selbstbild stürzen

Überprüfe ich mit diesem Erkenntnisinteresse (auch mein) Alltagsverhalten, so werde ich mich rasch von lieb gewordenen Selbstbildern verabschieden müssen, nicht zuletzt von dem klassischen, dass der Mensch „edel, hilfreich und gut" sei. Die eine Seite der ernüchternden Ergebnisse der von Bibb Latané, Judith Rodin, John Darley und der legendären Milgram-Schule (s.u.) angestoßenen Altruismus-Forschung fasst Bierhoff provokant so zusammen: „Wenn sich jemand in einer lebensbedrohlichen Notlage befindet, sind seine Chancen, Hilfe zu erhalten, trotz zahlreicher Zeugen relativ gering!"[5] Latané und Rodin nennen die Ursache eine „soziale Hemmung durch die Anwesenheit anderer". Diese in unstrukturierten Gruppen auftretende Hemmung gründet ihrerseits auf einer und verstärkt zugleich eine „Diffusion der Verantwortung". Wenn zwei einander unbekannte Personen sich etwa einer Unfallstelle nähern und eine ignoriert den Unfall demonstrativ, dann vermittelt das passive Modell die Situationsnorm, dass ein Eingreifen nicht erforderlich sei. Verantwortlichkeit für die Situation verflüchtigt sich exponenziell mit der Zahl der in ihr Anwesenden (und sich Fremden). Dieser selbstreferenzielle Zirkel führt schließlich zu einem situativen Zustand „pluralistischer Ignoranz". Das unerwartete Ereignis überfordert die meisten Augenzeugen; sie reagieren mit Abwarten. Ratlosigkeit wird von den anderen, die gleichfalls ratlos sind, als Hinweis gewertet, dass ein Eingreifen nicht angemessen ist, weil sie die Ratlosigkeit als Vorbild für eigene Passivität nehmen. Hinzu tritt ein Merkmal, das in die Situation mitgebracht wird, gerade in Leistungsgesellschaften wie der unseren: die „Bewertungsangst". In der Öffentlichkeit agieren, in ungesicherten Situationen mit offenem Ausgang sich aus der Deckung wagen, ruft Vermeidungstendenzen hervor.

In solcher Lähmung des Sozialen („Bann" könnte man es nennen) fällt Adorno ein: „Die fast unlösbare Aufgabe besteht darin, weder von der Macht der anderen noch von der eigenen Ohnmacht sich dumm machen zu lassen." Aber wie geht das?

Ganz normale Menschen – Bedingungen gehorsamen Funktionierens

Als didaktische Schleife für längere Kurseinheiten empfiehlt es sich an dieser Stelle, das „Milgram-Experiment" einzuführen.[6] Von bleibender Aktualität sind seine Ergebnisse zur Gehorsamsbereitschaft, wonach die überwiegende

5 Ebd.

6 Vgl. Stanley Milgram, Das Milgram-Experiment. Zur Gehorsamsbereitschaft gegenüber Autorität, Reinbek bei Hamburg 1982

Mehrheit von Probanden in einer Laborsituation eines vermeintlichen Lernexperimentes bereit war und ist, auf Anordnung eines Versuchsleiters ihren „Schülern" Elektroschocks bis zu einer Stromstärke von 450 Volt zu verabreichen. Weltweite Folgeexperimente konstituierten das Paradigma vom „administrativen Gehorsam".[7] Die (alt)bundesrepublikanische Adaption durch das Max-Planck-Institut ist unter dem Titel „Abraham – ein Versuch" bei den Landesfilmdiensten in 16mm-Fassung oder auch als Video erhältlich. Dieser mitreißende „Kulturschocker" über die „Mehrheit in uns und um uns", wie es im deutschen Begleitkommentar heißt, liefert zum einen wiederum gefühlseinschließende Wissensvermittlung über Gehorsamsbereitschaft im situativen Kontext als relativ konstante und kulturübergreifende Gegebenheit, zum anderen aber auch eine entscheidende pädagogische „Einfallschneise" in seinen Testvarianten: „Vor den Experimenten war die Verhaltensprognose von psychologischen Fachkollegen die, daß Probanden vermutlich maximal bis zur Stufe 9 gehen würden; keiner erwartete völligen Gehorsam. Im Standardexperiment gehorchten dann 62,5% bis zur Stufe 30 = 450 Volt. In der Protest-Variante (Probanden wird eine Verweigerung vorgespielt) brachen immerhin 40% das Experiment frühzeitig ab." Der Off-Kommentator im Abraham-Film sagt dazu: „Zeigt man den Menschen eine andere Möglichkeit, dann nehmen sie diese", hier folgt eine lange Kunstpause, „... manchmal wahr". Und diese Kunstpause füllen wir Pädagogen kreativ!

Milgram hat den Unterschied zwischen fügsamen und couragierten Versuchspersonen so gekennzeichnet: Gehorsame haben

- signifikant höhere Werte auf der F-Skala (Autoritarismus-Skala, s.u.),
- länger beim Militär gedient,
- eine weniger gute Bildung/Ausbildung,
- häufiger einen technisch-naturwissenschaftlichen als einen sozialen Beruf,
- eher ein geringes Lebensalter.

Zwischen Männern und Frauen gibt es keinen nennenswerten Unterschied.

Wahrscheinlich, so Milgram seinerzeit, tendieren Personen in beruflichen und sonstigen Führungspositionen, die häufiger Entscheidungen treffen und Anordnungen erteilen, stärker zum Ungehorsam als solche Menschen, die subalterne Positionen innehaben. Wenn die familiäre und besonders die berufliche Sozialisation auf Gehorsam abzielen und man Ungehorsam als mit negativen Konsequenzen verbunden erlebt, wird man auch weiterhin den bisher „erfolgreichen" Weg des Gehorsams wählen.

---

7 Siehe dazu: Wim Meeus/Quiten Raaijmakers, Autoritätsgehorsam in Experimenten des Milgram-Typs: eine Forschungsübersicht; in: Zeitschrift für Sozialpsychologie 20 (1989), S. 70ff.; Thomas Sandkühler/Hans-Walter Schmuhl, Milgram für Historiker. Reichweite und Grenzen einer Übertragung des Milgram-Experimentes auf den Nationalsozialismus, in: Analyse & Kritik 1/1998, S. 3ff.

Im internationalen Vergleich der Folgeexperimente waren die Versuchspersonen in der (alten) Bundesrepublik übrigens mit 85 Prozent „bis zum Ende" besonders gehorsam.

Als didaktische Schleife empfehle ich, Theodor W. Adornos „Kriterien der F-Skala" aus seinen Studien zum autoritären Charakter zu erläutern:

- starres Festhalten an überkommenen Werten;
- Unterwürfigkeit gegenüber Autoritäten;
- aggressives Verhalten gegenüber Angehörigen von Fremdgruppen (als „Radfahrer"-Haltung bekannt);
- Abneigung gegen Selbstkritik, Reflexion und Phantasie;
- Tendenz zu Aberglauben und Klischeedenken;
- ständiges Bestreben, stark und hart zu sein, (männlicher) Stärkekult und Dominanzverhalten;
- Destruktivität und Zynismus;
- übertriebene Beschäftigung mit unterdrückter Sexualität;
- (schließlich der entscheidende Mechanismus einer) Projektion als Sündenbocksuche.

Bedingungen für Zivilcourage: Wie wird ein Mensch mutig?

Dass es auch eine „Banalität des Guten" gibt, zeigen nicht zuletzt die zahlreichen Ergebnisse einer in den USA boomenden Altruismus-Forschung.[8] Einen vorläufigen Höhepunkt an Prägnanz und Brillanz fanden sie in einem schönen, weil ehrlichen und Mut machenden Buch, Eva Fogelmans Lebenswerk „Wir waren keine Helden".[9] Die Milgram-Doktorandin führte über 300 Tiefeninterviews mit „Lebensrettern im Angesicht des Holocaust". Zur Vergegenwärtigung lese ich meist beispielhaft aus der Einleitung vor, wie Simcha Fagelman (Evas Vater) gerettet wurde. Und was zeigt uns die epochale Studie über „Conscience and Courage" (so der Originaltitel 1994)?

Was kennzeichnet Helfer/innen bzw. Lebensretter/innen der NS-Zeit? Helfermenschen zeichnen sich aus durch:

- eine moralisch stabile Bezugsperson;
- einen gesellschaftlichen Nonkonformismus;
- ein großes Maß an Phantasie, um sich in die Lage anderer hineinzuversetzen (Empathiefähigkeit als Basiskompetenz);
- Bindungsfähigkeit gegenüber anderen;

---

8 Vgl. dazu: Morton Hunt, Das Rätsel der Nächstenliebe. Der Mensch zwischen Egoismus und Altruismus, Frankfurt am Main/New York 1992

9 Vgl. Eva Fogelman, „Wir waren keine Helden". Lebensretter im Angesicht des Holocaust. Motive, Geschichten, Hintergründe, München 1998

- Vertrauen zu sich selbst und in andere, das sie durch verlässliche Eltern oder andere enge Bezugspersonen gewonnen haben;
- die Sicherheit, die sie dabei entwickeln, ihre Fähigkeiten, die eigenen Kräfte einzuschätzen und Risiken einzugehen;
- Neugierde;
- Verantwortungsgefühl für das Wohlergehen anderer;
- ein ausgeprägtes Gerechtigkeitsempfinden.

In der Erziehung wurden sie weniger diszipliniert und eingeschüchtert als im Gegenteil ermutigt und gefördert. Die überwiegende Mehrheit vertrat demokratisch pluralistische Ansichten, und ein überdurchschnittlich hoher Anteil arbeitete nach dem Krieg in sozialen und helfenden Berufen.

Wie man sieht, geht es also um tief verwurzelte und von daher unbewusst gewordene Persönlichkeitsstrukturen, die sich aber im Laufe der Sozialisation durch Erziehung und Umwelt herausgebildet haben, also ggf. auch durch eine Art „Nach-Erziehung" zum Positiven hin verändert werden können.

Erich Fromm führt aphoristisch hierzu aus: „Das Leben hat die inhärente Tendenz zu wachsen, sich zu entfalten und Möglichkeiten zum Ausdruck zu bringen. (...) Wenn das Leben vereitelt wird, der Mensch isoliert und von Zweifeln oder dem Gefühl des Alleinseins und der Ohnmacht bedrängt ist, wird er zur Destruktivität getrieben." Oder mit Ernst Bloch, dem Begründer des Prinzips Hoffnung, gesprochen: „Nichts ist dazu verurteilt, so zu bleiben, wie es ist!"

Da „Empathie" als Basisqualifikation wiederholt genannt wurde, hier eine kleine vertiefende Übung zur definierenden Aneignung. Man schreibe wie bei einem Akronym die Buchstabenkette E-M-P-A-T-H-I-E untereinander und fordere die Adressat(inn)en auf, nun jeweils Eigenschaften, Verhaltensweisen etc. zu nennen/aufzuschreiben, die mit „E", mit „M", mit „P" usw. beginnen und die Fähigkeit, „14 Tage in den Mokassins seines Gegners zu laufen" (wie ein indianisches Sprichwort sagt), konstituieren.

Exkurs zum „kulturanthropologischen Optimismus"

Mit pädagogischem Pathos schlussfolgere ich aus solchen historischen Studien und auch fußend auf eigener Erfahrung: Zivilcourage wurzelt in empfangener Liebe und in erwiesener Bindung. Aus dieser Wurzel sprießt jenes große Maß an Phantasie, das im wörtlichen not-wendig ist, um sich in die Lage anderer zu versetzen – die Schlüsselqualifikation der Empathie folglich. Helfermenschen sind zumeist Außenseiter/innen im positiven Sinne: Sie benötigen Unabhängigkeit ebenso wie das Interesse an anderen Menschen. Nur im „Lebensplan Nonkonformismus" können sie die eigene Würde und die gemeinsame Würde mit anderen verteidigen; und nur so können sie Mehrheiten widerstehen, ohne sich in Isolation zurückzuziehen.

Angehörigen der '68er-Generation fällt hierzu gleich ein Lied von Hannes Wader ein, das man bei dieser Gelegenheit vorspielen/zum Singen anbieten kann:

Leben einzeln und frei /
wie ein Baum /
und dabei /
brüderlich wie ein Wald. /
Diese Sehnsucht ist alt. /
Sie gibt uns Halt /
gegen die Dummheit, den Hass, die Gewalt ...

Mit drei Thesen werbe ich für einen „kulturanthropologischen Optimismus":

1. Weil wir Menschen eine mangelhafte Instinktausstattung haben, sind wir als „extreme Nesthocker" (Adolf Portmann) lernbedürftig (der anthropologische Aspekt).
2. Weil wir Menschen eine mangelhafte Instinktausstattung haben, sind wir aber auch in einer quasi zweiten soziokulturellen Geburt (Dieter Claessens/Helmut Fend/Alexander Mitscherlich) lernfähig (der kulturelle Aspekt).
3. Das Prinzip Hoffnung gestattet uns die Annahme, wir Menschen seien des Besseren bedürftig und zum Besseren fähig. „Nichts ist dazu verurteilt, so zu bleiben, wie es ist" (Ernst Bloch; der optimistische Aspekt jedweder Pädagogik).

Zum optimistischen Menschenbild und zum not-wendigen Aufbruch in etwas mehr Zivilcourage passt ein Aphorismus des Schweizer Schriftstellers Kurt Marti: „Wo kämen wir hin, wenn alle sagen würden, wo kämen wir hin, und niemand ginge, um zu sehen, wo wir hinkämen, wenn wir gingen."

Maßstäbe für Gratismut heute

Eine nur auf das Historische verweisende Abhandlung würde jene „Maßstäbe, an denen Bildung sich bewähren muß" verfehlen, die Hartmut von Hentig 1996 setzte: „Abscheu vor und Abwehr von Unmenschlichkeit" nennt er, „die Wahrnehmung von Glück", „die Fähigkeit und den Willen, sich besser zu verständigen", „ein Bewußtsein von der Geschichtlichkeit der eigenen Existenz". Dieses „schwierigste Pensum" gibt auf, „Identität im Wandel zu erkennen und die Chancen für Veränderung und Vielfalt in der Geltung von bleibenden Gesetzen". Und schließlich: „Wachheit für letzte Fragen" und „die Bereitschaft zur Selbstverantwortung und Verantwortung der res publica".[10]

Umso erstaunlicher ist, dass die Bearbeitung des Themas „Zivilcourage" in unseren „nur" Gratismut verlangenden Zeiten in der (sozial)pädagogischen

10 Siehe Hartmut von Hentig, Bildung, München 1996

Literatur im Grunde erst seit wenigen Jahren stattfindet. Insider wird es nicht überraschen, dass die Schule machende „Anleitung zum kreativen Umgang mit Konflikten und Gewalt" nicht aus den Reihen der akademischen Friedens- und Konfliktforscher/innen kommt, sondern 1995 als Ergebnis mehrjähriger Bildungsarbeit von Dieter Lünse u.a. vorgelegt wurde.[11]

Dies ist die gute Nachricht der neueren deutschen Zivilcourage- und Altruismusforschung: Wegschauen (non helping bystander) versus Einmischen (helping bystander, Zivilcourage) – beide Verhaltensformen sind eben nicht „Schicksal", sondern erworbene und durch Sozialisation langjährig und (je nachdem) verstärkte Eigenschaften im Sinne von Dispositionen. Und hier liegt die zentrale Herausforderung für Bildung und Ausbildung – ein wenig auch nachdem Gandhi-Wort: „Wir werden heutzutage von den erstaunlichsten Entdeckungen im Bereich der Gewaltanwendung überrascht. Ich vertrete jedoch die Ansicht, daß noch weit unerhörtere und scheinbar noch unmöglichere Entdeckungen im Bereich der Gewaltlosigkeit gemacht werden können."

Das Unrecht sehen wollen: fünf Schritte

Zu Beginn stehe die konfuzianische Ermutigung: *Auch eine 1000-Meilen-Reise beginnt mit dem ersten Schritt.* Fünf Schritte, die aus unbeteiligten Zeugen (bystanders) mit großer Wahrscheinlichkeit Helfer (rescuers) machen, haben Bibb Latané und John Darley vorgezeichnet:[12]

- die Erkenntnis: Irgend etwas stimmt hier nicht! („awareness" im Angelsächsischen; die Wachheit und soziale Sensibilität gegen Reizüberflutung und Gleichgültigkeit; Voraussetzung dafür, dass aus der perversen Gleichgültigkeit eine gleiche soziale Gültigkeit werde im Sinne des zivilisatorischen Imperativs des Art. 1 der Allgemeinen Erklärung der Menschenrechte: „Alle Menschen sind frei und gleich an Würde und Rechten geboren. Sie sind mit Vernunft und Gewissen begabt und sollten einander im Geiste der Brüderlichkeit begegnen." Diese „fünf Sensationen" sollten allen Teilnehmer(inne)n als Hand-out zugänglich gemacht werden);
- die Interpretation: Ein Mensch braucht Hilfe! (Überwindung der beschriebenen „sozialen Hemmung", sie muss einer „Kontrollüberzeugung" weichen: Ich bin der Mensch, der gebraucht wird im Sinne von verANTWORTen);
- die Bereitschaft, tatsächlich Verantwortung zu übernehmen („Bewertungsangst" überwinden und „Selbstwirksamkeitskompetenz" entwickeln, das Selbstwertgefühl nämlich: Ich kann etwas, und ich werde gebraucht!);

11 Vgl. Dieter Lünse u.a., Zivilcourage. Anleitung zum kreativen Umgang mit Konflikten und Gewalt, Münster 1995

12 Vgl. Bibb Latané/John Darley, The Unresponsive Bystander: Why doesn't he help?, New York 1970

- die Wahl der geeigneten Hilfsmittel (den „Bann brechen“, bystanders aktivieren, die Opfer schützen, ohne selbst Opfer zu werden);
- die Durchführung der Hilfeaktion.

Dies alles lässt sich lernen, studieren, trainieren, korrigieren – wenn auch unter dem existenziellen Risiko: Wie mutig man ist, merkt man meistens erst „hinterher“.

Die „zuständigen Organe“

Der allererste Schritt trainiert „awareness“/Wachheit je nach Zeitbudget. Im Raum können es Partnerübungen sein, bei denen der eine pantomimisch Gefühle darstellt, der andere sie zu erraten versucht. Dieter Lünse und seine Koautoren haben in dem erwähnten Handbuch ein anregendes Repertoire versammelt. Man lagert vielleicht für diese Zwecke einen Vorrat von 2-Meter-Stangen. Jeder Teilnehmer schultert eine und soll sich möglichst rasch im Raum bewegen – eine elementare Übung zu Rosa Luxemburgs Freiheits-Diktum, dass meine (Bewegungs-)Freiheit nicht zur (Bewegungs-)Unfreiheit des anderen werde. Bei längeren Workshops kann man die Teilnehmer/innen in die Stadt schicken, an (Kaufhaus-)Flügeltüren zu beobachten, ob Rück-Sicht im Alltag in dem elementaren Sinne genommen wird: Ich bin durch; was kümmert mich der Folgende (mit Kindern oder Kinderwagen oder Einkaufstüten)? Die Erfahrung, selbst im Rollstuhl zu sitzen, verändert die Stadt schier in einen anderen Planeten. Ich nenne solche sinnliche Erfahrung eine andere Art von „education sentimentale“ auf dem Wege zur Selbstermächtigung der Subjekte – Autonomieschulung im Sinne Adornos, dass der für sich selber handeln könne, der für sich selbst gedacht und wahrgenommen hat.

Gerade in den ostdeutschen Bundesländern ist der Sprachgebrauch von „den zuständigen Organen“ noch im Ohr, worunter jemand außerhalb und in Uniform zu verstehen war, der einzuschreiten hatte. Auch in den westdeutschen Bundesländern verfehlen Übungen zum laut-energischen Gebrauch des zuständigen Organs Nr. 1 nicht ihre Wirkung. Wenn auch das Motto schwarzer Pädagogik „Kinder bei Tisch sind stumm wie ein Fisch“ kaum mehr Erziehungsalltag sein dürfte, so ist die eigene Stimme doch oft „unerhört“. Ich lasse laut schreien, einzeln und in der Gruppe, unartikuliert und zunehmend artikulierter: „Stopp!“, „Halt!“, „Hilfe!“, „Mit mir nicht!“, „Nein!“ u.v.a.m.

Eine didaktische Schleife führt zu Wolfgang Borcherts „Dann gibt es nur eins!“,[13] nämlich: „Sag NEIN!“. Dieses alternative „Gelöbnis“ gehörte in der Friedensbewegung der 80er Jahre, vorgetragen auf Marktplätzen, Schulhöfen etc. zur Kultur des zivilen Ungehorsams und verfehlt auch heute seine Wir-

13 Vgl. Wolfgang Borchert, Draußen vor der Tür und andere ausgewählte Erzählungen, Reinbek bei Hamburg 1994, S. 110ff.

kung als Ahnung der Verknüpfung von individuellem Widerstehen und Zivilgesellschaft nicht.

Ich als Teil des Ungeheuers

Sinnfällig wird diese Verknüpfung (trotz berechtigter Einwände vom „missing link") mittels einer altehrwürdigen Quelle: Das Frontispiz der Originalausgabe von Thomas Hobbes' „Leviathan" (1651) zeigt den alttestamentarischen Chaosdrachen, dessen Teile wir sind, verbunden durch einen Gesellschaftsvertrag, um nicht einander Wölfe zu sein/werden/bleiben.

Diese Haupt- und Staatsaktion hole ich gerne wieder mit einem Kindergedicht von Freya Stewart zur „Angst" herunter in die Alltagsperspektive.[14] Gesprächsanlässe bietet die Aufforderung, die erste Zeile: „Wenn Angst ein Gesicht hätte ..." wörtlich zu nehmen und es zu malen. Mittels einer Wäscheleine verwandelt sich jeder Seminarraum flugs in eine kommunikative Galerie mitsamt der Übung aus der dritten Strophe: „Was macht Dir Angst ?/ Vielleicht hat Deine Freundin auch Angst?/Dann könnt ihr zusammen/mit den Zähnen klappern (sic!, *P.K.*)/und euch darüber unterhalten." Schon das Geräusch zu hören, wenn viele Zähne klappern, befreit zur Mini-Aktion.

„Das starke Stück der Woche": das Frankfurter U-Bahn-Experiment

Für seine Magazin-Sendung „Dienstag – das starke Stück der Woche" drehte der Hessische Rundfunk 1996 mit versteckter Kamera und mittels „verborgenem Theater" in Frankfurter U-Bahnen quasi ein Lehrstück in Sachen Alltagsgewalt vs. Bürgermut und Zivilcourage. Das Ergebnis ist in verschiedenen Versionen zu haben; die Bundeszentrale für politische Bildung verleiht eine didaktisch hervorragend geeignete 20-Minuten-Fassung. Fast jede U-Bahn drohe, jederzeit zu einem „Bosnien en miniature" zu werden, hat Hans Magnus Enzensberger zum „Bürgerkrieg im Landesinnern" gesagt.

Zwischen Entsetzen und Ermutigung changierend beobachten wir drei professionelle Schauspieler/innen in ihren Rollen: zwei gewaltbereite Skins, einen Afrikaner – und viele Mitspieler in dieser anonymen, flüchtigen, unstrukturierten Situation zwischen Wegschauen und Eingreifen. Und doch: Es greifen immer wieder Menschen ein, auffällig viele Frauen unterschiedlichen Alters! An ihnen lässt sich studieren und diskutieren: Die Schauspieler-Skins betreten die rauchfreie U-Bahn mit den lautstarken Worten: „Eh, hat mal jemand Feuer!" Der Tabubruch ist ihr Einstieg in das „Drehbuch". Täter haben

14 Vgl. Dieter Lünse u.a., Zivilcourage, a.a.O., S. 64

ihr Drehbuch, das sie eskalierend aufbauen. Eingreifen, ohne Opfer zu werden, heißt: Frühzeitig das Drehbuch unterbrechen (und sei es mittels paradoxer Intervention) und sein eigenes Drehbuch dagegensetzen. Fast immer ergreifen Täter sogar die Flucht, wenn etwas Unvorhergesehenes passiert.

- Über den meisten *non-helping-bystanders* liegt eine Art „Bann", vergleichbar der Erstarrung unter der „Dornröschen-Hecke" im Grimm'schen Märchen. Sprache, speziell Ansprache, löst den Bann: „Sie im blauen Hemd, können Sie mir helfen?" Der Film zeigt viele Beispiele, wie der/die eine Beweger/in andere aus dem Bann löst und wiederum in Bewegung versetzt.
- Die Opfer schützen! Der Film zeigt Beispiele dafür, dass die erste Zuwendung dem Opfer gelten muss.

Eine Meta-Überlegung über den subjektiv-situativen Ansatz hinaus muss der Tatsache gelten, dass das Experiment in Frankfurt am Main, der Stadt mit dem wahrscheinlich höchsten Ausländeranteil in der Republik (bis zu 30 Prozent), erfolgreich war. „Frankfurt ist kein guter Boden für die rechte Szene", sagt Irene Khateeb vom Amt für multikulturelle Angelegenheit (AMKA, zit. nach: Frankfurter Rundschau v. 4.8.2000). Tägliche Begegnung und Gewöhnung lassen eine verträglichere Interkultur entstehen, zumal wenn aktive Politik wie durchs AMKA eingreift und gefördert wird. Und überdies darf vermutet werden, dass die Probleme von/mit Ausländer(inne)n überwiegend Inländerprobleme darstellen. Hier sind also Rahmenbedingungen für bürgerliche Zivilcourage gefragt. Aber warum sollten wir nicht „der" Politik abverlangen, was sie von ihren Bürgern fordert!

„Theater der Unterdrückten" nach Augusto Boal

Augusto Boal hat zwei viel beachtete Formen der Theaterpädagogik eingeführt.[15] Im Statuentheater formen die Spielenden mit ihren Körpern stumm Realbilder etwa der U-Bahn-Szenen. Diese können sodann von anderen modelliert bzw. verändert werden, um über Zwischenschritte zu einem Wunschbild zu gelangen. Erst wenn eine Statue entwickelt wurde, die den Vorstellungen der Mehrheit der Teilnehmer/innen entspricht, ist die gruppeninterne stumme „Diskussion" beendet, und man stellt sich der auch verbalen Kritik der Übrigen.

Im Forumtheater werden Szenen gespielt, z.B. die obigen drei Grundregeln trainiert (eigenes Drehbuch zur Deeskalation; Bann durch Ansprache brechen; die Opfer schützen). Hieraus entwickeln sich vielfältigste anregende

15 Vgl. Augusto Boal, Theater der Unterdrückten. Übungen und Spiele für Schauspieler und Nicht-Schauspieler, Frankfurt am Main 1979

Gruppenprozesse – ein „Herzstück" jeden Seminars! Wenn es das Zeitbudget erlaubt (z.B. Bildungsurlaub, Wochenseminar) und die Gruppe zuverlässig und diszipliniert erscheint, kann das Forumtheater als Rollenspiel auch „in der Stadt" inszeniert und ggf. auf Video aufgezeichnet werden. Ein preisgekröntes Beispiel ist etwa an der IGS in Gera gelungen im Rahmen des Schülerwettbewerbs zur „Zivilcourage" des Verlags Volk und Wissen.[16]

Der Vertrauenssprung

Dass die Gruppe „trägt" (auch im ganz Wörtlichen), wenn der „Bann" erst einmal gebrochen ist, zeigt eine ganz außergewöhnliche Übung, die zumal in Jugendgruppen und Schulklassen für Furore sorgt: der Vertrauenssprung. Dafür werden sieben Personen benötigt. Eine von ihnen steigt auf einen Tisch. Die anderen sechs stellen sich parallel zueinander vor den Tisch und reichen sich paarweise die Hände. Die Person auf dem Tisch lässt sich in die Arme der Stehenden fallen – und wird aufgefangen. Dann wird getauscht, sodass jeder, der möchte, aufgefangen wird. Die Übung ermöglicht Selbsterfahrung als Selbstermutigung und setzt zugleich eine gruppendynamische Selbstvergewisserung frei, sodass das Vertrauen in die Gruppe deutlich steigt und auch in der nachfolgenden Unterrichtsstunde/Seminarsitzung anhält.

„Es gibt nichts Gutes, außer man tut es!"

„Verba docent, exempla trahunt" (Worte belehren nur, Beispiele reißen mit). Dass dieser Satz immer noch gilt, demonstrieren Fallbeispiele wie das der Gefängnisdirektorin Katharina Bennefeld-Kersten, die sich freien Willens in die Hand eines Geiselnehmers begab und ein Buch darüber geschrieben hat.[17] Oder jenes des Landauer Polizeihauptkommissars Roland Schlosser, der wegen Gefangenenbefreiung verurteilt wurde, weil er einem Abschiebehäftling aus inhumanen Bedingungen heraushalf, und der gegen seine Verurteilung mittlerweile beim Menschengerichtshof klagt.[18]

Eines meiner Lieblingspressefotos stammt aus der *taz* (v. 19.9.1994) und zeigt laut Bildunterschrift: „Beherzte Mutter aus Eisenhüttenstadt greift sich ihren Sohn während der Randale". Solche Fotos kann die Adressatengruppe sammeln und ein positives Gegenbild auch textlich zum „Schlagzeilensalat"

16 Vgl. Katrin Thäger (Hrsg), In Projekten lernen – Zivilcourage zeigen, Berlin 2000

17 Vgl. Katharina Bennefeld-Kersten, Die Geisel. Eine Gefängnisdirektorin in der Gewalt des Häftlings, Hamburg 1998

18 Vgl. Dieter Lünse u.a., Zivilcourage, a.a.O., S. 12

(s.o.: „Alle gaffen") collagieren. Die Berichterstattung über Zivilcourage mehrt sich: Jüngst hat die *taz* eine Serie veröffentlicht, Städte, Institutionen und Regionen schreiben Preise für Zivilcourage aus; Internetspezialisten suchen nicht nur unter *www.netzgegenrechts.de* ...

Hier irrt der Duden!

Ich komme zu einer handlungsleitenden Definition von „Zivilcourage". Der *Duden* und andere rasche Quellen wie Lexirom (1995) sprechen lediglich vom „mutigen Verhalten, mit dem jemand seinen Unmut über etwas ohne Rücksicht auf mögliche Nachteile gegenüber Obrigkeiten, Vorgesetzten o.ä. zum Ausdruck bringt". Das ist freilich nur die halbe Wahrheit oder auch der ganze Irrtum, denn dann besäße ja jeder Neonazi, der „Ausländer raus!" brüllt, jene uns immer noch so fremde Primärtugend, die nach wie vor eben Fremd-Wort geblieben ist.

Demgegenüber suche ich in mit „Individualisierung" hinreichend düster beschriebenen Prozessen nach „Sternschnuppen", die den Horizont eines Gemeinwohls und Gesellschaftsvertrags aufleuchten lassen, weil sie

- aktives Handeln ausdrücken, das „furchtlos vor sich selbst besteht", zumindest aber diese Furcht überwindet – die *prosoziale* Komponente meiner Definition;
- letztlich menschenrechtlich orientiert in demokratischer Absicht in anderen den gleichen Wert sehen wie in sich selbst (vgl. Martin Buber: „... er ist wie du!") – die *Empathie*-Komponente meiner Definition;
- gegen jede Form der Diskriminierung und Verletzung der Menschenwürde Partei ergreifen mit dem (sozial)pädagogischen Blick für den jeweils Schwächeren – die *Antidominanz*-Komponente meiner Definition;
- schließlich im Alltag wie ein zweiter Atemzug präsent sind und den unverzichtbaren Kitt ziviler Gesellschaften darstellen – die *Lebenswelt*-Komponente meiner Definition.

„Nazis zu Pflugscharen"?

Mit „die Dinge klären, die Menschen stärken" hat Hartmut von Hentig die Aufgabe von Pädagogen und Pädagogik heute knapp, aber präzise beschrieben. Zur Klärung hoffe ich beigetragen zu haben. Zur Stärkung empfehle ich, in Anlehnung an Klaus Holzkamp, nichtrassistische Bildung, die jedwede Exklusion vermeidet, als Unterrichts- bzw. Seminarprinzip zu betrachten.[19] In

19 Vgl. Klaus Holzkamp, Antirassistische Erziehung als Änderung rassistischer Einstellungen?, in: ders., Schriften I: Normierung, Ausgrenzung, Widerstand, Berlin 1997;

der Stigmatisierung von Minderheiten als Menschen minderen Wertes und Rechtes, über die man als Mehrheit verfügen kann, besteht der Kern des institutionell-rassistischen Diskurses und gleichzeitig der zentrale Ansatzpunkt einer antirassistischen Pädagogik, die gegen Selbstschädigung und Selbstentmächtigung angeht. Wenn wir es zulassen, dass Normen definiert werden, die den Ausschluss von Versorgung und von der Gesellschaft als Ganzer regeln, bauen wir selbst mit an einem Druck, der uns nicht erst morgen, sondern bereits heute alltäglich auf die Füße fällt.

Selbstentmächtigung durch Exklusion hat Nora Räthzel „rebellierende Selbstunterwerfung" genannt,[20] die ich durch folgenden „Dreisatz" illustriere:

- Haste was, biste was.
- Haste nix, biste nix.
- Hasste was – biste auch was!

... eine Conclusio, gegen die jedwede Pädagogik angeht.

„Ich bin dein Wetter"

Um den Kreis zur Eingangs-Partnerübung (Distanzzone/Schneckenhaus) zu schließen, beende ich die jeweilige Lernsequenz mit einer neuerlichen Partnerübung, die ein wenig von der Lust birgt, die Nähe und Vertrauen bereiten können.

Ein Partner ist das Wetter, der andere schließt die Augen. Erzählt wird die folgende Geschichte, die der „Sehende" am Körper des „Blinden" (mit aller Diskretion, versteht sich) umsetzt: „Es ist Morgen, die ersten Sonnenstrahlen treffen auf deinen Körper / und ein zarter Wind weht dir übers Gesicht, / und er wird stärker und wiegt deinen ganzen Körper / und schüttelt ihn sogar. / Und da, die ersten Regentropfen tupfen auf deinen Körper, / und schwere Tropfen klatschen, / und der Regen rinnt an dir entlang, / und das Wasser an deinen Füßen steigt langsam / und umsprudelt deine Füße und Beine, / und der Regen hört auf, / und das Wasser sinkt wieder, / und der Rest rinnt ab. / Die Sonne prickelt wieder, / und der Wind weht dich warm und trocken ..."

Wem dies zu körpernah erscheint, der kann sich auch mit Gerhard Schönes Lied: „Alles muss klein beginnen ..." begnügen, jenem Kinderlied zum Mitmachen, das Bürgerrechtler/innen der Ex-DDR gar zur „Wendehymne" erkoren.

---

ergänzend: Ute Osterkamp, Rassismus als Selbstentmächtigung. Texte aus dem Arbeitszusammenhang des Projektes Rassismus/Diskriminierung, Mit einer Einleitung von Klaus Holzkamp, Berlin/Hamburg 1996

20 Siehe Nora Räthzel, Rebellierende Selbstunterwerfung. Ein Deutungsversuch über den alltäglichen Rassismus; in: links 12/1991, S. 6

Erziehung zur Friedensfähigkeit

Um auch den theoretischen Kreislauf zu schließen, will ich meine Bausteine in eine allgemeine Erziehung zur Friedensfähigkeit und Zukunftskompetenz einordnen.[21]

Nach dem Ende des Kalten Krieges mit seiner bipolaren Machtstruktur, dem entsetzlichen „Gleichgewicht des Schreckens“ und seinen Bedrohungsszenarien *von außen* herrscht nunmehr global eine „neue Unübersichtlichkeit“ mit dem Konflikttypus der Abgrenzungs-, Verteilungs- und Vorherrschaftskämpfe. Er wird genährt von einem neuen Nationalismus, der nationale, ethnische und religiöse Gegensätze remobilisiert als Bedrohung aus dem Landesinneren.

Demgegenüber lassen sich sechs Aufgaben der Friedenserziehung und antirassistischen Bildung benennen:

1. Sensibilisierung gegen Gewalt
Gewalt bleibt weiterhin das zentrale Thema der Friedenserziehung; international als (zunehmend Bürger-)Krieg und innergesellschaftlich als Brutalisierung des Alltags und auch des Geschlechterverhältnisses. Also ist eine Sensibilisierung für/gegen Gewalt vonnöten, eine Erhöhung der Ekelschranke. „Es müßte dahin kommen, daß wir uns erbrechen müßten, wenn wir sehen, wie ein Kind geschlagen wird“, meint Nicklas.[22] Die Affektkontrolle muss ausgebaut werden, nicht um Aggressivität und Gewaltbedürfnisse zu tabuisieren, sondern mit dem Ziel, ihre kontrollierte Äußerung und Sublimierung unter Beachtung allgemein akzeptierter Regeln zu ermöglichen.

2. Kommunikationsfähigkeit
Kommunikationsfähigkeit reduziert Gewaltbereitschaft. Kommunikative Strategien sind die potenziell gewaltfreie Alternative zur Gewalt. Also sind Formen der Verhandlung, des Aushandelns, der Kompromissfähigkeit, der Mediation und des Interessensausgleichs zu thematisieren.

3. Neue multiple Loyalitäten
Unter Relativierung eines ethnischen Absolutismus gehört die Entwicklung der Fähigkeit, mehrstufige und multiple Loyalitäten herauszubilden, zu den wichtigsten Aufgaben der Friedenserziehung. Also sind neue Zugehörigkeiten und „Ligaturen“ (Ralf Dahrendorf) als Bindungsfähigkeit zu ersinnen vs. Unterordnung und Gehorsam.

---

21 Vgl. dazu: Hans Nicklas, Erziehung zur Friedensfähigkeit, in: Wolfgang Sander (Hrsg.), Handbuch politische Bildung, Schwalbach im Taunus 1997, S. 361ff.

22 Siehe ebd., S. 365

4. Interkulturelle Kompetenz
Ausgelöst durch weiterhin wachsende Migrationsströme im Zeichen der Globalisierung,[23] stößt soziale Akzeptanz bislang und offensichtlich an Grenzen. Also ist die Wahrnehmungsfähigkeit für Fremdes zu erweitern und die Fähigkeit zu entwickeln, das Andere als anders zu akzeptieren. Normenflexibilität ist notwendig bei Wahrung eines Grundkonsenses auf der Basis der Menschenrechte. Der hohe Stellenwert von Ethnizität oder gar „Rasse" sollte redimensioniert werden und Platz machen für einen alternativen, nicht-ethnisierenden und nicht-rassialisierenden kulturellen Bezugsrahmen. So müsste antirassistische Jugendarbeit erfahrbar machen, dass es neben Ethnizität, Nationalität und „Rasse" andere, wichtigere Kriterien gibt, aufgrund deren sich Individuen gegenseitig anziehen oder abstoßen.

5. Vorurteile und Entfeindung
„Affektbildung" (Alexander Mitscherlich) kann Menschen befähigen, stabilere Identitätsstrukturen aufzubauen, ohne andere zum Zwecke der Selbststabilisierung abzuwerten. „Dazu gibt es freilich kaum pädagogische Konzepte" , schränkt Nicklas ein.[24]

6. Empathie und Zivilcourage
Subjektentwicklung und Selbstwertstärkung befreien zu prosozialem Handeln. Zur Versinnlichung formuliere ich die alte „goldene" Sozialregel ex negativo des Kinderverses („Was du *nicht* willst ...") ins Positive um: „Was du willst, das man dir tu, das füg' auch anderen zu!"

Dem steht freilich viel im Wege, nicht zuletzt der „Extremismus der Mitte" . Aber das ist ein neues Feld ...

23 Vgl. dazu: Christoph Butterwegge/Gudrun Hentges (Hrsg.), Zuwanderung im Zeichen der Globalisierung. Migrations-, Integrations- und Minderheitenpolitik, Opladen 2000

24 Siehe Hans Nicklas, Erziehung zur Friedensfähigkeit, a.a.O., S. 371

Armin Pfahl-Traughber

Revisionistische Behauptungen und historische Wahrheit

Zur Widerlegung rechtsextremistischer Geschichtslegenden

„Hitler wollte keinen Krieg, denn er bekundete immer wieder seine Abrüstungs- und Friedensabsichten." „Die Juden haben Deutschland 1933 den Krieg erklärt." Und: „Es gibt naturwissenschaftliche Gutachten, die beweisen, dass in Auschwitz nie Juden vergast wurden." Dies sind nur drei Behauptungen, die Rechtsextremisten seit längerer Zeit immer wieder in Büchern, Broschüren, Flugblättern, Magazinen oder Zeitungen verbreiten. Mitunter gelang es ihnen, damit Irritationen bei Leser(inne)n auszulösen, die dem zunächst einmal nichts entgegensetzen konnten, was teilweise auch gar nicht so einfach ist, bedienen sich Rechtsextremisten doch einer bisweilen durchaus geschickten Technik der Manipulation und Täuschung. Hierzu gehören etwa

- relativierende Aussagen durch Gleichsetzung mit anderen Untaten,
- das Herausstellen „positiver" Aspekte des Nationalsozialismus,
- die einseitige und selektive Auswahl von Dokumenten,
- das manipulative Erstellen angeblicher „Gutachten" und
- die schlichte Erfindung von Dokumenten und Sachaussagen.

Mit Geschichtsschreibung im wissenschaftlichen Sinne hat all dies nichts zu tun. Es handelt sich bei solchen Autoren denn auch nicht um Historiker mit lediglich abweichenden Meinungen, sondern um Rechtsextremisten mit der politischen Zielsetzung einer moralischen Entlastung des Nationalsozialismus. Die folgende Darstellung will anhand verschiedener Beispiele die revisionistischen Behauptungen mit der historischen Wahrheit konfrontieren und so einen Beitrag zur geistig-politischen Auseinandersetzung mit dem Rechtsextremismus, etwa in (sozial)pädagogischen Zusammenhängen, leisten.

1. Kriegsschuld-Leugnung

1.1 Hitler und Goebbels erklärten angeblich ihre Abrüstungs- und Friedensbereitschaft

Revisionisten behaupten: „Hitler und Goebbels unterstrichen zwischen 1933 und 1939 in öffentlichen Reden immer wieder deutlich ihre Abrüstungs- und Friedensbereitschaft. Von daher kann ihnen eine Schuld am Ausbruch des Zweiten Weltkrieges nicht zugeschrieben werden."

Die historische Wahrheit: Bei derartigen Verlautbarungen handelte es sich um eine systematisch betriebene Täuschung der deutschen und internationalen Öffentlichkeit, standen doch ihnen widersprechende Handlungen von Anfang an im Zentrum der NS-Politik. Bereits wenige Tage nach dem Regierungsantritt hatte Hitler am 2. Februar 1933 in einer geheimen Besprechung mit den Befehlshabern der Reichswehr relativ deutlich seinen Kriegskurs erläutert und dazu erforderliche Schritte eingeleitet. Hierzu gehörte auch, die Jugend und das ganze Volk darauf einzustellen, „dass nur der Kampf uns retten kann und diesem Gedanken gegenüber alles zurückzutreten hat". In einer geheimen Denkschrift über die Aufgaben eines Vierjahresplanes vom August 1936 forderte Hitler denn auch: „Die deutsche Armee muß in vier Jahren einsatzfähg sein." Und: „Die deutsche Wirtschaft muß in vier Jahren kriegsfähig sein."

Die Abrüstungsforderungen der Hitler-Regierung richteten sich an die anderen europäischen Staaten, behauptete man doch, Deutschland habe infolge des Versailler Vertrages bereits einseitig abgerüstet und erwarte nun Entsprechendes von den Regierungen der anderen Länder. Da dies unterblieb, sah man sich mit dem propagandistischen Hinweis auf eine notwendige Gleichberechtigung für Deutschland zur eigenen Aufrüstung im Namen der Abrüstungsforderung legitimiert. Tatsächlich setzte die Hitler-Regierung aber nur ohnehin von Anfang an bestehende Pläne für eine expansive Außenpolitik und einen Kriegskurs um. Dazu gehörte auch der heimliche Bruch des Versailler Vertrages mittels verschiedener Rüstungsprojekte, z.B. des Aufbaus einer großen deutschen Luftwaffe.

Derartige politische Absichten in Bezug auf einen Krieg entsprachen auch den ideologischen Grundlagen des Nationalsozialismus und ergaben sich aus Hitlers Schrift „Mein Kampf", worauf Goebbels anlässlich einer Erklärung am 5. April 1940 vor geladenen Vertreter(inne)n der deutschen Presse mit folgenden Worten anspielte: „Bis jetzt ist es uns gelungen, den Gegner über die eigentlichen Ziele Deutschlands im unklaren zu lassen. (...) 1933 hätte ein französischer Ministerpräsident sagen müssen (und wäre ich französischer Ministerpräsident gewesen, ich hätte es gesagt): Der Mann ist Reichskanzler geworden, der das Buch ‚Mein Kampf' geschrieben hat, in dem das und das steht. Der Mann kann nicht in unserer Nachbarschaft geduldet werden. Entweder er verschwindet, oder wir marschieren. Das wäre durchaus logisch gewesen. Man hat darauf verzichtet."

Literatur

Deist, Wilhelm (u.a.): Ursachen und Voraussetzungen des Zweiten Weltkrieges, Stuttgart 1989

Wendt, Bernd-Jürgen: Großdeutschland. Außenpolitik und Kriegsvorbereitung des Hitler-Regimes, München 1987

1.2 Die Hoßbach-Niederschrift über Hitlers Kriegswillen soll eine Fälschung sein

Revisionisten behaupten: „Die Aufzeichnungen des Obersten Hoßbach über Hitlers Äußerungen zur Kriegsbereitschaft vom November 1937 sind eine Fälschung. Ein entsprechendes Dokument lag bei den Nürnberger Prozessen auch nur als Abschrift vor."

Historische Wahrheit: Bei der Hoßbach-Niederschrift handelt es sich um Aufzeichnungen von Oberst Friedrich Hoßbach über eine Zusammenkunft Hitlers mit hochrangigen Militärs am 5. November 1937. Anschließend erklärte Hitler, die „Raumnot" des deutschen Volkes müsse in nächster Zeit durch auch den Krieg als Mittel einschließende expansive Schritte überwunden werden. Eine Annexion Österreichs und der Tschechoslowakei plane er bei einer außenpolitisch günstigen Lage schon für das Jahr 1938. Hoßbach erstellte seine Niederschrift nicht offiziell; von daher stellte sie auch kein Protokoll der Konferenz dar. Gegen die inhaltliche Richtigkeit der Ausführungen erhoben später im Nürnberger Prozess Beteiligte wie Göring und zwei weitere seinerzeit Anwesende gleichwohl keine Einwände. Eine 1943 von Oberst Graf Kirchbach erstellte Abschrift verschwand nach 1945 zunächst spurlos, was den Fälschungsvorwürfen der Revisionisten Nahrung gab. 1989 fand man diese Abschrift aber in bislang nicht zugänglichen britischen Akten. Ihr Inhalt stimmt genau mit der während des Nürnberger Prozesses verwendeten Kopie überein, sodass jeglicher Verdacht einer Fälschung entkräftet werden konnte. Im Übrigen belegten auch nach der erwähnten Konferenz entstandene Dokumente die Richtigkeit des Inhaltes der Hoßbach-Niederschrift. So wurde etwa in einem Hitler noch im Dezember 1937 vorgelegten „1. Nachtrag zur Weisung für die einheitliche Kriegsvorbereitung der Wehrmacht vom 24.6.1937" explizit von einem geplanten Angriffskrieg gegen die Tschechoslowakei gesprochen.

Literatur

Bußmann, Walter: Zur Entstehung und Überlieferung der „Hoßbach-Niederschrift“, in: Vierteljahreshefte für Zeitgeschichte 1968 (16. Jg.), S. 373-384

Smith, Bradley F.: Die Überlieferung der Hoßbach-Niederschrift im Lichte neuer Quellen, in: Vierteljahreshefte für Zeitgeschichte 1990 (38 Jg.), S. 329-336

1.3 Hitler sah sich angeblich 1939 zwecks Abwehr polnischer Überfälle zum Krieg genötigt

Revisionisten behaupten: „Hitler sah sich am 1. September 1939 zum Krieg gegen Polen genötigt, weil den unmittelbar zuvor erfolgten Überfällen von polnischen Freischärlern auf das Reichsgebiet nicht anders entgegengewirkt werden konnte.“

Historische Wahrheit: Bei den angeblichen polnischen Übergriffen handelte es sich in Wirklichkeit um Aktionen, die von Himmlers Sicherheitspolizei und der SS in Verkleidung durchgeführt wurden. Sie sollten der deutschen und internationalen Öffentlichkeit den Eindruck vermitteln, dass von polnischer Seite mit den kriegerischen Handlungen begonnen worden sei und sich die deutsche Seite lediglich gegen die massiven Bedrohungen der eigenen territorialen Integrität wehre. Indessen hatte Hitler seinen Oberbefehlshabern bereits am 22. August 1939 angekündigt, er werde „propagandistischen Anlaß zur Auslösung des Krieges geben, gleichgültig ob glaubhaft. Der Sieger wird später nicht danach gefragt, ob er die Wahrheit gesagt hat oder nicht.“ Pläne zur Vortäuschung eines „fingierten Angriffs polnischer Verbände gegen das deutsche Reichsgebiet“ waren von Hitler, Himmler und Heydrich bereits Anfang desselben Monats erörtert worden. Der Letztgenannte wurde mit den organisatorischen Vorbereitungen betraut und übertrug hohen SS-Führern die Leitung des Scheinüberfalls. Daran nahmen polnisch sprechende SS-Angehörige in Uniformen des Nachbarlandes teil. Häftlinge aus Konzentrationslagern wurden als später zu erschießende polnische Angreifer ebenfalls verkleidet an die Orte der angeblichen Überfälle gebracht und dort ermordet.

Literatur

Gruchmann, Lother: Totaler Krieg. Vom Blitzkrieg zur bedingungslosen Kapitulation, München 1991, S. 11-37

Runzheimer, Jürgen: Der Überfall auf den Sender Gleiwitz im Jahre 1939, in: Vierteljahreshefte für Zeitgeschichte 1962 (10. Jg.), S. 408-426

1.4 Der US-Historiker Hoggan soll bewiesen haben, dass Hitler ein Friedensfreund war

Revisionisten behaupten: „Bereits 1961 wies der US-Historiker David L. Hoggan in seinem fast 1.000 Seiten umfassenden Buch ‚Der erzwungene Krieg' auf breiter Quellengrundlage nach, dass Hitler weder einen Konflikt mit Polen noch mit England wünschte, England indessen gegenüber Deutschland bewusst eine zum Krieg führende feindliche Politik betrieben hat. Die eigentlichen Kriegstreiber waren laut Hoggan nicht Hitler und andere führende Nationalsozialisten, sondern der britische Außenminister Lord Hailifax und US-Präsident Roosevelt."

Historische Wahrheit: Trotz des Anscheins von Wissenschaftlichkeit durch das genaue Benennen von Quellen hatte Hoggans Darstellung der Ereignisse im zeitlichen Vorfeld des Kriegsausbruchs nur wenig mit der historischen Realität zu tun. Ein kritischer Vergleich von Originalquellen und Hoggans Zitaten bzw. Deutungen zeigt nämlich, dass sich dieser verfälschender Auslassungen ebenso wie erfundener Zusätze bediente. Hoggan suchte seine Thesen durch bewusste Verfälschung von Sachverhalten bzw. Ignorieren bestimmter Zusammenhänge zu untermauern. Angesichts der fehlenden wissenschaftlichen Qualität wurde Hoggans Buch denn auch von Historikern nicht ernst genommen. Es war lange Jahre nur in einer deutschsprachigen Ausgabe des rechtsextremistischen „Grabert-Verlages" (Tübingen) erhältlich.

Literatur

Graml, Hermann: David L. Hoggan und die Dokumente, in: Geschichte in Wissenschaft und Unterricht 1963 (14. Jg.), S. 492-514

Jasper, Gotthard: Über die Ursachen des Zweiten Weltkriegs. Zu den Büchern von A.J.P. Taylor und David L. Hoggan, in: Vierteljahreshefte für Zeitgeschichte 1962 (10. Jg.), S. 311-340

1.5 Hitler sei Stalin 1941 mit seinem Angriff nur zuvorgekommen (Präventivkriegsthese)

Revisionisten behaupten: „Mit dem Angriff auf die Sowjetunion am 22. Juni 1941 (‚Unternehmen Barbarossa') kam die Reichsregierung nur einem unmittelbar bevorstehenden Angriff der Roten Armee zuvor. Stalin hatte bereits im Mai 1941 in einer Rede seine diesbezüglichen Absichten bekundet, die sowjetischen Truppen marschierten an der Westgrenze auf, und es bestand ein Plan des Generalstabes zum Präventivschlag gegen die Wehrmacht, wie nach Öffnung der Archive zu Beginn der 90er Jahre bekannt wurde."

Historische Wahrheit: Aus den nach dem Kriegsende zugänglichen Dokumenten geht hervor, dass in der Zeit zwischen dem Sommer 1940 und dem

Juni 1941 weder Hitler noch die Wehrmachtsführung von Angriffsabsichten Stalins ausging bzw. eine akute direkte Bedrohung Deutschlands durch die Rote Armee annahm. Selbst die sowjetische Teilmobilmachung und das Aufschließen von Truppen an der Westgrenze interpretierte man als defensive Reaktion auf den deutschen Aufmarsch. Angesichts fehlender subjektiver Bedrohungsgefühle kann denn auch nicht von einem Präventivkrieg gesprochen werden. Vielmehr handelt es sich lediglich um eine Propagandabehauptung zur politischen Rechtfertigung des Angriffs auf die Sowjetunion.

Bestand eine sowjetische Angriffsabsicht ohne das Wissen des Hitler-Regimes? Eine solche von Stalin angeblich vor Absolventen der 16 Militärakademien und neun Militärfakultäten ziviler Hochschulen am 5. Mai 1941 bekundete Absicht lässt sich nicht belegen. Über das Ereignis gab es widersprüchliche Aussagen, ein angebliches Dokument steht im begründeten Fälschungsverdacht, und ein authentischer Text der Rede liegt nicht vor. Darüber hinaus wäre es auch mehr als nur unwahrscheinlich, hätte Stalin geheime Angriffsabsichten vor einem so großen Publikum offen bekannt.

Wie steht es aber um die Aufmarschpläne der Roten Armee? Sie müssen vor dem Hintergrund des für die sowjetische Außenpolitik typischen hochgradigen Sicherheitsbedürfnisses und der seit Anfang der 30er Jahre für die Rote Armee maßgeblichen Strategie einer offensiven Verteidigung gesehen werden. Im Wissen darum nahm sie damals die deutsche Seite auch nicht als Beleg für Angriffsabsichten wahr. Ein vor Jahren bekannt gewordener Präventivkriegsplan des sowjetischen Generalstabes gegen die Wehrmacht vom 15. Mai 1941 wurde weder von der militärischen noch der politischen Führung autorisiert, geschweige denn in Gang gesetzt. Die Sowjetunion unter Stalin war sicherlich alles andere als eine friedliche Macht, gleichwohl mussten ihr vor dem Hintergrund eigener politischer und militärischer Schwächen Angriffsoptionen damals unangebracht erscheinen.

Die Präventivkriegsthese wird mittlerweile nicht mehr nur von rechtsextremistischen, sondern auch von anderen Buchautoren vertreten. Aus unterschiedlichen Gründen, seien es methodische Fehler oder politische Absichten, kommen sie zu ähnlichen Ergebnissen. Dabei werden die genannten Aspekte ebenso ignoriert wie die handlungsleitend wirkende ideologische Begründung für den Krieg, die sich bereits in den frühesten programmatischen Äußerungen Hitlers, wie etwa seinem Buch „Mein Kampf“ , findet.

Literatur

Pietrow-Ennker, Bianka (Hrsg.): Präventivkrieg?, Der deutsche Angriff auf die Sowjetunion, Frankfurt am Main 2000

Ueberschär, Gerd R./Bezymenskij, Lev A. (Hrsg.): Der deutsche Angriff auf die Sowjetunion 1941. Die Kontroverse um die Präventivkriegsthese, Darmstadt 1998

2. *Rechtfertigung des Antisemitismus*

2.1 *Eine geheime Rede des Rabbiners belege die jüdische Weltverschwörung*

Revisionisten behaupten: „Aus dem Text der geheimen ‚Rede des Rabbiners' geht eindeutig hervor, dass die Juden durch verschwörerisches Wirken die ganze Welt beherrschen wollen."

Historische Wahrheit: Bei der sog. Rede des Rabbiners handelt es sich um eine umgeschriebenen Episode aus einem Kolportageroman des 19. Jahrhunderts. Einer der zeitgeschichtlichen Sensationsromane des Schriftstellers Hermann Goedsche, das 1868 von ihm unter dem Pseudonym „John Retcliffe" veröffentlichte Buch „Biarritz", enthielt ein Kapitel mit dem Titel „Auf dem Judenfriedhof in Prag". Darin wird eine geheime nächtliche Versammlung geschildert, in deren Verlauf sich zwei versteckten Beobachtern die Existenz eines jahrhundertelang existierenden teuflischen jüdischen Komplotts offenbart. Antisemiten in zahlreichen Ländern verbreiteten dieses Buchkapitel als Broschüre oder Flugschrift. Zunächst stellte man es noch als ein Stück Literatur dar, das auf wirklichen Ereignissen beruhe. Später fassten antisemitische Autoren die darin enthaltenen angeblichen Reden verschiedener Vertreter jüdischer Stämme zu der Rede eines „Großrabbiners" zusammen und gaben das Ganze als authentisches Dokument aus. Tatsächlich handelte es sich aber nur um eine literarische Erfindung.

Literatur

Neuhaus, Volker: Der zeitgenössische Sensationsroman in Deutschland 1855-1878. „Sir John Retcliffe" und seine Schule, Berlin 1980

2.2 *Die „Protokolle der Weisen von Zion" als angeblicher Beleg für die jüdische Verschwörung*

Revisionisten behaupten: „Die ‚Protokolle der Weisen von Zion' sind das Kronzeugendokument einer jüdischen Weltverschwörung und belegen die Absichten bzw. Pläne zur Verderbung der nichtjüdischen Völker und zur Errichtung der eigenen Herrschaft über sie."

Historische Wahrheit: Bei den „Protokollen der Weisen von Zion", die auch als „Die Geheimnisse der Weisen von Zion" oder „Zionistische Protokolle" bezeichnet werden, handelt es sich um eine Fälschung. Den Text erstellten gegen Ende des 19. Jahrhunderts Auslandsagenten des damaligen zaristischen Geheimdienstes „Ochrana", indem sie aus einer älteren französischen Streitschrift aus dem Jahre 1864 wesentliche Teile kompilierten. In dem Ursprungstext, Maurice Jolys Buch „Dialogue aux enfers entre Machiavel et Montesquieu“, findet sich ein fiktives Streitgespräch der Philosophen Machiavelli und Montesquieu in der Unterwelt. Aus den dort dem machtpolitisch denkenden Theoretiker Machiavelli zugeschriebenen Aussagen konstruierten die Fälscher unter Ergänzung um andere Aussagen eben jenes angebliche Kronzeugendokument einer jüdischen Weltverschwörung. Dass es sich dabei um ein Plagiat handelte, offenbarte die britische „Times“ bereits 1921. Trotz des Wissens darum wirken die „Protokolle“ bis in die Gegenwart hinein als die wohl weltweit am weitesten verbreitete antisemitische Hetzschrift.

Literatur

Cohn, Norman: „Die Protokolle der Weisen von Zion“. Der Mythos der jüdischen Weltverschwörung, Zürich 1998

Pfahl-Traughber, Armin: Der antisemitisch-antifreimaurerische Verschwörungsmythos in der Weimarer Republik und im NS-Staat, Wien 1994

2.3 Der jüdische Schriftsteller Kurt Tucholsky forderte 1927 angeblich die Vergasung deutscher Frauen und Kinder

Revisionisten behaupten: „Der jüdische Schriftsteller Kurt Tucholsky forderte in der Weimarer Republik die Vergasung von deutschen Frauen und Kindern. Er schrieb seinerzeit: ‚Möge das Gas in die Spielstuben eurer Kinder schleichen. Mögen sie langsam umsinken, die Püppchen. Ich wünsche der Frau des Kirchenrats und des Chefredakteurs und der Mutter des Bildhauers und der Schwester des Bankiers, daß sie einen bittern qualvollen Tod finden, alle zusammen.‘“

Historische Wahrheit: Prüft man den behaupteten Sachverhalt, stellt sich etwas anderes heraus: Tatsächlich formulierte Tucholsky den erwähnten Text und veröffentlichte ihn unter dem Pseudonym „Ignaz Wrobel“ in dem Artikel „Dänische Felder“ in der Zeitschrift „Die Weltbühne“ (Nr. 9 v. 26.7. 1927, S. 339). Inhaltlich geht es darin allerdings nicht um einen Mordaufruf gegen Deutsche. Tucholsky beschreibt in dem Artikel vielmehr seine Gedanken bei der Betrachtung einer dänischen Landschaft und erinnert sich daran, dass dort 1917 ein schrecklicher Krieg wütete. Gegenüber diesem Grauen und Morden, so der Autor weiter, sei zehn Jahre später kaum noch Bewusstsein und Erschrecken vorhanden, hätten sich diese Ereignisse doch weit weg von den Städten und Privaträumen der Menschen vollzogen. Vor diesem inhaltlichen Hintergrund formulierte Tucholsky seine oben zitierten Sätze. Sie sollten in eindringlicher Form an den (Ersten Welt-)Krieg erinnern. Daher schließt der Text auch mit einer indirekten Aufforderung zur Desertion.

Literatur

Tucholsky, Kurt: Dänische Felder, in: ders., Gesammelte Werke, Bd. 5, Reinbek bei Hamburg 1975, S. 266

2.4 Die angebliche jüdische Kriegserklärung an Deutschland im „Daily Express" 1933

Revisionisten behaupten: „Am 24. März 1933 erschien die englische Zeitung ‚Daily Express' mit der Schlagzeile ‚Judea declares War on Germany'. Diese jüdische Kriegserklärung an Deutschland rechtfertigte nicht nur den Boykott jüdischer Geschäfte am 1. April 1933, sondern auch die Behandlung der Juden als Feinde."

Historische Wahrheit: Zwar erschienen solche Meldungen in ausländischen Zeitungen, sie bezogen sich aber nicht auf eine Kriegserklärung aller Juden gegen Deutschland, sondern berichteten in der Regel nur über Aufforderungen zum Boykott deutscher Produkte durch einzelne jüdische Gruppierungen. Hierbei handelte es sich indessen um Minderheiten, erklärte doch die in Großbritannien ansässige Vertretung der Juden, der Jewish Board of Deputies, in der „Times" (v. 27.3.1933), sich nicht in innerdeutsche Angelegenheiten einmischen zu wollen; die Aktionen seien nur spontane Ausbrüche von Einzelpersonen, aber nicht vom Board organisiert. Somit kann weder von einem organisierten Boykott noch von einer jüdischen Kriegserklärung ernsthaft gesprochen werden.

Darüber hinaus ignoriert die revisionistische Behauptung, dass es in Deutschland bereits im Februar und März 1933 zu Ausschreitungen gegen Juden gekommen war und die dagegen formulierten Unmutsäußerungen von Juden in Großbritannien und den USA lediglich Reaktionen darauf darstellten. Die Revisionisten verkehren denn auch den Zusammenhang von Ursache und Wirkung, womit sie die Opfer zu Tätern machen.

Literatur

Auerbach, Hellmuth: „Kriegserklärungen" der Juden an Deutschland, in: Wolfgang Benz (Hrsg.), Legenden, Lügen, Vorurteile. Ein Wörterbuch zur Zeitgeschichte, München 1992, S. 122-126

Longerich, Peter: Politik der Vernichtung. Eine Gesamtdarstellung der nationalsozialistischen Judenverfolgung, München 1998, S. 26-30

2.5 Die angebliche jüdische Kriegserklärung Chaim Weizmanns an Deutschland 1939

Revisionisten behaupten: „Der Präsident des Zionistischen Weltkongresses und Leiter der Jewish Agency for Palestine, Chaim Weizmann, erklärte Deutschland im August 1939 im Namen der Juden den Krieg. Dies rechtfertigte deren Internierung in Lagern als Kriegsgegner durch die Nationalsozialisten."

Historische Wahrheit: Weizmann schrieb am 29. August 1939 an den damaligen britischen Premierminister Neville Chamberlain einen Brief, der zusammen mit der Antwort am 6. September 1939 in der „Times" veröffentlicht wurde. Darin erklärte er, dass angesichts der äußersten Krise auch die Juden einen Beitrag zur Verteidigung der geheiligten Werte leisten wollten, bei Großbritannien stünden und an der Seite der Demokratien kämpfen würden. Hierbei handelte es sich demnach nur um eine Loyalitätserklärung für die britischen Juden bzw. die auf dem Gebiet des damaligen britischen Empires lebenden Juden zugunsten der Demokratie und Großbritanniens. Als eine Kriegserklärung der Juden an Deutschland lässt sich dieser Text nicht deuten. Selbst wenn Weizmann eine solche beabsichtigt hätte, hätte er nicht im Namen aller, sondern höchstens im Namen der seiner Organisation angehörenden Juden sprechen können. Diese stellten allerdings eine verschwindend geringe Minderheit von wenig mehr als sechs Prozent der jüdischen Bevölkerung dar. Weizmanns Erklärung muss darüber hinaus vor dem Hintergrund der von Hitler in einer Reichstagsrede am 30. Januar 1939 bekundeten Absicht gesehen werden, den Beginn des Krieges mit der Vernichtung der Juden zu verbinden. Auch hier vertauscht die revisionistische Behauptung Ursache und Wirkung.

Literatur

Auerbach, Hellmuth: „Kriegserklärungen" der Juden an Deutschland, in: Wolfgang Benz (Hrsg.), Legenden, Lügen, Vorurteile. Ein Wörterbuch zur Zeitgeschichte, München 1992, S. 122-126

2.6 Der angebliche jüdische Funktionär Kaufman soll 1941 die Vernichtung der Deutschen gefordert haben

Revisionisten behaupten: „Theodore Nathan Kaufman, jüdischer Funktionär, Präsident der amerikanischen ‚Friedensliga' und Berater von US-Präsident Roosevelt, veröffentlichte 1941 eine Broschüre mit dem Titel ‚Germany must perish' (‚Deutschland muss vernichtet werden'), worin er die biologische Ausrottung der Deutschen durch Massensterilisierung forderte. Um so etwas zu verhindern, war die Verfolgung der Juden durch die Reichsregierung legitim."

Historische Wahrheit: Tatsächlich erschien die genannte Broschüre mit einem solchen Inhalt zur genannten Zeit in den USA. Allerdings war ihr Autor weder ein einflussreicher jüdischer Funktionär noch der Präsident einer mächtigen Organisation und schon gar kein Berater des amerikanischen Präsidenten. Kaufman betätigte sich beruflich wechselweise als Büroangestellter und Verkäufer und gab lediglich seine persönliche Meinung kund. Das Buch erschien auch nicht in einem größeren amerikanischen Verlag, sondern in Kaufmans eigens für die Veröffentlichung gegründetem Eigenverlag. In der amerikanischen Öffentlichkeit wurde der Text kaum beachtet; lediglich „Time" berichtete darüber in einer kurzen Meldung. Kaufman sprach weder für die amerikanischen Juden noch für die US-Regierung.

Literatur

Benz, Wolfgang: Judenvernichtung aus Notwehr?, Vom langen Leben einer rechtsradikalen Legende, in: Wolfgang Benz (Hrsg.), Rechtsextremismus in Deutschland. Voraussetzungen, Zusammenhänge, Wirkungen, Frankfurt am Main 1994, S. 179-202

3. Leugnung der Judenverfolgung und -vernichtung

3.1 Hitler forderte angeblich nicht die Vernichtung der Juden

Revisionisten behaupten: „Hitler wollte zwar den Einfluss der Juden in Deutschland zurückdrängen, forderte aber nicht die Vernichtung der Juden."

Historische Wahrheit: Entgegen dieser Aussage gibt es mehrere öffentliche Aussagen, in denen Hitler sehr wohl die Vernichtung der Juden als Bestandteil seines politischen Denkens und Wollens zum Ausdruck brachte. Bereits in „Mein Kampf" heißt es auf S. 772: „Hätte man zu Kriegsbeginn (1914, *A.Pf.-Tr.*) und während des Krieges einmal zwölf- oder fünfzehntausend dieser hebräischen Volksverderber so unter Giftgas gehalten, wie Hunderttausende unserer allerbesten deutschen Arbeiter aus allen Schichten und Berufen es im Felde erdulden mußten, dann wäre das Millionenopfer der Front nicht vergeblich gewesen." Auch wenn hieraus nicht schon die prophetische Andeutung der Massenvergasungen während des Zweiten Weltkrieges zwingend abgeleitet werden kann, zeigt dieses Zitat doch deutlich, dass Hitler in Kategorien der existenziellen Vernichtung über die Juden dachte.

Am 30. Januar 1939 äußerte Hitler vor dem Reichstag: „Ich will heute wieder ein Prophet sein: Wenn es dem internationalen Finanzjudentum in und außerhalb Europas gelingen sollte, die Völker noch einmal in einen Weltkrieg zu stürzen, dann wird das Ergebnis nicht die Bolschewisierung der Erde und damit der Sieg des Judentums sein, sondern die Vernichtung der jüdischen Rasse in Europa." Auf seine „Prophezeiung" kam Hitler im Verlauf des Zweiten Weltkrieges immer wieder zurück. In einer Rede im Berliner Sportpalast äußerte er am 30. Januar 1941: „Und nicht vergessen möchte ich den Hinweis, den ich schon einmal, am 1. September 1939, im Deutschen Reichstag gegeben habe. Den Hinweis darauf nämlich, dass, wenn die andere Welt von dem Juden in einen allgemeinen Krieg gestürzt würde, das gesamte Judentum seine Rolle in Europa ausgespielt haben wird! Sie mögen auch heute noch lachen darüber, genau so wie sie früher über meine Prophezeiungen lachten. Die kommenden Monate und Jahre werden erweisen, dass ich hier richtig gesehen habe." Hitler datierte die ursprüngliche Rede falsch, offensichtlich um so die angedrohte „Vernichtung der jüdischen Rasse" in Zusammenhang mit dem Kriegsausbruch zu bringen; dieser sollte als Erfüllung der „Prophezeiung" gelten und den beginnenden Judenmord rechtfertigen.

Am 16. November 1941 ging auch Goebbels auf die „Prophezeiung" Hitlers ein. In der Wochenzeitung „Das Reich" veröffentlichte er den Leitartikel „Die Juden sind schuld", der im Rundfunk verlesen und kurz darauf als Sonderdruck in hoher Auflage verbreitet wurde. Darin schrieb der Propagandaminister über die „historische Schuld des Weltjudentums am Ausbruch und an der Ausweitung dieses Krieges". „Aber es bewahrheitet sich an den Juden", ging Goebbels direkt auf die bereits zitierte Ankündigung Hitlers ein, „auch die Prophezeiung, die der Führer am 30. Januar 1939 im Deutschen Reichstag aussprach, daß, wenn es dem internationalen Finanzjudentum gelingen sollte, die Völker noch einmal in einen Weltkrieg zu stürzen, das Ergebnis nicht die Bolschewisierung der Erde und damit der Sieg des Judentums sein werden, sondern die Vernichtung der jüdischen Rasse in Europa." Dann folgte ein öffentliches Bekenntnis zur beginnenden Vernichtung der Juden: „Wir erleben eben den Vollzug dieser Prophezeiung, und es erfüllt sich damit am Judentum ein Schicksal, das zwar hart, aber mehr als verdient ist. (...) Das Weltjudentum (...) erleidet nun einen allmählichen Vernichtungsprozeß, den es uns zugedacht hatte ..."

Literatur

Domarus, Max: Hitler. Reden und Proklamationen 1932-1945. Kommentiert von einem deutschen Zeitgenossen, II. Bd.: Untergang (1939-1945), Würzburg 1963

Longerich, Peter: Politik der Vernichtung. Eine Gesamtdarstellung der nationalsozialistischen Judenverfolgung, München 1998

3.2 Nach Angaben des Roten Kreuzes sollen nur 300.000 Juden ums Leben gekommen sein

Revisionisten behaupten: „Nach einer amtlichen Feststellung des Internationalen Komitees vom Roten Kreuz in der Schweiz kamen während des Zweiten Weltkrieges nicht sechs Millionen Juden, sondern nur 300.000 Menschen wegen rassischer, religiöser und politischer Verfolgung ums Leben. Die UNO bezifferte die jüdischen Verluste auf 200.000 Menschen."

Historische Wahrheit: Eine solche Erklärung des Internationalen Komitees vom Roten Kreuz hat es zu keiner Zeit gegeben, schon weil diese Einrichtung mit der Erhebung solcher Daten nie befasst war. Zu den revisionistischen Behauptungen nahm man gegenüber dem Institut für Zeitgeschichte in München sowohl 1955 als auch 1965 schriftlich Stellung. Im ersten Schreiben heißt es dazu u.a.: „Statistische Aufstellungen über Verluste an Militärpersonen oder Deportationen können wir nicht beschaffen, da derartige statistische Arbeiten dem Internationalen Komitee vom Roten Kreuz nicht obliegen." Und in der zweiten Stellungnahme betonte man: „Wir möchten eindeutig klarstellen, daß das Internationale Komitee vom Roten Kreuz in Genf überhaupt nichts mit diesen Behauptungen zu tun hat. Die Statistiken über die Kriegsverluste und die Opfer politischer, rassischer oder religiöser Verfolgungen fallen nicht in sein Zuständigkeitsgebiet und haben nie dazugehört."

Auch bei der behaupteten UN-Zahlenangabe handelt es sich offensichtlich um eine Erfindung. In einem Schreiben an das Institut für Zeitgeschichte konstatierte die Vertretung der Bundesrepublik Deutschland bei der UNO denn auch 1974, dass die „erwähnte Zahl von 200.000 jüdischen Opfern des NS-Regimes mit Sicherheit nicht auf Feststellungen der Vereinten Nationen beruht".

1991 veröffentlichten Historiker eine umfangreiche Studie über die zahlenmäßige Dimension des Völkermordes an den Juden im Zweiten Weltkrieg, die unter Berücksichtigung der damit zusammenhängenden methodischen Probleme zu dem Ergebnis kam, dass in der Gesamtschau ein Minimum von 5,29 Millionen und ein Maximum von knapp über sechs Millionen Opfern zu beklagen sind.

Literatur

Benz, Wolfgang: Judenvernichtung: Die Zahl der Opfer, in: ders. (Hrsg.), Legenden, Lügen, Vorurteile. Ein Wörterbuch zur Zeitgeschichte, München 1992, S. 107-112

Benz, Wolfgang (Hrsg.), Dimension des Völkermords. Die Zahl der jüdischen Opfer des Nationalsozialismus, München 1991

3.3 Das „Tagebuch der Anne Frank" soll eine Fälschung sein

Revisionisten behaupten: „Das ‚Tagebuch der Anne Frank' ist eine Fälschung, enthält es doch zahlreiche Textstellen, die so nicht von einem jungen Mädchen geschrieben worden sein können."

Historische Wahrheit: Das Tagebuch der Anne Frank erhielt ihr Vater Otto Frank, einziger Überlebender seiner Familie, 1945 von einer früheren

Mitbewohnerin jenes Hauses, das ihr während des Krieges als Versteck gedient hatte. Nach der Lektüre plante er eine Veröffentlichung des Textes, um damit die Öffentlichkeit über die Judenverfolgung der Nationalsozialisten aufzuklären. Dafür nahm Otto Frank einige Streichungen von ihm unangenehmen Textstellen privater Natur vor, wie etwa der Schilderung des Charakters seiner Frau oder Äußerungen aus Annes Intimsphäre. Hinzu kamen grammatikalische und stilistische Korrekturen seitens der das Buch veröffentlichenden Verlage, welche den Text an manchen Stellen als nicht von einem jungen Mädchen geschrieben erscheinen ließen. Dieser Effekt wurde darüber hinaus noch durch die Übersetzungen in andere Sprachen verstärkt.

Literatur

Lee, Carol Ann: Anne Frank. Die Biographie, München 2000

Rijksinstituut voor Oorlogsdocumentatie – Niederländisches Staatliches Institut für Kriegsdokumentation (Hrsg.): Die Tagebücher der Anne Frank, Frankfurt am Main 1988

Wetzel, Juliane: Anne Frank-Tagebuch, in: Wolfgang Benz (Hrsg.), Legenden, Lügen, Vorurteile. Ein Wörterbuch zur Zeitgeschichte, München 1992, S. 24f.

3.4 Alliierte bestätigten 1948 angeblich, Zeugenaussagen über Vergasungen in Lagern seien falsch

Revisionisten behaupten: „Bereits 1948 berichtete der Militärpolizeiliche Dienst über das Ergebnis einer Alliierten Untersuchungskommission, wonach es in verschiedenen Konzentrationslagern keine Tötungen von Menschen durch Giftgas gab, diesbezügliche Geständnisse durch Folterungen erpresst wurden und gegenteilige Behauptungen ehemaliger Häftlinge Falschaussagen sind. Die Echtheit des Dokumentes bestätigte 1987 der frühere Leutnant beim Wachbataillon Wien, Emil Lachout."

Historische Wahrheit: Dabei handelt es sich um eine relativ schlecht gemachte Fälschung: Die genannten alliierten Einrichtungen bestanden nicht bzw. nicht unter den genannten Namen; auch die erwähnten österreichischen Institutionen existierten zur Zeit der angeblichen Erstellung des „Dokumentes" nicht; der Text ist auf Deutsch und nicht wie üblich auf Englisch, Französisch oder Russisch verfasst; schließlich handelt es sich um eine formlose Seite ohne Kopfbogen der verantwortlichen Behörde.

Literatur

Dokumentationsarchiv des österreichischen Widerstandes (Hrsg.): Das Lachout-„Dokument". Anatomie einer Fälschung, Wien 1989

3.5 Der ehemalige französische KZ-Häftling Paul Rassinier soll die Massenvernichtung von Juden bereits in den 1950er- und 1960er Jahren bestritten haben

Revisionisten behaupten: „Das Ausmaß der Massenvernichtung von Juden wurde nicht nur von ‚Rechten' bestritten, sondern auch von dem französischen Sozialisten Paul Rassinier, der zum Thema in den 50er- und 60er Jahren zahlreiche Bücher veröffentlichte. Als früherer KZ-Häftling und Widerstandskämpfer hatte er kein Interesse an der Verteidigung des Nationalsozialismus und war besonders glaubwürdig."

Historische Wahrheit: Dem 1906 geborene Rassinier wurde bereits durch sein Elternhaus und die Schule eine antisemitische Erziehung zuteil. In jungen Jahren trat er der Kommunistischen Partei Frankreichs bei, wurde aber von ihr ausgeschlossen und wechselte in die Sozialistische Partei über. Eine antisemitische Orientierung war auch in der französischen Linken keine Seltenheit, fanden sich dort im Unterschied zur deutschen Arbeiterbewegung bis Ende des Zweiten Weltkrieges doch immer wieder solche Orientierungen. 1942 – und nicht schon 1940, wie Rassinier später behauptete – wandte er sich der französischen Widerstandsbewegung gegen die deutsche Besatzung zu, wurde 1943 von der Gestapo verhaftet und in die Konzentrationslager Buchenwald und Dora eingeliefert. Dieser Lebensweg, die Zugehörigkeit zur politischen Linken und die zeitweilige Inhaftierung in Lagern ließen Rassinier den deutschen Rechtsextremisten als besonders glaubwürdig und eine Art „Kronzeuge" erscheinen. Daher publizierten sie auch zahlreiche Bücher von ihm wie „Was ist Wahrheit? – Zum Fall Eichmann" (1963) und „Das Drama der Juden Europas" (1965), worin das Ausmaß der Judenvernichtung abgestritten wurde.

Wie gelangte nun aber ein ehemaliger KZ-Häftling zu derartigen Auffassungen? Rassinier kam, wie bereits erwähnt, im Oktober 1943 nach Buchenwald. Dort wurde er nicht zuerst mit gewalttätigen SS-Männern konfrontiert, sondern von einem kommunistischen Mithäftling geschlagen. Dieses Erlebnis muss für ihn derart prägend gewesen sein, dass Rassinier seine Umwelt danach nur noch selektiv wahrnahm. Nicht die SS-Leute schienen Rassinier bedrohlich zu sein, sondern seine Mitgefangenen, insbesondere die in der von Kommunisten dominierten Lagerselbstverwaltung. Später erhielt Rassinier eine relativ angenehme Tätigkeit in einem Krankenrevier und arbeitete danach bei einem SS-Oberscharführer. Verhältnismäßig positive Erfahrungen mit den KZ-Bewachern auf der einen und negative Erfahrungen mit Häftlingen auf der anderen Seite prägten Rassinier offenbar so stark, dass er die Konzentrationslager in einem angenehmen Licht erscheinen lassen wollte. Dabei verallgemeinerte Rassinier seine subjektiven Eindrücke zu einem Gesamtbild des Systems der Lager im Zweiten Weltkrieg, wodurch ein völlig verzerrtes Bild von der historischen Realität entstand. Später näherte sich Rassinier immer mehr rechtsextremistischen Zusammenhängen an und arbeitete mit Protagonisten dieser politischen Richtung eng zusammen.

Literatur

Baier, Lothar: Auschwitz und seine Weißwäscher. Robert Faurisson & Genosssen, in: ders., Französische Zustände. Berichte und Essays, Frankfurt am Main 1982, S. 89-97
Fresco, Nadine: Fabrication d'un antisémite, Paris 1999
Lipstadt, Deborah E.: Betrifft: Leugnen des Holocaust, Zürich 1994, S. 74-89

3.6 Gaskammer-Experte Fred Leuchter behauptet: Vergasungen technisch unmöglich

Revisionisten behaupten: „Der amerikanische Gaskammer-Experte Fred Leuchter hat in mehreren Untersuchungen und Gutachten (‚Leuchter-Report') festgestellt, dass Massenvergasungen von Menschen im Konzentrationslager Auschwitz technisch gar nicht möglich gewesen sind. Damit widerlegte er naturwissenschaftlich die Lüge von den Vergasungen."

Historische Wahrheit: Fred Leuchter behauptet selbst, Spezialist für die Herstellung und Perfektionierung der Gaskammern für zum Tode Verurteilte zu sein. Nach dem Bekanntwerden seines „Reports" stellte sich aber heraus, dass er weder über eine chemische noch über eine toxikologische Ausbildung verfügt. Darüber hinaus betätigte sich Leuchter auch ohne staatliche Konzession als Ingenieur. Und schließlich entsprachen die von ihm für den Vollzug der Todesstrafe in den USA entworfenen Vorrichtungen auch nicht den notwendigen Richtlinien, woraufhin mehrere Gefängnisverwaltungen Verträge mit ihm kündigten. Dürfte Leuchter somit für seinen eigentlichen Beruf nicht genügend qualifiziert sein, so war er dies schon gar nicht für die Begutachtung der Gaskammern im Konzentrationslager Auschwitz. Leuchter hatte über den historischen Hintergrund im Allgemeinen wie die konkreten Umstände der Massenvernichtung im Besonderen vor Erstellung seines „Reports" keine Kenntnisse, sondern erhielt lediglich von seinen rechtsextremistischen Auftraggebern um den Revisionisten Robert Faurisson Veröffentlichungen in deren Sinne zur Information und Vorbereitung.

Von daher verwundert nicht, dass Leuchter an seine Arbeit falsche bzw. unangemessene Maßstäbe anlegte: Er ging von den Verhältnissen in US-amerikanischen Gefängnissen aus, wo Hinrichtungen in komplizierten Gaskammern unter strikter Beachtung strenger Vorsichtsmaßnahmen für einzelne Personen stattfinden, und übernahm damit zusammenhängende Erfahrungen als Kriterien für die Untersuchung eines ganz anderen Falls, ohne dessen besondere Umstände zu berücksichtigen. Allein von daher ergaben sich zahlreiche Fehleinschätzungen bei der Untersuchung, die noch durch das laienhafte und unsystematische Vorgehen Leuchters verstärkt wurden. Darüber hinaus ignorierte er, dass die untersuchten Gebäude durch die SS kurz vor deren Abzug gesprengt wurden und in ihrem ruinösen Zustand seit mehr als 40 Jahren Wind und Wetter ausgesetzt waren, teilweise sogar monatelang unter Wasser standen, und sich allein schon deshalb nur geringe Spuren von Zyanid finden ließen. In einigen Untersuchungen ganz unterschiedlicher Wissenschaftler wurden Leuchter weitere Fehler und Widersprüche detailliert nachgewiesen.

Literatur

Auerbach, Hellmuth: Die Authentizität des „Leuchter-Reports", in: Der Bundesminister des Innern (Hrsg.), Aktuelle Aspekte des Rechtsextremismus, Bonn 1994, S. 101-104

Bailer, Josef: Die „Revisionisten" und die Chemie, in: Brigitte Bailer-Galanda u.a. (Hrsg.), Die Auschwitzleugner. „Revisionistische" Geschichtslüge und historische Wahrheit, Berlin 1996, S. 130-152

Bailer-Galanda, Brigitte: Leuchter und seine Epigonen, in: dies. u.a. (Hrsg.), Die Auschwitzleugner. „Revisionistische" Geschichtslüge und historische Wahrheit, Berlin 1996, S. 117-129

Wegner, Werner: Keine Massenvergasung in Auschwitz?, Zur Kritik des Leuchter-Gutachtens, in: Uwe Backes u.a. (Hrsg.), Die Schatten der Vergangenheit. Impulse zur Historisierung des Nationalsozialismus, Frankfurt am Main 1990, S. 450-476

Wellers, Georges: Der „Leuchter-Bericht" über die Gaskammern von Auschwitz. Revisionistische Propaganda und Leugnung der Wahrheit, in: Dachauer Hefte 1991 (7. Jg.), S. 230-241

3.7 Der Chemiker Germar Rudolf will bewiesen haben, dass in Auschwitz keine Vergasungen stattfanden

Revisionisten behaupten: „Der seinerzeit am Max-Planck-Institut für Festkörperforschung in Stuttgart arbeitende Diplom-Chemiker Germar Rudolf stellte in einer naturwissenschaftlichen Untersuchung (‚Rudolf-Gutachten') fest, dass es in Auschwitz keine Vergasungen von Menschen gegeben hat."

Historische Wahrheit: Das sog. Rudolf-Gutachten entstand 1992 im Zusammenhang mit der Verteidigung des seinerzeit vor Gericht stehenden Nazis Otto Ernst Remer und hatte von daher schon bei der Entstehung einen rechtsextremistischen Hintergrund. Rudolf bediente sich darüber hinaus bei der Erstellung unlauterer Methoden, indem er den Namen des Max-Planck-Instituts für Festkörperforschung in Stuttgart, wo er damals beschäftigt war, ohne dessen Wissen für seine Zwecke nutzte. Aber auch die spätere Propagierung und Verbreitung des „Rudolf-Gutachtens" durch seinen Autor war von ähnlichen Täuschungen geprägt. So benutzte Rudolf etwa zahlreiche Pseudonyme, um seiner eigenen Arbeit Seriosität und Wissenschaftlichkeit mit lobender Kommentierung unter anderem Namen zuzuschreiben.

Ähnlich unseriös ging Rudolf bei seinen Untersuchungen vor: Nach eigenen Angaben entnahm er den Ruinen der Gaskammern und Sachentlausungsanlagen von Auschwitz Proben, allerdings ohne Erlaubnis und unkontrolliert. Hiermit verletzte Rudolf ein wichtiges Gebot jeglichen wissenschaftlichen Arbeitens. Darüber hinaus arbeitete er mit der nicht belegbaren zentralen Annahme, dass die Anwendung von Zyklon B zwingend eine Blaufärbung des Mauerwerkes nach sich ziehen müsse. Eine genaue und systematische Untersuchung der Ursachen für das Vorhandensein bzw. Nichtvorhandensein von solchen Färbungen an bestimmten Stellen der Wände nahm Rudolf indes nicht vor. Gleichzeitig ignorierte er bei der vergleichenden Betrachtung von Gaskammern und Sachentlausungsanlagen, dass in geschlossenen Räumen für die Vernichtung von Menschen weniger Gift benötigt wird als für die Vernichtung von Insekten. Und schließlich legte Rudolf bei seinen Berechnungen auch immer wieder nicht nachvollziehbare Maßstäbe an, wie etwa hinsichtlich der Zeitdauer für die Freisetzung der Blausäure aus dem Zyklon-Präparat.

Auch bei der Darstellung seiner Untersuchung arbeitete Rudolf unseriös, finden sich darin doch zahlreiche sinnentstellende Zitate aus einer wichtigen Arbeit zum Thema, nämlich der Untersuchung von Jean-Claude Pressac. Rudolf widerlegte sich im Übrigen mit seinen Behauptungen und Veröffentlichungen selbst, behauptete er doch, in den Ruinen der Gaskammern von Auschwitz gebe es keine Blaufärbungen – für ihn ein wichtiges Indiz für die Nutzung von Zyklon B – und druckte in einem von Ernst Gauss herausgegebenen Buch (Grundlagen zur Zeitgeschichte. Ein Handbuch über strittige Fragen des 20. Jahrhunderts, Tübingen 1994, S. 257) selbst ein Farbfoto mit Hellblaufärbung an den Wänden ab, das allerdings eine gegenteilige Bildunterschrift trägt. Angesichts der zahlreichen Fehler und Mängel des „Rudolf-Gutachtens" verwundert auch nicht, dass es bei dem erwähnten Prozess vom Gericht nicht anerkannt wurde.

Literatur

Bailer, Josef: Die „Revisionisten" und die Chemie, in: Brigitte Bailer-Galanda u.a. (Hrsg.), Die Auschwitz-Leugner. „Revisionistische" Geschichtslüge und historische Wahrheit, Berlin 1996, S. 130-152

Bailer-Galanda, Brigitte: Leuchter und seine Epigonen, in: dies. u.a. (Hrsg.), Die Auschwitz-Leugner. „Revisionistische" Geschichtslüge und historische Wahrheit, Berlin 1996, S. 117-129

Pressac, Jean-Claude: Die Krematorien von Auschwitz. Die Technik des Massenmordes, München 1994

Arno Klönne

Schwierigkeiten politischer Jugendbildung beim Umgang mit dem Thema „Rechtsextremismus“

Politische Sozialisation vollzieht sich nur zu Teilen über Unterricht, selbst wenn dieser an Erfahrungen der Schüler/innen anknüpft und handlungsorientiert gestaltet ist. Gesellschaftsbilder, die aus einer pädagogisch nicht geformten Alltagskommunikation hervorgehen, haben durchweg größeren Einfluss auf die politischen Einstellungen von Jugendlichen als das in der Schule oder Hochschule organisierte Lernen. Unterricht, auf Fragen der Gesellschaft bezogen, ist am ehesten dann erfolgreich, wenn er sich seiner begrenzten Reichweite bewusst ist und vor allem, wenn er sich selbst, mitsamt den Lehrenden, als Bestandteil einer problembeladenen gesellschaftlichen Geschichte versteht. Dies gilt natürlich auch für das Thema „Rechtsextremismus“. Pädagog(inn)en tun gut daran, sich der Schwierigkeiten zu vergewissern, unter denen sie im Unterricht und in der sozialen Begegnung mit Jugendlichen gegen rassistische, ethnonationalistische und antidemokratische Neigungen angehen.

In drei gedanklichen Schritten soll ein Beitrag zur Aufklärung pädagogischen Handelns über die eigenen Bedingungen geleistet werden. Erstens wird das „Verschwinden des Politischen“ skizziert; zweitens die Bedeutung von Geschichte (hier: der des Nationalsozialismus) für die gegenwartsbezogene politische Bildung hinterfragt; drittens angedeutet, weshalb es wenig Sinn macht, den Rechtsextremismus als isoliertes Thema der Pädagogik zu behandeln.

Veranstaltete politische Bildung, schulische wie außerschulische, besaß in der (Alt-)Bundesrepublik Deutschland einen in den älteren Demokratien Europas und den Vereinigten Staaten nie erreichten Status. Von diesem historischen Erfolg in Bezug auf den Anteil an den öffentlichen Haushalten und dem pädagogischen Personal zehren die Einrichtungen und Angebote politischer Bildung in der Bundesrepublik noch heute, wenngleich die Förderungswilligkeit des Staates in dieser Hinsicht erheblich zurückgegangen und weiter rückläufig ist. Aber es gibt immer noch eine Fülle thematisch einschlägiger Veranstaltungen in der außerschulischen Jugend- und Erwachsenenbildung, es besteht eine umfangreiche publizistische Szene in diesem

Themenbereich, und im schulischen Unterricht hat sich der Anspruch darauf, in verschiedenen fachlichen Formen die nachwachsende Generation politisch zu bilden, halten können, allerdings ziemlich bedrängt von den Ambitionen jener Bildungsinhalte, die mehr Modernität für sich reklamieren.

Dass die veranstaltete politische Bildung an Rang verliert, ist beim Reden der Bildungspolitiker/innen über den Weg in die „Wissens- und Informationsgesellschaft" leicht zu erkennen. Über Wirtschaftskunde und Technologiekenntnisse wird dort gesprochen, über naturwissenschaftliche Grundlagen, über Fremdsprachen, manchmal auch über Psychologie; von Politikkunde ist kaum noch irgendwo die Rede, geschweige denn von politischer Philosophie. Freilich ist auch der Begriff abgenutzt; längst hat man sich daran gewöhnt, das Marketingkonzept einer Firma als „Unternehmensphilosophie" zu bezeichnen. Dass veranstaltete politische Bildung in der Bundesrepublik einen zeitweise relativ hohen Stellenwert gewinnen konnte, hatte historische Gründe: Bis 1945 dominierte in Deutschland, vom Zwischenspiel der Weimarer Republik abgesehen, eine autoritäre politische Erziehung, die auch ihrem Selbstverständnis nach mit politischer Bildung als einem gedanklich freien und diskursiven Lernprozess nichts zu tun haben wollte. Auf den Drang nach politischer Bildung im Sinne von Selbstbestimmung und Demokratie hatte in Deutschland nur die gesellschaftliche Opposition in Gestalt der Arbeiterbewegung gesetzt, im Konflikt mit der staatlich institutionalisierten Erziehung; in den Formen der „Aneignung" von Erkenntnissen war aber auch die deutsche Arbeiterbewegung zu weiten Teilen geprägt von autoritären Mustern.

Nachdem sie das sog. Dritte Reich militärisch niedergerungen hatten, waren die Alliierten davon überzeugt, dass es aller Anstrengungen politischer Bildung bedürfe, um die Deutschen von der hierzulande bis 1945 herrschenden Ideenwelt abzubringen („umzuerziehen"), und so kam es zu vielen Hilfestellungen der Besatzungsmächte für die pädagogische Einführung in demokratische Traditionen. Das gilt auch für die erste Phase der sowjetischen Besatzungspolitik, bis dort die Ansätze einer demokratischen politischen Bildung der marxistisch-leninistischen „Lehre" weichen mussten. In Westdeutschland wehrte das Schulwesen zunächst mit Erfolg die Aufforderungen zur „Demokratiepädagogik" ab, in der außerschulischen Jugendbildung hingegen kamen solche Neuorientierungen zum Zuge. Mit einiger Mühe und wiederum unter Nachhilfe der Besatzungsmächte konnten sich an westdeutschen Hochschulen Lehrstühle etablieren, die wissenschaftliche Grundlagen für die politische Bildung entwickelten. Ab den 50er Jahren bekam das Programm der „Demokratiepädagogik" einen – nicht unproblematischen – Auftrieb durch den Kalten Krieg, und zwar im Sinne einer Abwehr des kommunistischen Totalitarismus (die Tücken dieses Sammelbegriffes hier einmal beiseite gelassen). Immerhin erbrachte diese Entwicklung eine gewisse „Verwestlichung" des politischen Denkens, die aufklärerische Elemente enthielt und zweifellos dazu beitrug, der schulischen und außerschulischen politischen Unterrichtung demokratieförderlichen Raum zu verschaffen, wobei deutschnationale Hinterlassenschaften im Verständnis von Politik beiseite geräumt wurden.

Einen weiteren Schub in diese Richtung erzeugte jener kulturelle Umbruch, der üblicherweise mit der Chiffre „1968“ bezeichnet wird. Insbesondere verbreiterte er die Bereitschaft, sich kritisch mit der nationalsozialistischen Vergangenheit auseinanderzusetzen und sich jener Gedankenwelt zu öffnen, die 1933 in Deutschland verboten, unterdrückt und ins Exil gedrängt worden war. Um die historische Skizze abzubrechen und die gegenwärtigen Verhältnisse in den Blick zu nehmen: Viele aus jener Pädagogengeneration, die in der „Blütezeit“ westdeutscher politischer Bildung die Hochschulen besuchte und ins Berufsleben eintrat, wirken heute hilflos und haben resigniert. Sie klagen über das Desinteresse ihrer Schüler/innen an politischen Diskursen, sie sind enttäuscht von dem Wandel, der sich in den Perspektiven der Ministerien vollzogen hat und darauf hinausläuft, die politische Bildung in Schulen und Hochschulen an den Rand zu verweisen.

In den Klageliedern, die da vielfach zu hören sind, wird aber zumeist vergessen, dass der Bedeutungsverlust politischer Bildung weder die betroffenen Schüler/innen noch die zuständigen Minister/innen in ihrem subjektiven „Fehlverhalten“ als Verursacher hat, sondern aus dem Wandel politischer Strukturen zu erklären ist, der – wen sollte es wundern – ideologische Entsprechungen findet und Mentalitäten prägt. Wer den Niedergang politischer Bildung aufhalten oder rückgängig machen will, muss dessen Gründe kennen. Die Politikgeschichte der europäischen Staaten im ausgehenden 20. Jahrhundert war durch folgende Entwicklungen bestimmt: erstens den inneren Verfall und dann den Zusammenbruch der industriegesellschaftlich-planwirtschaftlichen Systeme mit sozialistischem Anspruch; zweitens die zunehmende Internationalisierung der Waren-, Kapital- und Arbeitsmärkte (Schlagwort: „Globalisierung“), womit die staatliche Politik unter den Druck geriet, durch Deregulierung der Wirtschafts- und Sozialbeziehungen ihren Eifer beim „Standortwettbewerb“ nachzuweisen; drittens das Vordringen der Finanzmärkte, also eine nicht „stoffliche“, besonders mobile Form der Kapitalverwertung, die es den Regierungen schwer macht, wirtschaftlich zu intervenieren; viertens die Rückkehr der „sozialen Frage“ auch in die westlichen Wohlstands- und Reichtumsgesellschaften, also eine sich wieder verschärfende Aufspaltung der sozialen Lebenslagen und Chancen.

Ganz überwiegend reagieren die großen Parteien und die Machtgruppen in der Politik auf diese Trends so, dass sie eine „neoliberale“, der Eigendynamik der kapitalstarken Unternehmenswirtschaft freien Raum gebende Umschichtung der Kräfteverhältnisse zwischen Ökonomie und Politik sowie den Abbau der bisherigen Standards an sozialer Sicherung für unvermeidlich erklärten. Nur so sei „Konkurrenzfähigkeit“ auf dem Weltmarkt zu erreichen oder wieder herzustellen, hieß es allenthalben. Die wachsende Differenz zwischen Arm und Reich in Gesellschaften, deren gesamte Kapitalausstattung sich vermehrt, wurde – und wird – als „produktive Ungleichheit" gewertet, akzeptiert auch von den meisten sozialdemokratischen Parteien. Soziale Gleichheit als Perspektive der Gesellschaftspolitik gilt als veraltet, wobei das Scheitern des staatssozialistischen Experiments diesen Paradigmenwechsel förderte. Begibt man sich von den Höhen der „neoliberalen" Theorie (die „neue Sozialdemokratie" mit eingeschlossen) in die Niederungen alltäglicher Gesellschaftsbilder, so zeigt sich eine Hochkonjunktur des Sozialdarwinismus, mit rassistischen oder neofaschistischen Varianten an den Rändern.

In der Bundesrepublik Deutschland wurden die meisten derjenigen, die sich professionell um politische Bildung kümmern, von dieser Entwicklung überrascht. Im linken, grün-alternativen und sozialliberalen Spektrum war man auf den neuen, globalen Finanzkapitalismus ebenso wenig eingestellt wie auf die Rückkehr der alten sozialen Frage. Mit einem ungezähmten, in sozialer Hinsicht frühkapitalistischen Wirtschaftsgeschehen auf hoch entwikkeltem technologischem Niveau und in weltweiten Dimensionen hatte man selbst nach so mancher Schulung in marxistischer politischer Ökonomie nicht gerechnet. Während die gesellschaftlich akzeptierte Devise in Zeiten des Studiums oder des Berufseintritts „Mehr Demokratie wagen!" hieß, ist es mittlerweile zur vorherrschenden Meinung geworden, dass die eigentlichen Richtungsentscheidungen in der Eigenmacht der Wirtschaft getroffen werden sollen, die institutionalisierte Politik sich möglichst heraushalten müsse und die Volkssouveränität höchstens darin bestehen könne, Einsicht in das Notwendige zu üben, dieses aber vom Markt gesetzt werde.

Für junge Menschen ist leicht zu erkennen, dass staatliche Politik heute eine Art Administration für den Shareholdervalue darstellt und es bei Wahlen vor allem darum geht, Politiker/innen in Amt und Würden zu bringen, die den Vorgaben der Unternehmenswirtschaft ohne größere Reibungsverluste folgen können. Eine sog. Wahlmüdigkeit tritt dann bei dem Teil der nachwachsenden Generation auf, welcher sich von einem Personalwechsel in den politischen Institutionen, die auch nach eigenem Selbstverständnis im Dienste der Wirtschaft stehen, nichts erhofft oder ihn für belanglos hält.

Der Struktur- und Funktionswandel der institutionalisierten, sozusagen „verfassten" Politik bringt die veranstaltete politische Bildung um ihren tradierten Stoff. Niemand mag mehr glauben, dass in den Parlamenten die Zentren der gesellschaftlichen Willensbildung zu sehen sind, eine rege Teilnahme am parteipolitischen Leben bürgerliche Selbstbestimmung zur Geltung bringt, die Freiheit der Medien den vernunftbestimmten Diskurs über Politik garantiert und sich die gesellschaftlichen Zukunftsentscheidungen dem grundgesetzlichen Sozialstaatsgebot gemäß steuern lassen. Die „verfassungspatriotische" Ausrichtung politischer Bildung geht also ins Leere. Soweit sie durch das Leitbild der „Zivilgesellschaft" (oder, wie Gerhard Schröder, ungewollt an die „Volksdemokratie" erinnernd, formuliert: der „zivilen Bürgergesellschaft") ersetzt wird, gerät Politikkunde ins Diffuse; da sollen alle ein bisschen mitreden oder mitwirken und dem Staat die Lasten abnehmen, aber entscheidend ist die Wirtschaft; sie hat jedoch ihre eigenen Gesetze, abseits der Verfassung. Welche Schüler/innen sind schon durch dieses Panorama zu politischen Aktivitäten zu animieren?

Attraktiv könnten am ehesten Thematisierungen in der veranstalteten politischen Bildung sein, die sich auf Systemkritik einlassen, also fragen: Welchen Realitätsgehalt hat heute das demokratische Ideal? Was steht dem Entwurf einer Gesellschaft der Freien und Gleichen entgegen? Wozu brauchen wir Politik, wenn – wie die Politiker/innen selbst sagen – die Wirtschaft dominiert? Aber wie passt eine politische Bildung, die Zeit kostet und Unruhe stiftet, in das Programm der „Erziehung zur Wettbewerbsfähigkeit"? Welchen Raum hätte sie in Ausbildungsstätten, die unter dem Druck stehen, marktgerechte wirtschaftliche und technische Qualifikationen möglichst rasch und kostengünstig zu produzieren?

So bleibt als Fazit: Die herkömmlichen Inhalte veranstalteter politischer Bildung, wie sie sich in der jungen Bundesrepublik als „Nachhilfe in Demokratie" und in der Abwendung vom Nationalsozialismus etabliert hatten, sind tatsächlich veraltet. Wenn die Wirtschaft (was heißt: die Souveränität des Prinzips der Kapitalverwertung) die Politik auf einen niederen Rang verweist, dann verliert politische Bildung, die vom Primat demokratischer Willensbildungs- und Entscheidungsprozesse ausgeht, ihren Boden. Politische Bildung, sofern sie überhaupt noch stattfinden soll, müsste dann bedeuten: Auseinandersetzung mit den gesellschaftlichen Gründen des Bedeutungsverlustes demokratischer Politik.

Deutschland hat sich vom Nationalsozialismus nicht selbst befreit; das Ende des „Dritten Reiches" und seiner Staatsverbrechen war dem militärischen Zugriff von außen zu verdanken. Angesichts dieses geschichtlichen Sachverhaltes lag es nahe, dass historisch-politische Bildung im geteilten Deutschland nach 1945, wenn und soweit sie über die nationalsozialistische Vergangenheit aufklären wollte, in der Mentalität eines großen Teils der Bevölkerung, aber auch in den Köpfen der meisten Politiker/innen und Pädagog(inn)en auf massive Barrieren stieß. In der Sowjetischen Besatzungszone und dann in der DDR war der schulische Unterricht schon früh darauf eingestellt, die Verbrechen des NS-Regimes zum Thema zu machen; das offizielle Selbstverständnis der DDR und lange Zeit auch das Faschismus-Verständnis deutscher Kommunist(inn)en hatten aber eine verengte Sicht der Ursachen des deutschen Faschismus und seiner Mehrheitsfähigkeit zur Folge. Das sog. Dritte Reich galt hier als fast ausschließliches Resultat der Machtpolitik „von oben", d.h. der Wirtschafts-, Militär- und Parteiführer. Mit der Errichtung der DDR schien die ökonomisch-soziale Grundlage für rechtsextreme Tendenzen endgültig beseitigt. Demnach bestand kein Grund zur Aktualisierung des Themas im Hinblick auf die eigene Gesellschaft.

Hervorgehoben wurde die fortdauernde Wirksamkeit ehemals dem NS-Regime dienender „Eliten" in der westdeutschen Politik und Öffentlichkeit. Es sei hier nur auf die didaktische Fragwürdigkeit einer solchen Sichtweise aufmerksam gemacht: Die Auseinandersetzung mit dem Nationalsozialismus wurde so auf die Vermittlung einer bestimmten politischen „Lehre“, die aus der Geschichte zu ziehen und in der DDR gezogen sei, verkürzt; es wurde erst gar nicht zum Thema, dass rechtsextreme Weltbilder untergründig auch in der DDR fortexistieren oder sich neu entwickeln könnten.

In den Westzonen und dann in der Bundesrepublik wurde der Nationalsozialismus im Unterricht erst einmal weitgehend „beschwiegen“. Das offizielle Geschichtsverständnis ließ es so erscheinen, als sei das „Dritte Reich“ ein von wenigen Politkriminellen aufgeherrschtes System gewesen, mit einem von oben gesteuerten „Totalitarismus“, der mit dem Übergang zur liberalen Demokratie selbstverständlich geschichtlich erledigt sei, allerdings nun im Osten unter roten Vorzeichen weiterlebe. Auch damit war didaktisch jeder Zugang zur Wirklichkeit der NS-Zeit und zum Fortbestehen des Rückfallrisikos nach Rechts verstellt.

Die westdeutsche schulische Sichtweise zum Thema änderte sich erst unter dem Einfluss der Studentenbewegung und der Außerparlamentarischen Opposition (APO) nach 1968. Fragwürdig war aber der damit einhergehende Blick auf das Verhältnis von Geschichte und Gegenwart: Rechtsextremismus wurde im schulischen Unterricht (nachdem die Welle des generellen Faschismusvorwurfs gegenüber der aktuell herrschenden Politik rasch abgeebbt war) als Gegenstand einer „Bewältigung der Vergangenheit“ betrachtet; rechtsextreme Tendenzen der Gegenwart wurden mit der Formel „Spuk von gestern“ belegt, auch war von den „Ewiggestrigen“ die Rede. Inzwischen sind weitere didaktische Schwierigkeiten hinzugekommen: Durch den Wechsel der Generationen ist der autobiographische Ansatz zur Aufklärung über den Nationalsozialismus, welcher sich vielfach bewährt hatte, kaum noch realisierbar.

Das sog. Dritte Reich ist für die heutige Schülergeneration zu einem Bestandteil eigener Erfahrung nicht mehr zugänglicher, „abgesunkener“ Geschichte geworden. Auch deshalb können es Jugendliche heute oft kaum noch nachvollziehen, wenn aktueller Rechtsextremismus unterrichtlich als pure „Fortsetzung“ der Ideenwelt eines historischen verbrecherischen Systems dargestellt wird. Auch politisch wenig gebildete Schüler/innen wissen, dass rassistische und ethnonationalistische, häufig gewalttätige Aktivitäten derzeit in vielen Regionen der Welt auftreten. Der Hinweis auf den Nationalsozialismus bringt für sie zunächst einmal nichts Erhellendes bei dem Versuch, sich in dieser Gegenwart und ihren Konflikten zurechtzufinden.

Die obigen Bemerkungen sind keineswegs so zu verstehen, als ob vom Thema „Nationalsozialismus“ Abstand genommen werden solle, wenn es um die unterrichtende Vermittlung von Geschichte und Aktualität geht; es ist nur darauf hinzuweisen, dass „Geschichte als Abschreckung“ kaum weiterhilft.

In der Telekratie geht es, was die politische Themensetzung angeht, schnelllebig zu. Der Problemdisput wird hochgepusht, verschwindet aber auch bald wieder von der Tagesordnung. Die Angehörigen der politischen Klasse neigen unter solchen Bedingungen dazu, mit Patentrezepten Aufmerksamkeit zu erregen, solange die massenmedial betreute Themenkonjunktur anhält; zumeist verbindet sich damit eine Ablenkung von strukturellen und langfristigen Problemlagen. Im Sommer des Jahres 2000 sahen wir uns einer Inflation von mehr oder weniger durchdachten Aufforderungen zum „Ruck gegen rechts" gegenüber, die analytische Anstrengungen, den Gründen für offenen oder versteckten Rechtsextremismus, Rassismus und Antisemitismus bzw. den Hass auf als „fremd" erscheinende Menschen nachzuforschen, nicht ersetzen können.

Politiker/innen, Wirtschaftsrepräsentant(inn)en und Medienmacher/innen verlangen gegenwärtig nach einem konsequenten Durchgreifen bei rechtsextremen Gewalttaten vornehmlich mit dem Argument, die Bundesrepublik dürfe sich Fremdenfeindlichkeit nicht „leisten"; der Wirtschaftsstandort Deutschland sei sonst gefährdet. Es liegt auf der Hand, dass eine solche Begründung höchst fragwürdig ist; allerdings verweist sie nebenbei auf einen für das Thema höchst bedeutsamen Sachverhalt: Ethnonationalistische, fremdenfeindliche und rassistische Mentalitäten und Ideologien existieren heute unter wesentlich anderen Bedingungen von Ökonomie und Politik als zur Zeit des Nationalsozialismus.

Die florierenden Sektoren auch der deutschen Wirtschaft finden ihre Gewinnträchtigkeit auf einem internationalen Markt für Waren und Kapital, für Wissen und Arbeitskräfte. Die Politik, wenn sie Macht haben, erhalten oder gewinnen will, muss dem Rechnung tragen. „Fremdenfeindlichkeit" gegenüber ausländischen Investor(inn)en, Expert(inn)en oder Abnehmer(inne)n von Waren und Kapitalanlagen kann sich kein großes Unternehmen erlauben, und selbstverständlich gibt es aus unternehmerischer Sicht keine Vorbehalte gegenüber ausländischen Arbeitskräften oder Immigrant(inn)en, wenn diese der Rentabilität dienen. Es ist bemerkenswert, wie rasch sich die bis dahin zaudernden oder ablehnenden Führungen der beiden deutschen Volksparteien zur „Einwanderungsgesellschaft" bekannten, nachdem die Wirtschaftsrepräsentanten ihnen einen entsprechenden Wink gegeben hatten.

Die Ökonomie ist unwiderruflich globalisiert, und der expandierende Finanzmarkt zeigt noch mehr Internationalität als der Markt für Produkte. Dies schließt Standortkonkurrenzen und den Kampf um wirtschaftliche Einflusssphären, auch in blutigen „geopolitischen" Konflikten, keineswegs aus. Aber bei den wirtschaftlichen und bei den ihnen assoziierten politischen Machteliten besteht keine Neigung mehr, sich mit rechtsextremen Bewegungen zu verbünden, die eine „Volksgemeinschaft" bzw. einen geschlossenen nationalen (oder nationaleuropäischen) Staat schaffen möchten.

Ein erklärter und prinzipieller Rassismus stellt für die internationale Geschäftswelt keine politische Option mehr dar. Was als zivilgesellschaftlicher Fortschritt bezeichnet wird, ist zu einem nicht geringen Teil eine Nebenfolge der globalisierten ökonomischen Beziehungen und Interessen. Aber die weltweite Kapitalverwertung ist keine humanitäre Veranstaltung, und sie verträgt sich durchaus mit einem nicht prinzipiellen, nicht offiziell erklärten Rassismus, rassistischer Praxis von Fall zu Fall also. Der globale Kapitalismus, welcher inzwischen ohne Systemkonkurrenz agiert und deshalb weniger Zwang zum inneren sozialen Ausgleich verspürt, bringt in riesigen Dimensionen Armutszonen, soziale Notlagen, Migrationsdruck und heftige Konkurrenz innerhalb der auf abhängige Arbeit angewiesenen Bevölkerungsschichten hervor. Nach wie vor werden solche Konflikte von den Betroffenen selbst vielfach ethnisiert. Auch in den wirtschaftlich sehr erfolgreichen Ländern bilden sich „abgesunkene" gesellschaftliche Sektoren heraus, die zunehmend aus der politischen Partizipation herausfallen. Die US-Gesellschaft kann hierfür als Modell gelten. In den reichen Ländern – wie etwa der Bundesrepublik – geht der Trend dahin, bisherige sozialstaatliche Sicherungssysteme zu reduzieren und der Polarisierung zwischen Reich und Arm noch mehr Raum zu geben. Die sozialdarwinistische Alltagsphilosophie, die damit einhergeht, erzeugt eine unauffällige, sich von direkter Gewalt fernhaltende und als „Sachzwang" der Ökonomie erscheinende Brutalität.

Zu befürchten ist, dass eben deshalb die auffällige, manifeste Brutalität und die individuelle Gewaltorientierung ihr dauerhaftes Potenzial im „zivilgesellschaftlichen" und kapitalistischen Globalismus haben. Dieser offene Sozialdarwinismus, von der Mitte der Gesellschaft bis nach „unten" auftretend, findet in rechtsextremen Weltbildern seine Selbstdeutungen und Legitimationen. Am Fremdenhass als einer zentralen Gefühlskomponente des Rechtsextremismus lässt sich erkennen, auf welch komplexe Weise ein sozial nicht regulierter wirtschaftlicher Globalismus und ethnonationalistische Aggressivität zusammenhängen.

Unternehmerische Interessen laufen auf eine selektive Zuwanderung hinaus, zwischen „nützlichen" und „unnützen" Migrant(inn)en unterscheidend. Der Rechtsextremismus hält sich an dieses „Nützlichkeitsprinzip", bindet es aber an „völkische" Interessen, etwa mittels der Agitation zum vermeintlichen oder tatsächlichen Konkurrenzverhältnis zwischen einheimischen und ausländischen Arbeitskraftanbietern. Es handelt sich also um unterschiedliche Ausfüllungen des Begriffs von „Nützlichkeit" – ein Hinweis, der die existenzielle Differenz zwischen rassistischen Mordtaten und unternehmerischem Migrationskalkül nicht verwischen soll. Kapitalistische Modernität, auch in ihren zivilisierenden Effekten, und sich als unmodern präsentierender Rechtsextremismus in vielerlei Varianten existieren also nicht in getrennten Epochen, sind vielmehr verschränkt, auch wenn sie ideologisch einander nicht zugetan sind. Das heißt aber auch: Es kann nicht erwartet werden, dass rechtsextreme Potenziale sich im Selbstlauf der kapitalistischen Entwicklung verflüchtigen.

Auch die zweifellos notwendigen Zugriffe von Polizei und Justiz sowie die Bemühungen der Pädagogik werden allein nicht imstande sein, rechtsextremen Umtrieben den Boden zu entziehen. Der Einsatz der Staatsgewalt gegen den Rechtsextremismus enthält zudem das Risiko unerwünschter Folgen; es wäre fatal, wenn das staatliche Verlangen, endlich „Ruhe" zu haben, das

Niveau von Rechtsstaatlichkeit generell senken würde. Eine historisch-politische Pädagogik, die rechtsextremen Neigungen entgegenwirken will, steht vor dem Problem, dass die geschichtliche Situation, in der nationalsozialistische Ideen mehrheitsfähig wurden und entsprechende Staatsverbrechen stattfanden, mit dem heutigen Entstehungs- und Bedingungskontext des Rechtsextremismus nicht gleichgesetzt werden kann. Auch verschleißt man das abschreckende historische Beispiel pädagogisch, wenn etwa ein gegenwärtiger Diktator als Inkarnation Hitlers dargestellt oder der Terror in einer Balkanregion zum „neuen Auschwitz" erklärt wird.

Aufklärung und gesellschaftliche Debatte über rechtsextreme Risiken brauchen historische Grundlagen, sie dürfen sich aber nicht um die Frage herumdrücken, welche ganz modern anmutenden gesellschaftlichen Verhältnisse es denn sind, die den Menschen zu Feinden des Menschen machen können.

Benno Hafeneger

Politische Bildung als Beitrag zur Auseinandersetzung mit gesellschaftlichen Problemen und Gefahren für die Demokratie

Pädagogik, Erziehung, schulische und auch außerschulische politische Bildung sind derzeit wieder in einer kontroversen politischen und medialen Debatte; sie werden aufgefordert, vor allem auf Jugendliche einzuwirken. Themen und Hintergrund dieser Entwicklung sind mehr oder weniger verkürzte Zeitdiagnosen und mit ihnen verbundene Aufgeregtheiten im Kontext einer jugend(szene)zentrierten Problemwahrnehmung von „Rechtsextremismus, Gewalt und Demokratiegefährdung“.

In der Diskussion über Gegenstrategien gewinnt politische Bildung an Bedeutung und gerät in ein strukturelles Dilemma, das nicht neu ist: Sie wurde und wird bei „Gefahren und Gefährdungen“ in ihrer „Feuerwehrfunktion“ punktuell und kurzfristig aufgewertet, gefördert und (durchaus mit guten Absichten) instrumentalisiert oder aber als Lern- und Bildungsfeld mit einem strukturellen und kontinuierlichen Bestandteil von demokratischer Kultur und einem spezifischen Auftrag des politischen Lernens begründet. Ich will im Hinblick auf das zweite Motiv – als einem Auftrag und einer Aufgabe jenseits von hastiger Suche nach schnellen Lösungen – vor allem die Bedeutung von Kontinuität, Langfristigkeit und differenzierten Ansätzen dieses Lernfeldes markieren.

Historische Notiz

Für die Geschichte der Bundesrepublik Deutschland lässt sich rekonstruieren, welche Bedeutung politische Bildung phasenweise hatte und welche Interessen mit ihr verbunden waren. Als „Kind“ der westlichen Alliierten und der westdeutschen Nachkriegsdemokratie sowie der Demokratieentwicklung hat sie – summarisch betrachtet – mit ihren Bildungsstätten, freien und öffentlichen Trägern wiederholt eine wichtige Funktion im Rahmen der Entwicklung der demokratischen Gesellschaft, von Bindung und Vertrauen in den demokratischen Verfassungsstaat und in der Auseinandersetzung mit die Demokratie gefährdenden Tendenzen gehabt. Zentrale Anliegen und normative Orientierungen lagen im Lernen und Einüben von Demokratie, in der kritischen Auseinandersetzung mit gesellschaftlichen Entwicklungen, in der Befähigung, aktiv in der Gesellschaft mit zu agieren, Emanzipation zu fördern, eigene Interessen zu erkennen, letztlich Träger von Demokratie zu werden und zivilisatorische Standards bzw. Basisqualifikationen (zuzuhören, tolerant zu sein, zu streiten, Interessen zu vertreten, Kompromisse zu schließen) einzuüben. Man kann sagen: Politische Bildung war strukturell und für viele Bürger und Bürgerinnen durchaus ein zentraler Mechanismus der politischen Sozialisation, der Integration und ein Lernort für rationale Auseinandersetzungen. Bei aller positiven Würdigung der mentalitätsgeschichtlichen Bedeutung war politische Bildung gleichzeitig ein marginaler Bereich in der Bildungs-, Sozial- und Jugendhilfepolitik, sie blieb unterfinanziert, an politische Interessen und Kompromisse gebunden und in ihrer gesellschaftskritischen und emanzipatorischen Dimension skeptisch betrachtet; sie hat nie „große Teilnehmerzahlen" erreicht und fristete eher – aller Rhetorik und Wortakrobatik zum Trotz – ein „Schattendasein". Das zeigen vor allem die letzten Jahre, in denen die Förderung und Angebote eher stagnieren und rückläufig sind.

Politische Bildung und Gesellschaftsdiagnose

Hier kann nicht die vielfältige soziologische, pädagogische oder psychologische Diagnoselandschaft nachgezeichnet und kritisch gewürdigt werden; die Signaturen der reflexiven Moderne sind vielfach beschrieben und analysiert worden – bezogen auf die Ebenen der Gesellschaftsstruktur, der Institutionen und der Individuen. Lediglich vier knappe Hinweise sollen anzeigen, wie die Suchprozesse aussehen:

1. Für Oskar Negt ist es eine *kulturelle Krise*, eine *Erosionskrise*, die in die Poren aller gesellschaftlichen Institutionen, Verhaltensweisen und die Subjektausstattung eingedrungen ist.[1] Der Prozess ist nicht am Ende und keiner kann sagen, wie wirkliche Lösungen aussehen; er ist gleichzeitig verbunden mit kulturellen Suchbewegungen und als zentraler Dimension, nicht mehr genau zu wissen was richtig/wahr und was falsch ist. Der Zustand der Republik verändert sich, indem sich „tektonische Verschiebungen ihrer Bedingungen" (Heinz Bude) diagnostizieren lassen.
2. „Soziale Milieus" sind, schreibt Gerhard Schulze in seinem Werk über die „Erlebnisgesellschaft", Gemeinschaften der Weltdeutung.[2] Danach bewirken unterschiedliche Erfahrungshorizonte und auseinanderlaufende Routinen der Verarbeitung wahrgenommener sozialer Wirklichkeit, dass es in unserer Gesellschaft mehrere Welten gibt. Milieus sind – wie er

1 Vgl. Oskar Negt, Die zweite Gesellschaftsreform, Göttingen 1994
2 Siehe Gerhard Schulze, Die Erlebnisgesellschaft, Frankfurt am Main 1992

sagt – soziokulturelle Gravitationsfelder mit eigenen Wirklichkeiten, sie bilden ein stabiles Muster der Ungleichverteilung von alten und der Diffusion von neuen Deutungsschemata und Informationen.

3. Aus dieser Beschreibung der Gesellschaft resultieren Aussagen über Lebensläufe/-verläufe der Individuen, die für Ulrich Beck zu „Bastelbiograph(inn)en", d.h. Baumeister(inne)n eigener Beziehungsnetzwerke, avanciert sind und sich nicht mehr in lebenslange Normalbiographien einfügen, die wiederum von genormten und traditionell erwartbaren persönlichen Beziehungsmustern begleitet bzw. vorgeformt werden.[3] Die weiteren Stichworte lauten hier „erzwungene Wahlmöglichkeiten" und hochgradig anstrengende Risiken für die „Kinder der Freiheit" (Beck), die ihren Sinn, ihre Erfüllung des Lebens selbst suchen müssen. Bekannt ist das Bild funktional differenzierter, in Milieus zersplitterter, ihr Leben selbst gestaltender Individuen. Die drei Dimensionen, die den gesellschaftlichen Prozess prägen, sind Beck zufolge: die Freisetzungsdimension, welche die Herauslösung aus historisch vorgegebenen Sozialformen und -bindungen im Sinne traditionaler Herrschafts- und Versorgungszusammenhänge thematisiert; die Entzauberungsdimension, also der Verlust von traditionalen Sicherheiten im Hinblick auf Handlungswissen, Glauben und leitende Normen; die Kontroll- bzw. Reintegrationsdimension, die sich auf eine neue Art der Einbindung bezieht.
4. Solche Diagnoseversuche sind die eine Seite der Medaille bzw. ein gesellschaftliches Segment, die andere Seite ist, dass soziale Ungleichheit im Sinne der Klassentheorie und von Schichtungstheorie im „entfesselten Kapitalismus" nach wie vor eine große Rolle spielt und wir es mit einer Mystifikation ökonomischer Prozesse zu tun haben. Hier bleibt wenig dem Zufall überlassen, und der Lebenslauf selbst erscheint häufig als mit hoher Wahrscheinlichkeit eine vorhersagbare negative Karriere. Stichworte sind: Armut, Ausgrenzung von Jugendlichen und Erwachsenen durch Arbeitslosigkeit, Kumulierung von Problemen, riskante Verhaltensweisen, Radikalisierungsprozesse etc.

Vor dem Hintergrund solcher Diskurse und Diagnosen über die entwickelte oder reflexive Moderne, Risikogesellschaft und Individualisierung mit all ihren Implikationen, Ambivalenzen und Folgen sind – und nur dieser Aspekt soll hervorgehoben werden – lebenslanges Lernen und individuelle Bildungsverläufe zu einer unhintergehbaren Realität moderner Gesellschaften geworden. Die Veränderung von Milieus, von Bedingungen des Erwachsenwerdens und -seins, die Modernisierung der Gesellschaftsstruktur, der Institutionen, der Generations- und Geschlechterverhältnisse, der Lebensformen, Lebensläufe und Biographien verändern auch die Ausgangsbedingungen des Denkens und Handelns für die politische und in der politischen Bildung.

3 Vgl. Ulrich Beck (Hrsg.), Kinder der Freiheit, Frankfurt am Main 1997

Kern der politischen Bildung

Politische Bildung hat einen spezifischen disziplinären Kern und originell-abgrenzbare Inhalte im Spektrum der vielfältigen institutionell organisierten und selbstgesteuerten Lern- und Wissensangebote. Sie dechiffriert und klärt auf über das Politische in den Prozessen, Krisen und Entwicklungen von Ökonomie, Politik, Gesellschaft und Kultur; sie nimmt vor-denkend und nach-denklich zukunftsorientierte Folgeabschätzungen vor. Ihr Bemühen ist rationaler und kritischer Aufklärung sowie der Herstellung von Handlungsfähigkeit in humaner und demokratischer Perspektive verpflichtet. Hierzu braucht eine demokratische Gesellschaft eigene Orte und Zeiten, in denen ihre Mitglieder mit Kompetenzen ausgestattet und befähigt werden, Träger von Demokratie, Teilhabe und Gestaltung zu werden.

Wir befinden uns mitten in einem spannenden, unabgeschlossenen Diskussionsprozess über die Perspektiven der politischen Bildung und der kulturellen Verfasstheit der Republik. Hier gibt es viele Akteure und Interessen, aber primär hätten die Debatten über politische Bildung und die Komplexität von Bildungsprozessen in den Schulen und Hochschulen, in den Einrichtungen der Weiterbildung von Jugendlichen und Erwachsenen stattzufinden. Das pädagogische Personal aus den Bildungseinrichtungen ist gefordert, gegen den ökonomisch-verkürzten Beschleunigungsdruck mit dem Ruf nach instrumenteller Anpassungsbildung aus Industrie (insbesondere der Hard- und Software-Branche), Verwaltung und Politik (bzw. deren Publizistik) Stellung zu beziehen. Deren Verständnis von Bildung (als „IuK-Bildung“) mit ökonomischer Inanspruchnahme und Logik ist mit einem reduktionistischen Menschenbild verbunden, das jegliches Bemühen um Reflexivität (der sozialen, kulturellen und ökologischen Folgen, der geschichtlichen Entwicklung), um Moral, Kritik und Subjektivität sowie um Sinn als überholt und entwicklungshemmend denunziert; allenfalls wird noch musische und ästhetische Erziehung dem privaten Rekreationsraum zugeordnet. Mit dieser Perspektive wäre das Denken in der Tradition der „Dialektik der Aufklärung“ (Theodor W. Adorno/Max Horkheimer) endgültig aufgegeben und Bildung (wie Politik) der Technologie als Leitwissenschaft untergeordnet, deren Logik auf alle Lernprozesse und -inhalte übertragen wird.

Themen der politischen Bildung

Die Themen ergaben und ergeben sich aus dem jeweiligen Problemhaushalt der Gesellschaft, der anstehenden und zu lösenden Schwierigkeiten; davon gab und gibt es wahrlich genug. Dies ist ein Hinweis, dass sich politische Bildung ihre Themen nicht suchen muss, sondern hier ihre genuine Begründung findet. Eine seriöse aktuelle Zeitdiagnose hat mit Blick auf die Weiterentwicklung einer demokratischen und humanen Gesellschaft und die „Sorge" um die nachwachsende Generation insbesondere auf folgende Themen bzw. Problemkontexte hinzuweisen: auf demokratiegefährdende Entwicklungen von Rechts mit all ihren Phänomenen der Fremdenfeindlichkeit, des Rechtsextremismus und der Gewalt, mit ihren Ressentiments, Mentalitäten und Orientierungen, die aus der Mitte der Gesellschaft kommen und damit auf die politische Kultur, den mentalen Zustand der Republik verweisen; auf Arbeit, Arbeitslosigkeit und soziale Gerechtigkeit; auf den destruktiven Umgang mit den materiellen und immateriellen Gütern mit Blick auf die Zukunftschancen der nachwachsenden Generation; auf das Verhältnis der Geschlechter und der Generationen sowie das Zusammenleben der Kulturen; auf die Folgen der Globalisierung und Möglichkeiten der Steuerung durch Politik; auf Teilhabechancen und Partizipation, Demokratieentwicklung und zivilisatorische Standards. Träger von politischer Bildung sind – bei allen Schwerpunktsetzungen und mit Blick auf ihre begrenzten Ressourcen – gut beraten, die Vielfalt der politischen, ökonomischen, gesellschaftlichen und kulturellen Herausforderungen und Gestaltungsaufgaben zu reklamieren und mit ihren Angeboten und in ihrem öffentlichen Agieren „auf dem Markt der politischen Meinungen und Orientierungen" präsent zu sein.

Wie Bildung bzw. Bildungskarrieren als lebensbegleitender Prozess insgesamt über das Gelingen von Aufwachsen und Lebenszugänge sowie Teilhabechancen (Arbeit, Kultur etc.) mitentscheidet, so entscheidet lebensbegleitende politische Bildung mit darüber, ob und wie sich Bürgerinnen und Bürger in einem demokratischen Gemeinwesen verstehen und verhalten, wie sie denken und fühlen, welche Mentalitäten und Orientierungen sich ausprägen. Damit wird politische Bildung – wenn sie denn „gelingt" – zu einer gesellschaftlichen und biographischen Ressource und zu einem kognitiven und affektiven Potenzial in der alltäglichen Lebensbewältigung, im Verstehen und in der Interpretation von Welt und Biographie sowie der Herstellung von Handlungsfähigkeit unter ungewissen und komplexen Bedingungen des Aufwachsens und des Lebens(laufes).

Bedeutung von politischer Bildung

Außerschulische politische Bildung kann und darf aufgrund ihrer materiellen und personellen Ressourcen nicht auf die großen Teilnehmerzahlen zielen. In der Bundesrepublik nehmen – aufgrund vorliegender Zahlen grob geschätzt – derzeit etwa 1 Prozent aller Anspruchsberechtigten an Veranstaltungen teil. Dass hier eine entschieden höhere Teilnehmerquote wünschenswert wäre, ist eine triviale und keine weinerliche Anmerkung. Die marginale Bedeutung ist aber kein Grund zur Resignation oder zum Pessimismus, sondern zwingt – bei diesem Entwicklungsstand – eher, genauer hinzusehen und zu fragen: Wer nimmt aus welchen Gründen teil? Auf einen Aspekt will ich hinweisen: Eine demokratische Gesellschaft und Politik muss immer wieder ihr Personal qualifizieren, neu gewinnen und befähigen, Träger zu werden – hier ist politische Bildung ein bedeutendes Lern- und Erfahrungsfeld. In ihm wird gelernt nachzudenken, zu argumentieren, zuzuhören, sich einzubringen, zu streiten, Interessen zu erkennen, Kompromisse einzugehen – das sind soziale und politische Basisqualifikationen einer demokratischen Gesellschaft und Kultur.

Aneignung und Vermittlung

Es geht mit Blick auf das Lernfeld wieder mal um die Herausforderung, neue Passungen zwischen institutionellen Angeboten und subjektiven Aneignungspraktiken herzustellen, hier zu experimentieren und strukturelle wie auch pädagogische Konsequenzen zu ziehen; dies ist ein ständiger Auftrag und konstituiert das Feld. Das „pädagogische" System der politischen Bildung, seine Institutionen und Organisationen sowie Akteure (Professionen) bieten ihre Kenntnisse, ihre Beobachtungen, ihr Wissen und ihre Deutungen von der Welt an. Sie sind geradezu an einen gesellschaftlichen Vermittlungsauftrag gebunden und sollen Adressat(inn)en – geschickt, klug und motivierend arrangiert – erreichen, Bildung initiieren und Lernprozesse organisieren; dies möglichst mit optimistischer Grundhaltung, ohne die pädagogisches Handeln nicht auskommt. Dem stehen Lernmotive und biographisch gesteuerte Aneignungsoperationen der Teilnehmenden gegenüber, weil Vermittlung und Aneignung zu unterschiedlichen Referenzsystemen gehören.

Politische Bildung ist wie alle pädagogischen Einrichtungen und Institutionen im Kontext von (kulturellen) Modernisierungsprozessen mit Selbstverständlichkeitsverlusten, der kulturellen Entzauberung von Weltbildern, mit der Pluralisierung von Lebenslagen und Individualisierung von Biographien konfrontiert, die sie zu neuen (operativen) Anstrengungen als Arbeit an der Differenz der beiden Systeme nötigt. Bei allen Vermittlungsanstrengungen bleibt das strukturelle Dilemma: Was die Adressat(inn)en aus ihrer Teilnahme machen, was sie lernen und was sie sich aneignen, wie sie die Angebote/die Institution für ihre Biographie, die Welt innerhalb und außerhalb des pädagogischen Systems nutzen – das alles wissen nur sie und fällt in ihre Verantwortung.

Es gilt, sich im Kontext der notwendigen Grenzendiskurse, die im 20. Jahrhundert wiederholt geführt worden sind, eine triviale Einsicht zu vergegenwärtigen, die zu den konstitutiven Paradoxien pädagogischen Handelns gehört: Jugendliche (und Erwachsene) lernen nur, machen nur mit, wenn sie wollen und bereit sind; sie lernen nur, wenn sie am Lerngegenstand und an den Vermittlern interessiert sind bzw. sich interessieren lassen, wenn sie bereit sind, sich auf etwas Neues einzulassen. Ansonsten verweigern sie sich, vor allem, wenn sie merken, dass man ihnen etwas „beibringen" oder sie „verändern" will. Eckart Liebau weist im Kontext der Werteerziehung auf die appellative Folgenlosigkeit hin, wenn er schreibt: „Werte werden vor allem dadurch gelehrt und gelernt, vermittelt und angeeignet, dass sie gelebt werden."

Damit ist das Dilemma zwischen Vermittlung und Aneignung, zwischen Planung und Realität (die immer komplexer ist), als Differenz und spannungsreiches Verhältnis angesprochen. Vermittlung (im weiteren Sinne zu verstehen) meint, dass die Pädagogen was mit bzw. von den Teilnehmern wollen. Idealtypisch heißt das: Sie bereiten sich vor, haben Wissen, werden für ihre Angebote bezahlt, unternehmen – didaktisch versiert und methodisch geschickt – pädagogische Anstrengungen und Vermittlungsoperationen. Dieses idealtypische Muster ist mit Blick auf die jeweiligen Themen und Vorhaben mit Deutungswissen und Plausibilität (von Lehr-Lern-Prozessen) verbunden. Das ist die eine Seite der Medaille. Die andere Seite ist, dass die Aneignung und Aneignungsoperationen von den Teilnehmern selbst gesteuert werden. Ihre Biographie, Subjektivität und Lernmotive wie auch ihr Eigensinn, ihre Zufälligkeitserfahrungen und Lernwiderstände steuern und strukturieren die Prozesse; letztlich liegt der Lernerfolg in der Eigenverantwortung der Teilnehmenden. Die pädagogische Herausforderung ist, an dem Verhältnis bzw. der Differenz von Vermittlung und Aneignung zu „arbeiten" und es zu strukturieren; gelingt das, kann – immer mal wieder – von „Sternstunden der Pädagogik" gesprochen werden. In der Regel ist dies jedoch ein reibungsvoller Aushandlungsprozess, der in der Theoriediskussion zu Begründungen wie „an den Bedürfnissen ansetzen", „von den Erfahrungen ausgehen", „an den Interessen orientieren" oder zu Prinzipien wie „Adressaten-/Teilnehmerorientierung" und „Passungsverhältnis" geführt hat.

Hier ist auf eine weitere Paradoxie hinzuweisen: Wie auch immer die Lernprozesse im pädagogischen System arrangiert sind, über die Verwendung und Nutzung des Gelernten und Angeeigneten – das ist ein zentraler normativer Anspruch – in der außerpädagogischen Realität gibt es kaum Erkenntnisse; eine ausgewiesene Transferforschung steckt noch in den Kinderschuhen. Es gibt zwar in der außerschulischen Jugendbildung eine rege Debatte und umfängliche Veröffentlichungen zu Qualität und Qualitätsstandards (Bildungs-Controlling), aber kaum durchgeführte evaluative Verfahren und empirische Befunde, die klären helfen, was denn nun eine pädagogisch und strukturell „gute" Bildungsarbeit ist; das gilt insbesondere für Veranstaltungen der politischen Bildung.[4] Diese Dimension ist von Bedeutung, weil es der politischen Bildung mit ihren Vermittlungsanstrengungen „im Nachhinein"

4 Vgl. Bundesministerium für Familie, Senioren, Frauen und Jugend (Hrsg.), Auswertung von Seminaren und Tagungen (Qs-Nr. 27), Bonn 2000

um zweierlei geht: einmal um ein aktuelles Aufklärungs- und Handlungsinteresse; dann um ein durch das Lernmaterial und die Lernkultur stimuliertes Erinnerungsinteresse bei den Teilnehmern. Hierbei geht es um die Abrufbarkeit der Lerninhalte, die gleichsam – bildlich formuliert – als „Vorratslager" dienen und immer wieder neu „aufgefüllt" werden (können).

Zwei kurze Hinweise aus ersten Studien zu Rückerinnerungen an außerschulische politische Jugendbildung (hier Seminarpädagogik):

1. Nach über einem Jahr fragte ich Teilnehmer/innen, die erstmals ein Seminar besucht hatten, nach ihren Erinnerungen an den Bildungsurlaub. Sie dachten in dieser Reihenfolge an „Leben, Leute, Inhalte". Das Rückerinnern der Teilnehmer/innen bezieht sich auf drei Ebenen, die in Bildungsveranstaltungen von Bedeutung sind: eine Sach-, eine Erlebnis- und eine Beziehungsebene.
2. Im Rahmen ihrer Abschlussarbeit fragte eine Diplomandin seminarerfahrene Teilnehmer/innen etwa zwei Jahre später nach ihren Erinnerungen an ein ÖTV-Kerngruppenseminar. Es wurden Inhalte und vor allem „anfassbare und bildhafte" Methoden bzw. der Kommunikationsstil, dann Seminaratmosphäre/-klima und (positive bzw. negative) Stimmungen erinnert; weiter Erfahrungen und Gefühle, „etwas geleistet zu haben", also Produktivität und Kreativität, ernsthaft und mit Spaß „was zu erarbeiten"; genannt wurden schließlich „Gruppengefühl" und Erinnerungen an Personen sowie die „Typen" von Hauptamtlichen.

In beiden Hinweisen werden Mischungen angedeutet, die als Grunddimensionen interessant sind und systematisch zu evaluieren wären: gemeinsames Leben und Lernen in einer Bildungsstätte, Ganzheitlichkeit des Lernprozesses, kreative Medien und Methoden, motivierende und entspannte Atmosphäre, anregende und kompetente Teamer/innen bzw. Referent(inn)en.

Biographische Bedeutung

Für die Biographieentwicklung, Lebensentscheidungen und die Ausprägung tragfähiger und langfristiger Mentalitäten kann politische Bildung eine erhebliche Bedeutung haben. Sie kann – und nur darauf will ich hinweisen – zu Erfahrungen mit Repräsentanten, mit Vor- und Leitbildern führen, die als integer, ehrlich und glaubwürdig erlebt werden. Die personale Repräsentanz, die Bedeutung der persönlichen Begegnung und des personenbezogenen Lernens wird vielfach unterschätzt. Ernsthafte, glaubwürdige, streitbare und interessierte Erwachsene, die Jugendlichen (und Erwachsenen) mitteilen, dass sie ernst genommen und nicht allein gelassen werden, die Orientierung anbieten und mentale Suchbewegungen begleiten, haben in Lernprozessen eine wichtige Funktion.

Dabei sind Pädagog(inn)en und Teilnehmer/innen „Teile“ des pädagogischen Systems, die sich aufeinander beziehen und den gegenseitigen „Nutzen“ und Sinn klären müssen, wenn Lernen „in Gang kommen“ soll und intersubjektiv vermittelte Erfahrungen gemacht werden sollen. Damit wird (endgültig) Abschied genommen vom traditionellen Erziehungsverständnis, in dem die ältere Generation die „lehrende“ und die jüngere die „lernende“ bzw. die Pädagogen die „Wissenden“ und die Teilnehmer die „Unwissenden“ sind. In den Lernverhältnissen ist von Bedeutung, dass Jugendliche solche Anregungen, Modelle und Beispiele für ihr Erwachsenwerden und Erwachsene für ihr Erwachsensein suchen, die ihnen – mit Professionalität und als Persönlichkeit, mit Vertrauen und Autorität – Resonanz und Spiegel sind; die ihnen zeigen, dass sie etwas wert sind und etwas können, dass es lohnt und Sinn macht, erwachsen zu werden bzw. zu sein. Dabei bleiben Gedächtnisspuren, wenn objektbezogene Informationen und auch Informationen über die korrespondierende Haltung der erinnerten Person – also das Verhältnis zwischen Person und Objekt – mit Neugierde, Vertrautheit und Lebendigkeit an ein Interesse zu binden sind. Die Klärung von Interessen gehört zum Kern der politischen Bildung.

Rahmenbedingungen und Absicherung

Die inhaltliche Klärung des Auftrages und der Bedeutung von politischer Bildung, die pädagogischen Reflexionen über Lernprozesse sind die eine Seite der Medaille. Sie können aber nur tragfähig werden und ihre Chancen nutzen, wenn sie von einem politisch Mut machenden und fördernden Umfeld getragen werden. Das ist die andere Seite der Medaille, denn hier liegt – salopp formuliert – „einiges im Argen“. Ein Blick auf die materielle und rechtliche, strukturelle und organisatorische Verfasstheit zeigt, dass von einer Politik, die eine langfristig angelegte, einigermaßen gut ausgestattete und abgesicherte, auf Kontinuität angelegte und Flexibilität/Kreativität setzende politische Bildung realisiert, bisher keine Rede sein kann. Die Bundesförderung, die Jugendbildungs- und Erwachsenenbildungsgesetze sowie Freistellungsmöglichkeiten auf Länderebene und die kommunale Förderung können in ihrem derzeitigen Zustand einen solchen Auftrag nicht umsetzen. Nimmt man die skizzierten Gesellschaftsdiagnosen und aktuellen Problemanzeigen ernst, dann wäre politische Bildung inhaltlich so zu profilieren, abzusichern und auszustatten, dass aus ihr wirklich ein abgestimmtes und breites „Bildungsinstrument“ in Prozessen des lebensbegleitenden Lernens wird. Von der Erledigung dieser „Hausaufgaben“ wird es abhängen, wie ernsthaft Politik und Gesellschaft ihre „Reden in Taten umsetzen“ und sich „Instrumente“ schaffen, mit denen sie in einer humanen und demokratisierenden Weise auf sich selbst bzw. ihre Entwicklung einwirken.

Klaus-Peter Hufer

Rechtsextremismus und politische Weiterbildung

Vom Alltag der Erwachsenenbildung und von der Notwendigkeit einer Bildungsarbeit gegen Rechts

Fünf persönlich erlebte Beispiele mögen als streiflichtartiger Beleg für meine These dienen, dass Veranstaltungen der politischen Weiterbildung wichtige Foren zur Auseinandersetzung mit Fremdenfeindlichkeit, Rassismus und Rechtsextremismus sein können. Ereignisse der genannten Art zeigen auch die Permanenz des alltäglichen Rassismus und Rechtsextremismus:

- Ein Kursus zur Alltagsgeschichte im Nationalsozialismus, den die Volkshochschule (VHS) anbot, verzeichnete eine erfreuliche Resonanz: über 20 Teilnehmende. Darunter waren aber auch fünf, die vehement und lautstark versuchten, den „Legenden und Lügen“ über diese Zeit entgegenzutreten. Sie widersprachen allen Darstellungen und Erklärungen des Kursleiters und zitierten zum „Beleg“ aus Schriften einschlägiger rechter Verlage. Die Veranstaltung drohte zu einem harten Schlagabtausch zwischen den fünf und dem Kursleiter zu werden. Die übrigen Teilnehmer/innen hielten sich zunächst zurück und schwiegen. In der zweiten Stunde jedoch nahmen sie eindeutig Stellung und forderten die Provokateure – übrigens allesamt Männer zwischen 50 und 60 Jahren – auf, die Veranstaltung zu verlassen. Mit der Behauptung „Eine objektive Meinungsbildung ist hier nicht erwünscht“ verließen die fünf Genannten den Raum und kamen auch nicht mehr wieder.
- Eine von derselben Volkshochschule organisierte Veranstaltung mit Ignatz Bubis, dem mittlerweile verstorbenen Vorsitzenden des Zentralrates der Juden in Deutschland, wurde zu einem Großereignis: Von den vielen Hörer(inne)n, die sich in der Aula des örtlichen Gymnasiums drängelten, waren 15, unauffällig wirkende Bürger/innen, bereits sehr früh gekommen. Sie saßen voneinander getrennt, aber alle im Blickfeld des Referenten sowie des Veranstaltungs- und Gesprächsleiters. Nach dem Vortrag bestand die Möglichkeit zur Diskussion. Sofort meldeten sich Mitglieder aus der genannten Gruppe. Mit aggressiven Statements und Fragen bombardierten sie Bubis. Die restlichen Zuhörer saßen wie versteinert dabei. Nach der Veranstaltung, in der Bubis brillierte und eine Lehrstunde an

demokratischer Aufgeklärtheit und Standhaftigkeit bot, herrschte im Saal tiefe Betroffenheit. Am nächsten Tag berichtete die Lokalpresse ausführlich und kommentierte das Ereignis mit dem Tenor „Der Schoß ist fruchtbar noch ...“. Politiker/innen und Verwaltungsvorgesetzte diskutierten darüber, ob die VHS mit dieser Veranstaltung dem Ansehen der Stadt geschadet habe. Jene, die dabei gewesen waren, sprachen noch lange über ihr Schweigen.

- „Rassismus im Alltag“ lautete das Thema eines Vortrages, den ein schwarzer Deutscher hielt. Unter den 23 Zuhörer(inne)n waren zwölf, die zusammengehörten. Sie kamen alle nicht aus der Stadt, in der die Veranstaltung durchgeführt wurde, bestimmten aber die Diskussion, indem sie selbst in übelster Weise rassistische Äußerungen von sich gaben („Von einem Neger lassen wir uns nichts sagen“, „Was verstehen Sie denn schon von Rassentheorie?“). Der Referent und der moderierende VHS-Mitarbeiter beschlossen, die Veranstaltung nicht abzubrechen. Obwohl der Veranstalter als „Hausherr“ mehrfach mit Rauswurf drohte, wurde bis zum regulären Ende durchgehalten. Danach standen die übrigen elf Teilnehmer/innen, die sich anfangs nicht, dann aber deutlich in der Diskussion geäußert hatten, erschüttert zusammen. Auf ihren Wunsch führte die VHS anschließend ein Anti-Rassismus-Training durch.
- Es sollte eine unverfängliche VHS-Veranstaltung sein, bei der eine in der Stadt wohnende Autorin, die einen historischen Roman veröffentlicht hatte, ihr Werk vorstelllte. Dieses handelte vom Übergang ins Christentum und von „heidnischen“ Widerständen. Die Verfasserin, eine ökologisch inspirierte Frau, wollte an frühe Weisheiten erinnern, was große Begeisterung bei etwa zehn Anwesenden fand, welche die Diskussion an sich rissen und dabei versuchten, sie zu einer Plattform für „germanische“ und gegen „christlich-jüdische“ Lebensformen werden zu lassen. Darüber war die Autorin im höchsten Maße irritiert: „Dass so etwas aus meinem Buch herausgelesen werden kann, hätte ich nicht gedacht.“
- Ein Podiumsgespräch mit Zeitzeug(inn)en behandelte die Ereignisse in der Stadt bei der „Reichskristallnacht“ am 9./10. November 1938. Der ausgesuchte Saal war voll, die Betroffenheit deutlich spürbar. Etwa zur Mitte der Veranstaltung erschienen vier junge, martialisch gekleidete glatzköpfige Männer. Mit schweren Stiefeln schritten sie fünf Minuten lang im Veranstaltungsraum auf und ab. Dann verschwanden die Störer blitzschnell wieder.

Notwendige Einschränkungen

Im Folgenden geht es um die Leistung und die Möglichkeiten von Institutionen der politischen Erwachsenenbildung: Volkshochschulen und Bildungsstätten in unterschiedlicher Trägerschaft. Dargestellt werden Themen, Lern- und Bearbeitungsformen, die m.E. zeigen, dass auch die Erwachsenenbildung gegen anomische, gewalttätige, fremdenfeindliche, menschenverachtende und rechtsextreme Tendenzen klar und unmissverständlich Position bezieht oder zumindest beziehen kann.

Vorab möchte ich jedoch drei Einschränkungen machen und erläutern:

1. Die Reichweite politischer Erwachsenenbildung ist begrenzt.
2. Die bildungspolitische Gesamtsituation erleichtert nicht gerade die ohnehin schwierige Arbeit der politischen Erwachsenenbildung.
3. Eine politische Erwachsenenbildung, die ihre Adressat(inn)en auch tatsächlich erreicht, muss sich jeglicher Form einer trocken dargebotenen „Verkündungspädagogik" enthalten; stattdessen muss sie eine Lernkultur präsentieren, die – ohne Aufgabe inhaltlicher Qualität und normativer Positionsnahme – das Lebensgefühl der Menschen unserer Gesellschaft trifft.

Ad 1: Wenn bei alarmierenden gesellschaftlichen Ereignissen – wie dem immer wiederkehrenden, gegenwärtig besonders virulenten Rechtsextremismus – verstärkt nach politischer Bildung gerufen wird, muss man auf deren beschränkte Wirkungsmöglichkeiten hinweisen. Denn erstens kommen die Menschen *freiwillig* in Veranstaltungen der politischen Erwachsenenbildung. Eine grundlegende Motivation muss also bereits vorhanden sein, sonst nähmen sie daran nicht teil. Zweitens haben Erwachsene bereits eine lange Sozialisation hinter sich und Weltbilder, Grundüberzeugungen, psychische Dispositionen und Handlungsrepertoire also bereits ausgebildet. Im Rahmen dieser Persönlichkeitsstruktur werden Bildungsangebote aufgenommen und integriert. Drittens ist nur mit einer kleinen Minorität zu rechnen, die überhaupt Veranstaltungen der politischen Bildung wahrnimmt.[1]

Ad 2: Weiterbildungspolitik tendiert seit anderthalb Jahrzehnten zur Deregulierung und zur Orientierung am „Markt". Eine Politik der Entstaatlichung und der neoliberal motivierten Aufgabe der Unterstützung von Bildungsangeboten, die vor allem im öffentlichen (und nicht nur im privaten) Interesse liegen, macht der politischen Erwachsenenbildung schwer zu schaffen.[2] Auch ihre Bildungsveranstaltungen müssen in etlichen Institutionen unter dem Gesichtspunkt finanzieller Nützlichkeit geplant und angeboten werden. Dieser Umstand erklärt, warum in den letzten Jahren die Teilnahmebeiträge stark gestiegen sind. Aber eine politische Bildung, die für ein pädagogisch sinnvolles Seminar von mindestens zehn Doppelstunden 70 DM (oder noch

1 Schätzungen der Zahl jener Menschen, die sich pro Jahr an Veranstaltungen der politischen Erwachsenenbildung beteiligen, bewegen sich zwischen 0,6 und 2,4 Millionen.

2 Vgl. hierzu: Klaus-Peter Hufer, Vom Bildungsziel zum Kostendeckungsgrad – Politische Bildung auf dem „Weiterbildungsmarkt", in: kursiv. Journal für politische Bildung 1/1998, S. 28ff.; ders., Politische Bildung auf dem Weiterbildungsmarkt, in: Politik Unterrichten 1/1999, S. 16ff.

mehr) an Gebühr verlangt, wird nicht zu realisieren sein. Das Publikum bleibt aus, denn erst kommen die Computer- und dann die Gesundheitskurse. Damit ist der „private Bildungsetat" erschöpft. An etlichen VHS- und anderen Bildungsprogrammen deutlich ablesbare Konsequenzen sind der Verlust an expliziten Politikveranstaltungen, die Alibi-Angebote aus dem Länderkundebereich oder der Rechtsberatung, die als „politische Bildung" deklariert werden, das Schrumpfen auf reine Einzelveranstaltungen, die Effekthascherei mit Event- und Talkshow-Elementen im kläglichen Restangebot der politischen Bildung. Politische Bildung gegen den Rechtsextremismus, sein Umfeld und seine Voraussetzungen nicht nur anzubieten, sondern auch ernsthaft realisieren zu wollen, verlangt die Bereitschaft, vom Diktat betriebswirtschaftlicher Kalkulationen freie Programmbereiche zu schaffen.

Ad 3: Neue Lebensformen sowie geänderte Rezeptionsweisen der Menschen erfordern auch entsprechende Präsentationen und Arbeitsformen politischer Bildung. Der Vortrag über die „Gefahren des Rechtsextremismus gestern und heute", von einem Wissenschaftler der nächst gelegenen Universität oder einem Mitarbeiter des Verfassungsschutzes im Klassenzimmer des örtlichen Gymnasiums dargeboten, kann von seiner inhaltlichen Qualität hervorragend sein. Auch der sich über zehn Abende erstreckende Kurs „Aufstieg und Fall des Nationalsozialismus" wurde vermutlich mit der besten Absicht geplant. Aber ob beide Veranstaltungen auch das vorgesehene Publikum erreichen, ist eher zweifelhaft. Erwartungen an öffentlich Dargebotenes unterliegen einem tief greifenden Wandel. Innerhalb der politischen Erwachsenenbildung hat sich demzufolge bereits eine neue Lernkultur entwickelt, die sich in der Wahl ihrer Lernorte, -wege und -ziele dem Lebensgefühl und den Kommunikationsformen der Menschen dieses Gemeinwesens angepasst hat, das mit Etiketten wie „Risiko-", „Erlebnis-", „Informations-", „Medien-", „Multioptionen-" oder „Bürgergesellschaft" charakterisiert wird.[3] Entscheidend für die Qualität und Seriosität politischer Bildung dürfte sein, dass sie dabei ihren Anspruch kritischer Aufklärung nicht verliert. Die neue Lernkultur darf also nicht zum Selbstzweck werden, sondern muss sich an den Prinzipien von Demokratisierung und Emanzipation orientieren.[4]

Dilemmata der Bildungsarbeit

Vor dem Hintergrund dieser drei relativierenden Erklärungen zum Umfeld und zu den Voraussetzungen politischer Erwachsenenbildung soll im nächsten Schritt der Horizont ihrer Arbeit umrissen werden. Dabei sind zunächst

---

3 Vgl. Klaus-Peter Hufer, Neue Lernkulturen in der politischen Bildung, in: Report. Literatur- und Forschungsreport Weiterbildung 44/1999, S. 48ff.

4 Vgl. ebd., S. 54f.

einmal mehrere Dilemmata anzumerken, die sich bei den Versuchen zeigen, mit Bildungsarbeit gegen Rechtsextremismus und Fremdenfeindlichkeit anzugehen.

- Bei den Aktivitäten zur Bekämpfung des Rechtsextremismus stand die Bildungsarbeit „keineswegs im Zentrum der Strategien und Maßnahmen, die seit 1989 (...) diskutiert, entwickelt und z.T. realisiert wurden bzw. werden“.[5] Denn einflussreiche Deutungen der Ursachen fremdenfeindlicher Gewalt machten Modernisierungs- und Individualisierungsprozesse dafür verantwortlich, auf die vor allem mittels sozial- und gruppenpädagogischer Maßnahmen zu reagieren sei.[6] Es fällt immer noch schwer, aus einer soziologischen Analyse der rechtsextremen und fremdenfeindlichen Stimmungen und Aktivitäten eine plausible Begründung für den Erfolg einer politisch-bildnerischen und dabei vor allem *erwachsenen*bildnerischen Intervention zu finden. „Politische Bildung spielt (...) in der Auseinandersetzung mit dem Thema eher eine untergeordnete Rolle.“[7]
- Verfehlt und eine erhebliche Überschätzung pädagogischer Möglichkeiten wäre es, zu glauben, man könne mit politischer Erwachsenenbildung den harten rechtsextremen Kern erreichen. Eine mögliche Annahme, manifeste und militante Rechtsextreme würden eine Bildungsveranstaltung besuchen, um sich vom Gegenteil ihrer Haltung überzeugen zu lassen, ist absurd. Die möglichen Adressat(inn)en sind dagegen eher jene, die sich gegen „Rechts“ engagieren wollen. Ob es gelingt, „Anfällige“ und „Unentschiedene“ dazu zu bewegen, sich auf gegen Rechtsextremismus u.Ä. gerichtete Bildungsprozesse einzulassen, erscheint fraglich.
- Die inflationäre Zahl unterschiedlicher und auch miteinander konkurrierender Theorieangebote und sozialwissenschaftlicher Versuche zur Erklärung des Rechtsextremismus und/oder der Fremdenfeindlichkeit verweist darauf, dass die Bildungspraxis von dort handlungsanleitende Hilfestellungen kaum zu erwarten hat. Das Theorie-Praxis-Verhältnis ist zu Ungunsten der Letztgenannten eindeutig defizitär. Dass eine eher zufällige und improvisierte wissenschaftliche Begründung der Bildungsarbeit erfolgt, liegt deshalb nahe.
- Von der Bildung wird (zu) viel erwartet. Die allgemeine Hilflosigkeit sowie der sporadisch aufbrechende politische und publizistische Aktionismus führen zu einer unangemessenen Aufgabenzuweisung an die Pädagogik. Sie gerät in „die Rolle eines gesellschaftspolitischen Ausfallbürgen (...), nämlich gesellschaftliche Probleme (...) mit pädagogischen

---

5 Siehe Albert Scherr, Rechtsextremismus, in: Klaus-Peter Hufer (Hrsg.), Außerschulische Jugend- und Erwachsenenbildung, Bd. 2 des Lexikons der politischen Bildung (hrsg. von Georg Weißeno), Schwalbach im Taunus 1999, S. 208

6 Vgl. ebd.

7 Benno Hafeneger, Demokratiegefährdung von rechts und politische Bildung. Bilanz und Ausblick, in: kursiv 2/2000, S. 14

Mitteln zu lösen, die sich pädagogisch nicht lösen lassen".[8] Tatsächlich aber kann auf keine gesicherten, empirisch solide gestützten Erfahrungen für eine Erfolg versprechende pädagogische Arbeit zurückgegriffen werden. Politische Bildung gegen Rechtsextremismus pendelt zwischen Omnipotenzzuschreibung und Ohnmachtsempfindungen.

Antworten der politischen Bildung

Trotz dieser Widersprüche und Schwierigkeiten gibt es Antworten der politischen Bildner/innen auf die Herausforderung des Rechtsextremismus; hinsichtlich der Erwachsenenbildung sind es z.B. die Folgenden:

- Perspektivreich ist es, sich pragmatisch auf die tatsächlich erscheinenden Teilnehmerinnen und Teilnehmer einzustellen. Wunschdenken nutzt wenig, der „harte" rechtsextreme Kern wird keine Bildungsveranstaltungen von Volkshochschulen oder anderen Bildungsinstitutionen besuchen, um sich dort gegen die eigene Neigungen immunisieren zu lassen. Hingegen können Menschen angesprochen werden, die sich für demokratische Lebensverhältnisse engagieren möchten, „die interessiert und neugierig sind, die Informationen und Bestärkungen erwarten und vielfach politisch engagiert sind".[9] Das ist nicht wenig!
- Gerade Erwachsenenbildungseinrichtungen, und hier vor allem die von hoher gesellschaftlicher Akzeptanz getragenen Volkshochschulen, können eine ihrem Selbstverständnis entsprechende gesellschaftliche Funktion anbieten: Foren der Begegnung mit interessanten Menschen, der Erfahrung von spannenden Meinungen, der Kenntnisnahme von wichtigen Informationen, des Entdeckens zivilcouragierter Lebenswege, der Ermöglichung der eigenen Standortsuche und -festigung sowie des Erlebens von Demokratie in einer diskursiven und toleranten Atmosphäre zu sein.
- Das Repertoire an thematisch variablen und vielfältigen Angeboten, methodischen Zugängen und Bearbeitungsformen ist so vielfältig geworden, dass es jeweils situations- und institutionsadäquat eingesetzt werden kann. Hier sollen Themenfelder und Angebotsformen systematisch und beispielhaft dargestellt werden.

---

8 Siehe ebd., S. 15
9 Ebd.

Ein Beispiel aus der Praxis

Eine historische Längsschnittanalyse von zehn VHS-Programmen ergab Mitte der 90er Jahre, dass zu den „überraschend wenig angebotenen Themenstellungen (...) die Felder Rassismus, Neonationalsozialismus in der Bundesrepublik und bundesrepublikanische Identität" gehörten.[10] Dieses Ergebnis verwundert in der Tat, kann aber aus der Sicht eigener, mehrjähriger VHS-Arbeit nicht nachvollzogen werden.

Daher soll ein kurzer Einblick in meine eigene Bildungspraxis gegeben werden. Ich arbeite an der Kreisvolkshochschule Viersen (westlich von Krefeld und Mönchengladbach gelegen). Diese regional und dezentral strukturierte Volkshochschule hat einen großen Einzugsbereich mit 220.000 Menschen, die in acht Städten und Gemeinden mit zusammen 28 Ortsteilen wohnen. Unter solchen räumlichen Bedingungen ist politische Bildung schwer zu realisieren. Dennoch bietet die Kreisvolkshochschule Viersen in ihren Semesterprogrammen kontinuierlich Veranstaltungen mit dem Ziel an, die Erinnerung an den Nationalsozialismus und Auschwitz wach zu halten, über aktuelle rechtsextreme Gefahren aufzuklären, gegen rechtspopulistische Manipulation und Demagogie zu immunisieren sowie für ein tolerantes interkulturelles Zusammenleben zu werben.

Der wissenschaftlichen Einschätzung folgend, dass im Laufe der 90er Jahre eine „Entgrenzung" des Rechtsextremismus (aus einer Fixierung auf parteipolitische Organisations- und Aktionsformen) stattgefunden hat, verteilen sich die Bildungsangebote auf mehrere thematische Bereiche. Sie werden auch verschieden dargestellt und bearbeitet (Vorträge mit Diskussionen, Podien, Seminare, Kurse, Werkstätten, Trainings und Tagungen).

Geschichte

- Geschichtswerkstätten (historischer und örtlicher Nahbereich: die Region, der Ort, eine spezielle Menschengruppe in der Zeit des Nationalsozialismus);
- Lokalgeschichte des Nationalsozialismus;
- Aktivitäten der Gestapo in den örtlichen Gemeinden;
- Geschichte der Juden in den örtlichen Gemeinden (aus diesen Vorträgen wurde stets eine lebendige kollektive Erinnerungsarbeit der Anwesenden) und in der Region;
- Beispiele für örtlichen/regionalen Widerstand/Menschen mit Zivilcourage;

---

10 Siehe Paul Ciupke/Norbert Reichling, „Unbewältigte Vergangenheit". Analysen für Erwachsenenbildung, Frankfurt am Main 1996, S. 130

- Verlauf der Entnazifizierung in der Region;
- allgemeine Ereignisgeschichte (z.B. Kompaktseminar über die NS-Zeit);
- Alltagsgeschichte des Nationalsozialismus;
- besondere Aspekte des Nationalsozialismus (z.B. NS-Medizin);
- Begegnung mit Zeitzeugen (z.B. mit Miep Gies und ehemaligen KZ-Häftlingen);
- 50. Jahrestag der Nürnberger Prozesse;
- 60. Jahrestag der „Reichskristallnacht";
- Holocaust-Gedenktag.

Politik/Gesellschaft

- Deutschland als Einwanderungsland;
- Deutsche Identität in einer multikulturellen Gesellschaft;
- Jugendgewalt;
- sog. Neue Rechte;
- Goldhagen-Debatte;
- Samuel P. Huntingtons These vom „Kampf der Kulturen";
- Juden in Deutschland;
- Interkulturelle Wochen;
- Aktionswoche für eine gewaltfreie Welt;
- Podiumsgespräche mit in den örtlichen Gemeinden lebenden Ausländer(inne)n;
- Anti-Rassismus-Training.

Philosophie

- Begegnung mit dem Islam;
- Informationen über das Judentum;
- Auschwitz und die Gewissenserforschung;
- Das Fremde in der Philosophie;
- Moral und Zivilcourage.

Psychologie

- Aspekte der Sozialpsychologie (Vorurteile, Autoritarismus);
- Psychologie des Fremden;
- Verhaltenstrainings (Zivilcourage, Bedrohungssituationen, Mediation, Konfliktbewältigung).

Literatur

- Exilliteratur aus der Zeit des Nationalsozialismus.

Erziehung/Pädagogik

- Interkulturelles Lernen in Kindergärten und an Grundschulen.

Rhetorik

- Argumentationstraining gegen Stammtischparolen[11].

Als sehr attraktiv hat sich die Einladung von *Prominenten* erwiesen; besonders beeindruckend und publikumsstark waren Abende mit Ignatz Bubis (250 Zuhörer/innen, wobei es zu dem oben geschilderten Auftritt von organisierten Rechtsextremisten kam) und Miep Gies: „Die Frau, die Anne Frank versteckte", zog 350 Zuhörer/innen an, die ihre Begeisterung über so viel Mut und Moral mit stürmischem Beifall zum Ausdruck brachten.

Mit Erfolg wurden auch *Fortbildungsveranstaltungen* für Zielgruppen und Multiplikator(inn)en durchgeführt: Lehrer/innen (Möglichkeiten der politischen Bildung), Sozialarbeiter/innen und -pädagogen (Anti-Rassismus-Training) sowie Ausländerbeiräte (Möglichkeiten des Kommunalrechts).

Von besonderem Wert war die *Kooperation* mit anderen Trägern/Einrichtungen: Bildungswerken, Kirchengemeinden, Jugend- und Sozialämtern, Ausländerbeiräten, Schulen sowie Geschichts- und Heimatvereinen.

Insgesamt wurden in den 21 Semesterprogrammen der Kreisvolkshochschule Viersen von Januar 1990 bis Februar 2000 74 Veranstaltungen aus den skizzierten Themenbereichen angeboten. Davon kamen 65 (87,8 Prozent) zustande; die Mindestteilnehmerzahl beträgt zehn. 2.577 Teilnehmer/innen erschienen: 2.009 zu den Vorträgen, 219 zu den Podien und 297 zu den Kursen, Seminaren und Werkstätten. Dies ist gewiss ein Beleg dafür, dass auch eine regional arbeitende Volkshochschule ihren Beitrag zur Bildungsarbeit gegen Rechtsextremismus, Ausländerfeindlichkeit und Gewalt leisten kann.

---

11 Es handelt sich hierbei um eine Verbindung von politischer und sozialpsychologischer Information sowie rhetorischer Übung. In einem selbstgesteuerten Lernprozess werden sinnvolle Verhaltensweisen und Gegenstrategien bei fremdenfeindlichen, diskriminierenden und reaktionären Sprüchen entwickelt bzw. geübt. Vgl. Klaus-Peter Hufer, Argumentationstraining gegen Stammtischparolen. Materialien und Anleitungen für Bildungsarbeit und Selbstlernen, Schwalbach im Taunus 2000

Weitere Beispiele

Damit sind die Möglichkeiten der politischen Erwachsenenbildung keineswegs erschöpft. Viele Volkshochschulen und andere Erwachsenenbildungseinrichtungen haben ihre eigenen Profile und Schwerpunkte gefunden und weiter entwickelt. Beispiele dafür bieten Ausstellungen (z.B. wurde in einigen Volkshochschulen mit Erfolg und starker Resonanz die in der Öffentlichkeit umstrittene Ausstellung „Vernichtungskrieg. Verbrechen der Wehrmacht 1941 bis 1944" gezeigt und von diversen Veranstaltungen begleitet),[12] Gedenkstättenpädagogik (mit Exkursionen zu Konzentrationslagern und anderen Erinnerungsstätten), Begegnungen mit Differenzerfahrungen,[13] Trainings zur gewaltfreien, antirassistischen Nachbarschaftshilfe[14] sowie alternative Stadtführungen/-rundfahrten zu Stätten von Naziherrschaft, Verfolgung und Widerstand. Darüber hinaus gibt es bewährte Materialienbände für fundierte Praxisprojekte politischer Bildung.[15]

Ein besonders interessantes Exempel für eine kreative und Aufmerksamkeit erregende Bildungsarbeit ist die Aktion „Flagge zeigen gegen Gewalt", die über mehrere Monate im Kreis Warendorf/NRW von vier Volkshochschulen und vier katholischen Bildungseinrichtungen durchgeführt wurde: Mit dem Titel „Die Würde aller Menschen ist unantastbar" reiste ein großformatiges Buch durch Städte und Gemeinden des Kreises Warendorf. Bürgerinnen und Bürger waren aufgerufen, mit ihrer Unterschrift „Flagge zu zeigen gegen Gewalt, für ein tolerantes Miteinander, gegen Rassismus und Fremdenfeindlichkeit, für Demokratie und Menschenrechte". Aufkleber sowie die wertvolle Bindung des Buches wurden kostenlos von örtlichen Druckereien hergestellt. 40 Künstler/innen stellten Originalmalereien und Grafiken zur Illustration des Bürgerbuches zur Verfügung, das nach einer großen

---

12 So die VHS Münster, die 1998 die Ausstellung zeigte, zu der 30.000 Besucher/innen kamen. Dazu gab es ein umfang- und abwechslungsreiches Begleitprogramm: hochkarätig besetzte Vorträge und Podiumsgespräche, eine weitere Fotoausstellung, szenische Darstellungen, Präsentationen spezieller Forschungsergebnisse zum Thema, Autorenlesungen etc.

13 Hier sei vor allem eine Ost-West-Begegnung mit Migrantinnen und ostdeutschen Frauen genannt, die aneinander Fremdes entdeckten, aber auch Erfahrungen, die sie miteinander teilten (vgl. Veronika Fischer/Desbina Kallinikidou, Fremdheit entsteht durch Nähe – Nähe schafft Vertrauen. Ost-West-Begegnung mit Migrantinnen und ostdeutschen Frauen, in: kursiv 1/2000, S. 18ff.).

14 Vgl. Detlef Beck/Andreas Peters, Training gegen Gewalt und Rassismus – gewaltfreie Nachbarschaftshilfe, in: Klaus-Peter Hufer (Hrsg.), Politische Bildung in Bewegung. Neue Lernformen der politischen Jugend- und Erwachsenenbildung, Schwalbach im Taunus 1995, S. 69ff.

15 Vgl. Klaus Ahlheim/Bardo Heger, Vorurteile und Fremdenfeindlichkeit. Handreichungen für die politische Bildung, 2. Aufl. Schwalbach im Taunus 1999; Klaus-Peter Hufer, Argumentationstraining gegen Stammtischparolen, a.a.O.

Eröffnungsveranstaltung in Kirchen, Bildungseinrichtungen, Sparkassenfilialen, Altenheimen, Supermärkten, Schulen sowie Büchereien und auf Sportfesten auslag. Am Ende wurde es mit weit über 20.000 Unterschriften in einer großen Abschlussveranstaltung dem Landrat übergeben.

Es ist nicht wenig, was die Einrichtungen der Erwachsenenbildung für eine humane demokratische Kultur leisten können. Sie vermögen sogar sehr viel dazu beizutragen, dass sich demokratisch gesinnte Menschen gegen rechtsextreme, fremdenfeindliche, Gewalt verherrlichende Aktionen und Parolen einsetzen. In Veranstaltungen der Erwachsenenbildung erleben sie Unterstützung und Ermunterung, sie erfahren Argumente und Gründe, sie erhalten Wissen und Kenntnisse. Am Ende eines Trainings drückte eine Teilnehmerin ihre Zufriedenheit so aus: „In dem Seminar habe ich gelernt, dass es auch dann einen Sinn hat, einen Standpunkt zu vertreten, wenn die Antworten nicht gleich wie aus der Pistole geschossen kommen. Außerdem bin ich froh, erlebt zu haben, dass es anderen so geht wie mir. Ich habe mir für die Zukunft vorgenommen, weiterhin meine Meinung zu vertreten, auch wenn ich mit ihr alleine stehe." [16] Viel mehr vermag und braucht politische Erwachsenenbildung nicht zu erreichen.

16 Zit. nach: Klaus-Peter Hufer, Argumentationstraining gegen Stammtischparolen, a.a.O., S. 107

Literaturauswahl

1. Grundlegende, Überblicks- und Einführungsliteratur

Backes, Uwe/Moreau, Patrick: Die extreme Rechte in Deutschland. Geschichte – gegenwärtige Gefahren – Ursachen – Gegenmaßnahmen, 2. Aufl. München 1994

Benz, Wolfgang (Hrsg.): Rechtsextremismus in Deutschland. Voraussetzungen, Zusammenhänge, Wirkungen, Frankfurt am Main 1994

Butterwegge, Christoph: Rechtsextremismus, Rassismus und Gewalt. Erklärungsmodelle in der Diskussion, Darmstadt 1996

Butterwegge, Christoph/Isola, Horst (Hrsg.): Rechtsextremismus im vereinten Deutschland. Randerscheinung oder Gefahr für die Demokratie?, Mit einem Vorwort von Ekkart Spoo, 3. Aufl. Bremen/Berlin 1991

Dudek, Peter/Jaschke, Hans-Gerd: Entstehung und Entwicklung des Rechtsextremismus in der Bundesrepublik, 2 Bde., Opladen 1984

Falter, Jürgen W. (u.a., Hrsg.): Rechtsextremismus. Ergebnisse und Perspektiven der Forschung, Opladen 1996 (PVS-Sonderheft 27)

Falter, Jürgen W.: Wer wählt rechts?, Die Wähler und Anhänger rechtsextremistischer Parteien im vereinigten Deutschland, München 1994

Funke, Hajo: Rechtsextremismus in der Berliner Republik, Berlin 2000

Heiland, Hans-Günther/Lüdemann, Christian (Hrsg.): Soziologische Dimensionen des Rechtsextremismus, Opladen 1996

Jaschke, Hans-Gerd: Rechtsextremismus und Fremdenfeindlichkeit. Begriffe – Positionen – Praxisfelder, Opladen 1994

Klönne, Arno: Rechtsextremismus in der „Zivilgesellschaft“. Kein Spuk von gestern, Münster 2000

Kowalsky, Wolfgang/Schröder, Wolfgang (Hrsg.): Rechtsextremismus. Einführung und Forschungsbilanz, Opladen 1994

Mantino, Susanne: Ursachen von Rechtsextremismus. Ein heuristisches Erklärungskonzept, Baden-Baden 1999

Mecklenburg, Jens (Hrsg.): Handbuch deutscher Rechtsextremismus, Berlin 1996

Neureiter, Marcus: Rechtsextremismus im vereinten Deutschland. Eine Untersuchung sozialwissenschaftlicher Deutungsmuster und Erklärungsansätze, Marburg 1996

Pfahl-Traughber, Armin: Rechtsextremismus. Eine kritische Bestandsaufnahme nach der Wiedervereinigung, 2. Aufl. Bonn 1995

Pfahl-Traughber, Armin: Rechtsextremismus in der Bundesrepublik, München 1999

Schubarth, Wilfried/Stöss, Richard (Hrsg.): Rechtsextremismus in der Bundesrepublik, Bonn 2000

Stöss, Richard: Die extreme Rechte in der Bundesrepublik. Entwicklung – Ursachen – Gegenmaßnahmen, Opladen 1989

2. Der organisierte Rechtsextremismus (Parteien, Programmatik und Publizistik)

Butterwegge, Christoph (u.a.): Rechtsextremisten in Parlamenten. Forschungsstand – Fallstudien – Gegenstrategien, Opladen 1997

Echelmeyer, Axel: Rechtsextreme Publizistik. Zur Soziologie eines politischen Phänomens, Frankfurt am Main 1999

Elsässer, Jürgen: Braunbuch DVU. Eine deutsche Arbeiterpartei und ihre Freunde, Mit einem Vorwort von Jürgen Trittin, Hamburg 1998

Fascher, Eckhard: Modernisierter Rechtsextremismus?, Ein Vergleich der Parteigründungsprozesse der NPD und der Republikaner in den sechziger und achtziger Jahren, Berlin 1994

Fischer, Jörg: Ganz rechts. Mein Leben in der DVU, Reinbek bei Hamburg 1999

Fromm, Rainer/Kernbach, Barbara: Europas braune Saat. Die internationale Verflechtung der rechtsradikalen Szene, Bonn 1994

Hafeneger, Benno: Die „Republikaner" in Stadtallendorf. Eine Lokalstudie, Schwalbach im Taunus 2000

Hafeneger, Benno: Politik der „extremen Rechten". Eine empirische Untersuchung am Beispiel der hessischen Kommunalparlamente, Schwalbach im Taunus 1995

Hafeneger, Benno: Sozialstruktur der extremen Rechten. Mandatsträger der „Republikaner" und der NPD am Beispiel der hessischen Kommunalparlamente, Schwalbach im Taunus 1997

Hennig, Eike: Die Republikaner im Schatten Deutschlands. Zur Organisation der mentalen Provinz, Frankfurt am Main 1991

Hundseder, Franziska: Rechte machen Kasse. Gelder und Finanziers der braunen Szene, München 1995

Jaschke, Hans-Gerd: Die „Republikaner". Profile einer Rechtsaußen-Partei, 3. Aufl. Bonn 1994

Kühnl, Reinhard (u.a.): Die extreme Rechte in Europa. Zur neueren Entwicklung in Deutschland, Österreich, Frankreich und Italien, Heilbronn 1998

Leggewie, Claus: Die Republikaner. Ein Phantom nimmt Gestalt an, 4. Aufl. Berlin (West) 1990

Linke, Annette: Der Multimillionär Frey und die DVU. Daten, Fakten, Hintergründe, Essen 1994

Mecklenburg, Jens (Hrsg.): Braune Gefahr. DVU, NPD, REP: Geschichte und Zukunft, Berlin 1999

Neubacher, Bernd: NPD, DVU – Liste D, Die Republikaner. Ein Vergleich ihrer Ziele, Organisationen und Wirkungsfelder, Köln 1996

Obszerniks, Britta/Schmidt, Matthias: DVU im Auswärtstrend – Gefahr für die Demokratie?, Fakten, Analysen, Gegenstrategien, Münster 1998

Osterhoff, André: Die Euro-Rechte. Zur Bedeutung des Europaparlaments bei der Vernetzung der extremen Rechten, Münster 1997

Schmidt, Matthias: Die Parlamentsarbeit rechtsextremer Parteien und mögliche Gegenstrategien. Eine Untersuchung am Beispiel der „Deutschen Volksunion" im Schleswig-Holsteinischen Landtag, Münster 1997

Stiftung Dokumentationsarchiv des österreichischen Widerstandes (Hrsg.): Das Netz des Hasses. Rassistische, rechtsextreme und neonazistische Propaganda im Internet, Wien 1997

Wagner, Bernd (Hrsg.): Handbuch Rechtsextremismus. Netzwerke, Parteien, Organisationen, Ideologiezentren, Medien, Reinbek bei Hamburg 1994

3. *Die sog. Neue Rechte (Netzwerke, Ideologie und Strategie)*

Benthin, Rainer: Die Neue Rechte in Deutschland und ihr Einfluß auf den politischen Diskurs der Gegenwart, Frankfurt am Main 1996

Butterwegge, Christoph/Hentges, Gudrun (Hrsg.): Alte und Neue Rechte an den Hochschulen, Münster 1999

Cremet, Jean (u.a.): Jenseits des Nationalismus. Ideologische Grenzgänger der „Neuen Rechten" – ein Zwischenbericht, Hamburg/Münster 1999

Feit, Margret: Die „Neue Rechte" in der Bundesrepublik. Organisation – Ideologie – Strategie, Frankfurt am Main/New York 1987

Fetscher, Iring (Hrsg.): Neokonservative und „Neue Rechte". Der Angriff gegen Sozialstaat und liberale Demokratie in den Vereinigten Staaten, Westeuropa und der Bundesrepublik, München 1983

Gessenharter, Wolfgang: Kippt die Republik?, Die Neue Rechte und ihre Unterstützung durch Politik und Medien, München 1994

Gessenharter, Wolfgang/Fröchling, Helmut (Hrsg.): Rechtsextremismus und Neue Rechte in Deutschland. Neuvermessung eines politisch-ideologischen Raumes?, Opladen 1998

Greß, Franz (u.a.): Neue Rechte und Rechtsextremismus in Europa. Bundesrepublik, Frankreich, Großbritannien, Opladen 1990

Heller, Friedrich Paul/Maegerle, Anton: Thule. Vom völkischen Okkultismus bis zur Neuen Rechten, 2. Aufl. Stuttgart 1998

Herzinger, Richard/Stein, Hannes: Endzeit-Propheten oder Die Offensive der Antiwestler. Fundamentalismus, Antiamerikanismus und Neue Rechte, Reinbek bei Hamburg 1995

Junge, Barbara (u.a.): Rechtsschreiber. Wie ein Netzwerk in Medien und Politik an der Restauration des Nationalen arbeitet, Berlin 1997

Kellershohn, Helmut (Hrsg.): Das Plagiat. Der Völkische Nationalismus der *Jungen Freiheit*, Duisburg 1994

Klotz, Johannes/Schneider, Ulrich (Hrsg.): Die selbstbewußte Nation und ihr Geschichtsbild. Geschichtslegenden der Neuen Rechten, Köln 1997

Koelschtzky, Martina: Die Stimme ihrer Herren. Ideologie und Strategie der „Neuen Rechten" in der Bundesrepublik, Köln 1986

Lenk, Kurt (u.a.): Vordenker der Neuen Rechten, Frankfurt am Main/New York 1997

Mantino, Susanne: Die „Neue Rechte" in der „Grauzone" zwischen Rechtsextremismus und Konservatismus. Eine systematische Analyse des Phänomens „Neue Rechte", Frankfurt am Main 1992

Minkenberg, Michael: Die neue radikale Rechte im Vergleich. USA, Frankreich, Deutschland, Opladen/Wiesbaden 1998

Pfahl-Traughber, Armin: „Konservative Revolution" und „Neue Rechte". Rechtsextremistische Intellektuelle gegen den demokratischen Verfassungsstaat, Opladen 1998

Schui, Herbert (u.a.): Wollt ihr den totalen Markt?, Der Neoliberalismus und die extreme Rechte, München 1997

Sierck, Udo: NORMalisierung von rechts. Biopolitik und „Neue Rechte", Hamburg 1995

Terkessidis, Mark: Kulturkampf. Volk, Nation, der Westen und die Neue Rechte, Köln 1995

Venner, Michael: Nationale Identität. Die Neue Rechte und die Grauzone zwischen Konservatismus und Rechtsextremismus, Köln 1994

Weber, Iris: Nation, Staat und Elite. Die Ideologie der Neuen Rechten, Köln 1997

Worm, Uwe: Die Neue Rechte in der Bundesrepublik. Programmatik, Ideologie und Presse, Köln 1995

4. *Kernideologien des Rechtsextremismus und die politische Kultur der Bundesrepublik*

4.1 Rassismus, Antisemitismus und Antiziganismus

Ahlheim, Klaus/Heger, Bardo: Der unbequeme Fremde. Fremdenfeindlichkeit in Deutschland – empirische Befunde, Schwalbach im Taunus 1999

Benz, Wolfgang (Hrsg.): Antisemitismus in Deutschland. Zur Aktualität eines Vorurteils, München 1995

Bergmann, Werner/Erb, Rainer (Hrsg.): Antisemitismus in der politischen Kultur nach 1945, Opladen 1990

Bielefeld, Uli (Hrsg.): Das Eigene und das Fremde. Neuer Rassismus in der Alten Welt?, 2. Aufl. Hamburg 1992

Bukow, Wolf-Dietrich: Feindbild: Minderheit. Ethnisierung und ihre Ziele, Opladen 1996

Bukow, Wolf-Dietrich/Llaryora, Roberto: Mitbürger aus der Fremde. Soziogenese ethnischer Minoritäten, 3. Aufl. Opladen 1998

Burgmer, Christoph (Hrsg.): Rassismus in der Diskussion. Gespräche mit Robert Miles, Edward W. Said, Albert Memmi, Günter Grass, Wolfgang Benz, Wolfgang Wippermann, Birgit Rommelspacher, Teun A. van Dijk und Stuart Hall, Berlin 1999

Butterwegge, Christoph/Jäger, Siegfried (Hrsg.): Rassismus in Europa, Mit einem Vorwort von Bahman Nirumand, 3. Aufl. Köln 1993

Caglar, Gazi/Interfobi (Hrsg.): Rassismus und Nationalismus in West- und Osteuropa. Ursachen und Auswirkungen in verschiedenen Ländern Europas, München 1997

Caglar, Gazi/Javaher-Haghighi, Peyman (Hrsg.): Rassismus und Diskriminierung im Betrieb. Interkulturelle Verantwortung der Gewerkschaften, Hamburg 1998

Cavalli-Sforza, Luca und Francesco: Verschieden und doch gleich. Ein Genetiker entzieht dem Rassismus die Grundlage, München 1994

Claussen, Detlev: Was heißt Rassismus?, Darmstadt 1994

Dankwortt, Barbara (u.a., Hrsg.): Historische Rassismusforschung. Ideologen – Täter – Opfer, Hamburg 1995

Dittrich, Eckhard J.: Das Weltbild des Rassismus, Frankfurt am Main 1991

Dollase, Rainer (u.a., Hrsg.): Politische Psychologie der Fremdenfeindlichkeit. Opfer – Täter – Mittäter, Weinheim/München 1999

Fischer, Gero/Wölflingseder, Maria (Hrsg.): Biologismus – Rassismus – Nationalismus. Rechte Ideologien im Vormarsch, Wien 1995

Geiss, Imanuel: Geschichte des Rassismus, 2. Aufl. Frankfurt am Main 1989

Gründer, Horst: „Da und dort ein junges Deutschland gründen". Rassismus, Kolonien und kolonialer Gedanke vom 16. Bis zum 20. Jahrhundert, München 1999

Hentges, Gudrun (u.a., Hrsg.): Antisemitismus: Geschichte – Interessenstruktur – Aktualität, Heilbronn 1995

Hentges, Gudrun: Schattenseiten der Aufklärung. Die Darstellung von Juden und „Wilden" in philosophischen Schriften des 18. und 19. Jahrhunderts, Schwalbach im Taunus 1999

Hund, Wulf D.: Rassismus. Die soziale Konstruktion natürlicher Ungleichheit, Münster 1999

Hund, Wulf D.: Zigeunerbilder. Schnittmuster rassistischer Ideologie, Duisburg 2000

Institut für Interkulturelle Forschung und Bildung (Hrsg.): Rassismus und Nationalismus in West- und Osteuropa. Ursachen und Auswirkungen in verschiedenen Ländern Europas, München 1997

Institut für Sozialpädagogische Forschung Mainz (Hrsg.): Rassismus und Fremdenfeindlichkeit in Europa, Neuwied/Kriftel/Berlin 1997

Jäger, Siegfried: BrandSätze. Rassismus im Alltag, 4. Aufl. Duisburg 1996

Jäger, Siegfried/Link, Jürgen (Hrsg.): Die vierte Gewalt. Rassismus und die Medien, Duisburg 1993
Jäggi, Christian J.: Rassismus. Ein globales Problem, Zürich/Köln 1992
Kalpaka, Annita/Räthzel, Nora (Hrsg.): Die Schwierigkeit, nicht rassistisch zu sein. Rassismus in Politik, Kultur und Alltag, Köln 1994
Kappeler, Manfred: Rassismus. Über die Genese einer europäischen Bewußtseinsform, Frankfurt am Main 1994
Koch, Ralf: „Medien mögen's weiß". Rassismus im Nachrichtengeschäft, München 1996
Leiprecht, Rudolf (Hrsg.): In Grenzen verstrickt. Jugendliche und Rassismus in Europa. Ergebnisse vergleichender Jugendforschung, Duisburg 1995
Lengfeld, Holger (Hrsg.): Entfesselte Feindbilder. Über die Ursachen und Erscheinungsformen von Fremdenfeindlichkeit, Berlin 1995
Lentz, Astrid: Ethnizität und Macht. Ethnische Differenzierung als Struktur und Prozeß sozialer Schließung im Kapitalismus, Köln 1995
Mecheril, Paul/Teo, Thomas (Hrsg.): Psychologie und Rassismus, Reinbek bei Hamburg 1997
Melber, Henning: Der Weißheit letzter Schluß. Rassismus und kolonialer Blick, Frankfurt am Main 1992
Memmi, Albert: Rassismus, Frankfurt am Main 1987
Mergner, Gottfried/Häfner, Ansgar (Hrsg.): Der Afrikaner im deutschen Kinder- und Jugendbuch. Untersuchungen zur rassistischen Stereotypenbildung im deutschen Kinder- und Jugendbuch von der Aufklärung bis zum Nationalsozialismus, 2. Aufl. Hamburg 1989
Miles, Robert: Rassismus. Einführung in die Geschichte und Theorie eines Begriffs, 3. Aufl. Hamburg/Berlin 1999
Mitulla, Claudia: Die Barriere im Kopf. Stereotype und Vorurteile bei Kindern gegenüber Ausländern, Opladen 1997
Mosse, George L.: Die Geschichte des Rassismus in Europa, Frankfurt am Main 1990
Nestvogel, Renate (Hrsg.): „Fremdes" oder „Eigenes"?, Rassismus, Antisemitismus, Kolonialismus, Rechtsextremismus aus Frauensicht, Frankfurt am Main 1994
Osterkamp, Ute: Rassismus als Selbstentmächtigung, Berlin/Hamburg 1996
Poliakov, Léon (u.a.): Rassismus. Über Fremdenfeindlichkeit und Rassenwahn, Hamburg/Zürich 1992
Priester, Karin: Rassismus und kulturelle Differenz, Münster 1997
Räthzel, Nora (Hrsg.): Theorien über Rassismus, Hamburg 2000
Schenk, Michael: Rassismus gegen Sinti und Roma. Zur Kontinuität der Zigeunerverfolgung innerhalb der deutschen Gesellschaft von der Weimarer Republik bis in die Gegenwart, Frankfurt am Main 1994
Schoeps, Julius H./Schlör, Joachim (Hrsg.): Antisemitismus. Vorurteile und Mythen, München 1995
Silbermann, Alphons/Hüsers, Francis: Der „normale" Haß auf die Fremden. Eine sozialwissenschaftliche Studie zu Ausmaß und Hintergründen von Fremdenfeindlichkeit in Deutschland, München 1995
Stolz, Jörg: Soziologie der Fremdenfeindlichkeit. Theoretische und empirische Analysen, Frankfurt am Mai/New York 2000
Strauss, Herbert A. (u.a., Hrsg.): Der Antisemitismus der Gegenwart, Frankfurt am Main/New York 1990
Uremovic, Olga/Oerter, Gundula (Hrsg.): Frauen zwischen Grenzen. Rassismus und Nationalismus in der feministischen Diskussion, Frankfurt am Main/New York 1994
Volkov, Shulamit: Antisemitismus als kultureller Code. Zehn Essays, 2. Aufl. München 2000
Wippermann, Wolfgang: „Wie die Zigeuner". Antisemitismus und Antiziganismus im Vergleich, Berlin 1997
Zick, Andreas: Vorurteile und Rassismus. Eine sozialpsychologische Analyse, Münster 1997

4.2 Nation – Nationalstaat – Nationalismus

Alter, Peter: Nationalismus, Frankfurt am Main 1985
Alter, Peter (Hrsg.): Nationalismus. Dokumente zur Geschichte und Gegenwart eines Phänomens, München/Zürich 1994
Anderson, Benedict: Die Erfindung der Nation. Zur Karriere eines folgenreichen Konzepts, Frankfurt am Main/New York 1988
Balibar, Etienne/Wallerstein, Immanuel: Rasse – Klasse – Nation. Ambivalente Identitäten, Hamburg 1990
Butterwegge, Christoph u.a.: Sozialstaat und neoliberale Hegemonie. Standortnationalismus als Gefahr für die Demokratie, Berlin 1998
Claussen, Detlev (u.a., Hrsg.): Kritik des Ethnonationalismus, Frankfurt am Main 2000
Dann, Otto: Nation und Nationalismus in Deutschland. 1770-1990, München 1993
Funke, Hajo: Brandstifter. Deutschland zwischen Demokratie und völkischem Nationalismus, Göttingen 1993
Geißler, Heiner: Der Irrweg des Nationalismus, Weinheim 1995
Gellner, Ernest: Nationalismus. Kultur und Macht, Berlin 1999
Gellner, Ernest: Nationalismus und Moderne, Berlin 1991
Hauff, Mechthild: Falle Nationalstaat. Die Fiktion des homogenen Nationalstaates und ihre Auswirkungen auf den Umgang mit Minderheiten in Schule und Erziehungswissenschaft, Münster/New York 1992
Hobsbawm, Eric J.: Nationen und Nationalismus. Mythos und Realität seit 1780, Frankfurt am Main/New York 1991
Jäger, Siegfried (u.a.): Der Spuk ist nicht vorbei. Völkisch-nationalistische Ideologeme im öffentlichen Diskurs der Gegenwart, Duisburg 1998
Jäger, Margret/Jäger, Siegfried: Gefährliche Erbschaften. Die schleichende Restauration rechten Denkens, Berlin 1999
Jeismann, Michael/Ritter, Henning (Hrsg.): Grenzfälle. Über neuen und alten Nationalismus, Leipzig 1993
Lukacs, John: Die Geschichte geht weiter. Das Ende des 20. Jahrhunderts und die Wiederkehr des Nationalismus, München 1994
Mendlewitsch, Doris: Volk und Heil. Vordenker des Nationalsozialismus im 19. Jahrhundert, Rheda-Wiedenbrück 1988
Meulemann, Heiner (Hrsg.): Werte und nationale Identität im vereinten Deutschland. Erklärungsansätze der Umfrageforschung, Opladen 1998
Minc, Alain: Die Wiedergeburt des Nationalismus in Europa, Hamburg 1992
Oberndörfer, Dieter: Der Wahn des Nationalen. Die Alternative der offenen Republik, Freiburg/Basel/Wien 1993
Räthzel, Nora: Gegenbilder. Nationale Identität durch Konstruktion des Anderen, Opladen 1997
Scherrer, Christian: Ethno-Nationalismus im Zeitalter der Globalisierung. Ursachen, Strukturmerkmale und Dynamik ethnisch-nationaler Gewaltkonflikte, Münster 1997
Schlegel, Dietrich (Hrsg.): Der neue Nationalismus. Ursachen, Chancen, Gefahren, Schwalbach im Taunus 1994
Sontheimer, Kurt: Antidemokratisches Denken in der Weimarer Republik. Die politischen Ideen des deutschen Nationalismus zwischen 1918 und 1933, 3. Aufl. München 1992
Westle, Bettina: Kollektive Identität im vereinten Deutschland. Nation und Demokratie in der Wahrnehmung der Deutschen, Opladen 1999
Wippermann, Wolfgang: Wessen Schuld?, Vom Historikerstreit zur Goldhagen-Kontroverse, Berlin 1997

5. Rechte (Jugend-)Gewalt

Aschwanden, Dirk: Jugendlicher Rechtsextremismus als gesamtdeutsches Problem, Baden-Baden 1995

Böttger, Andreas: Gewalt und Biographie. Eine qualitative Analyse rekonstruierter Lebensgeschichten von 100 Jugendlichen, Baden-Baden 1998

Bohnsack, Ralf (u.a.): Die Suche nach Gemeinsamkeit und die Gewalt der Gruppe. Hooligans, Musikgruppen und andere Jugendcliquen, Opladen 1995

Breyvogel, Wilfried (Hrsg.): Lust auf Randale. Jugendliche Gewalt gegen Fremde, Bonn 1993

Deutsches Jugendinstitut (Hrsg.): Gewalt gegen Fremde. Rechtsradikale, Skinheads und Mitläufer, München 1993

Eckert, Roland (u.a.): „Ich will halt anders sein wie die anderen“. Abgrenzung, Gewalt und Kreativität bei Gruppen Jugendlicher, Opladen 2000

Farin, Klaus (Hrsg.): Die Skins. Mythos und Realität, Berlin 1997

Findeisen, Hans-Volkmar/Kersten, Joachim: Der Kick und die Ehre. Vom Sinn jugendlicher Gewalt, München 1999

Frindte, Wolfgang (Hrsg.): Jugendlicher Rechtsextremismus und Gewalt zwischen Mythos und Wirklichkeit. Sozialpsychologische Untersuchungen, Münster/Hamburg 1995

Hafeneger, Benno: Jugend-Gewalt. Zwischen Erziehung, Kontrolle und Repression, Opladen 1994

Heitmeyer, Wilhelm (u.a.): Die Bielefelder Rechtsextremismusstudie, 5. Aufl. Weinheim/München 1995

Heitmeyer, Wilhelm (u.a.): Gewalt. Schattenseiten der Individualisierung bei Jugendlichen aus unterschiedlichen sozialen Milieus, 3. Aufl. Weinheim/München 1997

Heitmeyer, Wilhelm: Rechtsextremistische Orientierungen bei Jugendlichen, 5. Aufl. Weinheim/München 1995

Heitmeyer, Wilhelm/Müller, Joachim: Fremdenfeindliche Gewalt junger Menschen. Biographische Hintergründe, soziale Situationskontexte und die Bedeutung strafrechtlicher Sanktionen, Bonn 1995

Hopf, Christel (u.a.): Familie und Rechtsextremismus. Familiale Sozialisation und rechtsextreme Orientierungen junger Männer, Weinheim/München 1995

Kalb, Peter E. (u.a., Hrsg.): Rechtsextremistische Jugendliche – was tun?, 5. Weinheimer Gespräch, Weinheim/Basel 1999

Koch, Reinhard/Behn, Sabine: Gewaltbereite Jugendkulturen, Weinheim/Basel 1997

Kuhlmann, Andreas: Faustrecht. Gewalt in Schule und Gesellschaft, 2. Aufl. Köln 1999

Müller, Joachim: Täterprofile. Hintergründe rechtsextremistisch motivierter Gewalt, Mit einem Geleitwort von Wilhelm Heitmeyer, Wiesbaden 1997

Otto, Hans-Uwe/Merten, Roland (Hrsg.): Rechtsradikale Gewalt im vereinigten Deutschland. Jugend im gesellschaftlichen Umbruch, Opladen 1993

Rieker, Peter: Ethnozentrismus bei jungen Männern. Fremdenfeindlichkeit und Nationalismus und die Bedingungen ihrer Sozialisation, Weinheim/München 1997

Schröder, Burkhard: Im Griff der rechten Szene. Ostdeutsche Städte in Angst, Reinbek bei Hamburg 1997

Schröder, Burkhard: Nazis sind Pop, Berlin 2000

Schubarth, Wilfried/Melzer, Wolfgang (Hrsg.): Schule, Gewalt und Rechtsextremismus, 2. Aufl. Opladen 1995

Searchlight u.a. (Hrsg.): White Noise. Rechts-Rock, Skinhead-Musik, Blood & Honour – Einblicke in die internationale Neonazi-Musik-Szene, Hamburg/Münster 2000

Sturzbecher, Dietmar: Jugend und Gewalt in Ostdeutschland, Göttingen 1997

Willems, Helmut: Fremdenfeindliche Gewalt. Einstellungen – Täter – Konflikteskalation, Opladen 1993

6. Was man gegen Rechtsextremismus, Rassismus und Gewalt tun kann

6.1 Möglichkeiten von Politik, (Sozial-)Pädagogik und Jugendarbeit zur Gewaltprävention und Intervention

Arbeitsgruppe Schulevaluation: Gewalt als soziales Problem in Schulen. Untersuchungsergebnisse und Präventionsstrategien, Opladen 1998

Balser, Hartmut (u.a., Hrsg.): Schulprogramm Gewaltprävention. Ergebnisse aktueller Modellversuche, Neuwied/Kriftel/Berlin 1997

Beck, Detlef (u.a.): Man kann ja doch was tun!, Gewaltfreie Nachbarschaftshilfe – kreatives Eingreifen in Gewaltsituationen und gemeinschaftliche Prävention fremdenfeindlicher Übergriffe. Ein Handbuch für die Praxis, Minden 1994

Becker, Georg E./Coburn-Staege, Ursula (Hrsg.): Pädagogik gegen Fremdenfeindlichkeit, Rassismus und Gewalt. Mut und Engagement in der Schule, Weinheim/Basel 1994

Buderus, Andreas: Fünf Jahre Glatzenpflege auf Staatskosten. Jugendarbeit zwischen Politik und Pädagogik, Bonn 1998

Deppe, Frank (u.a., Hrsg.): Antifaschismus, Heilbronn 1996

Dijk, Lutz van: Als Nazi geboren wird keiner. Gegen Fremdenhaß und Gewalt in Schule und Elternhaus, Düsseldorf 1993

Dünkel, Frieder/Geng, Bernd (Hrsg.): Rechtsextremismus und Fremdenfeindlichkeit. Bestandsaufnahme und Interventionsstrategien, Mönchengladbach 1999

Engel, Monika/Menke, Barbara (Hrsg.): Weibliche Lebenswelten – gewaltlos?, Analysen und Praxisbeiträge für die Mädchen- und Frauenarbeit im Bereich Rechtsextremismus, Rassismus, Gewalt, Münster 1995

Gugel, Günther/Jäger, Uli: Gewalt muß nicht sein. Eine Einführung in friedenspädagogisches Denken und Handeln, Tubingen 1994

Heim, Gunda (u.a.): Akzeptierende Jugendarbeit mit rechten Jugendcliquen, Bremen 1992

Helsper, Werner/Wenzel, Hartmut (Hrsg.): Pädagogik und Gewalt. Möglichkeiten und Grenzen pädagogischen Handelns, Opladen 1995

Hess, Sabine/Linder, Andreas: Antirassistische Identitäten in Bewegung, Tübingen 1997

Jäger, Siegfried (Hrsg.): Aus der Werkstatt: Anti-rassistische Praxen. Konzepte – Erfahrungen – Forschung, Duisburg 1994

Kalinowsky, Harry H.: Kampfplatz Justiz. Politische Justiz und Rechtsextremismus in der Bundesrepublik Deutschland 1949-1990, Pfaffenweiler 1993

Korte, Jochen: Lernziel Friedfertigkeit. Vorschläge zur Gewaltreduktion in Schulen, Weinheim/Basel 1994

Kossek, Brigitte (Hrsg.): Gegen-Rassismen. Konstruktionen – Interaktionen – Interventionen, Hamburg/Berlin 1999

Krafeld, Franz Josef: Die Praxis Akzeptierender Jugendarbeit. Konzepte – Erfahrungen – Analysen aus der Arbeit mit rechten Jugendcliquen, Opladen 1996

Krafeld, Franz Josef (u.a.): Jugendarbeit in rechten Szenen. Ansätze – Erfahrungen – Perspektiven, Bremen 1993

Lanig, Jonas: 100 Projekte gegen Ausländerfeindlichkeit, Rechtsradikalismus und Gewalt, Göttingen 1996

Leiprecht, Rudolf (Hrsg.): Unter Anderen. Rassismus und Jugendarbeit, Duisburg 1992

Lünse, Dieter u.a.: Zivilcourage. Anleitung zum kreativen Umfang mit Konflikten und Gewalt, Münster 1995

Mecklenburg, Jens (Hrsg.): Antifa Reader. Antifaschistisches Handbuch und Ratgeber, Berlin 1996

Mecklenburg, Jens (Hrsg.): Was tun gegen Rechts, Berlin 1999

Möller, Kurt/Schiele, Siegfried (Hrsg.): Gewalt und Rechtsextremismus. Ideen und Projekte für soziale Arbeit und politische Bildung, Schwalbach im Taunus 1996

Müller-Münch, Ingrid: Biedermänner und Brandstifter. Fremdenfeindlichkeit vor Gericht, Bonn 1998

Pilz, Gunter A.: Jugend, Gewalt und Rechtsextremismus. Möglichkeiten und Notwendigkeiten politischen, polizeilichen, (sozial)pädagogischen und individuellen Handelns, Münster/Hamburg 1994

Preuschoff, Gisela/Preuschoff, Axel: Gewalt an Schulen. Und was dagegen zu tun ist, 4. Aufl. Köln 2000

Putzmann, Priscilla (u.a.): Das freundliche Klassenzimmer. Gewaltlose Konfliktlösung im Schulalltag, Kassel 1996

Rudel, Friedwart Maria (Hrsg.): Rechtsextremismus bekämpfen. Aufklärung und Selbstvergewisserung, Essen 1995

Schacht, Konrad (u.a., Hrsg.): Hilflos gegen Rechtsextremismus?, Ursachen – Handlungsfelder – Projekterfahrungen, Köln 1995

Schubarth, Wilfried: Gewaltprävention in Schule und Jugendhilfe. Theoretische Grundlagen – empirische Ergebnisse – Praxismodelle, Neuwied/Kriftel 2000

Spreiter, Michael (Hrsg.): Waffenstillstand im Klassenzimmer. Vorschläge, Hilfestellungen, Prävention, Weinheim/Basel 1993

Stickelmann, Bernd (Hrsg.): Zuschlagen oder Zuhören. Jugendarbeit mit gewaltorientierten Jugendlichen, Weinheim/München 1996

Stürzbecher, Wolfgang: Großstadt-Rambos. Streetwork mit gewalttätigen und gewaltbereiten Jugendlichen, Bergisch Gladbach 1994

Taler, Conrad: Die Verharmloser. Über den Umgang mit dem Rechtsradikalismus, Bremen 1996

Vahsen, Friedhelm (u.a.): Jugendarbeit zwischen Gewalt und Rechtsextremismus. Darstellung und Analyse aktueller Handlungsansätze, Hildesheim 1994

Weidner, Jens (u.a., Hrsg.): Gewalt im Griff. Neue Formen des Anti-Aggressivitäts-Trainings,Weinheim/Basel 1997

6.2 Modelle, Argumente und Methoden im Bereich der politischen Bildung: Historisches, interkulturelles und antirassistisches Lernen

Ahlheim, Klaus/Heger, Bardo: Vorurteile und Fremdenfeindlichkeit. Handreichungen für die politische Bildung, 2. Aufl. Schwalbach im Taunus 1999

Auernheimer, Georg: Einführung in die interkulturelle Erziehung, 2. Aufl. Darmstadt 1995

Auernheimer, Georg (u.a.): Interkulturelle Erziehung im Schulalltag. Fallstudien zum Umgang von Schulen mit der multikulturellen Situation, Münster/New York 1996

Bailer-Galanda, Brigitte (Hrsg.): Die Auschwitzleugner. „Revisionistische" Geschichtslüge und historische Wahrheit, Berlin 1996

Bastian, Till: Auschwitz und „Auschwitz-Lüge". Massenmord und Geschichtsfälschung, München 1994

Benz, Wolfgang (Hrsg.): Legenden, Lügen, Vorurteile. Ein Wörterbuch zur Zeitgeschichte, 8. Aufl. München 1996

Bizeul, Yves (u.a., Hrsg.): Vom Umgang mit dem Fremden. Hintergrund – Definitionen – Vorschläge, Weinheim/Basel 1997

Böversen, Fritz (Hrsg.): Den Umgang mit Fremden neu lernen. Ansätze zur Überwindung der Gewalt, Bielefeld 1997

Büttner, Manfred (Hrsg.): Braune Saat in jungen Köpfen. Grundwissen und Konzepte für Unterricht und Erziehung gegen Neonazismus und Rechtsgewalt, 2 Bde., Baltmannsweiler 1999

Butterwegge, Christoph (Hrsg.): NS-Vergangenheit, Antisemitismus und Nationalismus in Deutschland. Beiträge zur politischen Kultur der Bundesrepublik und zur politischen Bildung, Mit einem Vorwort von Ignatz Bubis, Baden-Baden 1997

Cohen, Philip: Verbotene Spiele. Theorie und Praxis antirassistischer Erziehung, Hamburg 1994

Essinger, Helmut/Uçar, Ali (Hrsg.): Erziehung: interkulturell – politisch – antirassistisch. Von der interkulturellen zur antirassistischen Erziehung, Felsberg 1993

Frieling, Gundula (u.a., Hrsg.): Erwachsenenbildung und ethnische Minderheiten. Situation und Perspektiven im internationalen Überblick, Münster 1997

Geisen, Thomas: Antirassistisches Geschichtsbuch. Quellen des Rassismus im kollektiven Gedächtnis der Deutschen, Frankfurt am Main 1996

Gemende, Marion (u.a., Hrsg.): Zwischen den Kulturen. Pädagogische und sozialpädagogische Zugänge zur Interkulturalität, Weinheim/München 1999

Hohmann, Manfred/Reich, Hans H. (Hrsg.): Ein Europa für Mehrheiten und Minderheiten. Diskussionen um interkulturelle Erziehung, Münster/New York 1989

Holzbrecher, Alfred: Die Wahrnehmung des Anderen. Zur Didaktik interkulturellen Lernens, Opladen 1997

Hufer, Klaus-Peter: Argumentationstraining gegen Stammtischparolen. Materialien und Anleitungen für Bildungsarbeit und Selbstlernen, Schwalbach im Taunus 2000

Hurrelmann, Bettina/Richter, Karin (Hrsg.): Das Fremde in der Kinder- und Jugendliteratur. Interkulturelle Perspektiven, Weinheim/München 1998

Jäger, Uli: Rechtsextremismus und Gewalt. Materialien – Methoden – Arbeitshilfen, Tübingen 1993

Kalb, Peter E. (u.a., Hrsg.): Leben und Lernen in der multikulturellen Gesellschaft, Weinheim/Basel 1992

Klawe, Willy/Matzen, Jörg (Hrsg.): Lernen gegen Ausländerfeindlichkeit. Pädagogische Ansätze zur Auseinandersetzung mit Orientierungsverlust, Vorurteilen und Rassismus, Weinheim/München 1993

Krahulec, Peter/Scherer, Hanfried (Hrsg.): Dunkel Deutschland. Aufforderung zum Dialog der Generationen, Wiesbaden 1998

Otten, Hendrik/Treuheit, Werner (Hrsg.): Interkulturelles Lernen in Theorie und Praxis. Ein Handbuch für Jugendarbeit und Weiterbildung, Opladen 1994

Posselt, Ralf-Erik/Schumacher, Klaus: Projekthandbuch: Gewalt und Rassismus, Mülheim 1993

Reich, Hans H. (u.a., Hrsg.): Fachdidaktik interkulturell. Ein Handbuch, Opladen 2000

Rogasky, Barbara: Der Holocaust. Ein Buch für junge Leser, Berlin 1999

Struck, Peter: Erziehung gegen Gewalt. Ein Buch gegen die Spirale von Aggression und Gewalt, Darmstadt/Neuwied 1994

Struck, Peter: Zerschlagen, zerstören, selbstzerstören. Wege aus der Spirale der Gewalt, Darmstadt 1995

Tiedemann, Markus: „In Auschwitz wurde niemand vergast ...". 60 rechtsradikale Lügen und wie man sie widerlegt, Mülheim 1996

Weißbecker, Manfred/Kühnl, Reinhard (Hrsg.): Rassismus, Faschismus, Antifaschismus. Forschungen und Betrachtungen. Gewidmet Kurt Pätzold zum 70. Geburtstag, Köln 2000

Wintersteiner, Werner: Pädagogik des Anderen. Bausteine für eine Friedenspädagogik in der Postmoderne, Mit einem Vorwort von Johan Galtung, Münster 1999

7. Flucht, (Arbeits-)Migration und Zuwanderungspolitik in der multikulturellen Gesellschaft

Angenendt, Steffen: Deutsche Migrationspolitik im neuen Europa, Opladen 1997
Angenendt, Steffen: Kinder auf der Flucht. Minderjährige Flüchtlinge in Deutschland, Opladen 2000
Angenendt, Steffen (Hrsg.): Migration und Flucht. Aufgaben und Strategien für Deutschland, Europa und die internationale Gemeinschaft, München 1997
Bade, Klaus J. (Hrsg.): Das Manifest der 60. Deutschland und die Einwanderung, München 1994
Bade, Klaus J. (Hrsg.): Deutsche im Ausland – Fremde in Deutschland. Migration in Geschichte und Gegenwart, München 1992
Balke, Friedrich (u.a., Hrsg.): Schwierige Fremdheit. Über Integration und Ausgrenzung in Einwanderungsländern, Frankfurt am Main 1993
Barwig, Klaus (u.a., Hrsg.): Asyl nach der Änderung des Grundgesetzes. Entwicklungen in Deutschland und Europa, Baden-Baden 1994
Behr, Hartmut: Zuwanderung im Nationalstaat. Formen der Eigen- und Fremdbestimmung in den USA, der Bundesrepublik Deutschland und Frankreich, Opladen 1998
Benz, Wolfgang (Hrsg.): Integration ist machbar. Ausländer in Deutschland, München 1993
Blahusch, Friedrich: Zuwanderungspolitik im Spannungsfeld ordnungspolitischer und ethnisch-nationalistischer Legitimationsmuster, Frankfurt am Main 1999
Bös, Mathias: Migration als Problem offener Gesellschaften. Globalisierung und sozialer Wandel in Westeuropa und Nordamerika, Opladen 1997
Budzinski, Manfred: Die multikulturelle Realität. Mehrheitsherrschaft und Minderheitenrechte, Göttingen 1999
Bukow, Wolf-Dietrich: Leben in der multikulturellen Gesellschaft. Die Entstehung kleiner Unternehmer und die Schwierigkeiten im Umgang mit ethnischen Minderheiten, Opladen 1993
Butterwegge, Christoph/Hentges, Gudrun (Hrsg.): Zuwanderung im Zeichen der Globalisierung. Migrations-, Integrations- und Minderheitenpolitik, Opladen 2000
Butterwegge, Christoph (u.a., Hrsg.): Medien und multikulturelle Gesellschaft, Opladen 1999
Butterwegge, Christoph/Jäger, Siegfried (Hrsg.): Europa gegen den Rest der Welt?, Flüchtlingsbewegungen – Einwanderung – Asylpolitik, Mit einem Vorwort von Liselotte Funcke, Köln 1993
Cohn-Bendit, Daniel/Schmid, Thomas: Heimat Babylon. Das Wagnis der multikulturellen Demokratie, Hamburg 1992
Dominik, Katja (u.a., Hrsg.): Angeworben – eingewandert – abgeschoben. Ein anderer Blick auf die Einwanderungsgesellschaft Bundesrepublik Deutschland, Münster 1999
Drüke, Luise/Weigelt, Klaus (Hrsg.): Fluchtziel Europa. Strategien für eine neue Flüchtlingspolitik, München/Landsberg am Lech 1993
Heitmeyer, Wilhelm (u.a.): Verlockender Fundamentalismus. Türkische Jugendliche in Deutschland, Frankfurt am Main 1997
Höfling-Semnar, Bettina: Flucht und deutsche Asylpolitik. Von der Krise des Asylrechts zur Perfektionierung der Zugangsverhinderung, Münster 1995
Hutter, Franz-Josef (u.a., Hrsg.): Menschen auf der Flucht, Opladen 1999
Jansen, Mechtild M./Baringhorst, Sigrid (Hrsg.): Politik der Multikultur. Vergleichende Perspektiven zu Einwanderung und Integration, Baden-Baden 1994
Knight, Ute/Kowalsky, Wolfgang: Deutschland nur den Deutschen? – Die Ausländerfrage in Deutschland, Frankreich und den USA, 2. Aufl. Erlangen/Bonn/Wien 1992
Knopp, Anke: Die deutsche Asylpolitik, Münster 1994

Kroker, Eduard J.M./Dechamps, Bruno (Hrsg.): Deutschland auf dem Weg zu einer multikulturellen Gesellschaft?, Frankfurt am Main 1996

Krummacher, Michael/Waltz, Viktoria: Einwanderer in der Kommune. Analysen, Aufgaben und Modelle für eine multikulturelle Stadtpolitik, Essen 1996

Kühne, Peter/Rüßler, Harald: Die Lebensverhältnisse der Flüchtlinge in Deutschland, Frankfurt am Main/New York 2000

Mintzel, Alf: Multikulturelle Gesellschaften in Europa und Nordamerika. Konzepte, Streitfragen, Analysen, Befunde, Passau 1997

Motte, Jan (u.a., Hrsg.): 50 Jahre Bundesrepublik – 50 Jahre Einwanderung. Nachkriegsgeschichte als Migrationsgeschichte, Frankfurt am Main/New York 1999

Meier-Braun, Karl-Heinz/Kilgus, Martin A. (Hrsg.): Migration 2000 – Perspektiven für das 21. Jahrhundert. 5. Radioforum Ausländer bei uns, Baden-Baden 1998

Melter, Claus: Zwischen Aktion und Resignation. Flüchtlinge und Initiativgruppen im Widerstand gegen Abschiebungen, Karlsruhe 2000

Münz, Rainer (u.a.): Zuwanderung nach Deutschland. Strukturen, Wirkungen, Perspektiven, 2. Aufl. Frankfurt am Main/New York 1999

Nuscheler, Franz: Internationale Migration. Flucht und Asyl, Opladen 1995

Oberndörfer, Dieter: Die offene Republik. Zur Zukunft Deutschlands und Europas, Freiburg/Basel/Wien 1991

Opitz, Peter J. (Hrsg.): Der globale Marsch. Flucht und Migration als Weltproblem, München 1997

Rittstieg, Helmut/Rowe, Gerard C.: Einwanderung als gesellschaftliche Herausforderung. Inhalt und rechtliche Grundlagen einer neuen Politik, Baden-Baden 1992

Sassen, Saskia: Migranten, Siedler, Flüchtlinge. Von der Massenauswanderung zur Festung Europa, Frankfurt am Main 1996

Schmalz-Jacobsen, Cornelia (u.a.): Einwanderung – und dann?, Perspektiven einer neuen Ausländerpolitik, München 1993

Seifert, Wolfgang: Geschlossene Grenzen – offene Gesellschaften? Migrations- und Integrationsprozesse in westlichen Industrienationen, Frankfurt am Main/New York 2000

Stoop, Chris de: Hol die Wäsche rein!, Die Geschichte einer ganz gewöhnlichen Abschiebung, Frankfurt am Main 1996

Taylor, Charles: Multikulturalismus und die Politik der Anerkennung, Frankfurt am Main 1993

Tessmer, Carsten (Hrsg.): Deutschland und das Weltflüchtlingsproblem, Mit einem Vorwort von Cornelia Schmalz-Jacobsen, Opladen 1994

Treibel, Annette: Migration in modernen Gesellschaften. Soziale Folgen von Einwanderung, Gastarbeit und Flucht, 2. Aufl. Weinheim/München 1999

Weber, Albrecht (Hrsg.): Einwanderungsland Bundesrepublik Deutschland in der Europäischen Union: Gestaltungsauftrag und Regelungsmöglichkeiten, Osnabrück 1997

Weidenfeld, Werner (Hrsg.): Das europäische Einwanderungskonzept. Strategien und Optionen für Europa, Gütersloh 1994

Wolter, Achim (Hrsg.): Migration in Europa. Neue Dimensionen, neue Fragen, neue Antworten, Baden-Baden 1999

Yildiz, Erol: Fremdheit und Integration. Ausführungen zum besseren Verständnis – Anregungen zum Nachdenken, Bergisch Gladbach 1999

Die Autor(inn)en

Prof. Dr. Georg Auernheimer, Hochschullehrer für Allgemeine/Interkulturelle Pädagogik und Mitglied der Forschungsstelle für interkulturelle Studien (FiSt) an der Universität zu Köln

Prof. Dr. Christoph Butterwegge, Leiter der Abteilung für Politikwissenschaft, Geschäftsführender Direktor des Seminars für Sozialwissenschaften und Mitglied der Forschungsstelle für interkulturelle Studien (FiSt) an der Universität zu Köln

Prof. Dr. Gotthard Breit, Hochschullehrer für Didaktik der Politikwissenschaft an der Otto-von-Guericke-Universität Magdeburg

Klaus Breymann, Oberstaatsanwalt in Magdeburg und stellvertr. Vorsitzender der Deutschen Vereinigung für Jugendgerichte und Jugendgerichtshilfen e.V.

Jörg Fischer, ehemaliger Funktionär der NPD, Gründungsmitglied der DVU und Redakteur der „National-Zeitung"; heute freier Journalist und Verfasser des Buches „Ganz rechts. Mein Leben in der DVU"

Dr. Dietmar Fricke, wiss. Mitarbeiter am Institut für Politikwissenschaft der Otto-von-Guericke-Universität Magdeburg

Prof. Dr. K.-Peter Fritzsche, Hochschullehrer für Politikwissenschaft an der Otto-von-Guericke-Universität Magdeburg

Prof. Dr. Hajo Funke, Hochschullehrer für Politikwissenschaft an der Freien Universität Berlin

Prof. Dr. Benno Hafeneger, Professor für Erziehungswissenschaft an der Philipps-Universität Marburg

Dr. Gudrun Hentges, wiss. Assistentin am Seminar für Sozialwissenschaften (Abteilung für Politikwissenschaft) und Mitglied der Forschungsstelle für interkulturelle Studien (FiSt) an der Universität zu Köln

Dr. Klaus-Peter Hufer, Fachbereichsleiter an der Kreisvolkshochschule Viersen

Sylke Kirschnick, Referentin am Zentrum Demokratische Kultur und Doktorandin an der Humboldt-Universität zu Berlin

Prof. Dr. Arno Klönne, Hochschullehrer an der Universität/GH Paderborn i.R.

Stefan Koch, Gymnasiallehrer in Halle a.d.S.

Prof. Dr. Peter Krahulec, Hochschullehrer am Fachbereich Sozialwesen der FH Fulda

Andreas Kuhlmann, Lehrer in Berlin

Prof. Dr. Georg Lohmann, Hochschullehrer für Philosophie an der Otto-von-Guericke-Universität Magdeburg

Dr. Armin Pfahl-Traughber, wiss. Mitarbeiter des Bundesamtes für Verfassungsschutz und Lehrbeauftragter an der Universität zu Köln

Burkhard Schröder, Schriftsteller und Journalist, Berlin

Susanne Ulvolden, Abteilungsleiterin im Jugendamt der Stadt Magdeburg